## 2009年价格监测分析小组

组　　长：张健华

副 组 长：杨子强　宣昌能　张　涛　王　煜
　　　　　孙　平　汪小亚　易　诚　王　敏

报告总纂：张健华　宣昌能　汪小亚　易　诚

报告执笔：纪　敏　伍超明　袁　鹰　王　月
　　　　　马志扬　马凌霄　刘　斌　黄礼健
　　　　　闫　伟　彭江波　王晓青　王兆旭
　　　　　郭　琪

报告合作：中国人民银行济南分行

Price Monitoring Report, 2009

Price Monitoring Group People's Bank of China

2009年

# 价格监测分析报告

中国人民银行价格监测分析小组

经济科学出版社
Economic Science Press

# 卷首语

《孙子兵法》曰："兵者，国之大事，死生之地，存亡之道，不可不察也。"纵观古今中外历史，价格走势往往也会关系到民生安危和政权存亡，同样是"不可不察"的"国之大事"。随着市场经济发展，普通百姓的消费、投资和理财观念已经发生了革命性变化。"CPI（居民消费价格指数）"这样一个过去只有经济专家关心的指标，现在已变成普通老百姓耳熟能详的词语。对普通老百姓来说，它直接关系到每个家庭的消费支出、储蓄存款的升贬以及房产、股票、债券等家庭资产价格的涨跌；对企业家来说，CPI的变动不仅反映着经济形势的变化，而且透露出经济运行中蕴涵的潜在机会和风险，直接关系着投资项目的成败；对货币管理当局来说，CPI也是当局观察宏观经济和金融市场的一个重要指标，甚至可以说是预测和判断未来经济走势和制定政策的前提。

但是CPI又是如此琢磨不透。自CPI诞生以来，政府部门、业界、学界和老百姓都在琢磨它，但迄今为止，还远没有完全掌握这个指标所透露出的丰富信息和内涵。因为影响CPI的因素极其复杂，同时CPI又与其他经济指标之间有着千丝万缕的关联，要真正理解和读懂这个指标，就必须进行持续的跟踪监测和细致的数据分析。基于此，中国人民银行于2003年成立价格监测分析小组，按季度持续对价格形势进行监测分析，并定期撰写《价格监测分析报告》，提交货币政策委员会季度例会参考。6年来，价格监测小组的主要成员通过不断地摸索和改进，逐步组建了一个有凝聚力的研究团队，搭建了一个与外部专家良好的沟通和交流机制，建立了一个较为完整的基础数据库、分析模型和框架。这6年，恰恰是我国经济处于新一轮扩张和价格波动幅度较大的一个时期，这一形势为监测小组成员开展价格监测和分析工作提供了大量典型化事实和有意义的时间序列数据。特别是在过去的一年，全球经济刚刚从金融危机的噩梦中醒来，但仍面临诸多不确定因素，迪拜危机、希腊等欧洲国家主权债务危机、主要经济体的刺激政策退出等事件随时可能中断全球经济复苏的步伐。国内经济虽然在全球率先实现回升向好，但经济发展面临的困难和问题依然突出，经济运行的结构性矛盾仍未根本缓解，经济增长内生动力仍然不足，结构调整压力和难度加大，通货膨胀预期抬头。面对极其复杂的国际国内形势，价格监测小组进一步强化了对当前价格形势的分析和未来走势的预测，力求为货币政策决策提供有价值的参考信息。

本书即是2009年度各季度《价格监测分析报告》的合集。也是2004年以来出版的第6本年度合集。在内容安排上，本书既保持了前几本年度合集的一贯风格，收录了2009年度各季度价格监测分析报告和专题报告，同时还收录了中国人民银行2009年度获奖重点课题中与价格分析有关的两个研究报告。在《综合产出缺口和资产市场因素的货币与通胀关系分析》一文中，着重分析了产出缺口和资产市场因素对货币与通胀关系的影响，构建综合考虑产出缺口和资产市场因素在内的货币与通胀关系的计量模型，并以我国1995年以来的数据为样本进行了实证检验。在《货币政策的价格目标选择》报告中，着重考察了我国货币政策价格目标究竟应该选择哪个指标，重点研究了是否应将资产价格纳入价格指标，尝试构建了中国的广义价格指数，并从实证角度考察了广义价格指数与CPI、产出缺口以及货币政策间的关系。

好的分析和研究要能经得起历史检验。在各季度分析报告中，我们对价格的未来趋势和主要指标进行了预测，在收录和整理时均未做调整，以便接受读者和时间的检验。错漏之处既是我们尚存的研究缺陷，更是对我们提高分析水平的鞭策。恳求各位读者批评指正，以便我们能把价格监测分析工作做得更好！

# 目录

## 第一篇　重点研究课题



## 第二篇　价格监测分析

# 第一篇

# 重点研究课题

## 重点研究课题一

# 综合产出缺口和资产市场因素的货币与通胀关系分析[①]

## ——基于1998—2009年我国数据的实证

中国人民银行研究局宏观经济研究处课题组[②]

**摘　要**：本课题从一个时期以来我国一般消费价格（CPI）对货币波动敏感性有所下降的典型化事实出发，着重分析了产出缺口和资产市场因素对货币与通胀关系的影响。在梳理现阶段我国通胀形成机制特点的基础上，构建了综合考虑产出缺口和资产市场因素在内的货币与通胀关系的计量模型，并以我国1995年以来的数据为样本进行了实证检验。基本结论是：

第一，真实交易货币对CPI的影响更强。在分析货币供应对CPI的影响时，应对实体经济与资产市场的货币需求作必要区分，只有前者对一般消费价格形成直接冲击，后者只存在间接影响，甚至在短期内能够使货币对一般消费价格的冲击起到分流作用。从近期看，2009年第3季度我国M2增速达到29.3%，但经过估算的、与消费价格相联系的真实交易货币增速只有19.6%，两者相差近10个百分点。随着经济的好转，越来越多的货币资金流入实体经济，到2009年第4季度，两者之差减少到2.8%。从长期看，真实交易货币对CPI的影响程度是未经处理的全部广义货币M2的近2倍，资产市场对分流一般消费价格货币压力的作用不可低估。

第二，产出缺口是决定通胀的基本力量。不论是采用M2还是真实交易货币M2作为解释变量，短期或长期内产出缺口对一般消费价格的影响力都大于货币因素。由于人口代际现象和消费习惯改变的长期性，我国将在较长时期内呈现储蓄大于投资的基本格局，货币对CPI的影响力将在较长时期内面临产能过剩的制约。

第三，资产价格波动风险将在较长时期内存在。在人民币升值预期和资本账户管制的背景下，储蓄大于投资导致的流动性过剩压力主要在国内市场释放。相对于一般商品和服务市场，我国资产市场特别是房地产市场的供求状态明显偏紧，加之资产市场固有属性的作用，货币等流动性对资产价格的冲击强于对一般商品和服务价格的影响，资产价格波动风险将在较长时期内存在。

第四，宽货币可能最终转换为长期的成本推进型通胀压力。尽管宽货币在短期内可能受制于产能过剩不会导致一般意义上的通货膨胀，但却延缓了经济结构调整和发展方式转换的紧迫性，从而降低了经济可持续发展的能力。从长期看，随着经济结构调整和发展方式转变的深入，我国能源、资源、环境等要素价格将逐渐向市场成本“复原”，加之国际资源性产品价格长期上涨趋势的助推，由此带来的成本推进型通胀压力将在较长时期内存在。

第五，中期内仍应保持一个相对偏紧的货币环境。针对我国货币对通胀传导机制的新特点，中期内我国仍应保持一个相对偏紧的货币环境，实施金融宏观审慎监管降低杠杆水平，大力发展直接融资和增加保障性

---

① 本文为2009年度中国人民银行重点研究课题的部分成果。

② 课题主持人：纪敏；课题组成员：伍超明、袁鹰、马志扬、王月、马凌霄。

住房供给，进一步实施鼓励流出限制流入的非对称资本账户管理政策；同时加快资源、能源、环境等价格改革力度，促进发展方式转变和结构调整，从根本上消除货币被动投放可能导致的潜在的通胀和金融风险。

与同类研究相比，本课题对货币与通胀关系的研究在以下方面有所改进：

综合以往的研究文献，有两个不足：一是没有对实体经济与资产市场的货币需求作必要划分，存在夸大货币供应对实体经济消费价格影响程度的可能；二是在分析货币因素或产出缺口对通胀影响时，更多侧重于单独分析货币与通胀、产出缺口与通胀之间的关系，在计量模型中同时考虑货币、产出缺口对通胀影响的分析较少，其结果是货币、产出缺口对通胀的影响都可能被夸大。

围绕现有研究的两个不足，本课题尝试对我国货币与通胀关系的研究作以下改进：一是首先将M2区分为指向实物商品和服务的交易性货币和指向金融资产的投资性货币。具体估算方法是，以扣除货币统计中客户保证金或其他存款后的居民储蓄存款作为因变量，以名义GDP作为自变量进行回归计算，并以回归计算所得的拟合值作为居民存款中用于一般性商品和服务交易货币的替代指标，以广义居民储蓄存款与上述拟合值之差作为居民存款中用于资本市场投资性交易货币的替代指标。从实证结果看，重新估算后的货币指标对CPI波动的解释力明显上升。二是在分析现阶段我国通胀形成机制的基础上，构建同时考虑货币供应与产出缺口对通胀的影响模型，并结合我国现阶段通胀受外部冲击影响明显上升的特点，在计量模型中加入了国际油价和人民币实际有效汇率两个解释变量。实证结果显示，在对广义货币M2作必要剔除的基础上，综合考虑产出缺口和资产市场因素的CPI计量模型与历史数据的拟合情况明显好于未经处理的计量模型。

除在计量方法等技术层面加入产出缺口和资产市场因素对货币与CPI关系的分析做出改进外，本课题还从机制上分析了货币对CPI冲击力下降的同时可能引发的两个替代效应：一是尽管由于投资快速增长下的产能过剩抵消了一部分货币对CPI的短期冲击效应，但却增大了中长期由于资源能源环境等要素价格向市场成本复归的成本推进型通胀压力；二是尽管资产市场发展分流了一部分货币对一般消费价格的压力，但却增大了资产市场价格波动的风险，由此可能对金融甚至经济稳定造成威胁。

**关键词：**货币　产出缺口　通胀　资产价格

## 一、研究背景与选题意义

通货膨胀形成机理，因其复杂性和易变性，长期以来一直备受关注。影响一国通货膨胀水平的因素很多，如实体经济中的需求和供给因素，金融体系中的货币供给变化等。受全球经济一体化的影响，国内物价水平还受到国外经济活动，尤其是发达国家经济增长和国际大宗商品价格波动的影响。正因如此，一国通货膨胀的形成机制也表现出较强的时变性，由此也导致通货膨胀的形成机制和表现特征日趋复杂。

在通胀形成机制和表现特征的众多变化中，有一个基本现象值得关注，即21世纪以来，全球范围内出现相对宽松的货币环境与相对较低的通胀率并存的现象。据国际货币基金组织统计，2002—2008年，全球平均的通货膨胀率仅为5.2%，其中OECD国家仅为2.6%，分别较20世纪90年代下降35%和26%。与此同时，全球范围的货币供应增速却只从22%下降到17%。从国内看，2000—2009年CPI平均为1.8 %，较1990—1999年的上个10年7.1%的平均水平大幅下降74%，但与此同时，货币供应量（M2）平均增速却仅从24.9%下降到17.9%。在传统意义上的通货膨胀（CPI）对货币变化敏感性似乎有所下降的同时，房地产、股票等资产价格以及具有类似属性的国际初级产品价格则在宽松流动性的推动下出现大幅上涨，全球通胀变化的结构性特征日益显著。

上述现象已为越来越多的研究者所关注。多数研究者在分析其原因时，着重指出两点：

一是经济全球化促进了产业分工，导致一般消费品生产效率和供给能力的提升，特别是我国等制造业大国的崛起更是显著缩小了一般消费品领域的产出缺口，并由此消化了一部分货币对通胀的压力；二是金融全球化大大提升了资本跨境流动效率，导致资产市场特别是新兴经济体资产市场成为大量吸纳过剩流动性的一个重要场所，并由此分流了一部分全球流动性对一般消费品市场的压力。

以上两点对研究我国的情况均具典型意义。一是从潜在生产能力看，我国的投资率已高达50%的全球罕见水平，投资形成的生产能力在过去几年进一步增大，相当一部分行业存在不同程度产能过剩。在这一背景下，货币供应增加对一般商品价格的推升程度可能减弱。二是从资产市场对货币的“分流”效应看，近年来我国房地产、股票市场迅速扩容，居民资产结构日渐多元化，在总储蓄率不断上升的同时存款类储蓄占比趋于下降，资产类储蓄占比趋于上升。在这一背景下，由于资产市场规模增大而增加的货币需求可能降低货币供应对一般商品价格的冲击。基于此，以我国情况为背景，研究综合考虑产出缺口和资产市场因素的货币与通胀关系，就显得颇具典型意义。特别是从短期看，这次为应对国际金融危机，货币供应量大幅增长，是否会引发通胀风险已成为各界关注焦点。从中长期看，我国近十年来出现的货币相对宽松而通胀相对较低的局面能否持续，宽货币的后果除表现为传统意义上的通胀外，是否还会有别的表现形式，这些问题都值得深入探讨。

基于此，本课题拟运用我国历史数据，通过构建相关实证模型，具体测度在综合考虑产出缺口状况和资产市场货币需求等因素的条件下，货币供应对一般消费价格（CPI）的推动压力，并在此基础上结合对我国发展方式特点的分析，提出从根本上消除防范货币供应被动增长可能导致潜在通胀和金融风险的对策建议。对以往研究的主要改进是：在导言和整理相关事实及国内外研究文献的基础上，重点分析了我国产出缺口变化和资产市场发展对货币与通胀关系的影响机制，并通过适当方法估计出综合考虑产出缺口和资产市场货币需求的货币与通胀关系模型，并通过实证分析，给出了我国应加快转变发展方式以消除货币供给被动增长的对策建议。

## 二、货币与通胀关系变化的典型化事实

通货膨胀是一种货币现象。但从近十年来国际、国内实际情况看，尽管货币与通胀波动的相关性在趋势上仍然成立，但至少以CPI表示的通胀对货币供应量变化的敏感度有所降低。与此同时，资产市场以及具有类似属性的国际初级产品价格对货币及流动性变化则更为敏感。

### （一）货币供应与CPI波动仍具有趋势上的一致性

根据不同统计口径，货币供应量指标可以分为M0、M1和M2。通过对1997年3月至2009年12月期间各口径货币供应量增速（同比，下文同）和CPI（同比，下文同）历史数据的考察，发现两者之间存在以下关系：

第一，货币增速是CPI的领先指标，M0、M1、M2增速分别领先CPI变动12个月、

6个月和12个月左右（见图1－1－1）。从相关性强弱看，M1与CPI的相关性最强，其次是M2和M0。

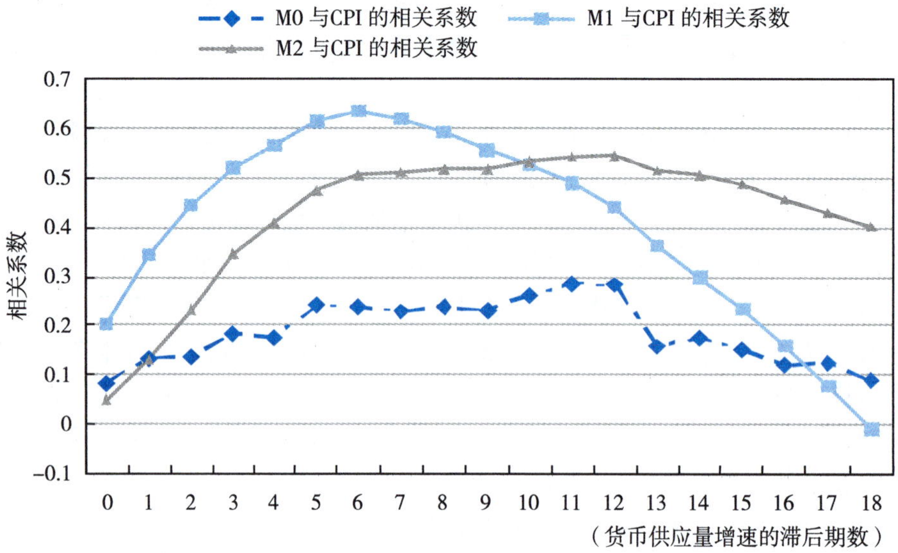


**图1－1－1　CPI与M0、M1和M2增速滞后各期相关系数**
**（1997年3月—2009年12月）**

数据来源：作者整理计算。

第二，CPI变化与M1和M2增速等领先指标在趋势上存在一致性。如图1－1－2、图1－1－3显示，M1、M2增速与CPI波动在趋势上的一致性仍然较好，尤其是滞后6个月的M1增速与CPI的同步性更好。

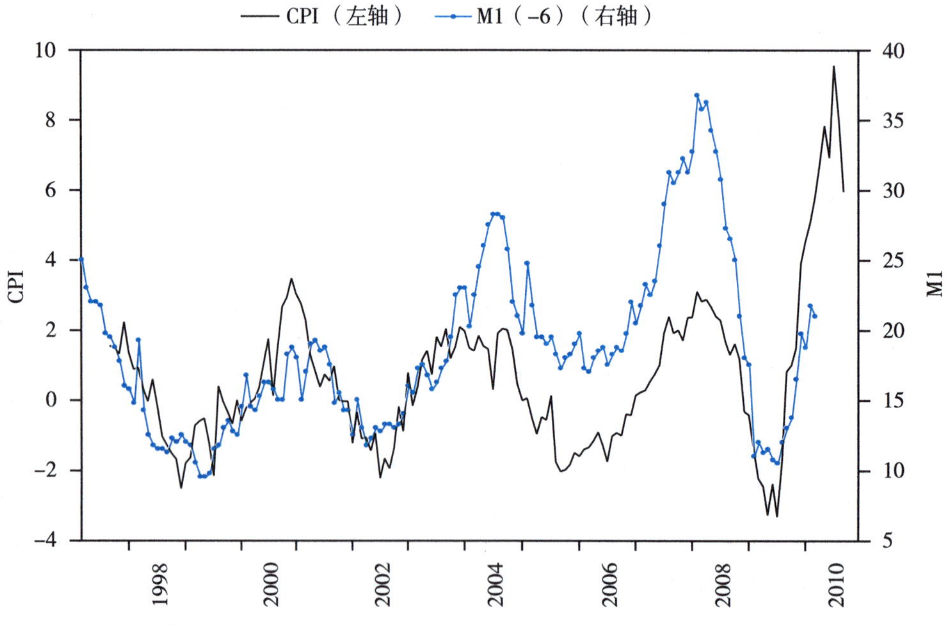


**图1－1－2　M1增速与CPI波动趋势一致（1998—2010年）**

数据来源：CEIC。

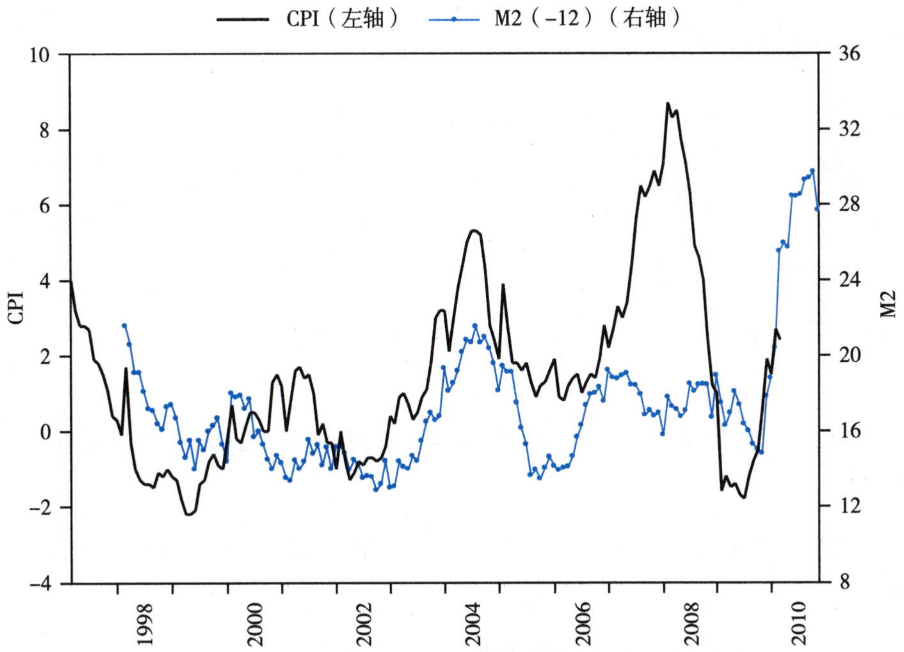


**图1-1-3　M2增速与CPI波动趋势一致（1998—2010年）**

数据来源：CEIC。

## （二）CPI对货币供应量波动的敏感性下降

尽管CPI与货币波动仍然具有趋势上的一致性，但从影响程度（敏感性）看，则有逐渐下降的趋势。

从国际看，近些年来，一方面全球货币和流动性总体呈膨胀趋势，另一方面通胀水平总体呈下降趋势。以美国为例，1990—1999年广义货币（M3）年均增长7%，同期CPI年均为3%，简单计算CPI对货币变化的弹性为0.4（CPI年均值/ M3增速年均值）；2000—2009年，广义货币年均增长11 %，同期CPI变化仅为2.5%，CPI对货币变化的敏感性为0.2，较上一个10年大幅下降一半。如使用M2口径计算，情况也基本相同（见表1-1-1）。

**表1-1-1　CPI对货币供应量波动的敏感性下降（美国）**　单位:%

| 时　期 | CPI平均 | M2平均 | M3平均 | CPI平均/M2平均 | CPI平均/M3平均 |
|---|---|---|---|---|---|
| 1990—1999年 | 3.0 | 4.0 | 7.0 | 0.8 | 0.4 |
| 2000—2009年 | 2.5 | 6.3 | 11.0 | 0.4 | 0.2 |

数据来源：CEIC。

从我国看，总体上货币对CPI的影响力也呈下降趋势。1990—1999年M2年均增长24.9%，同期CPI年均为7.1%，简单计算CPI对货币变化的弹性为0.3（CPI年均值/ M2增速年均值）；2000—2009年，M2年均增长17.9 %，同期CPI变化仅为1.8 %，相关弹性高达0.1（见表1-1-2）。如果考虑到后十年金融深化过程有所放缓，则CPI对通胀变化的敏感性可能更弱。

**表1-1-2　CPI对货币波动的敏感性下降（中国）**　单位:%

| 时　期 | CPI平均 | M2平均 | CPI平均/M2平均 |
|---|---|---|---|
| 1990—1999年 | 7.1 | 24.9 | 0.3 |
| 2000—2009年 | 1.8 | 17.9 | 0.1 |

数据来源：CEIC。

## （三）CPI对货币变动的敏感度与当时的产出状况密切相关

在CPI对货币变化敏感度下降的同时，从实体经济层面看，CPI与产出状况波动表现的一致性更为显著。

**1. 产出缺口与CPI波动表现出强同步性**

根据数据频率不同，衡量实体经济增长速度的指标有工业增加值和GDP，前者有月度数据，后者有季度和年度数据，这里采用月度工业增加值指标和季度GDP增速衡量产出变化。

（1）利用工业增加值计算的产出缺口与CPI。利用HP滤波法对工业增加值进行处理，得到工业增加值的趋势项、周期项（见图1-1-4），并与CPI波动进行对比（见图1-1-5）。从图1-1-5中不难看出，滞后5期的工业增加值周期项与CPI同步波动趋势比较明显。图1-1-6进一步显示，经过HP滤波处理后的工业增加值周期项与CPI波动的一致性更为明显。

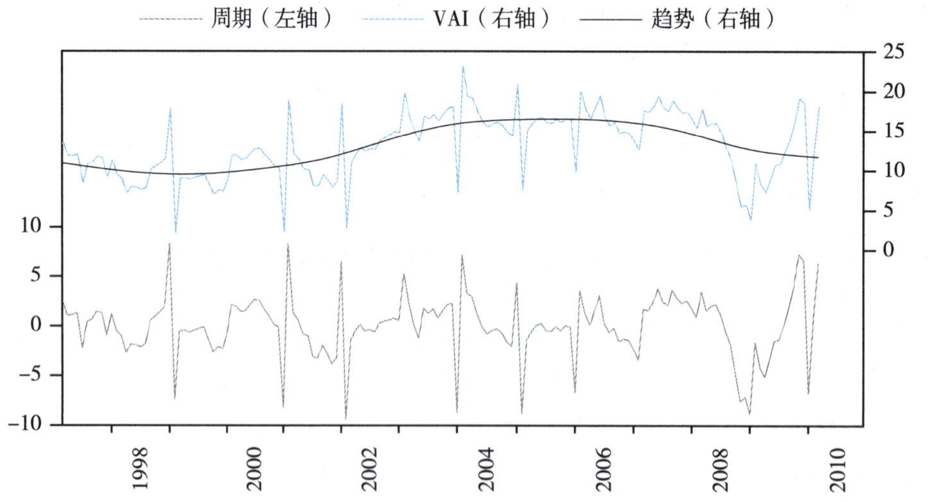


**图1-1-4　工业增加值的趋势项和周期项（1998—2010年）**

数据来源：CEIC，作者计算处理。

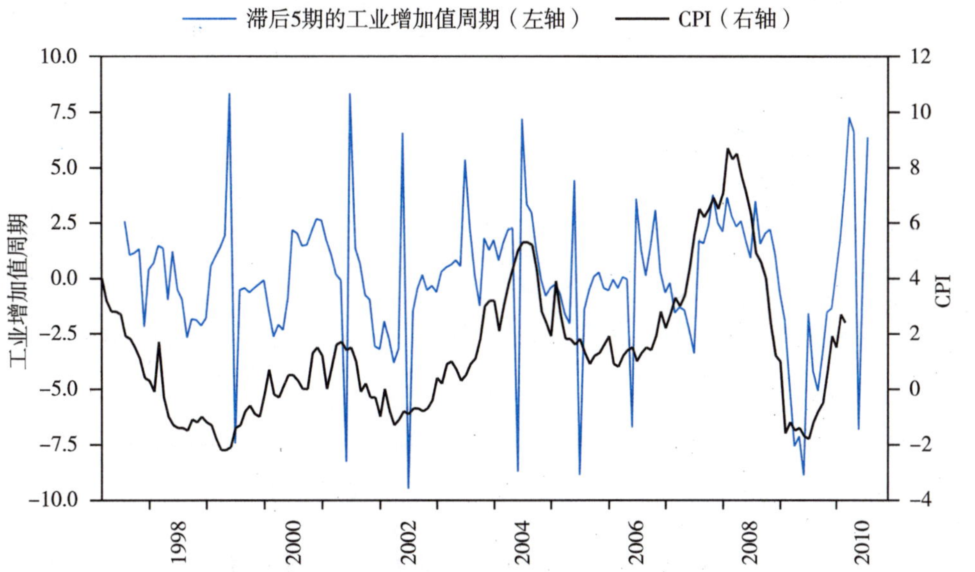


**图 1－1－5　工业增加值周期项与 CPI 波动（1998—2010 年）**

数据来源：CEIC，作者计算处理。

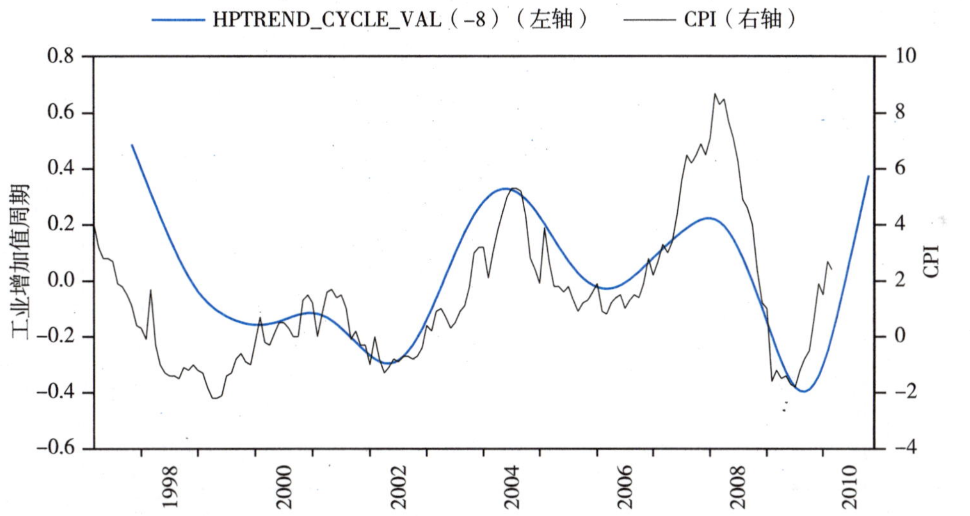


**图 1－1－6　HP 滤波处理后的工业增加值周期项与 CPI 波动（1998—2010 年）**

数据来源：CEIC，作者计算处理。

（2）利用季度 GDP 数据计算的产出缺口与 CPI。用 GDP 衡量的产出状况与 CPI 波动也呈现强一致性。我国现行 GDP 增速统计数据分为单季和季度累计两种，前者数据跨度为 1999 年第 4 季度至 2009 年第 4 季度，后者为 1999 年第 4 季度至 2009 年第 4 季度。为保持与 CPI 作比较分析时的一致性，对 CPI 数据也进行季度处理，并分为单季和季度累计两种，如图 1－1－7 和图 1－1－8 所示，不论单季还是累计数据，GDP 和 CPI 的同步波动性都比较好。

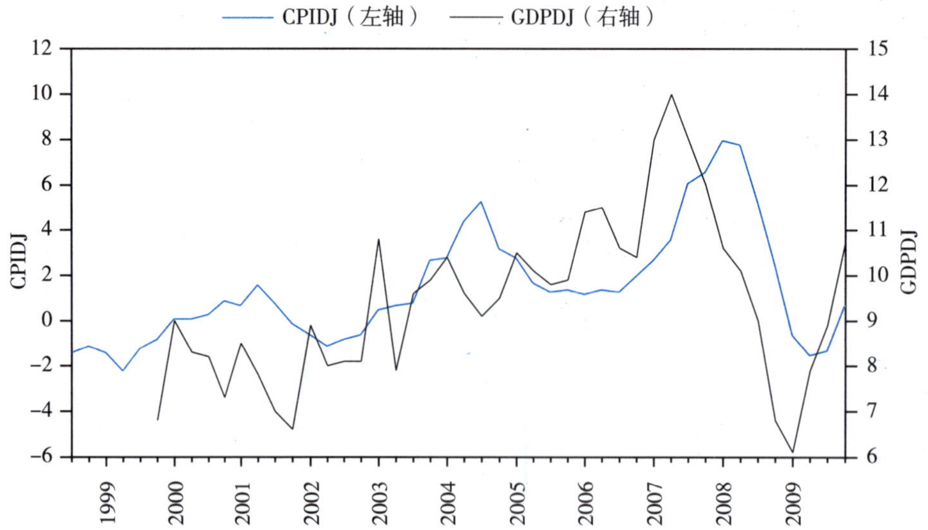


**图1-1-7 GDP和CPI的关系（单季数据）**

数据来源：CEIC，作者计算处理。

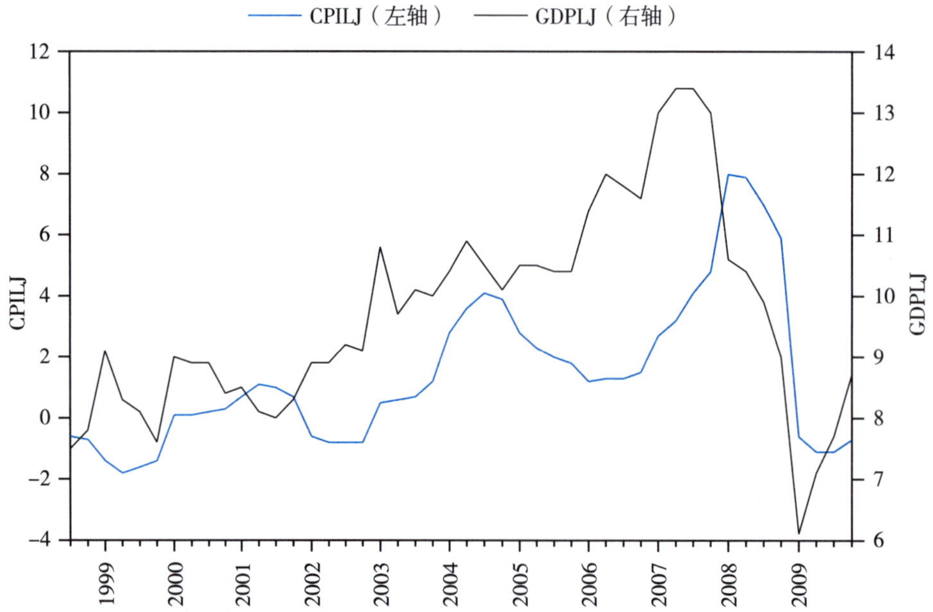


**图1-1-8 GDP和CPI的关系（累计季度数）**

数据来源：CEIC，作者计算处理。

利用HP滤波法对累计季度GDP增速进行处理，得到GDP产出缺口（CYCLE_GDPLJ）（见图1-1-9）。从图中可以看出，前者大概领先CPI约4个季度。2008年以来，我国GDP产出缺口由正转负，至2009年第3季度仍然为负，对未来价格走势仍构成一定的向下压力。

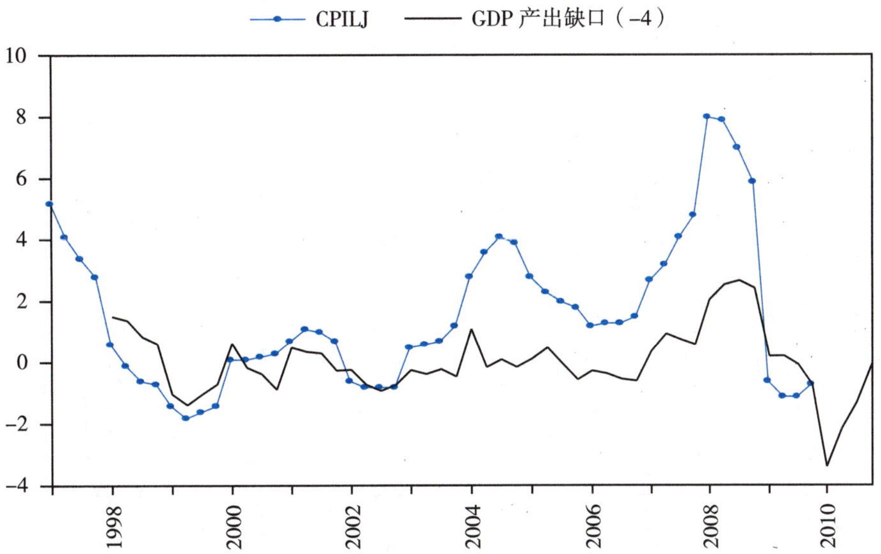


**图 1-1-9 GDP 产出缺口与 CPI（1998—2010 年）**

数据来源：CEIC，作者计算处理。

**2. 货币对通胀的影响程度与当时的产出状况密切相关**

如果同时观察货币和产出缺口与通胀的相关性，则不难发现货币对通胀的推升程度与当时的产出状况密切相关。从历史数据看，1997—2008 年我国货币供应量年均增速约 16%，其中 1999 年、2003 年、2007 年货币供应量环比增速均高于平均水平，并在狭义货币供应量环比峰值出现后约 3~6 个月，价格环比水平也出现上升。但值得注意的是，2002 年之前价格水平环比峰值只有 2002 年之后峰值的一半，如 2002 年之前，当 M1 环比达到 2% 时，PPI 环比仅上升到 0.5%（折合年率为 6%）；而 2002 年之后，当 M1 环比仅在 1.5%~2% 时，PPI 环比已超过 1%。进一步看，之所以 2002 年前后价格对货币敏感度发生明显变化，与当时的产出状况密切相关。2002 年之前，受亚洲金融危机影响外需大幅下降，1998—2001 年 GDP 年均增速只有 8%，加之亚洲金融危机后的前两年投资大量增长，加剧了当时的产能过剩，因此尽管当时采取了名为稳健实为宽松的货币政策，但价格对货币的敏感度下降；2002 年后我国加入世贸组织，又恰逢世界经济进入高速增长时期，出口需求快速增长，国内过剩产能得到迅速消化，尽管当时货币政策逐步收紧，但由于价格对货币敏感度提高仍然出现了较快上涨，这在 2004 年上半年的那次短暂通胀以及 2007 年下半年以来的最近这次通胀中都有明显表现（见图 1-1-10）。

## （四）资产价格较之 CPI 对货币波动的敏感度更强

近年来，全球流动性总体呈宽松状态，但价格上涨更多表现为股票、房地产等金融资产以及供给弹性有限、具有类似金融资产属性的初级产品上，传统意义上的一般商品价格上涨并不显著。2003 年起至次贷危机（2007 年 9 月）爆发前，全球流动性充裕，世界经济持续

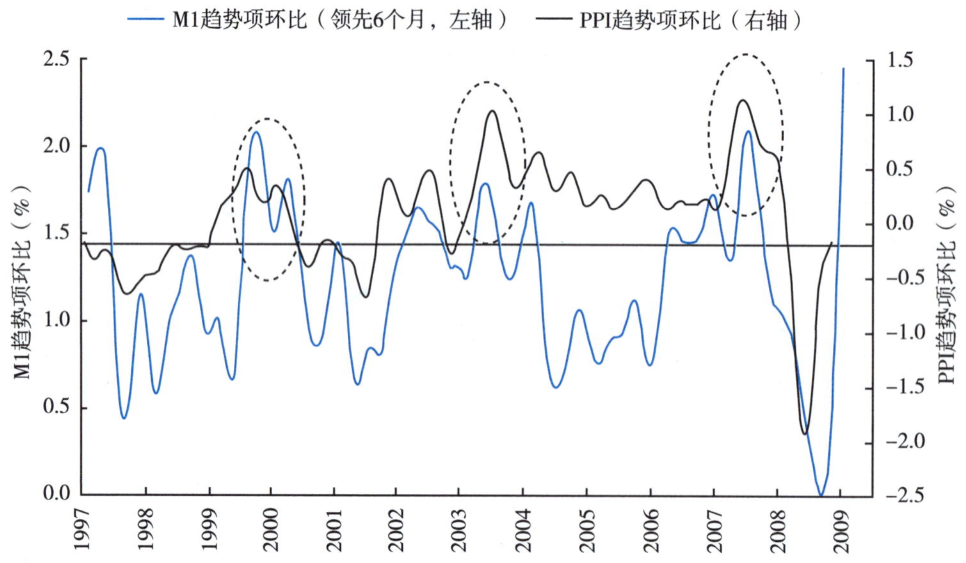


**图 1－1－10　通胀对货币的敏感度（1997—2009 年）**

数据来源：WIND。

快速增长，但需求膨胀压力并未引起一般性商品价格上涨，而是导致供给弹性有限的初级产品及房地产、股票等资产价格持续上升。2007 年 9 月次贷危机爆发后至 2008 年 7 月前后，全球更为宽松的货币条件及房市股市泡沫破裂后，大量资金涌入初级商品市场，引发初级产品价格大幅上涨。其间，IMF 国际初级产品价格指数大幅上涨了 55%，其中食品和石油价格分别上涨 32% 和 72%。由于食品及原油价格在 CPI、PPI 篮子中占较大的比重，这就引发了全球范围内主要由能源和食品价格上涨带动的“结构性”通胀，导致增长放缓与 CPI 高企并存。

从国内情况看，在一般消费品价格（CPI）对货币波动敏感性下降的同时，房地产、股票等资产价格对货币波动的敏感性有所上升。直观看，2000—2001 年、2005—2007 年以及 2009 年以来货币扩张较快年份，资产价格的上升也比较明显。从上证综指对货币量变化的敏感性看，1999—2000 年 M2 增长 1%，上证综指上涨 1.66%；2000—2009 年 M2 增长 1%，上证综指上涨 1.11%，尽管两个时期上证综指对货币量变化的敏感性同样有所下降，但其降幅较之 CPI 明显要小（见表 1－1－3）。

**表 1－1－3　资产价格较一般物价对货币波动的敏感性更强**　　单位：%

| 时　期 | CPI 平均 | 上证综指 | M2 平均 | CPI 平均/ M2 平均 | 上证综指/ M2 平均增速 |
|---|---|---|---|---|---|
| 1990—1999 年 | 7.1 | 41.9 | 24.9 | 0.3 | 1.66 |
| 2000—2009 年 | 1.8 | 20.1 | 17.9 | 0.1 | 1.11 |

数据来源：CEIC。

通过上文对历史数据的简单对比，有以下三个直观结论：一是尽管货币与 CPI 波动在趋势上仍然一致，但 CPI 对货币供应量变化的敏感度明显下降；二是 CPI 与产出缺口变化的同步波动性更强，即相对于货币因素，产出缺口对 CPI 的影响似乎更大；三是与一般消费价格（CPI）相比，资产价格对货币、流动性变化的敏感性更强，甚至在货币供应量上升较快的一些特定时间段内，资产价格和一般消费价格呈现此消彼涨关系。

## 三、货币、产出缺口与通胀关系研究的文献回顾

第二部分罗列了货币与通胀变化的一些典型化事实，本部分则侧重从理论和实证研究上回顾整理货币、产出缺口与通胀关系的相关文献。

货币与经济增长、通货膨胀之间的关系一直是宏观经济学的核心问题，梳理有关货币与通胀关系的文献，主要有四个典型学派：

（1）凯恩斯学派。该理论认为当经济尚未达到充分就业状态时，货币供应量增加而导致的总需求上升不会导致一般价格水平上升，而只能促进就业和产出增加。当经济达到充分就业后，由于产出已经达到最大化，这时货币量增加或货币流通速度加快形成的过度需求就会使一般价格水平与货币数量同比例上升，产生“正的通货膨胀”。

（2）货币学派。该学派以弗里德曼、哈耶克等为主要代表，强调通货膨胀本质是一种货币现象，认为是货币过多导致总需求大于总供给，从而引发一般价格水平上涨，为应对通货膨胀，应确保货币供给量每年按一定比例增长，使其与实际国民生产值增长率相适应。

（3）理性预期学派。该学派反对凯恩斯通过政府干预刺激经济的做法，在萨伊定律和自然失业率基础上，提出了理性预期概念，认为政策不能对产量、就业和其他“实际”经济变量产生影响，但却对一般物价水平等“名义”变量具有规律性效果。因此，政府控制通胀的最好办法就是公开宣布稳定的货币供应量年增长率以稳定公众的通胀预期。

（4）供给学派。该学派崇尚萨伊定律，认为凯恩斯主义政策在刺激总需求时没有立刻增加供给，难免形成通货膨胀，而通货膨胀势必降低经济增长，最终可能导致滞胀。为此，有必要通过大幅度、持续减税增加投资，并同时削减政府支出特别是社会福利支出。

上述四个经典学派对通胀成因的论述中，都直接或间接地涉及货币供应与产出缺口问题。为对历史文献做一个较清晰的梳理，下面分别对货币供应、产出缺口与通货膨胀的关系，以及把三者联合起来进行论述的国内外文献进行整理，并予以评析，以借鉴并发现可创新之处。

### （一）对货币供应与通货膨胀关系的研究

针对货币供应与通货膨胀之间的关系，宏观经济学历来有不同理解，以货币中性是否成立为分水岭，可分为均衡和非均衡理论两大分支。

#### 1. 通货膨胀的均衡理论

通货膨胀的均衡理论以新古典学派理论为基础，以市场完全竞争和价格均衡为一般前提，该理论框架主要包括货币数量理论、自然失业率理论、狭义货币主义理论、理性预期理论等内容。均衡论的主要观点是，货币供应量是影响通货膨胀的最重要因素，其中观点最为极端的货币数量论认为名义价格或价格总水平只是货币供应量的函数，而与实际部门的经济运行状况无关。

从自然失业率理论和狭义货币主义理论开始，均衡论对通货膨胀的理解开始加入预期因素，在经济主体对未来通货膨胀率存在预期的情况下，只要通货膨胀被经济主体充分预期，扩张性宏观经济政策就不会对实际产出和就业产生效应，货币供应量增加只会带来通胀水平的提高。之后理性预期理论通过引入理性预期概念取代适应性预期，彻底否定了政府扩张性政策（主要是货币政策）在短期与长期内对产出的有效性，而通货膨胀则成为货币供应量增加的直接和唯一结果。

**2. 通货膨胀的非均衡理论**

与通货膨胀均衡理论不同，“非均衡派通货膨胀理论”主要以凯恩斯国家干预经济理论为基础，以现实经济中一系列不完全竞争、非价格均衡或结构变动现象为一般前提条件。

非均衡派的通货膨胀理论侧重从国家经济政策角度分析通货膨胀，辅之以存在于劳动力和商品市场上的各种非市场因素。总体来说，与均衡派理论相比，非均衡派并不认同“货币中性”观点，而是认为货币供应变动将同时影响价格水平和实际产出，也不同意货币学派关于“通货膨胀在任何条件下都只是一种纯粹的货币现象”的命题。在市场存在非均衡的条件下，短期内货币流通速度并非固定，经济也不总是处于充分就业状态，因此货币数量论关于货币供应与价格上涨的唯一关系并不成立。在长期内，通货膨胀是经济运行中各种非均衡因素的综合产物，货币供给增加并不只是单纯推动价格上涨，还会对实际产出增长发挥作用。

**3. 已有的实证研究结论**

目前对货币与通胀关系的实证研究大都从两者之间的计量检验着手。一些基于向量自回归（VAR）和格兰杰（Granger）检验的研究成果表明，货币政策冲击至少在短期对经济变量构成一定影响。从长期看，国内实证研究结论主要有两种：一种观点认为货币冲击对真实产出的影响呈现中性，仅对价格产生影响。如刘斌（2002）的实证研究表明，长期内产出不受价格、货币供应量变化的影响，但无论在短期还是在长期，货币供应量的变化会对价格产生影响。另一种观点认为由于货币流通速度、经济货币化程度等因素的影响，货币供给对价格的影响虽然显著，但并非呈现同比例的中性变化。黄先开、邓述慧（2000）研究发现，不论是预期还是非预期的货币供给冲击，对产出的影响均非中性。其中 M1 对产出的影响具有对称性，M2 对产出的影响具有非对称性。陆军、舒元（2002）的实证结果显示货币政策对产出在 10% 的显著水平上存在非对称性影响。易刚、王召（2002）的实证分析表明，由于商品、服务价格和股市行情的扰动，货币供给与通胀并不完全同向变动。伍志文（2002）的研究表明，货币供应量与价格关系在不同阶段上结果并不相同，特别是在我国，由于资本市场迅速扩容可能带来金融资产“囤积”，货币供应与价格在特定时间段可能反向变化。杨建明（2003）的实证分析发现，广义货币供应量 M2 与经济增长、通货膨胀之间虽存在长期稳定关系，但 1994 年以来这种稳定关系变弱。

在研究方法上，除了向量自回归（VAR）等方法外，高铁梅（2001）采用状态空间和变系数方法，对货币政策与经济变量间的关系变化进行了研究。冯春平（2002）采用滚动 VAR 方法进行实证研究后发现，货币冲击对价格的影响波动性有逐渐加大趋势。郭明星、刘金全等（2005）通过马尔可夫区制转移的向量误差修正模型，得到了不同产出和货币变量区制之间具有一定对应关系，得出货币供给增长率与产出增长率之间的影响关系依赖于经济周期的结论。陆军、舒元（2002）采用两步 OLS 方法检验货币政策对产出的效果。此外，协整分析、简化式向量回归模型等工具也被用于对此类问题的分析。

国外学者与国内学者的研究结论类似。麦坎德利斯和韦伯（McCandless & Weber，1995）对 110 个国家 1960—1990 年间的货币与通胀的考察表明，长期内货币增长率和通胀率的相关性高达 0.92～0.96，且与产出水平不相关，支持了“长期内货币中性”的结论。但也有学者（Baba，Hendry，Starr，1992）认为由于经济周期的存在，货币流通速度在不同时期会有所不同，这就会导致仅用货币供应量解释通胀显得缺乏说服力。此外，尽管大多数学者认为货币与通胀及产出存在协整关系，但弗里德曼和库特纳（Friedman & Kuttner，1993）发现，上述变量之间的协整关系仅在 20 世纪 80 年代以前较为明显，此后十余年间货币、产出、价格三者不再具有稳定关系。

综上所述，相关研究对长期内货币是否中性的看法仍存分歧。从实证分析角度看，源于样本区间及取样频率的不同，结果可能有所差异。即使是相同的统计口径，但不同国家政治、经济体制不同，实证分析结果也会出现差别。例如转轨国家比成熟市场经济体存在更多的价格和收入管制，货币政策目标也更倾向兼顾经济增长和就业，在这种情况下，货币数量扩张就可能产生比成熟市场经济体更高的经济增长率和通胀水平。

## （二）产出缺口与通胀关系的研究

在给定货币供应条件下，产出缺口状态是影响通胀水平的关键因素。事实上，无论是上面提及的均衡和非均衡理论，都认同产出缺口是影响通胀水平的基本因素，只是对在产出缺口既定条件下，货币因素对通胀的影响程度上存在分歧。

### 1. 产出缺口对通货膨胀的影响机制

在简化模型中，产出缺口对通货膨胀的影响，可通过总供求状态对价格的决定过程加以解释。如果总需求大于总供给，即产出缺口为正，通常会推动通胀水平上升，相反通货膨胀会受到过剩产能的压制。尽管总供求均衡分析从宏观上解释了通胀水平的决定机制，但实际情况远非如此简单。通胀水平变化不但受到因产出缺口而形成的供给—需求再平衡过程的影响，还与通货膨胀预期、外部冲击、厂商价格黏性等因素密切相关，对未来通胀水平的预期又与厂商在当期因产出缺口情况变化做出的价格调整有关。

### 2. 菲利普斯曲线及其扩展

短期菲利普斯曲线（Phillps Curve）是研究短期内产出与通胀关系的经典模型。菲利普斯（Phillips，1958）在研究英国 1861—1913 年货币工资与失业率之间的关系时，发现这两个变量间存在一个非线性、负相关的关系。利普西（Lipsey，1960）进一步从一个单一劳动市场供求系统中推导出菲利普斯曲线。此后，萨缪尔森和索洛（Samuelson and Solow，1960）对 Phillps-Lipsey 模型加以修改，使之适用于研究更具广泛意义的通货膨胀与失业率的关系。

20 世纪 60 年代，预期通货膨胀对实际通货膨胀的影响逐渐受到关注。弗里德曼（Friedman，1968，1975）和费尔普斯（Pheips，1967，1972）提出“自然率”假说，并将适应性预期加入到传统菲利普斯曲线。奥肯法则（Okun，1970，1974）进一步将产出缺口替代失业率，得出产出缺口和通货膨胀的模型描述。之后国外很多学者①在运用菲利普斯曲线分析时，就采用实际产出与潜在产出之间的缺口代替失业率缺口衡量经济运行中存在的过度需求压力。

### 3. 国内学者的实证研究结论

国内研究产出缺口与通货膨胀关系的文献也逐渐增多（见表 1－1－4）。刘树成（1997）探讨了我国不同时期“产出－价格”菲利普斯曲线形状并进行原因分析。胡鞍钢（1999）利用产出缺口判断我国的通货紧缩类型。高铁梅（2003）利用状态空间模型构造可变参数模型，实证研究了转型时期产出缺口对通货膨胀影响的弹性变化。刘金全（2006）发现我国“产出－价格”关系具有长期菲利普斯曲线的性质，认为随着经济增长率体现出高波动区制和低波动区制，通货膨胀预期也表现出两种不同的适应性预期形态。恭敏、李文博（2007）将我国的产出和价格波动分解为总供给与总需求两部分影响，并讨论了影响我国经济增长和价格波动的供需力量对比。其他学者如王明舰（2001）等，用我国 1980—1995 年间的数据验证了产出缺口与通货膨胀的正相关关系。王煜（2005）用格兰杰因果检验分析了我国产出缺口与通货膨胀的关系，结果显示我国通货膨胀预期不是适应性的，而是围绕一个固定值，即我国存在传统型的菲利普斯曲线。张红伟、毛前友（2008）使用 1994—2005 年的季度数据，发现我国的产出缺口与通货膨胀之间存在明显的正向关系，基于向量自回归的脉冲响应函数分析结果也表明，产出缺口与通货膨胀之间存在明显的动态联系。章上峰、许冰（2009）对 1978—2006 年数据的实证研究表明，产出缺口对通货膨胀的线性影响显著，自发性通货膨胀率为 2.8%，上期通货膨胀对本期的影响系数为 0.44，产出缺口对通货膨胀影响的弹性系数为 0.18。

**表 1－1－4　　产出缺口与通货膨胀关系的国内主要研究**　　单位：%

| 学　者 | 估计方法 | 样本数据 | 估计结果 |
|---|---|---|---|
| 王明舰（2001） | 简单线性自回归模型 | 1980—1995 年季度数据 | 产出缺口与通货膨胀的正相关 |
| 王煜（2005） | 格兰杰因果检验 | 1994—2005 年季度数据 | 产出缺口与通货膨胀之间存在格兰杰因果关系，我国存在传统型的菲利普斯曲线 |
| 钱宥妮（2005） | 动态分布滞后模型 | 1952—2002 年年度数据 | 我国在长期内不存在菲利普斯曲线 |
| 张红伟、毛前友（2008） | VAR 模型 | 1994—2005 年季度数据 | 产出缺口与通货膨胀之间存在明显的正向关系，菲利普斯曲线成立 |
| 章上峰、许冰（2009） | 面板数据模型 | 1978—2006 年年度数据 | 产出缺口对通货膨胀的线性影响显著，产出缺口对通货膨胀影响的弹性系数为 0.18 |

资料来源：作者整理。

① Dupasquier and Ricketts（1998），Claus（2000），Kichian（2001），Lee and Nelson（2007）.

另有一些学者发现菲利普斯曲线在我国解释性较差（陈学彬，1996），或者产出缺口与通货膨胀之间的关系不显著（钱宥妮，2005）。钱宥妮用1952—2002年我国的产出缺口与通货膨胀数据进行检验，发现菲利普斯曲线在长期内不存在。

## （三）综合考虑货币供应、产出缺口与通货膨胀关系的研究

目前国内研究文献仍主要聚焦于产出缺口或货币供应各自与通胀关系的研究，在同一模型中同时考虑货币和产出缺口对通胀影响的文献较少。这方面欧洲央行较早采用“双支柱”策略（two-pillar strategy）、区分货币和实体经济因素对通胀的作用（ECB，2003，Gerlach，2004，Assenmacher-Wesche and Gerlach，2006，2007）。随后一些学者将欧洲央行“双支柱”策略模型化，在原有菲利普斯曲线基础上加入M3增长率（Gerlach，2003，2004；Neumann，2003；Neumann and Greiber，2004；Assenmacher-Wesche and Gerlach，2006），模型中的产出缺口被用来反映短期实体经济层面的变化，货币供应则表示短期内的通胀压力。其他国家如瑞典的格拉克—克里斯滕（Gerlach-Kristen，2006）也发现同时考虑货币和产出缺口的“双支柱”模型能较好地描述通胀形势变化。

## （四）本课题对以往研究拟作的改进

综合前文的文献整理，主要集中于货币供应与通胀、产出缺口与通胀各自关系的研究，同时考虑产出缺口、货币供应与通胀关系的研究较少。一般来说，当经济周期处于从波峰到波谷过程时，经济活动处于下降阶段，产出缺口正经历由正转负的转变。为熨平经济周期，货币当局一般会采取积极的货币政策，如增加货币供应、降低利率等。这时未来通货膨胀面临两股相反力量的综合作用，即货币供应增加会增加未来通胀压力，而产出缺口由正转负会对通胀产生抑制作用。如何判断未来通胀压力或价格水平高低，需要综合权衡两股力量的大小，仅从产出缺口或货币供应单方面考虑对价格的影响，都可能有失偏颇。

此外，已有文献研究中采用货币供应指标时，基本采用货币当局公布的货币统计口径M1、M2或M3。但实际上对通胀（CPI）产生影响的货币是真正发挥商品和服务交易媒介的那部分货币；另一部分用于投资目的的货币，如买卖股票的货币，对消费价格的影响并不直接，而只是通过财富效应对消费品价格、托宾Q效应对投资品价格产生间接影响。基于此，在分析货币对通胀影响时，有必要将其细分为指向实物商品和服务的交易性货币和指向金融资产的投资性货币。

围绕现有研究的两个不足，本课题尝试对我国货币与通胀关系的研究作以下改进：一是在分析现阶段我国通货膨胀形成机制的基础上，构建同时考虑货币供应与产出缺口对通胀的影响模型；二是将M2区分为指向实物商品和服务的交易性货币和指向金融资产的投资性货币。

具体做法是，首先运用相关办法区分交易性和投资性货币，得到与CPI相对应的货币供应量，然后同时将调整后的货币供应量、产出缺口以及开放经济下的外部冲击因素（国际油价、

人民币汇率）综合起来，对其与 CPI 之间的关系进行实证检验，具体计量货币和产出缺口等因素对 CPI 的影响程度，最后根据实证分析结果提出稳定中长期通胀水平的政策建议。

## 四、我国货币与通胀关系变化过程的机制分析

改革开放以来，我国的总供求关系以及经济结构和制度环境不断变化，货币供应对通货膨胀的影响机制也因此不断变化。本部分从回顾 20 世纪 80 年代至今几次主要通货膨胀的成因入手，分析货币对通货膨胀影响机制的变化。

### （一）货币对通胀影响机制的变迁过程

#### 1. 20 世纪 80 年代中后期的高通货膨胀

20 世纪 80 年代中期以前，我国大多数商品价格仍处于管制状态，许多与人民生活息息相关的重要商品甚至仍在实行凭票供应的配给制。但从 80 年代中期开始，随着商品市场改革整体推进速度的不断加快，价格形成机制逐渐市场化、自由化，长期处于压制状态的隐蔽通货膨胀得到释放，出现了严重的显性通货膨胀，甚至在居民心理上形成了价格改革即价格上涨的通货膨胀预期。这一时期的通货膨胀是较为典型的“货币数量论”下的通货膨胀，价格的放开打破了管制状态下一定数量货币与商品之间的强制对应关系，实际上开启了货币追逐商品的竞赛，迅速推高了相对稀缺商品的价格，CPI 分别在 1985 年和 1988 年创出 9.3% 和 18.8% 的高点（见图 1 - 1 - 11）。

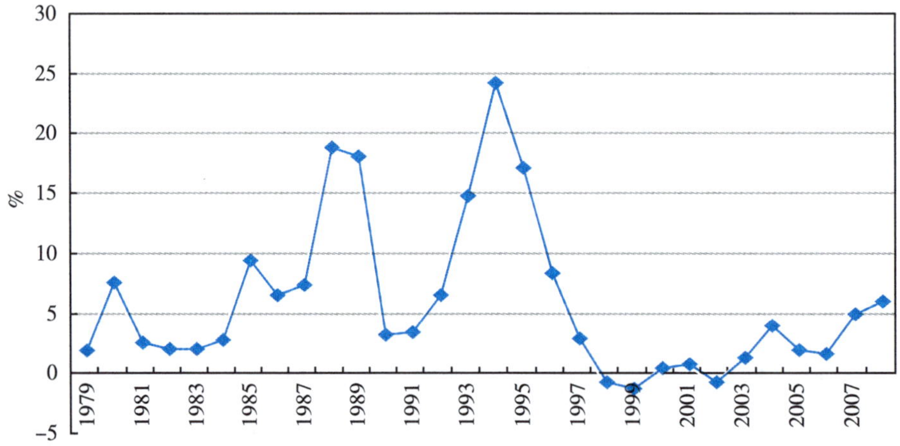


**图 1 - 1 - 11　1979—2008 年我国 CPI 走势**

#### 2. 1993—1994 年的高通货膨胀

在经历了 20 世纪 80 年代末 90 年代初的经济大幅下滑后，中央决定进一步深化改革，通过加大改革力度给经济注入新的活力。在各项政策推动下，银行信贷大幅增长，经济走势

迅速逆转，GDP 增长率从 1990 年的 3.8% 快速上升到 1991 年的 9.2% 和 1992 年的 14.2%。但这种主要依靠高投资推动的经济增长，也形成了巨大通胀压力，CPI 从 1991 年开始回升，到 1994 年达到改革开放 30 年中的最高值 24.1%（见图 1－1－11）。

对于 20 世纪 90 年代中期出现的高通货膨胀，一般认为主要受两大因素影响：一是投资过热和银行信贷急剧扩张。由于 20 世纪 90 年代前期国有企业和国家银行的改革还很不彻底，风险防范机制和预算约束机制尚未形成，国家政策取向的变化很容易激发各类投资主体的投资冲动和银行信贷投放。在 1991—1994 年期间，广义货币 M2 的增速不断上升，在通胀水平最高的 1994 年，M2 增速也达到 34.5%。二是工资成本的推动。20 世纪 90 年代初期开始，劳动力等要素市场改革逐步深入，在重建居民积累功能的国民收入分配结构调整中，企事业单位工资收入明显提高，工资增速快于劳动生产率增长速度，对通货膨胀上升起到了推动作用。总体看，尽管这一时期的高通胀源于投资需求拉动和工资成本推动两大直接因素，但货币供应量激增显然是其中的决定性力量。

**3. 20 世纪 90 年代后期以来的低通货膨胀**

20 世纪 90 年代后期至 2008 年国际金融危机爆发前，虽然我国 CPI 一直呈现波动走高的趋势，但没有再出现过明显和持续的高通货膨胀。从货币供给角度看，这一阶段货币供应量保持相对稳定，没有出现过明显的超常增长，狭义货币 M1 的增长率主要在 10% ~20% 之间波动，广义货币 M2 增长率则在 15% ~20% 间波动，处于较为合理的增长区间。总体看，这一阶段货币因素对通胀的影响力有所下降。

**4. 2007—2008 年上半年外部冲击型通货膨胀**

2007 年年中以来，国内物价先后经历了从快速上涨到快速下跌的大幅波动。居民消费价格涨幅自 2007 年年中以来逐渐提高，到 2008 年 2 月达到 8.7% 的峰值，其后受国际金融危机爆发的影响又持续下跌。这一时期国内价格变动与国际经济环境的变化密切相关，具有明显的外部冲击特点：一是 2005 年以来，我国贸易顺差急剧上升，迅速改变了产出缺口状态；二是贸易顺差大量增加引发持续的人民币升值预期和大量资本流入，导致国外净资产渠道的货币供应激增；三是在美元贬值和全球流动性泛滥的背景下，国际初级产品价格大幅上升，输入型通胀压力迅速增大。总体看，这一阶段货币供应增长的被动性明显上升，货币对通胀的传导机制开始从国内信贷转向国外资本流入。

**5. 国际金融危机全面爆发以来的货币信贷大幅增长**

2009 年 9 月国际金融危机全面爆发以来，全球和我国的通胀形势迅速逆转为通缩风险。在这一背景下，全球普遍实施了宽松的货币政策，我国货币信贷也出现大幅增长，从 2009 年的情况看，近一时期的货币信贷大幅增长尚未对通胀走势产生明显影响。仅从货币信贷大幅增长的内在机制本身看，尽管表面上是反危机政策下的主动货币投放，但货币信贷增速之快仍明显超出预期，第一次出现全年信贷投放增速大大超过投资增长的态势。这一情况表明，货币信贷投放的内在约束机制仍未形成，一定程度上仍具有被动服从积极财政政策的特点。

## （二）产出缺口对通货膨胀影响机制的变迁过程

20世纪90年代以前，我国尚处在短缺经济时期，当经济体制改革将居民被长期压抑的物质需求放开时，总需求大于总供给的矛盾表现得相当突出，正的产出缺口一度成为推高通胀的主要因素。前文提到的20世纪80年代中后期我国的高通胀就是投资和消费双膨胀下产出缺口迅速上升的直接结果。20世纪90年代以来，随着改革开放的深入推进，社会生产率不断提高，生产规模不断扩大，我国逐渐摆脱了短缺经济局面，主要产品的供给能力大大增强，直接导致了CPI上升态势的趋缓。2003年以后，在全球经济上升和我国加入世贸组织的推动下，我国出口以每年20%以上的速度快速增长，对冲了生产能力提高造成的负产出缺口，并由此导致CPI重新逐渐上升。这次在国际金融危机冲击下，外需急剧减少，估计2009年全年出口同比增幅为－16%，与2005年以来年均超过20%的增幅形成鲜明对比，导致产出缺口重新由正转负，成为对冲货币信贷大量投放下通胀压力可能上升的重要因素。

## （三）资产市场发展对货币与通胀关系的影响

在广义货币M2中，如果长期储蓄能始终保持稳定，则M2的变化将主要反映用于交易部分的货币供给变化。但当长期储蓄变得不稳定时，M2变化就不再具有反映交易性货币供应变化的能力，在这种情况下，从广义货币M2的变化推测通货膨胀的变化就不可靠，甚至可能误导。

从2003年开始，随着一些长期困扰股票市场的历史问题逐步得到解决，市场参与者范围不断扩大，参与渠道不断增加，在一系列有利因素的推动下，股票市场一度出现持续上升趋势，大多数城镇家庭不同程度上参与了证券市场投资活动，长期以来以银行存款为主的金融资产结构趋于多样化。金融资产组合的结构性调整，使得传统货币供给指标M2与CPI的关系变得越发不稳定。

在当前我国金融市场迅速发展、居民理财方式不断多样化的背景下，选用现行的M1或M2都不能准确反映货币对通胀的影响。与其他国家相比，我国M1定义过窄，只包括现金和企业活期存款，不包括对CPI影响较大的居民活期存款，显然不适合用来衡量货币对通胀的影响。M2虽然与国际标准基本一致，但过于宽泛的内涵也使其无法准确衡量“用于交易购买力”的真实规模。众所周知，几十年来的制度性约束人为地制约了我国资本市场发展，限制了居民的投资渠道，而居民收入增长缓慢和社会保障制度不健全，又使家庭存款中相当大一部分成为因预防性目的而沉淀下来的长期储蓄。在两方面因素的共同作用下，广义货币M2中形成了相当规模的稳定“基石”，即窖藏资金。只要宏观经济环境不发生明显变化，这部分存款在当期和未来较长时间内都不会进入商品市场发挥交易手段作用，不会成为推动价格上升的真实购买力。这就是为什么2008年末我国的M2/GDP比率高达193%，却未出现持续高通胀的一个原因。

## （四）基于经济系统框架的货币—通胀传导机制分析

通货膨胀的形成原因复杂，涉及面广，不仅与国内外需求和供给关系甚密，而且与一国经济结构的发展变化密不可分。前者只是通胀成因的表现变量，后者才是表现变量背后的结构性原因。因此，分析我国通货膨胀形成机制，最好是在一个大的经济分析框架下理解其变化成因。在此，将通过建立一个经济系统传导机制框架（见图1－1－12），分析各变量之间的关系，进一步阐明货币、产出缺口以及金融市场深化在通胀形成机制中的作用。

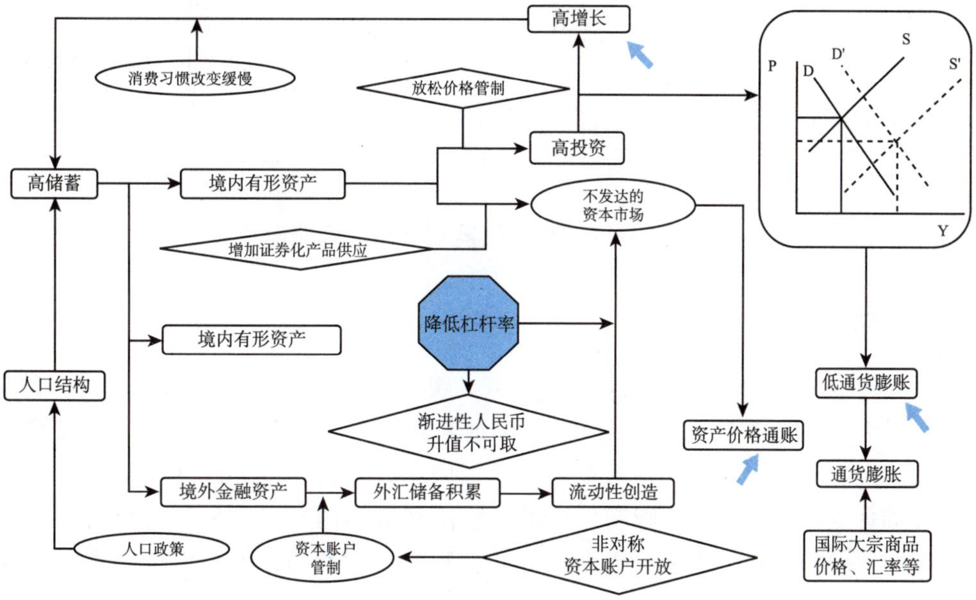


**图1－1－12　我国通货膨胀传导机制框架**

资料来源：作者整理。

### 1. 从高储蓄到国民资产配置

我国国民储蓄约占GDP的55%，其中19%为家庭储蓄，11%为政府储蓄，25%为企业储蓄。国民储蓄只能有三种用途：（1）境内有形资产，（2）境外有形资产，（3）境外金融资产。境内有形资产通过国内固定资产投资的方式形成；境外有形资产的形成途径是我国居民的境外直接投资或以并购方式获得的境外有形资产所有权；境外金融资产的形成途径是中央银行的官方外汇储备积累或跨境自由流动机制（即无资本账户控制）下的私人投资（见图1－1－13）。

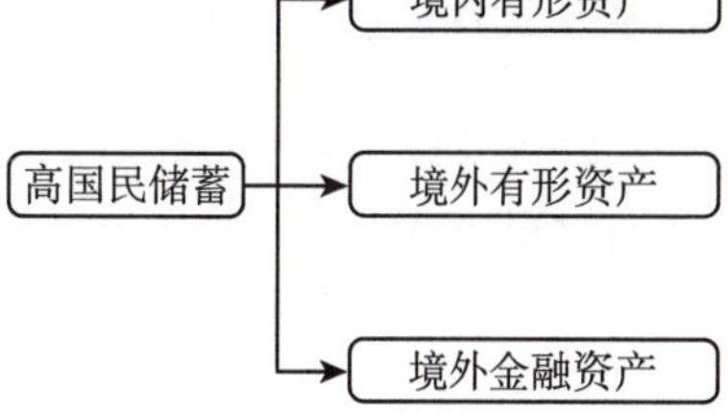


**图1－1－13　国民储蓄的三种用途**

### 2. 从高储蓄到低通货膨胀

高储蓄为促进国内投资快速增长提供充足资金，高投资反过来又促进了经济的快速增长。在其他条件不变的情况下，国内高储蓄支撑的高增长通常会导致通缩而非通胀压力。具体而言，扩张政策实施初期的投资项目是总体需求的一部分（即需求曲线向右平移），通常会增大价格上涨压力，但投资最终将导致产能扩大，从而使供给大幅增长（即供给曲线向右平移）。尽管经济出现高速增长，但其净影响是通胀压力可能被持续消化。在一个高储蓄环境中，任何通胀压力都不可能持续很久，因为高储蓄率造成充裕的资金供应，从而使通过投资产生的供给能力提升的影响变得更为迅速（见图1－1－14）。事实上，2005年以来，尽管外需大幅增长迅速，但制造业生产能力在投资和充裕流动性的刺激下增长更快，产能过剩现象更加突出①。

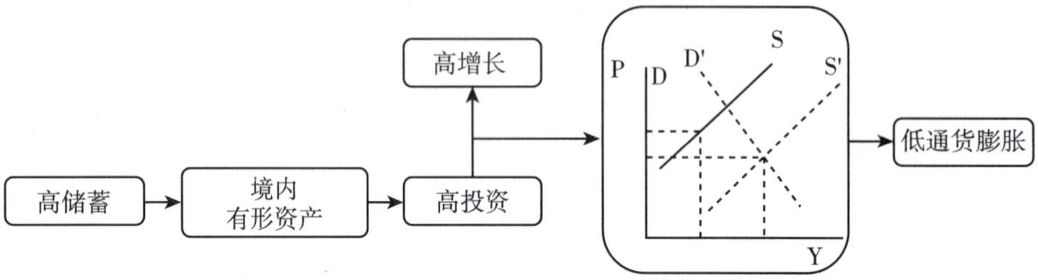


**图1－1－14　从高储蓄到低通货膨胀路径**

### 3. 从高储蓄到流动性创造

我国境外金融资产的主要表现形式为中央银行外汇储备，约占境外总资产的70%。这主要是因为资本账户管制导致国内居民不能自由进行境外投资。相应的，以官方外汇储备形式体现的境外金融资产并不真正反映国内私人储蓄在境外的使用情况，因为国内流动性（即如果没有资本账户管制，则可能已由私营部门投资于境外有形资产或金融资产所对应的那部分储蓄）正是由央行外汇储备积累而创造的，但却由于资本管制被限制在我国国内（见图1－1－15）。

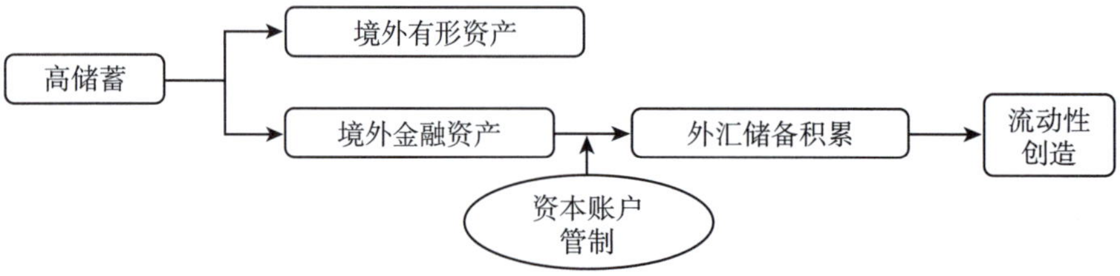


**图1－1－15　从高储蓄到流动性创造路径**

### 4. 从流动性创造到资产价格

一方面，央行外汇储备积累创造了大量国内流动性，同时金融投资需求又很强劲；另一方面，国内资产市场不够发达，证券化投资产品不足。在我国，约85%的金融中介通过银行系统完成，证券市场只占10%。资本市场供需不平衡是我国股市估值偏高的一个重要原

① 根据国家统计局统计的24个行业的产品生产能力测算，2009年第2季度有22个行业呈现不同程度的产能过剩，产能过剩的行业虽然比第1季度多两个行业，但产能过剩的程度在加深。

因。作为一个贴现机制，目前规模尚小的我国股市实际背负着为整个经济长期增长前景进行定价的功能，因此很容易在短期内滋生泡沫（见图 1－1－16）。

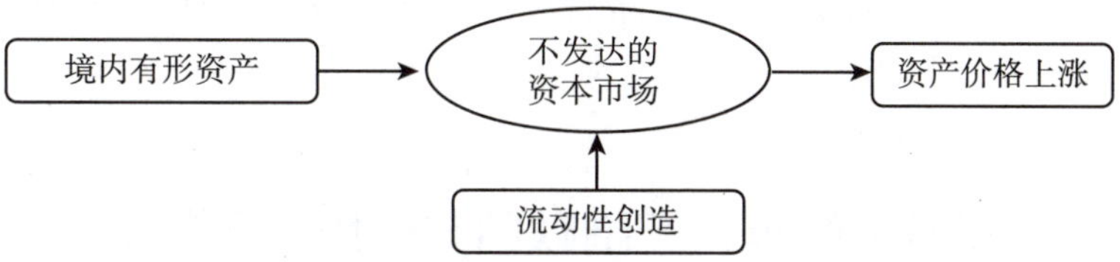


**图 1－1－16　从流动性创造到资产价格上涨路径**

**5. 从人口政策和家庭消费习惯到高储蓄**

我国的高储蓄是一个人口代际现象。高储蓄率主要是计划生育政策下的人口结构、经济快速增长背景下家庭消费习惯改变缓慢等长期因素作用的结果。“计划生育政策”在较短时间内大幅降低了人口抚养比。在其他国家，老龄化是一个自然过程。尽管家庭收入随整体经济增长迅速增加，但个人消费习惯可能需要好几年甚至好几十年才能改变。这就是为什么“文化因素”常常被认为是高储蓄率的原因。国有企业缺乏社会保障和公司治理等其他结构性因素，虽然对我国的高储蓄率也有所贡献，但这些影响相对较小且更多是上述长期因素的间接反映（见图 1－1－17）。

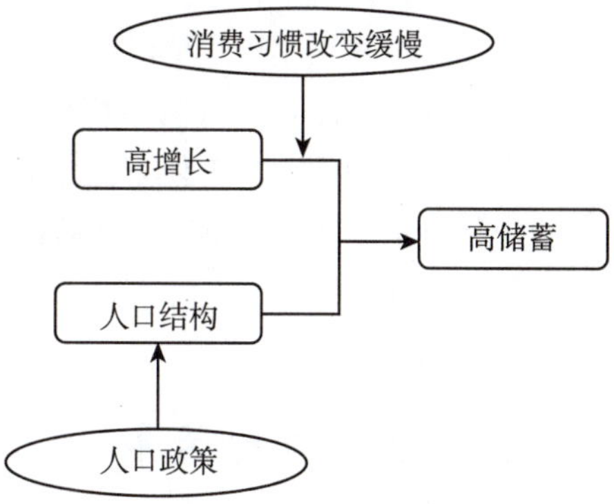


**图 1－1－17　从人口政策和家庭消费习惯到高储蓄路径**

**6. 输入型通胀增大了国内通胀的不确定性**

国内通货膨胀水平的最终确定，除了受到国内供需因素的影响外，国际输入型因素的影响也变得日益不可忽视。尤其是随着我国加入国际一体化进程的加快，国际大宗商品价格和汇率变动对国内价格的影响日益突出，在我国经济增长主要依赖外需和投资拉动模式没有根本转变、能源资源严重依赖进口的条件下，国外输入型因素在分析国内通胀成因中不可或缺。因此，尽管国内供需因素可能导致低通胀，但在国际输入型因素影响下，国内通胀水平变化具有不确定性，是两者综合作用的结果（见图 1－1－18）。

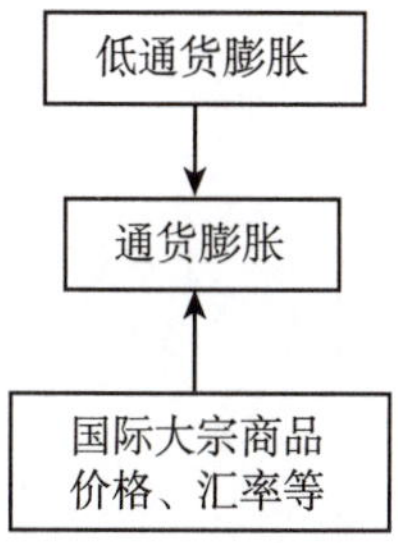


**图 1－1－18　输入型通胀因素**

综合以上对我国通胀形成机制的分析，在理解我国货币与通胀关系时有以下结论：一是从宏观经济储蓄与投资的平衡状态看，由于人口代际现象和消费习惯改变的长期性，我国将在较长时期内呈现储蓄大于投资的基本格局，决定了我国从产出缺口角度解释的通胀压力将面临产能过剩的制约；二是在实行跨境资本流动管制的背景下，储蓄大于投资导致的流动性过剩压力主要在国内市场释放，即在常态经济周期下货币供应被动投放压力主要来自境外流动性输入；三是相对于一般商品和服务市场，我国资产市场特别是房地产市场的供求状态明显偏紧，这一相对格局决定了流动性对资产价格的冲击强于对一般商品和服务价格的影响。

## 五、我国货币供应、产出缺口与通胀关系的实证检验

根据前面章节的论述，货币供应、产出缺口都与通货膨胀水平变化存在密切联系，因此在对通胀成因的实证检验中，有必要同时考虑货币与产出缺口变量的影响。此外，在开放经济条件下还需考虑外部冲击对货币和通胀的影响。

在本章的实证检验中，首先估算出产出缺口，然后利用历史数据对货币指标M2进行具体分析，得到其中真正用于实体经济交易需求的部分，在此基础上，综合考虑国际大宗商品价格、汇率、利率等因素，对核心CPI和CPI进行回归检验，重点分析货币供应和产出缺口对通胀率变动的影响程度。为便于比较和更好地阐明本文对货币供应指标进行创新的理由，实证检验中将分别用M2和经过处理后的M2对CPI进行回归分析，以比较哪个指标对CPI变化的解释力更强。

### （一）产出缺口的估算

考虑到本部分实证检验数据的频率和样本长度，选择HP滤波法来计算产出缺口。产出水平指标选用国内生产总值（GDP）的季度累计增速，样本跨度为1995年第1季度到2009年第4季度，共60个样本。处理结果如图1－1－19所示。

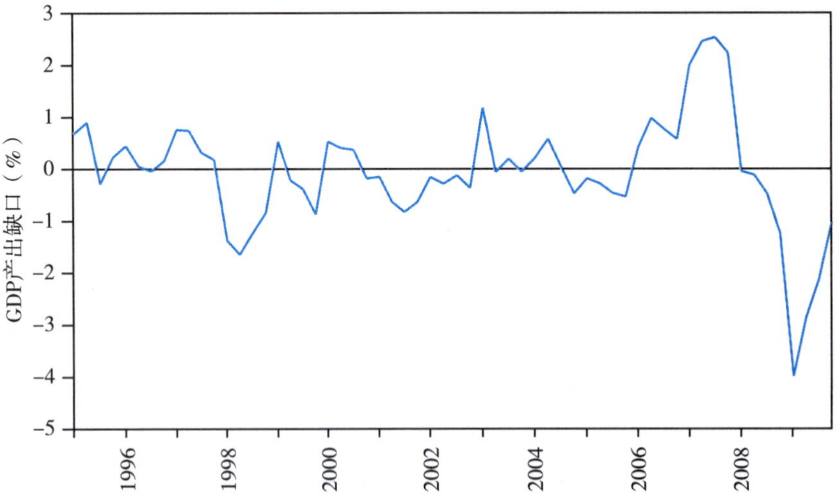


**图1－1－19 1995—2009年GDP产出缺口**

数据来源：CEIC，作者计算。

从图 1-1-19 中不难看出，2007—2008 年上半年，我国产出缺口为正且不断攀升，达到 1995 年以来的最高值，表明 2007 年我国经济呈过热状态。与此同时，CPI 也从 2007 年 1 月份的 2.2% 上升到 2008 年 2 月份的 8.7%，表明产出缺口与通胀水平变化的一致性。2009 年以来以累计 GDP 增速衡量的产出缺口从 1995 年以来的最低点迅速回升，但到第 4 季度仍为负值，根据产出缺口与 CPI 变化的历史规律，目前的产出状态对 2010 年物价上涨仍可能起到一定的抑制作用。

## （二）对“真实交易货币 M2”的估算

### 1. “真实交易货币 M2”的估算原理

根据前文分析，我国货币指标 M2 在分析意义上可分为实体经济交易和资本市场交易两部分，前者对消费价格水平构成直接冲击，后者只起到间接影响。在货币 M2 构成中，用于资本市场交易的货币包括两部分：一是“其他存款”项中的“证券公司客户保证金”，二是 M2 中的其他部分，尤其是居民家庭储蓄存款（见表 1-1-5）。但从统计口径看，很难判断 M2 或储蓄存款中哪一部分用于资本市场交易目的，仅能看到的现象是居民储蓄存款“搬家”或企业活期存款变化（M1）与股市行情波动关系密切。基于此，从现成统计数据中直接分离实体经济和资本市场货币并无可能。

**表 1-1-5　　　　货币 M2 的构成**

| | | |
|---|---|---|
| 货币 M2 | M1 | 流通中现金（M0）和（企业）活期存款 |
| | 准货币 | 定期存款 |
| | | 储蓄存款 |
| | | 其他存款 |

资料来源：中国人民银行。

基于从现行统计数据不能直接得到用于资本市场交易的货币，我们以居民储蓄存款作为因变量，以名义 GDP 作为自变量进行回归计算，并以回归计算所得的拟合值（该值可以解释居民家庭实际存款 97% 的变化）作为居民家庭用于交易的存款替代指标，广义居民储蓄存款与上述拟合值之差可视为居民用于资本市场投资货币的替代指标。具体方法是：首先从 M2 中扣减证券公司客户保证金，然后在此基础上以 GDP 为自变量，货币供应为因变量，通过回归分析得到与实体经济相对应的货币量。其理由如下：根据改进的货币数量公式 $M_1V_1 + M_2V_2 = P_1Y_1 + P_2Y_2$（其中 $M_1$、$V_1$、$M_2$、$V_2$、$P_1$、$Y_1$、$P_2$、$Y_2$ 分别表示实体经济中的货币供应和货币流通速度、资本市场中的货币供应和货币流通速度、物价、GDP、资产价格和资产数量），尽管现实中 $V_1$ 可能有所变化，但总体而言实体经济的货币流通速度较为稳定，且远低于资本市场中货币流通速度变化（伍超明，2004），因此 $V_1$ 的小幅波动并不妨碍货币供应与名义 GDP 存在稳定关系问题的判断。

### 2. 对“真实交易货币 M2”的估算

对解释变量 GDP 进行季节调整，得到季调后的季度 GDP（gdp_quasa），被解释变量为居民储蓄存款（savingdeposit），通过回归方程得到居民储蓄存款的拟合值，将该拟合残差与剔除“证券公司客户保证金”后的M2（M2_adj）相加，即可得到估算后的M2，即“真实交易货币M2”。

$$savingdeposit = -990.02 + 3.04\, gdp\_quasa$$
$$(-3.0) \qquad (41.3)$$
$$R^2 = 0.972 \quad F = 1703.7 \quad DW = 0.39$$

上式拟合效果较好，拟合值达到97.2%，拟合残差（即用于投资的居民储蓄存款）与上证综合指数的比较结果见图1-1-20。从图中可以看出，用于投资的居民储蓄存款与上证综合指数同步波动趋势明显，说明剔除“证券公司客户保证金”后的M2中确实有一部分用于资本市场投资。重新计算后的“真实交易M2”增速与M2增速之差处于样本期间的高位水平，达到近10%，最高时达到近11%，但第4季度两者之差降低到2.8%，表明随着经济的好转，越来越多的货币流入实体经济。

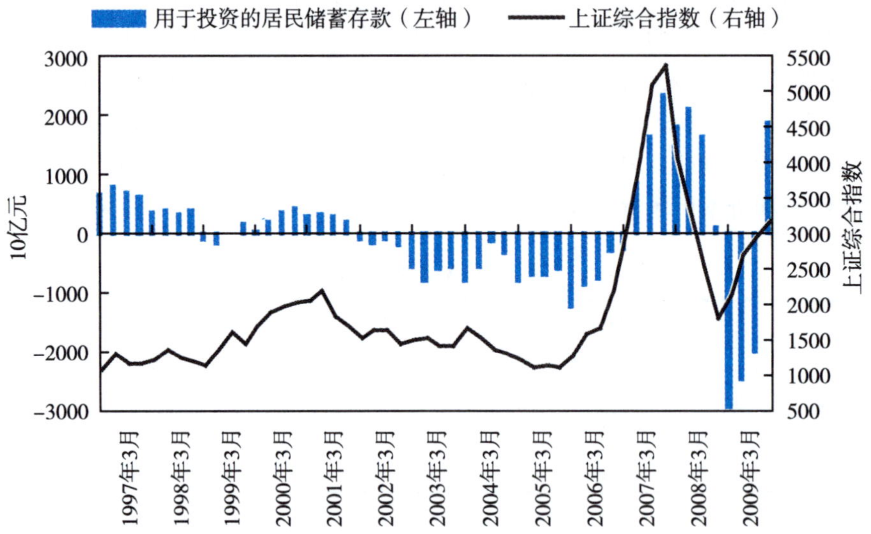


**图1-1-20　用于投资的居民储蓄存款变化与上证综合指数走势**

数据来源：作者计算。

## （三）模型选择

长期以来，理论界研究通货膨胀动态的主要工具是菲利普斯曲线。由于考察视角不同，菲利普斯曲线有很多种变形。其中经典的一类为戈登（Gordon，1990，1997）的“三角模型”：

$$\pi_t = C + \alpha(L)\pi_{t-1} + \beta(L)D_t + \gamma(L)x_t + \varepsilon_t$$

其中，$\pi_t$为通货膨胀率，$C$为常数项，$D_t$为经济增长率缺口，$x_t$为其他的控制变量，如国际油价等供给冲击变量，也可为标志制度变化的虚拟变量。$\alpha(L)$、$\beta(L)$、$\gamma(L)$分别表示各变量的滞后系数。

结合上述经典的“三角模型”，并考虑到我国经济的现实情况和数据可得性，本文主要考察四类典型因素对通胀的影响：货币供应增速（M2）、产出缺口（gap_gdplj）、汇率（reer）和国际原油价格（oil），据此扩展的菲利普斯曲线可改写成如下形式：

$$CPI = a_1 + a_2 M2 + a_3 gap\_gdplj + a_4 reer + a_5 oil$$

其中，$a_1$、$a_2$、$a_3$、$a_4$、$a_5$ 分别表示截距和系数。理论上，预期各系数符号分别为：$a_2 > 0$、$a_3 > 0$、$a_4 < 0$、$a_5 > 0$。

## （四）数据选取和处理

实证检验中涉及的主要数据包括：CPI、M2、真实交易货币 M2、gap_gdplj、reer 和 oil。数据处理方法见表 1-1-6。

**表 1-1-6　数据描述**

| 序列名称 | 序列描述 | 单位 | 来源 |
|---|---|---|---|
| 价格水平（CPI） | 消费者价格指数 | % | CEIC |
| 货币供应（M2） | 货币供应增速 | % | CEIC |
| 真实交易货币（M2） | 货币供应增速 | % | 作者计算 |
| 产出缺口（gap_gdplj） | 实际 GDP 增速与潜在 GDP 增速之差 | % | 作者计算 |
| 汇率（reer） | 实际有效汇率 | % | CEIC |
| 油价（oil） | 美国西德克萨斯轻质原油（WTI）现货价格指数 | % | CEIC |

由于前文已经利用图形详细地描述了 CPI 与货币、产出缺口之间的同步波动特征，所以这里只描述 CPI 与国际油价和实际有效汇率之间的波动特征（见图 1-1-21、图 1-1-22）。从图中可以看出，国际石油价格与国内物价出现较强同步波动，而实际有效汇率与 CPI 波动趋势恰好相反，表明汇率对物价能起到一定抑制作用。

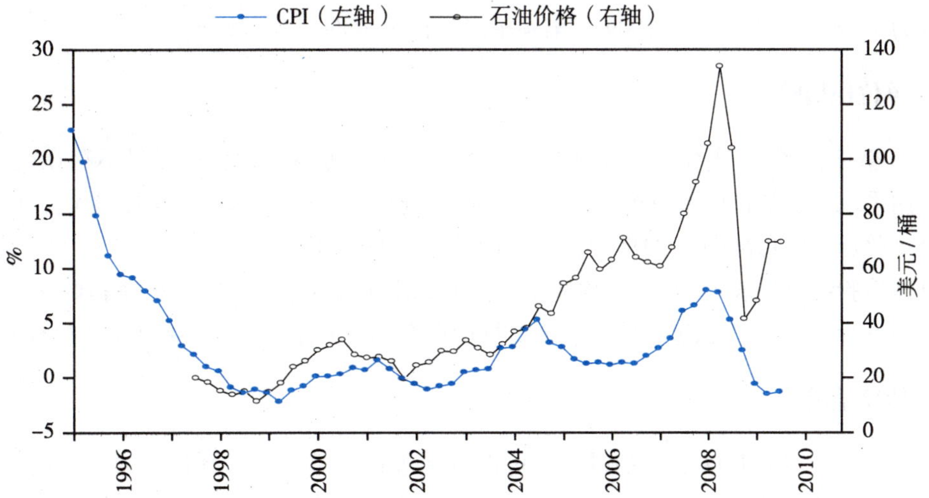


**图 1-1-21　CPI 与国际石油价格（1996—2010 年）**

数据来源：CEIC，作者计算。

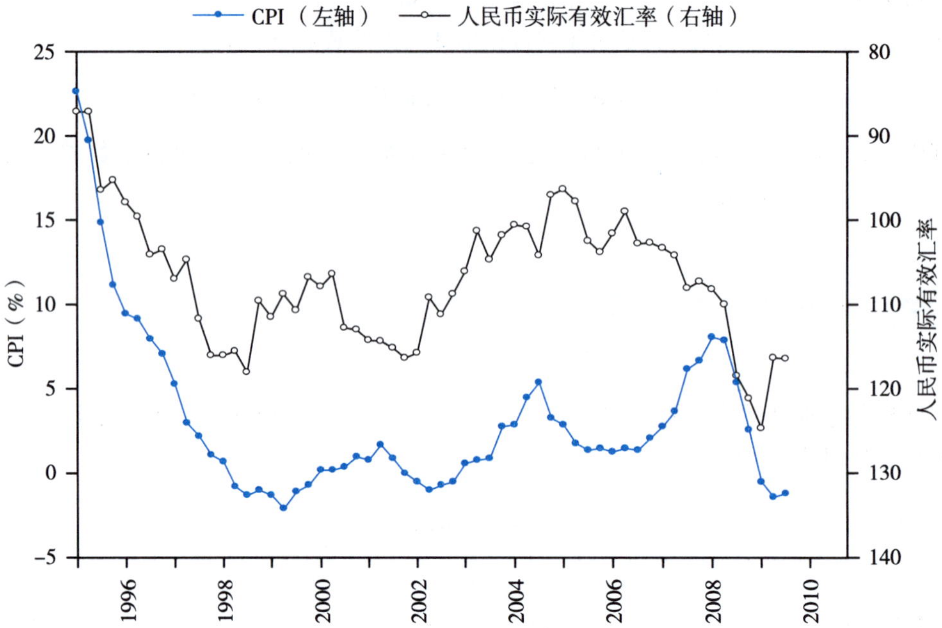


**图 1-1-22 CPI 与人民币实际有效汇率（1996—2010 年）**

数据来源：CEIC，作者计算。

## （五）实证检验

实证检验以 CPI 和核心 CPI 作为被解释变量，比较货币供应、产出缺口、汇率和国际油价对其影响的差异。在检验过程中，货币供应指标分别采用 M2 和真实交易货币 M2 增速，以评判哪个指标对 CPI 变动更具解释力。为避免伪回归，先对各变量做单位根检验，然后做协整分析，即考察物价、货币供应、产出缺口、汇率和国际油价之间是否存在协整关系。样本跨度为 1998 年第 1 季度到 2009 年第 4 季度，计量软件为 Eviews 6.0。

### 1. 单位根检验

在对各变量做增广的笛克 - 富勒检验（ADF）前，考察了各变量走势不存在突变特征，所以不用采取突变结构的单位根检验。滞后项的选取对 ADF 检验存在较大影响，所以这里采用最小化赤池信息准则的 ADF 值作为回归结果中的 ADF 值。

具体检验结果见表 1-1-7。检验结果表明，除了人民币实际有效汇率指数在 10% 的显著性水平下为 I（0）平稳过程外，其余变量均在 5% 的显著性水平下拒绝单位根检验。

### 2. 协整检验

由于各变量均为 I（0）平稳过程，可以对其进行协整检验，看各变量之间是否存在协整关系，检验结果见表 1-1-8。从表中可以看出，存在两个协整方程。由于变量间存在协整关系，可以建立向量误差修正模型（VECM）。

表 1－1－7　单位根检验结果

| 变量名称 | 变量符号 | ADF 检验 |
|---|---|---|
| 通货膨胀率（同比） | CPI | －4.69*** |
| 货币供应量（同比） | M2 | －2.96** |
| 货币供应量（同比） | 真实交易货币 M2 | －3.34** |
| 产出缺口（同比） | gap_gdplj | －4.47*** |
| 人民币实际有效汇率 | reer | －2.62* |
| 国际油价 | oil | －4.39*** |

注：*、**、*** 分别表示在 10%、5%、1% 显著性水平下拒绝存在单位根的原假设。

表 1－1－8　协整检验结果

| Hypothesized No. of CE（s） | Eigenvalue | Trace Statistic | 0.05 Critical Value | Prob.** |
|---|---|---|---|---|
| None* | 0.601188 | 84.18135 | 60.06141 | 0.0001 |
| At most 1* | 0.361293 | 40.97589 | 40.17493 | 0.0414 |
| At most 2 | 0.312726 | 19.90536 | 24.27596 | 0.1614 |
| At most 3 | 0.042742 | 2.279325 | 12.32090 | 0.9269 |
| At most 4 | 0.004803 | 0.226264 | 4.129906 | 0.6920 |

注：*、** 分别表示在 10%、5% 水平上显著。

### 3. 向量误差修正模型（VECM）

由于滞后项的选取对 VECM 结果影响很大，所以有必要选取最优滞后项。先对各变量建立 VAR 模型，然后根据 VAR 模型选择最优滞后项，结果见表 1－1－9。根据样本数量限制，假设最大滞后期为 4 期，根据模型滞后期的选取标准，LR、FPE、AIC、SC 和 HQ 统计量指标中，LR、FPE、AIC、HQ 准则的最优滞后期为 2 期，而 SC 准则的最优滞后期为 1 期，这里选择最优滞后期为 2 期。

表 1－1－9　VAR 模型滞后阶数选择标准

| Lag | LogL | LR | FPE | AIC | SC | HQ |
|---|---|---|---|---|---|---|
| 0 | －611.089 | NA | 536275.2 | 27.38175 | 27.58249 | 27.45659 |
| 1 | －455.683 | 269.3719 | 1643.351 | 21.58589 | 22.79033* | 22.0349 |
| 2 | －417.04 | 58.39295* | 935.1330* | 20.97956* | 23.18771 | 21.80274* |
| 3 | －395.384 | 27.91222 | 1213.341 | 21.12818 | 24.34003 | 22.32553 |
| 4 | －369.35 | 27.7694 | 1457.079 | 21.08224 | 25.29778 | 22.65375 |

注：* 表示根据本标准选择的滞后阶数。

LR：序列调整的 LR 检验统计量（5% 显著性水平），FPE：最后预测误差，AIC：赤池信息量准则，SC：施瓦尔茨信息量准则，HQ：汉南－奎因信息量准则。

据此建立 VECM 模型，得到各变量间的长期关系式为：

$$CPI = 2.63M2 + 13.96gap\_gdplj - 0.24reer + 0.42oil \quad (1)$$

按照同样的程序和方法，将解释变量中的 M2 变成真实交易货币（trueM2），得到长期关系式（2）：

$$CPI = 1.92trueM2 + 5.77gap\_gdplj - 0.09reer + 0.16oil - 11.71 \quad (2)$$

从两个长期关系式结果看，各系数正负符号一致，只是大小有较大差异，式（2）中的系数明显小于前者。

**4. 动态分布滞后模型（ADL）**

为了检验结果的稳妥起见，建立动态分布滞后模型（ADL）分析变量之间的关系。ADL（$m$，$n$，$p$）模型形式如下：

$$y_t = \alpha_0 + \sum_{i=1}^{m} \alpha_i y_{t-i} + \sum_{j=1}^{p} \sum_{i=0}^{n} \beta_{ji} x_{jt-i} + u_t, \quad u_t \sim \mathrm{IID}(0, \sigma^2)$$

其中 $m$ 是自回归阶数，$n$ 是分布滞后阶数，$p$ 是外生变量个数。在模型估计过程中，采用亨德里（Hendry）建模法，即“一般到特殊”建模法，首先从一个包括尽可能多解释变量的“一般”ADL 模型开始，通过检验回归系数的约束条件逐步剔除那些无显著性变量，压缩模型规模，最终得到一个简化（或“特殊”）的模型。

（1）解释变量为 M2 的 ADL 模型。

模型最终估计结果为

$$\begin{aligned} cpi_t = & 0.719cpi_{t-1} - 0.102mM2_t + 0.178M2_{t-2} + 0.296gap\_gdplj \\ & (9.29) \quad (-2.28) \quad (3.60) \quad (2.08) \\ & + 0.275gap\_gdplj_{t-1} - 0.01reer_t + 0.037oil_t - 0.028oil_{t-1} \\ & (1.85) \quad (-1.93) \quad (4.14) \quad (-3.20) \end{aligned}$$

$$\bar{R}^2 = 0.94, \; DW = 2.00, \; LM_1 = 0.06, \; LM_2 = 0.89, \; ARCH = 0.58$$

其中括号内给出的数字是 $t$ 值。$LM_1$ 和 $LM_2$ 分别用来检验残差 $\hat{u}_t$ 是否存在一阶和二阶自相关。$ARCH$ 用来检验 $\hat{u}_t$ 是否存在异方差。因为 $X^2_{(1)} = 3.84$，$X^2_{(2)} = 5.99$，$DW = 2.00$，可见回归模型的残差项中不存在自相关和异方差。利用递归残差法对回归方程进行稳定性检验，结果表明，残差都落在正负标准差区域内（见图 1－1－23），回归系数稳定。图 1－1－24 中显示了式中各变量的递归估计系数及其 ±2 倍标准差区间，各系数都很稳定。

利用上述模型结果可得变量间长期关系式：

$$CPI = 0.27M2 + 2.03gap\_gdplj + 0.03oil - 0.04reer \quad (3)$$

从长期关系式可以看出，模型估计系数值正负方向与经济理论完全一致。在四个解释变量中，产出缺口对物价的影响最大，货币供应 M2 次之。产出缺口和货币供应量每提高 1%，CPI 将分别上升 2.03% 和 0.27%，产出缺口对通胀水平的影响力是货币因素的 7 倍多。由此不难发现，产出缺口指标反映的实体经济供求状况是决定通胀走势变化的主要因素，货币只是为物价波动提供流动性基础。

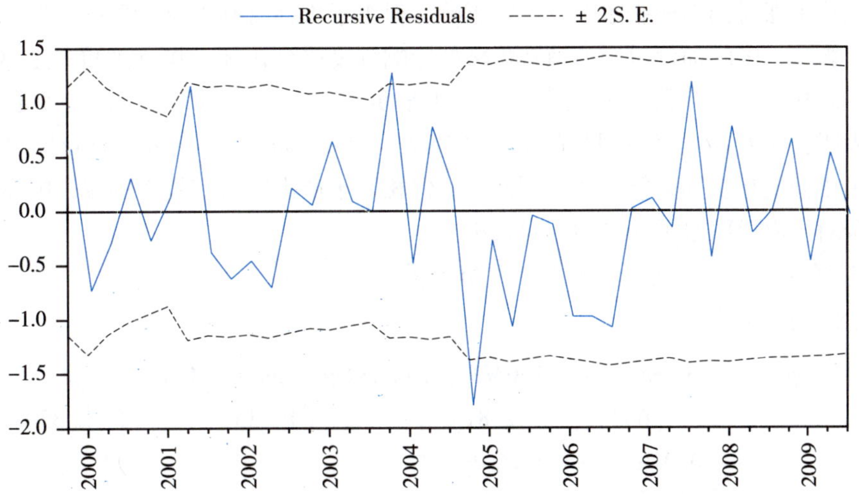


图 1－1－23 递归残差稳定性检验（2000—2009 年）

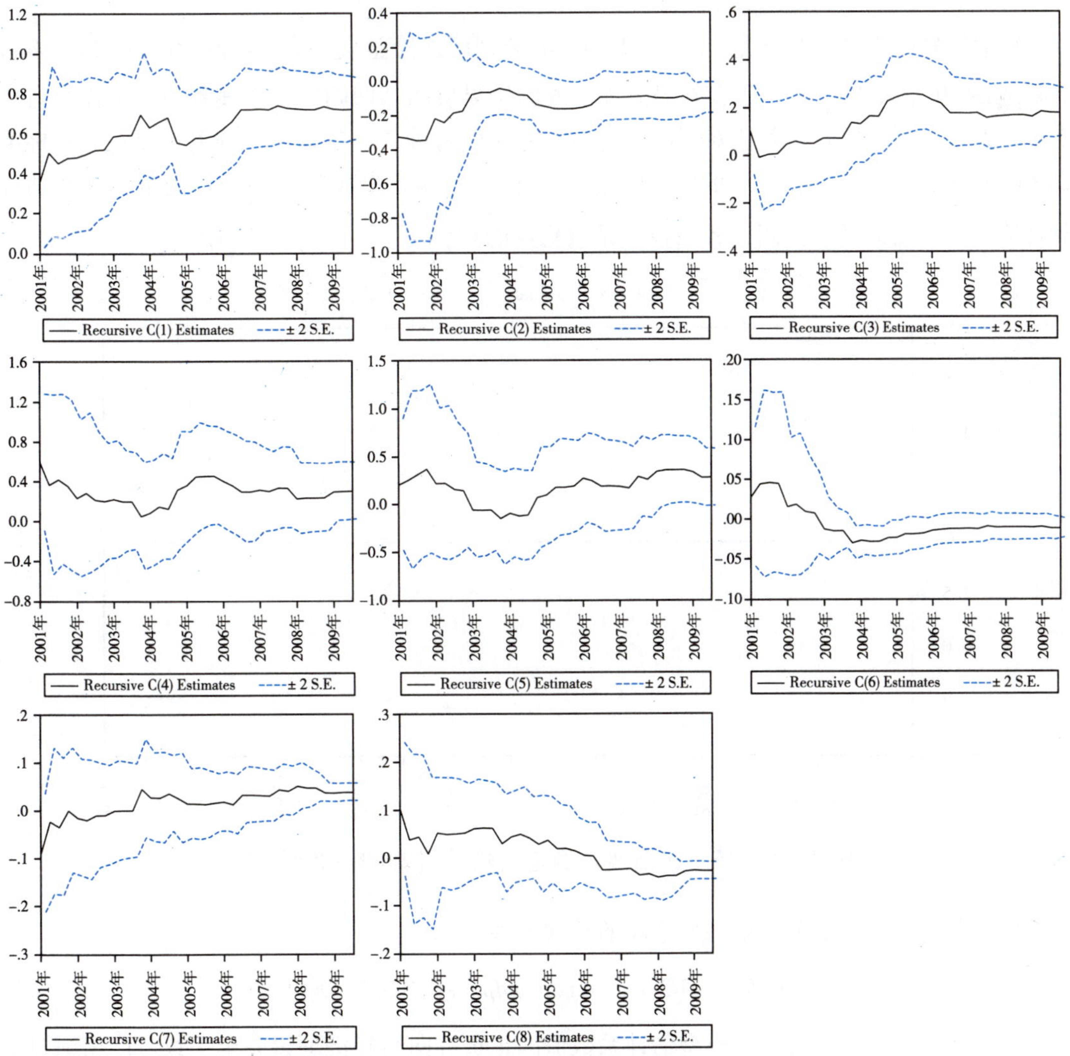


图 1－1－24 递归残差参数稳定性检验

国际油价上涨对国内通胀水平有一定影响，但由于价格管制以及 PPI 对 CPI 传导存在时滞等因素的影响，国际油价对国内消费价格的影响程度受到削弱，国际油价每上涨 1%，国内 CPI 将提高 0.03%。实际有效汇率与通胀水平负相关，汇率每升值 1% 将使通胀率下降 0.04%，表明长期内我国存在明显的汇率传递效应（exchange rate pass-through effects）。换言之，人民币升值在长期内能有效抑制通胀。但相对于产出缺口和货币供应，国际石油价格和汇率变量对国内通胀水平的影响相对较小。

（2）解释变量为真实交易货币 M2 的 ADL 模型

模型最终估计结果为

$$cpi_t = \underset{(7.64)}{0.704cpi_{t-1}} + \underset{(2.81)}{0.156M2_{t-2}} + \underset{(4.33)}{0.481gap\_gdplj} - \underset{(-2.35)}{0.017reer_{t-2}}$$
$$- \underset{(2.75)}{0.019oil_t} + \underset{(-3.52)}{0.023oil_{t-1}}$$

$$\bar{R}^2 = 0.93,\ DW = 2.14,\ LM_1 = 0.33,\ LM_2 = 0.88,\ ARCH = 0.10$$

其中括号内给出的数字是 $t$ 值。$LM_1$ 和 $LM_2$ 分别用来检验残差 $\hat{u}_t$ 是否存在一阶和二阶自相关，$ARCH$ 用来检验 $\hat{u}_t$ 是否存在异方差。检验结果表明，回归模型的残差项中不存在自相关和异方差。利用递归残差法对回归方程进行稳定性检验，结果表明，残差都落在正负标准差区域内（见图 1－1－25），回归系数稳定。图 1－1－26 中显示了式中各变量的递归估计系数及其 ±2 倍标准差区间，各系数都是很稳定的。

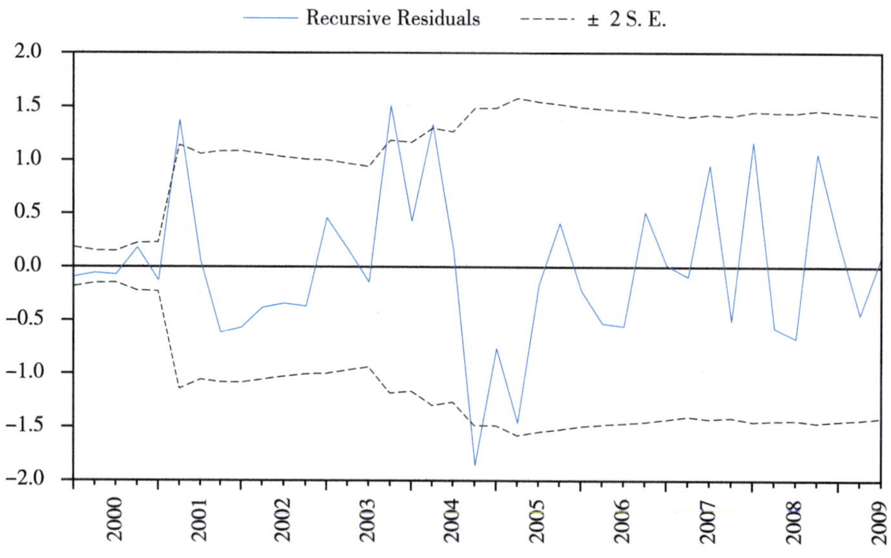


**图 1－1－25　递归残差稳定性检验（2000—2009 年）**

利用上述模型结果可以得到变量间的长期关系式：

$$cpi = 0.53trueM2 + 1.62gap\_gdplj + 0.02oil - 0.06reer \tag{4}$$

从长期关系式可以看出，模型估计系数值的正负方向与经济理论完全一致。产出缺口对物价的影响最大，真实货币供应 trueM2 次之。与解释变量为 M2 的回归方程（3）相比，两

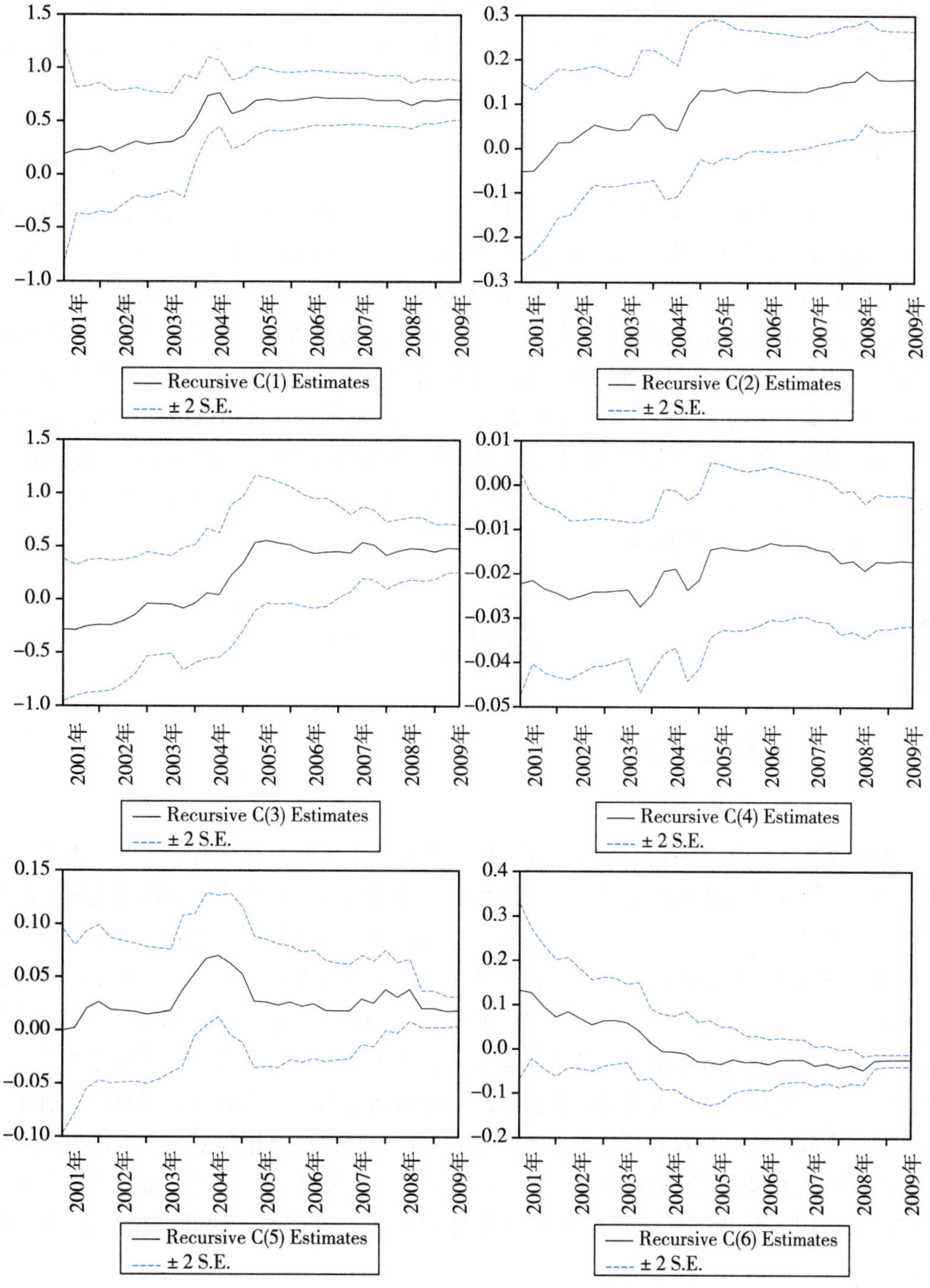


**图 1－1－26　递归残差参数稳定性检验**

方程回归系数符号一样，差别主要体现在系数大小方面。与（3）式相比，式（4）中的真实货币系数明显增大，真实货币供应 trueM2 每增加 1%，CPI 将提高 0.53%，而在（3）式中仅为 0.27%。与之相反的是，式（4）中的产出缺口系数从式（3）中的 2.03 降至 1.62，明显减小，这意味着产出缺口每提高 1%，式（4）中的 CPI 只上升 1.62%，而不是 2.03%。国际油价和实际有效汇率回归系数变化不大，基本稳定。

从（4）式中的回归结果可以看出，由于从货币 M2 中剔除了证券客户保证金和用于资本市场交易用的货币，所以实体经济中真实货币对 CPI 的解释力明显增强，这也说明对 M2 的分解方法是有效合理的，增强了对 CPI 变动的解释力。

#### 5. 检验结果总结

前文采用 VECM 模型和 ADL 模型对 CPI 进行了回归检验，从检验结果来看，VECM 模型的可决系数 $R^2$ 仅为 0.499，ADL 模型的为 0.94，后者对 CPI 的解释力较强，所以选用 ADL 模型的分析结果。结合对真实交易货币 M2 的计算结果，不难发现，不能过高估计广义货币 M2 对 2010 年物价的影响程度，原因在于：一方面虽然 2009 年第 3、4 季度 M2 增速分别达到 29.3% 和 27.7%，但真实交易货币 M2 只有 19.6% 和 24.9%，相差 9.7 个和 2.8 个百分点，基于真实交易需求的货币增长没有名义增速那么高，且货币供应领先物价变动 4 个季度，所以较低的真实交易货币增长对 2010 年物价影响不会太大；另一方面根据前面的实证结论，产出缺口对 CPI 的影响力远大于货币因素，而我国目前产出缺口仍然为负，也会对 2010 年价格上涨形成一定的抑制作用。

## 六、结论及政策建议

### （一）课题研究结论

本课题从近一时期以来货币供应对通胀影响力有所下降的典型化事实出发，重点分析了货币供应、产出缺口与通货膨胀之间的传导机制，发现已有文献在计量货币对通胀影响程度时，有两个不足：一是没有对实体经济与资产市场的货币需求作必要划分，存在夸大货币供应对实体经济消费价格影响程度的可能；二是在分析货币因素或产出缺口对通胀影响时，更多侧重于单独分析货币与通胀、产出缺口与通胀之间的关系，在计量模型中同时考虑货币、产出缺口对通胀影响的分析较少，其结果是货币、产出缺口对通胀的影响都可能被夸大。事实上，尽管产出缺口与货币因素都可能从需求层面对通胀水平产生影响，但两者对通胀的影响仍存在较大差异：一是对 CPI 的影响程度不同，产出缺口的作用程度远大于货币因素；二是产出缺口与货币因素对物价的影响方向有时并不一致。基于此，在实证检验中，将货币因素和产出缺口同时作为通胀成因的解释变量加以分析。具体看，课题结论可归纳为以下几点：

结论一：在分析货币供应对通货膨胀影响时，应对实体经济与资产市场的货币需求作必要区分，只有前者对一般消费价格形成直接冲击，后者只存在间接影响，甚至在短期内能够分流货币对一般消费品价格的冲击。从近期看，2009 年第 3 季度我国 M2 增速达到 29.3%，但经过估算的真实交易货币 M2 增速只有 19.6%，两者相差近 10 个百分点。随着经济的好转，越来越多的货币资金流入实体经济，到 2009 年第 4 季度，两者之差减少到 2.8%。从长期看，真实交易货币 M2 对 CPI 的影响程度是全部广义货币 M2 的近 2 倍，可见资产市场在分流一般消费价格货币压力上的作用不可低估。

结论二：不论是采用 M2 还是真实交易货币 M2 作为解释变量，产出缺口对一般消费价格的影响程度都大于货币因素的影响力，无论在短期还是长期，产出缺口都是决定通胀水平的决定因素，货币状况只是影响通胀水平的一个必要条件而非决定因素。

结论三：（1）由于人口代际现象和消费习惯改变的长期性，我国将在较长时期内呈现储蓄大于投资的基本格局，决定了我国货币对 CPI 的影响力将在较长时期内面临产能过剩的制约；（2）在实行跨境资本流动管制的背景下，储蓄大于投资导致的流动性过剩压力主要在国内市场释放，即在常态经济周期下货币供应被动投放的压力主要来自境外流动性输入；（3）相对于一般商品和服务市场，我国资产市场特别是房地产市场的供求状态明显偏紧，这一格局决定了货币等流动性对资产价格的冲击强于对一般商品和服务价格的影响。

## （二）基于我国发展方式不合理的深层分析及政策建议

前文的理论和实证分析表明，随着我国产出能力和资产市场的不断发展，货币供应量对一般意义上通货膨胀的影响趋于下降。但这一变化并不意味着长期内宽货币对经济金融危害性的下降。首先从产出缺口看，表面上得益于产出能力迅速提升降低了需求膨胀型通胀压力，但实际上在产出能力快速提升的背后，是资源、能源、土地等要素价格以及环境污染成本的人为低估，如果按照市场成本“复原”被扭曲的要素价格，则投资成本将大大上升，产出能力及生产效率的提升也会受到相应的抑制。因此从长期看，我国通胀压力将随着资源要素价格的逐渐理顺而得到释放，加之国际资源性产品价格的长期上涨趋势，成本推动型的通胀压力不可小视。其次从资产市场因素看，表面上直接融资发展和资产多元化分流了货币对一般消费价格上涨的压力，但由于国内资产市场总体规模仍然较小，并缺乏多元化投资渠道，高储蓄背景下国内资产市场将在较长时期内承压，加之资产市场本身的投机性，以及人民币升值预期和资本管制下可能产生的非对称性资本流入冲击，资产价格波动风险也不可小视，其后果并不亚于传统意义上的通货膨胀，甚至对金融体系和经济稳定带来严重后果，2008 年的国际金融危机以及之前的数次危机都充分证明了资产价格波动对经济金融稳定造成的巨大危害。归纳以上两个方面，可以得出结论：尽管宽货币在短期内可能不会导致一般意义上的通货膨胀，但却助长了另外两方面的后果——一是延缓了经济结构调整和发展方式转换的紧迫性，从而降低了经济可持续发展的能力；二是增大了资产市场波动的风险，金融体系乃至整个经济体系的稳定受到威胁。

基于此，从长期内保持经济平稳较快发展和维护金融稳定的需要出发，我们有以下政策建议：

### 1. 中期内仍应保持一个稳中偏紧的货币环境

从有利于加快发展方式转变和促进经济结构调整的需要出发，中期内应保持一个稳中偏紧的货币环境。国际经验教训表明，应对金融危机和经济下滑的总量扩张政策应遵循针对性（Targeted）、及时性（Timely）和暂时性（Temporary）原则。其中暂时性原则就是指总量扩张政策（货币政策）不宜长期使用，政策操作上应充分考虑外部环境的变化及政策时滞。在经济下滑和通货紧缩得到控制的适当程度内，及时调整原有操作方向、重点、节奏和力度，避免投资和信贷过快增长埋下中长期通货膨胀和资产价格泡沫的隐患。

在保持总量偏紧的货币环境的同时，应通过优化信贷结构促进结构调整。加大信贷政策对经济社会薄弱环节、就业、战略性新兴产业、产业转移等方面的支持，有效缓解农业和小企业融资难的问题。严格控制对“两高”行业、产能过剩行业以及新开工项目的贷款。

**2. 降低金融杠杆，防范资产价格波动对金融稳定的冲击**

尽管从总体上看，居民、企业及政府部门的名义负债率仍处于较低水平，但如果考虑各种潜在负债并从变化趋势看，实际的金融杠杆率可能大大高于名义水平。以房地产为例，近一时期以来，在宽松货币环境的刺激下，地价、房价、房地产贷款呈现明显的顺周期波动特征，一旦宽松货币环境随宏观经济形势变化而改变，房价出现大幅波动，无论是政府、居民还是银行体系，负债水平均可能在向下的顺周期作用下被迅速放大，对金融和经济稳定的冲击不可小视。为此应在加强宏观审慎监管的总体要求下，通过建立动态的资本缓冲制度，平滑经济周期特别是货币周期变化对金融稳定的冲击。除在需求层面通过完善资本充足率监管以保持审慎、较低的杠杆率外，还应从增加供给入手平衡资产市场供求关系，一是进一步放松管制，完善制度，健全基础，鼓励直接融资，增加各类证券资产的有效供给；二是对规模巨大且仍在增加的中长期贷款存量，也要探索建立二级市场进行交易，以增强流动性化解风险；三是综合运用土地、税费、金融等手段，大力增加中低价位、中小户型以及各类保障性住房的供给，改善房地产市场供求关系。

**3. 实施鼓励流出限制流入的非对称资本账户管理**

前文对我国高储蓄背景下流动性创造机制的分析表明，现行的资本账户管制一方面降低了热钱流入对我国经济金融稳定的冲击，另一方面也在一定程度上将外汇储备增长创造的流动性压力更多地限制在境内，增大了国内通胀特别是资产价格的波动风险。为既能发挥必要的资本管制对遏制热钱投机的积极作用，又能最大限制度降低资本管制对资金流出的制约，在外汇管理上应进一步实施“奖出限入”的非对称管理。进一步放宽个人用外汇以及金融机构、企业走出去对外投资的限制，稳步推进境外人民币金融业务和金融市场发展，同时加强对资本流入特别是短期资本流入的监管，化解资本流入对国内资产市场和经济金融稳定的冲击。

**4. 切实加快转变发展方式，从根本上消除货币供给被动增加的潜在通胀压力**

综观我国货币供应量波动的历史规律，除正常的经济周期作用外，经济增长不平衡、发展方式不合理也加剧了货币供应波动。无论是前几年源于依赖外需而大量产生的外汇占款，还是这次源于依赖投资而大量增加的国内贷款，货币供应或多或少都呈现出一些被动投放特征。以这次应对国际金融危机为例，从表面上看，我国经济受到的冲击源于国际金融危机导致的外需下滑，但本质上仍然是低消费、高储蓄、高投资，依靠大量消耗资源和要素投入不合理增长模式的反映。在现有的不合理增长模式和发展方式下，应对危机冲击的措施只能依靠大量增加货币信贷投放迅速拉升投资需求，只能依靠市场约束相对较弱的地方投融资平台大量借款投资，只能暂时放缓一些促进经济均衡增长的改革措施出台等。相反，如果我们的投资效率在稳步提高，即使是通过增加投资拉动经济，对信贷资金的需求也会相应减少。2004—2008 年，我国投资率从 45% 上升到 50%，与此同时的增量投资/产出比从 4 上升到 6

左右，表明1个百分点经济增长所需投资迅速上升了50%。从其他方面看，我国经济增长对能源、资源、土地、环境的消耗水平尽管有所下降，但绝对水平仍然较高，整体发展方式的粗放型特点没有明显改变。在这一格局下，被动增加货币供应以及潜在的通胀压力就不可低估。应根据2009年中央经济工作会议再次强调的加快发展方式转变的要求，通过加快收入分配、财税体制以及资源、能源、土地、汇率等要素价格改革，切实推进发展方式转变，从根本上逐渐消除货币供应被动增加导致的潜在通胀压力和资产价格波动风险。

## 参考文献


1. 张健华等：《我国未来物价波动风险及对策建议》，载于朱之鑫等主编：《中国经济中长期风险和对策》，经济科学出版社2009年版。

2. 中国人民银行研究生部课题组：《我国潜在GDP估计研究》，载于《中国人民银行金融研究重点课题获奖报告（2008）》，2009年。

3. 纪敏等：《本轮国内价格波动的外部冲击因素考察》，载于《金融研究》，2009年第6期。

4. 陈彦斌、唐诗磊、李杜：《货币供应量能预测我国通货膨胀吗?》，载于《经济理论与经济管理》，2009年第2期。

5. 许冰、章上峰：《经济转型时期我国的非线性菲利普斯曲线》，载于《中国管理科学》，2008年第5期。

6. 胡日东、苏芳：《我国通货膨胀与通货膨胀不确定性的非线性关系》，载于《数量经济技术经济研究》，2008年第2期。

7. 龚敏、李文溥：《中国经济波动的总供给和总需求冲击作用分析》，载于《经济研究》，2007年第11期。

8. 王少平、彭方平：《我国通货膨胀与通货紧缩的非线性转换》，载于《经济研究》，2006年第8期。

9. 刘金全、金春雨、郑挺国：《我国菲利普斯曲线的动态性与通货膨胀率预期的轨迹：基于状态空间区制转移模型的研究》，载于《世界经济》，2006年第6期。

10. 王煜：《我国的产出缺口与通货膨胀》，载于《数量经济技术经济研究》，2005年第1期。

11. 刘霖、靳云汇：《货币供应、通货膨胀与我国经济增长——基于协整的实证研究》，载于《统计研究》，2005年第3期。

12. 钱宥妮：《菲利普斯曲线在我国经济中的实证研究》，载于《财经研究》，2005年第6期。

13. 许召元：《我国的潜在产出、产出缺口及产量》，载于《数量经济技术经济研究》，2005年第12期。

14. 石柱鲜、黄红梅、石庆华：《关于我国潜在GDP与景气波动、通货膨胀的经验研究》，载于《世界经济》，2004年第8期。

15. 伍超明：《对我国货币流通速度的再认识》，载于《经济研究》，2004年第5期。

16. 郭庆旺、贾俊雪：《我国潜在产出与产出缺口的估计》，载于《经济研究》，2004年第5期。

17. 刘金全、刘志刚：《我国GDP增长率序列中趋势成分和周期成分的分解》，载于《数量经济技术经济研究》，2004年第5期。

18. 高铁梅、刘玉红、王金明：《我国转轨时期物价波动的实证分析》，载于《我国社会科学》，2003年第6期。

19. 周锦林：《关于我国货币中性问题的实证研究》，载于《经济科学》，2002年第12期。

20. 刘斌、张怀清：《我国产出缺口的估计》，载于《金融研究》，2001年第10期。

21. 王明舰：《我国通货膨胀问题分析》，北京大学出版社2001年版。

22. 刘树成：《论我国的菲利普斯曲线》，载于《管理世界》，1997 年第 6 期。

23. 陈学彬：《对我国经济运行中的菲利普斯曲线关系和通货膨胀预期的实证分析》，载于《财经研究》，1996 年第 8 期。

24. Corbae, Dean, Sam Ouliaris and Peter C. B. Phillips, 1994, "A Reexamination of the Consumption Function Using Frequency Domain Regressions", *Empirical Economics*, 19, pp. 595 – 609.

25. Den Haan, Wouter J. and Steven W. Sumner, 2004, "The Comovement between Real Activity and Prices in the G7", *European Economic Review*, 48, 1333 – 47.

26. ECB, 2003, "The Outcome of the ECB's Evaluation of its Monetary Policy Strategy", ECB Monthly Bulletin, June, 79 – 92.

27. Engle, Robert F., 1974, "Band Spectrum Regression", *International Economic Review*, 15, 1 – 11.

28. Genberg, Hans and Ulrich Kohli, 1997, "Recent Developments in Swiss Monetary Policy", in: Philippe Bacchetta and Walter Wasserfallen (eds.), *Economic Policy in Switzerland*, Macmillan, London, 8 – 29.

29. Gerlach, Stefan, 1995, "Testing the Quantity Theory Using Long-Run Averaged Cross-Country Data", BIS Working Paper, No. 31.

30. Gerlach, Stefan, 2003, "The ECB's Two Pillars", Discussion Paper 3689, Center for Economic Policy Research.

31. Gerlach, Stefan, 2004, "The Pillars of the European Central Bank", *Economic Policy*, 40, 389 – 439.

32. Gerlach-Kristen, Petra, 2006, "Estimating a Two-Pillar Phillips Curve for Switzerland", Swiss National Bank Working Paper, No. 9.

33. Geweke, John, 1986, "The Superneutrality of Money in the United States: An Interpretation of the Evidence", *Econometrica*, 54, 1 – 22.

34. Greene, William H., 2003, *Econometric Analysis*, 5th edition, Prentice Hall, New Jersey.

35. Granger, Clive W. J., 1969, "Investigating Causal Relations by Econometric Models and Cross-Spectral Methods", *Econometrica*, 37 (3), 424 – 438.

36. Jansen, Eilev S., 2004, "Modelling Inflation in the Euro Area", ECB Working Paper, No. 322.

37. Jordan, Thomas J. and Marcel R. Savioz, 2003, "Does It Make Sense to Combine Forecasts from VAR Models: An Empirical Analysis with Inflation Forecasts for Switzerland", SNB Quarterly Bulletin, 4, 80 – 93.

38. Jordan, Thomas J., Peter Kugler, Carlos Lenz and Marcel R. Savioz, 2002, "Inflationsprognosen mit vektorautoregressiven Modellen", SNB Quartalsheft, 1, 40 – 66.

39. Jordan, Thomas J. and Michel Peytrignet, 2001, "Die Inflationsprognose der Schweizerischen Nationalbank", SNB Quartalsheft, 2, 54 – 61.

40. Jordan, Thomas J., Michel Peytrignet and Georg Rich, 2001, "The Role of M3 in the Policy Analysis of the Swiss National Bank", in: Hans-Joachim Klöckers and Caroline Willecke (ed.), Monetary Analysis: Tools and Applications, European Central Bank, Frankfurt, 47 – 62.

41. Lucas, Robert E., 1980, "Two Illustrations of the Quantity Theory of Money", *American Economic Review*, 70, 1005 – 1014.

42. Maddala, G. S. and In-Moo Kim, 1998, *Unit roots, Cointegration, and Structural Change*, Cambridge University Press, Cambridge.

43. Meyer, Hans, 1999, "Introductory Remarks to End-of-year Media News Conference", 10 December, Zurich, available at www.snb.ch.

44. Nelson, Edward, 2003, "The future of monetary aggregates in monetary policy analysis", *Journal of Monetary Economics*, 50, 1029 – 1059.

重点研究课题二

# 货币政策的价格目标选择[①]

## ——基于中国数据的实证研究

中国人民银行研究生部课题组[②]

**摘　要：**价格稳定是货币政策的单一目标，或最重要目标之一，多数中央银行选择盯住 CPI。从理论上讲，CPI 存在排除性偏差和质量变化忽略等缺陷；实践中，1990 年前后的日本保持了长时间的 CPI 稳定，但其后发生了剧烈的金融动荡和经济波动，这显示 CPI 可能并非是度量价格稳定的有效指标。可能的替代指标是资产价格，但货币政策应当以何种方式关注资产价格，在理论上存在较大争论。

本研究将考察货币政策的价格目标究竟应该选择哪个指标，可供选择的有标题价格指数、核心价格指数和广义价格指数；重点研究是否应当将资产价格纳入价格指标，从而构建广义价格指数并作为货币政策的目标。在理论分析的基础之上，结合相关研究和中国统计数据特点，本研究尝试构建了中国的广义价格指数；进而从实证角度考察了广义价格指数与 CPI 间的联系与差异，与货币政策间的关系，以及与产出缺口间的关系；最后，就广义价格指数作为货币政策目标的可行性给出了研究结论和政策建议。

本研究的主要结论包括以下六点：

第一，广义价格指数具有理论上的优势。广义价格指数是等效用价格指数，不仅反映商品价格的当期变动，而且反映商品价格的未来走势，因此能够更好地描述代表性个人的预算约束。

第二，广义价格指数一般高于 CPI。从均值来看，各种广义价格指数都显著地高于 CPI，这说明 CPI 确实可能系统性地低估了通货膨胀。

第三，广义价格指数波动性并不高。各种广义价格指数的波动性大致等于甚至小于 CPI；部分观点认为广义价格指数波动性过大，从而无法作为货币政策目标，而实证结论并不支持这种观点。

第四，广义价格指数可能有助于预测 CPI。实证研究显示，广义价格指数是 CPI 的格兰杰原因，而 CPI 不是广义价格指数的格兰杰原因。这意味着，盯住广义价格指数能够提高货币政策的前瞻性。

第五，广义价格指数可能更能反映长期通胀压力。实证研究显示，广义价格指数和信贷量间存在协整关系，而 CPI 和信贷量间不存在协整关系。如果信贷量更多地构成长期通胀压力，那么就可以认为在度量长期通胀压力方面，广义价格指数具有相对的优势。

第六，广义价格指数可能已经成为中央银行的监测目标。实证研究显示，广义价格指数是货币信贷的格兰杰原因，而货币信贷不是广义价格指数的格兰杰原因，协整关系为负向。这说明，中央银行可能倾向于在资产价格上涨较快时执行较为紧缩的货币政策，在资产价格上涨较慢时执行较为宽松的货币政策。

---

① 本文为 2009 年度中国人民银行重点研究课题的部分成果。

② 课题主持人：焦瑾璞；课题组成员：康以同、曾辉、尹小兵、张晓艳。

# 一、货币政策目标

随着经济金融实践和货币理论研究的发展，货币政策也不断变迁。货币政策目标从保证交易正常进行和为财政赤字融资，过渡到保证贸易需求和货币可兑换性，进而到目前的多目标体系、币值稳定单一目标、货币供应量稳定单一目标和名义GDP稳定单一目标。

目前货币理论研究和中央银行实践倾向于采取价格单一稳定目标，但是价格稳定单一目标在理论上并未得到完全支持，在实践中也并未得到完全执行，因此有必要分析价格稳定单一目标的优缺点，进而考察其在货币政策实践中面临的困难。

采取价格稳定单一目标时，面临两个层次的问题：第一层次是盯住价格水平还是通货膨胀率，第二层次是盯住哪个价格目标。备选的价格目标包括标题价格指数、核心价格指数和广义价格指数，本研究的主要目的就是分析比较这三种价格指数。

需要说明一点，一种变量不作为货币政策目标，并不意味着不需要关注该变量。以财政预算目标为例，货币理论已经达成共识，铸币税收入不应该作为货币政策目标，① 但是不谨慎的财政政策从来都是货币政策的最大威胁，中央银行必须关注财政稳健性。就中国情况来看，短期内地方政府依靠土地收入和政府融资平台来维持财政平衡，这形成了潜在的财政赤字和金融不良资产；长期内医疗缺口、养老缺口、金融不良资产缺口和县乡财政缺口等隐性财政赤字都对财政平衡构成威胁。一旦各种潜在缺口开始形成现实的财政赤字，财政赤字必须依靠铸币税来弥补，那么铸币税就将被迫成为货币政策目标，原有的货币政策目标被放弃，经济的稳定和效率就会遭到破坏。

## （一）货币政策目标的演变

随着经济金融实践和货币理论研究的发展，货币政策和中央银行也不断变迁，货币政策目标随之演变。西方货币理论演变过程如图1-2-1所示。

在货币理论创立和中央银行出现以前，不存在现代意义上的货币政策，货币的相关政策目标可以划分为两类：第一种，保证交易正常进行，主要途径是供应一定数量的本位货币。例如，唐朝初期政府发行开元通宝，同时禁止铜的外流、鼓励民间开采冶炼铜和在一定程度上默许民间铸钱。第二种，为财政赤字融资，主要途径是发行不足值的金属货币或者缺乏储备支撑的纸币。例如18世纪初约翰·劳（John Law）在法国过度发行纸币的实践。

---

① 弗里德曼规则认为，最优通胀率必须保证名义利率为零，从而最优铸币税收入为零；CIA模型、MIU模型和MIP模型都倾向于认为，即使考虑扭曲性税收的存在，弗里德曼规则仍然成立。例如，阿特金森和斯蒂格利茨（Atkinson & Stiglitz，1972）使用CIA模型说明，在商品效用满足同位性（Homothetic）时，正的名义利率会扭曲现金商品和信用商品的选择，因此最优铸币税仍然应该为零，即使只有通过扭曲性税收才能获取收入。查理等人（Chari et al.，1996）使用MIU模型说明，如果商品和货币的效用满足同位性，正的名义利率会扭曲商品和货币的选择，因此最优铸币税仍然应该为零，即使只有通过扭曲性税收才能获取收入。税收理论中，在特定条件下只对最终产品征税时最优的；在MIP模型中，货币是一种生产要素，是中间产品，因此不应该对其征税，即最优铸币税应该为零。

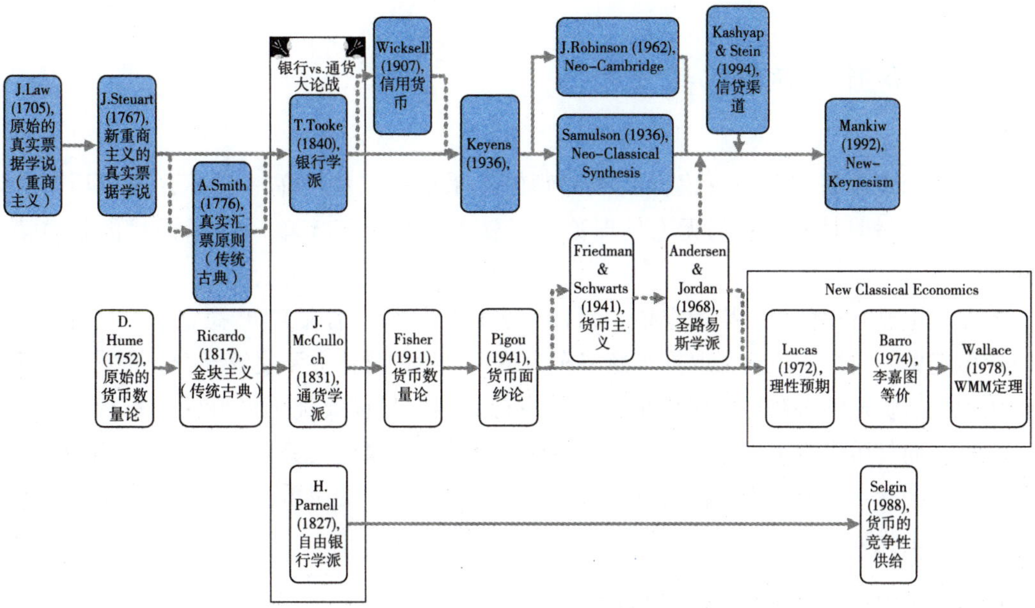


**图 1-2-1　货币理论演变史**

19 世纪初由英格兰银行而引发的通货银行大论战，是货币数量论（Quantity Theory of Money）和真实票据学说（the Real-bills Doctrine）① 对立传统的开始，是对货币理论和货币政策的第一次系统性的讨论。不同学派对货币政策目标持不同观点：第一种，银行学派（Banking School），根据真实票据、贸易需求和回笼法则（Law of Reflux）② 强调对货币发行规则的突破，认为货币政策目标应该是保证贸易需求得到满足，这大体对应于后来的经济增长目标。第二种，通货学派（Currency School）强调货币发行与黄金储备应该保持一比一的比例，认为货币政策目标应该是保证货币的可兑换性（Convertibility）③，这大体对应于后来的币值稳定目标，即价格目标或汇率目标。第三种，自由银行学派（Free Banking School）主张竞争性的货币供给和取消中央银行制度，因此也就不存在货币政策问题。

凯恩斯（Keynes，1936）为政府干预经济提供了理论基础，开创了宏观经济学和微观经济学的分野，开启了对财政政策和货币政策的有目的运用。在货币主义和理性预期出现以后，货币理论逐步形成了古典范式和凯恩斯范式对立的格局，关于货币政策目标也形成了四种观点：第一种是多目标体系，一般包括促进经济增长、提高就业、维持币值稳定和维持国际收支平衡等目标；第二种是币值稳定单一目标，可以划分为价格稳定、汇率稳定或低通胀率；第三种是货币供应量稳定单一目标；第四种是名义 GDP 稳定单一目标。

---

① 真实票据理论认为要保持纸币和金属货币的自由兑换，不仅可以通过实施法定兑换率，而且可通过银行采用对“真实票据”实行贴现的办法，如果按照真实票据预付银行券（所谓真实票据是由实际债权人对实际债务人开出的票据），银行券的过度发行现象就不会发生。

② 关于真实票据，银行学派认为只要银行将其资产限定为真实票据，那么其存款负债和纸币就不会过度；通货学派认为这忽视了贴现率在决定票据数量中的作用，真实票据理论将促进纸币发行，从而引发价格的累积性上升。关于贸易需求，银行学派认为纸币数量最终由贸易的交换需要决定。关于回流规律，银行学派认为纸币过度发行只在短期内是可能的，因为纸币会很快回流到发行者手中以偿还贷款；而自由银行学派认为只有竞争性的货币供给才能保证回流规律。

③ 货币的可兑换性，即货币持有人有权随时要求货币发行机构以固定价格将货币兑换为黄金或其他本位金属。

## （二）各种目标的比较分析

目前货币理论研究和中央银行实践都倾向于采取价格稳定单一目标，这是币值稳定单一目标的一种具体形式；但无论是理论还是实践，价格稳定单一目标仍然面临着诸多挑战。

下面就主要对比分析价格稳定单一目标、多目标体系、名义 GDP 稳定单一目标和货币供应量稳定单一目标。虽然采取价格稳定作为单一目标的理由并不足够充分，但是本研究倾向于认为，从长期动态和可操作性角度，价格稳定单一目标要优于多目标体系和名义 GDP 单一目标；而货币供应量稳定单一目标虽然拥有理论上的某些优势，但从来都没有成为中央银行的主流信念。因此，价格稳定单一目标是目前最为常见的货币政策目标，与其他目标相比也具有一定优势。

### 1. 多目标体系与价格稳定单一目标

传统的多目标体系包括促进经济增长、提高就业、维持币值稳定和维持国际收支平衡四个目标。一般认为，货币政策对就业和国际收支平衡的影响较小或不确定，因此多目标体系往往只包括价格稳定和真实产出两个目标，下面就对比分析两目标体系和价格稳定单一目标。

从理论角度，支持价格稳定单一目标的观点①包括：

（1）货币政策时滞。弗里德曼和施瓦茨（Friedman & Schwartz，1963）认为，长期内真实产出由自然失业率决定，不受货币政策影响；短期内货币政策能够影响真实产出，但是时滞是长而易变的，中央银行难以把握货币政策的影响，不仅无法减小经济波动，反而会造成并加剧经济波动。因此，他们主张放弃真实产出目标，将价格水平作为单一目标，采取货币供应量增长率固定规则。

货币政策时滞的相关研究并不完全支持弗里德曼和施瓦茨（1963）的研究结论，因此以时滞来反对真实产出目标的观点并不足够有力。20 世纪 60 年代，凯恩斯主义认为时滞较短为一个季度或几个季度；70 年代，圣路易斯学派使用简化方程认为时滞相当短；70 年代，凯恩斯主义使用结构方程认为，时滞比较长。70 年代研究似乎表明，时滞的估计取决于模型结构和货币政策度量方法：简化方程估计的时滞较短，而结构方程估计的时滞较长；采取货币供给或基础货币度量则时滞估计较短，采取非借入准备金则时滞估计较长。80 年代货币主义和凯恩斯主义基本达成共识，货币政策有较短的时滞，货币政策对经济的大部分影响发生在 4 ~5 个季度之内。

（2）系统性货币政策无效。卢卡斯（Lucas，1972）提出了“卢卡斯批评”，认为货币政策和财政政策会改变经济模型的参数，进而提出了系统性货币政策无效的观点：系统性货

---

① 多目标之间存在矛盾并不是采取价格稳定单一目标的理由，首先，四个目标中可以选择产出、就业和国际收支平衡作为单一目标，而非必须选取价格稳定；其次，多目标间矛盾就意味着各目标间存在权衡和替代，货币政策反而可以在各目标间求得平衡。

币政策将会被公众预期到，从而无法影响真实产出，只有未被预期到的随机性货币政策才能影响真实产出。这意味着只有在公众预期错误时，货币政策才能够影响产出。公众会不断修正预期，中央银行则不断试图进行意料之外的货币政策，公众和中央银行的博弈只会增加不确定性，即产生更大的真实产出波动和通胀率波动，而无法提高真实产出水平。因此，货币政策无法系统性地影响真实产出水平，因此不应该以真实产出为目标。

实证研究的结论并不完全支持这一逻辑。多数实证研究支持“卢卡斯批评”，但并不完全支持系统性货币政策无效的观点。这意味着，系统性货币政策能够影响真实产出，虽然该影响具有较大不确定性；中央银行具有系统性影响经济的能力，但却无法精确地控制这种影响。

（3）动态不一致性和通胀偏向。如果通货膨胀是有成本的（即使该成本比较低），而10%的通胀、零通胀和10%的通缩对真实变量没有影响，那么为什么平均的通货膨胀总是正的呢?①

基德兰德和普雷斯科特（Kydland & Prescott，1977）认为虽然低通胀甚至适度通缩可能是最优的，但这样的货币政策是动态不一致的（Dynamic Inconsistence），也是不可能实现的。由于存在着事前最优与事后最优的区别，一项事前最优的政策在事后可能并不是最优的，比如中央银行事前最优政策为低通胀的，而事后最优政策是高通胀的。相机抉择的货币政策不存在对未来货币政策的承诺机制，政策制定者有动机和能力去改变货币政策，从而产生了时间不一致性问题，因此相机抉择货币政策存在通胀偏向（Inflation Bias）。社会公众能够预期到货币政策的不一致性和通胀偏向，将会根据高通胀预期来行为，而不理会中央银行关于反对通胀的声明。这使得货币政策无法提高真实产出，而只会提高通胀率。

动态不一致性理论说明相机抉择型货币政策是不合意的，合意的货币政策是规则型的。货币政策规则有两种形式：第一种是数量型规则，例如弗里德曼和施瓦茨（1963）的货币供给以固定增长率增长，泰勒（Taylor，1993）给出了中间目标为利率的最优货币政策规则，麦卡勒姆（McCallum，1988）给出了中间目标为货币供应量的最优货币政策规则；第二种是制度型规则，例如巴罗（Barro，1986）的声誉模型，罗戈夫（Rogoff，1985）的保守中央银行家模型，沃尔什（Walsh，1995）的最优合同模型，斯文森（Svensson，1999）的通胀目标制。数量型规则无法应对突发性冲击，因此制度型规则逐渐占据了主导地位，其中最流行的是通胀目标制。

但通胀目标制并不意味着价格水平单一目标，例如伯南克和格特勒（Bernanke & Gertler，1999）提出了灵活的通货膨胀目标制（Flexible Inflation Targeting），货币政策的首要目标是在长期内实现特定的通货膨胀率。在长期目标的约束下，短期内中央银行可以追求其他宏观经济目标，例如真实产出稳定。

（4）长期相关性的实证研究。实证研究方面，麦坎德利斯和韦伯（McCandless & Weber,1995）② 认为长期内，货币增长率和通胀率之间相关系数的估计值近似为1③；货币

---

① 在法币制度成为统治性制度之前，通胀、通缩和价格稳定都是常见的，例如中国古代货币史中经常发生的“钱荒”现象。

② McCandless 和 Weber（1995）使用110个国家30年的数据的大样本，考察了平均通胀率、平均产出增长率和不同货币口径增长率之间的相关性，是货币政策长期相关性的较好归纳。

③ 随货币口径不同，估计值在0.92～0.96间变动。

增长率或通胀率与真实产出间都不存在相关关系。这两个结论得到了绝大多数实证研究的支持。

长期内货币政策不能提高真实产出，短期内财富效应和马迪尔—托宾（Mudell-Tobin）效应等都可能影响真实产出，这也得到了实证研究的支持。合理的解释是，扩张性货币政策在短期之内对产出有正向影响，随后的利率上升和价格上升等市场内在机制将逐步抵消最初的正向影响，因而长期内货币政策和真实产出无关。这就意味着货币政策无法影响真实产出水平，因此货币政策目标就不应该包括真实产出水平。

这一逻辑能够证明货币政策目标不应该包括减少真实产出的波动性（即所谓的“熨平经济周期”或“逆周期的货币政策”）。

如果我们相信经济波动是有害的，中央银行能够准确地理解、预测和影响经济，那么货币政策就可能减少真实产出波动，即使无法提高真实产出水平；相反，如果我们相信经济波动是“创造性破坏”，有利于市场机制发挥作用，有利于经济可持续增长，那么货币政策就不应该试图减少经济波动。

（5）中央银行无效性。使用货币政策来影响真实产出的理由在于，市场无效导致经济持续地偏离充分就业的产出水平，但问题是中央银行也可能是无效的。

中央银行无效性可能来自以下三个方面：（1）中央银行的目标函数不以社会福利最大化为目标，例如中央银行家追求政治升迁、薪酬待遇或退休便利，因此货币政策可能具有政治商业周期或者被金融机构利益左右；（2）中央银行对经济的认识并不足够完全和准确，事实上经济学家对宏观经济运行许多方面的认识都存在严重分歧，对经济动态路径的掌握十分有限；（3）中央银行无法制定或执行正确的货币政策，事实上经济学家对货币政策传导机制的理解仍不充分，中央银行制度也会制约货币政策制定和执行程序。

随之产生的问题是，如果是中央银行无效性使其无法达成真实产出目标，那么为什么要相信中央银行能够达成价格稳定目标呢？这似乎暗示中央银行要么无法达成价格稳定目标，要么只能通过简单规则来达成价格稳定目标。

综合以上五个方面，采取价格稳定作为单一目标的理由并不绝对充分，但是本研究仍然坚持认为，从长期动态角度，价格稳定单一目标要优于多目标体系。

### 2. 价格稳定单一目标与名义 GDP 稳定单一目标

以名义 GDP 稳定作为单一目标的主要优点是：（1）名义 GDP 既包含价格又包含真实产出，对两者波动的适应性更强。例如，真实产出下降会自动提高货币当局的通胀目标，有助于稳定经济。（2）名义 GDP 包含了货币流通速度变动对经济的影响。（3）能够稳定总需求冲击（无论冲击来自商品市场还是货币市场）。如图 1 –2 –2 所示。

切赫埃第（Cecchetti，1995）认为，考虑到预测和控制通货膨胀的困难度，稳定名义 GDP 增长率可能会得到更好的结果。①

以名义 GDP 稳定为单一目标的最大问题是可操作性不强。第一，实现一定的名义 GDP 目标水平必须通过改变货币供应量或利率来实现，但这会影响货币流通速度，从而难以控制价格和真实产出的水平。第二，实践中，GDP 数据的公布频度较低，时滞较长，不能满足

① 相关的理论争论参见 Bean（1984）和 West（1986）。

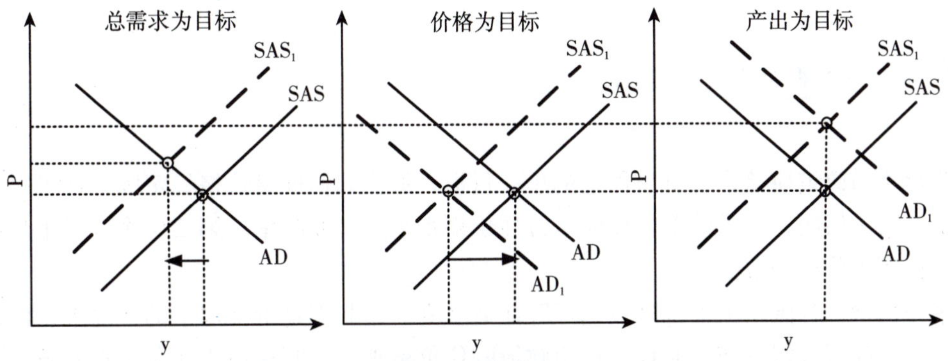


**图1-2-2　名义GDP稳定单一目标和价格稳定单一目标**

制定执行货币政策的时效性要求。

### 3. 价格稳定单一目标与货币供应量稳定单一目标

支持以货币供应量稳定作为单一目标的理论主要有两种：弗里德曼、施瓦茨（1963）的时滞理论和世际迭代模型（Over-Lapping Generation，OLG）理论。前者已经在“多目标与价格稳定单一目标”部分论述过了，这里只论述后者。

世际迭代模型认为货币供应量不变是最优选择，即使这样会导致价格水平上升或下降；相反，即使实现了价格稳定，改变货币供应量也不是最优选择。

第一，世际迭代模型研究法币（Fiat Money）经济，假设法币具有两个特征：一是内在无用性（Intrinsically Useless）①，不能直接用于消费或生产；二是不可兑换性（Inconvertible），发行者并不承诺该货币可以兑换成金币、金块或其他商品。在这两个特征下，只有当其他人愿意以商品来交换法币时，法币才具有正价值。法币具有正价值的必要条件是，法币及其近似替代物的供给受到严格限制。因此货币供应量稳定（甚至固定）是维持法币制度的必要前提。

第二，世际迭代模型认为，改变货币供应量会改变个人跨期选择的替代性，因此会造成微观意义上的效率损失。只有保持货币供应量固定，才能够保证效率不受损失。

第三，世际迭代模型假设了个人理性，因此，在货币供应量固定的情况下，个人能够相对准确合理地预测价格变化，并据此进行劳动跨期选择和消费跨期选择，从而达到最优。相反，货币供应量变动不仅会改变财富的分配状况②，而且会加大个人预期和选择的难度。③

因此，至少从理论上讲，相对于价格稳定，货币供应量稳定单一目标具有一定优势。但是，多数中央银行的长期信仰是价格稳定有利于经济。

① “内在无用性”应用于经济分析是否会带来固有缺陷存在争论，很难甚至不可能界定什么是“直接用于生产”，钻石有用吗？其价值来自有用性吗？

② 考虑到中央银行供应货币的方式，增加货币供应量对财富分配的影响是不同的，这种影响可能是非公平的（虽然公平很难定义）。

③ 因为供给冲击（主要是技术变化）是随机的和缓慢的，而且货币冲击是人为操纵的和剧烈的。

## （三）价格目标的种类

假定货币政策应该采取价格稳定的单一目标，那么如何度量价格稳定呢？这可以分为两个层次：第一层次，货币政策目标应该盯住价格水平还是通胀率；第二层次，货币政策目标应该选择哪个价格指数。

**第一层次，**各国中央银行多数选择盯住通胀率。通胀率是价格水平的变动率，价格指数和通胀率之间可以很方便地换算。货币政策盯住价格水平或盯住通胀率是存在差异的，在一次性价格上升之后，盯住价格水平的中央银行需要将价格水平恢复到原水平，这需要一定时间内的负通胀；而盯住通胀率的中央银行则不需要类似操作。两者的区别如图1－2－3所示。

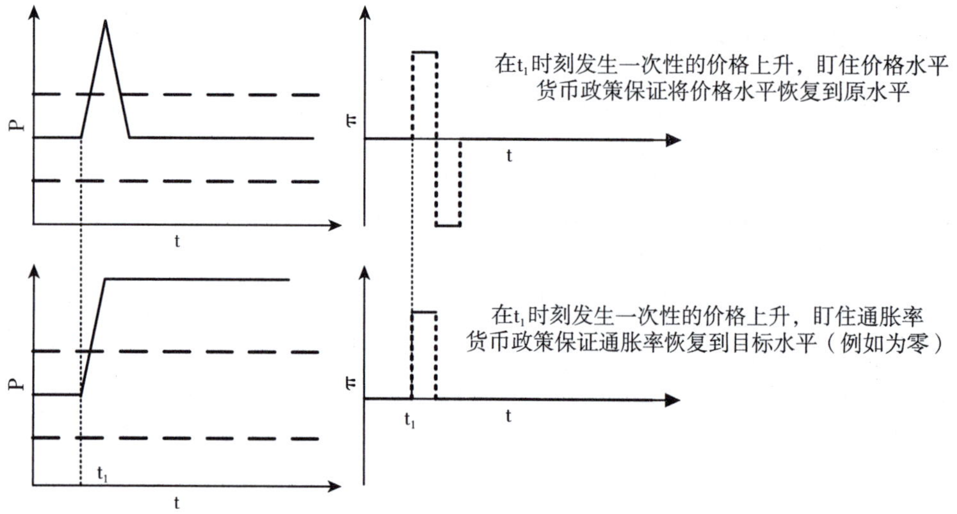


**图1－2－3　盯住价格水平和盯住通胀率的差异**

中央银行盯住通胀率可能出于两个方面的原因：（1）计量技术方面的原因。由于价格指数往往含有单位根，容易发生伪回归问题，实证研究多使用通胀率，各种计量模型也多包含通胀率，因此依赖计量模型的货币政策也顺理成章地选择通胀率作为目标。（2）理论模型方面的原因。部分理论模型认为盯住价格水平会导致真实产出的过度波动，但是这一结论依赖于模型具体形式的设定。改变设定形式，同样可以得到盯住价格水平更优的结论。例如内森和维斯廷（Nessen & Vestin，2005）认为盯住价格水平还是盯住通胀率更优，主要取决于对预期形成过程的假设。

本研究倾向于认为，货币政策目标应该盯住价格水平，因为盯住通胀率会导致基础漂移（Base Drift）问题。盯住通胀率的情况下，中央银行可能通过一次性的剧烈的价格上升来释放货币供给过多的压力，从而在其他时期将通胀率保持在社会容忍的范围，降低中央银行面临的指责。从代表性个人跨期规划角度，短期的剧烈通胀和长期的中低速通胀是相似的，但前者不确定性更大，因此也更差。

**第二层次，**目前各国中央银行多数选择CPI作为目标。价格指数有许多种类，大体可以分为三类标题价格指数、核心价格指数和广义价格指数。

最常见价格指数例如消费者价格指数（CPI）、工业品出厂价格指数（PPI）、固定资产投资价格指数（IFAPI）和 GDP 缩减指数（GDP deflator），这些可以称为标题价格指数（Headline Price Index）。

标题价格指数的波动过于频繁，和货币政策的相关性也不强，因此有观点提出了核心价格指数（Core Price Index）来度量价格指数中和货币政策相关性较强的部分。

标题价格指数存在排除性错误，“相同商品篮子”只包括当期商品而不包括未来商品的价格，但代表性个人的预算约束方程同时包括两者，因此有观点提出了广义价格指数（Broad Price Index）来度量维持特定福利或者相等效用所需要商品的货币成本。

本研究的重点放在第二层次，分析比较标题价格指数、核心价格指数和广义价格指数的差异和优劣。货币政策究竟应该选择哪个价格指数为目标呢？这些价格指数是否具有预测意义？明确这一点，对于货币政策的制定与执行、公众判断中央银行行为和形成通胀预期具有重要意义。

### 1. 标题价格指数

标题价格指数一般由国民经济统计当局公布，基础数据较丰富，时间序列较长，影响范围较广。标题价格指数有两个不足：首先，一般只覆盖当期商品和服务价格，存在排除性偏差；其次，容易受到国民经济统计体系缺陷的制约，公信力和透明度不足。

标题价格指数主要包括消费者价格指数（CPI）、生产者价格指数（PPI）、固定资产投资价格指数（IFAPI）和 GDP 缩减指数。

**（1）CPI**。CPI 度量的是国内居民购买的、用于消费的产品及服务的平均价格的变动。CPI 一般被认为度量了代表性个人的生活费用，是多数中央银行选择的价格目标。

中国的货币政策事实上采取 CPI 作为货币政策目标，但这可能并不合适。理论上，CPI 存在排除性错误、波动性过大以及和货币供应量相关性不强的缺陷；实践中，中国 CPI 可能存在严重低估，例如万晓西（2007）认为中国城市 CPI 低估 4.4～9.4 个百分点，低估原因包括居民家庭收支调查统计可信度较低、居住价格核算缺陷、CPI 基础数据和构建方法缺陷，以及统计体制缺陷。

**（2）PPI**。PPI 度量的是国内生产者对其产品接受的平均价格的变动。理论上讲，PPI 描述了 CPI 的潜在压力，PPI 变动趋势会向 CPI 传导。美国的 PPI 为批发价格指数（Wholesale Price Index，WPI）。

中国的 PPI 一般认为是工业品出厂价格指数（Ex-Factory Price Indices of Industrial Products，EFPIIP），但工业品出厂价格指数涵盖的范围和常识意义上的 PPI 并不一致，这可能造成中国 PPI 和 CPI 的相关性不强。中国 CPI 和 PPI 的年度数据和月度同比数据如图 1-2-4、图 1-2-5 所示。

1985—2008 年，中国年度 CPI 的标准差为 7.05%，中国年度 PPI 的标准差为 7.44%，两者的波动性并不存在显著差异。

1985—2008 年，中国年度 CPI 的均值为 6.54%，年度 PPI 的均值为 6.11%，两者的大小并不存在显著差异。有观点认为由于产能过剩，中国 PPI 无法较好地向 CPI 传导，而中国 CPI 和 PPI 年度数据本身并不支持这一观点。

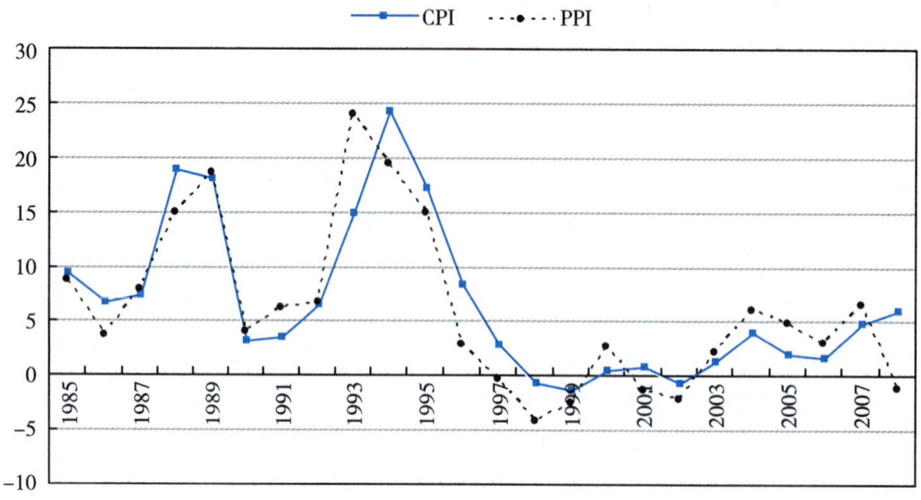


**图 1－2－4　中国 PPI 和 CPI（年度）**

数据来源：WIND。

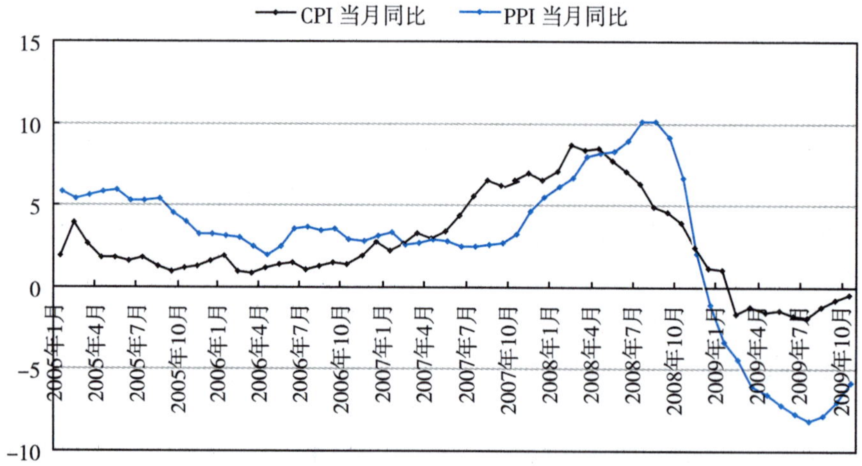


**图 1－2－5　中国 PPI 和 CPI（当月同比）**

数据来源：WIND。

2005 年 1 月至 2009 年 10 月，中国月度当月同比 CPI 的标准差为 2.85%，月度当月同比 PPI 的标准差为 4.72%，PPI 的波动性要远远大于 CPI。这可能说明在月度频度上，批发价格的调整频率较小，而调整幅度较大。

2005 年 1 月至 2009 年 10 月，中国月度当月同比 CPI 的均值为 2.70%，月度当月同比 PPI 的均值为 2.60%，两者的大小并不存在显著差异。这点上月度同比数据和年度数据是一致的。

**（3）IFAPI**。IFAPI 度量的是固定资产投资中涉及的各类商品和服务的平均价格的变动，国家统计局 1991 年以后开始公布全社会固定资产投资价格指数。使用《新中国五十五年统计资料汇编》、《中国国内生产总值核算历史资料（1952—1995）》和《中国国内生产总值核算历史资料（1952—2004）》提供的 1952—2004 年分地区的历年固定资本形成总额及其指数，可以构造1952—2004年固定资本形成总额价格指数，这可以作为IFAPI的补充。中国CPI和IFAPI的年度数据如图1－2－6所示。

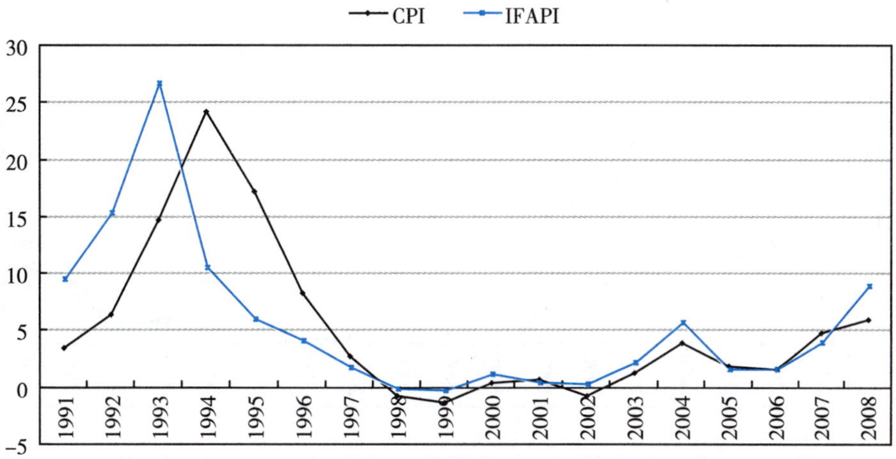


**图1－2－6 中国IFAPI和CPI（1991－2008年）**

数据来源：WIND。

1991—2008年，中国年度CPI的标准差为6.91%，年度IFAPI的标准差为6.84%，两者的波动性并不存在显著差异。

1991—2008年，中国年度CPI的均值为5.22%，年度IFAPI的均值为5.46%，两者的大小并不存在显著差异。

根据曾辉和张晓艳（2009）的研究，中国各地区IFAPI在水平和变动趋势方面都存在过大差异，IFAPI的数据质量可能较差，因此上述两个结论可能并不可靠。

**（4）固定资产价格指数**。中国IFAPI数据可能存在质量问题①，因此下面尝试构建固定资产价格指数。中国固定资产投资统计体系存在一定不足，固定资产投资和固定资本形成名义增长率之间存在显著差异。考虑到中国统计体系特点，构建固定资产价格指数②：

$$固定资产价格指数=\frac{固定资产投资名义指数\times 固定资产投资价格指数}{固定资本形成名义指数} \quad (1)$$

构建的固定资产价格指数如图1－2－7所示。

1992—2008年，中国年度IFAPI的标准差为6.97%，年度固定资产价格指数的标准差为11.68%，后者的波动性较大。

1992—2008年，中国年度IFAPI的均值为5.22%，年度固定资产价格指数的均值为9.26%，后者较高。

考虑到固定资产投资科目和固定资本形成科目的差异，可以认为，相对于其他投资要素，土地价格上涨不仅较快，而且较不平稳。

**（5）GDP缩减指数**。GDP缩减指数通常根据名义GDP和真实GDP进行倒算，反映

① 参见曾辉和张晓艳（2009）和曾辉（2009）。

② 固定资产投资科目和固定资本形成科目的主要差异在于，前者覆盖土地，后者不覆盖土地，而土地价格变动应该被计入固定资产价格指数。

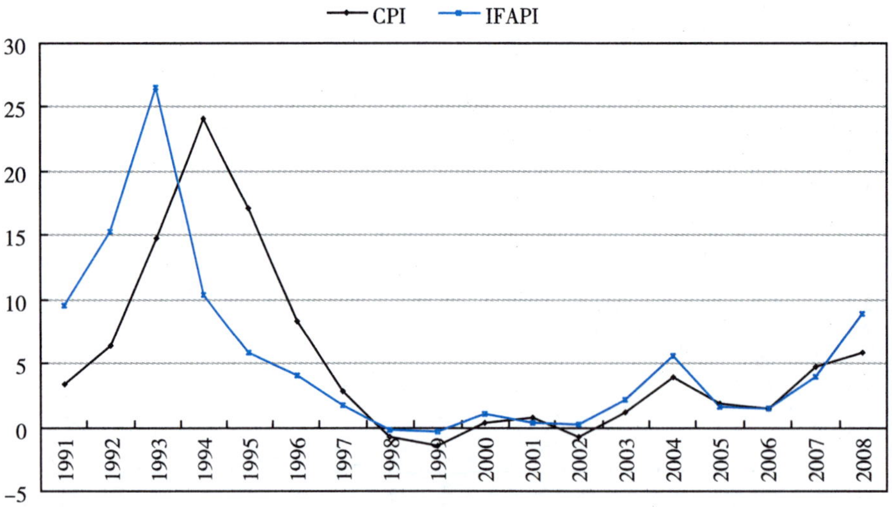


**图1-2-7　中国IFAPI和固定资产价格指数（1991-2008年）**

数据来源：WIND。

GDP所有成分的价格的平均变动。GDP缩减指数的主要缺陷是时滞较长、频度较低；① 因此，GDP缩减指数只能供事后分析，而无法用于制定执行货币政策的事前分析。中国的年度CPI和GDP缩减指数数据如图1-2-8所示。

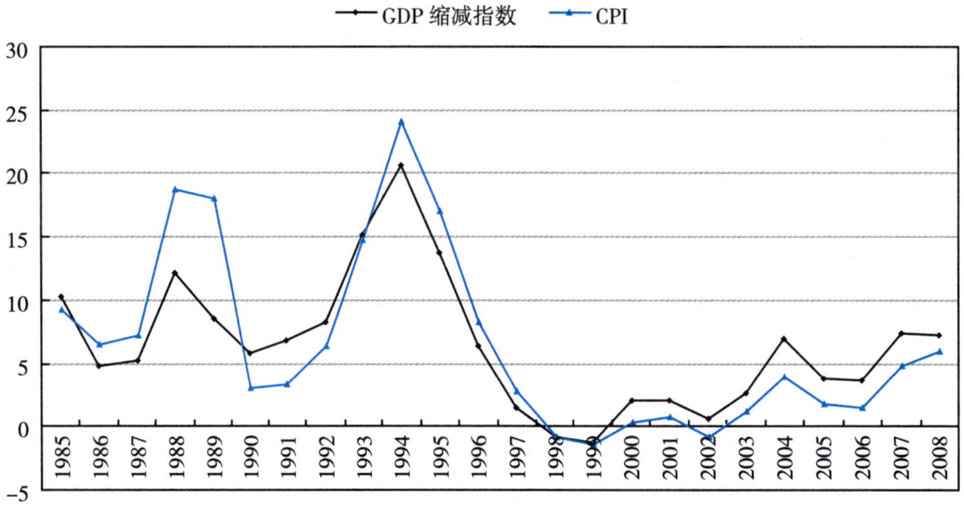


**图1-2-8　中国GDP缩减指数和CPI（1985-2008年）**

数据来源：WIND。

1985—2008年，中国年度CPI的标准差为5.23%，年度GDP缩减指数的标准差为7.05%，两者的波动性并不存在显著差异。

1985—2008年，中国年度CPI的均值为1.8%，年度GDP缩减指数的均值为1.8%，两

① 原则上可以计算季度GDP缩减指数，但由于中国不存在严格意义的分季度GDP数据，只能得到年度GDP缩减指数。

者的大小并不存在显著差异。划分时间区间来看，1999—2008 年，中国年度 CPI 的均值为 1.80%，年度 GDP 缩减指数的均值为 3.51%，GDP 缩减指数持续地高于 CPI。这说明 1999—2008 年投资品价格上升要快于消费品，在现行利率管制、投融资机制和收入分配结构下，投资品市场的超额需求情况要远比消费品市场严重。

上述分析表明，中国 CPI 和其他标题价格指数之间存在一定差异，并不能够相互替代；对不同标题价格指数的比较分析，能够得到更深入和更细致的信息。多数中央银行都选择盯住 CPI，因此下面将 CPI 作为标题价格指数的代表重点研究。

**2. 核心价格指数**

核心价格指数由埃克斯坦（Eckstein，1981）提出，是指价格指数中与货币供应量存在的长期或持久联系的部分，反映价格的长期趋势。例如，刘建伟等（2006）构建了中国 1978—2005 年的核心 CPI，认为核心 CPI 的波动性比 CPI 小，与 M0 的相关性更强。

构建核心价格指数的方法有统计途径和计量途径两大类，统计途径主要包括剔除法（Exclusion）、有限影响估计法（Limited-influence Estimation）、平滑技术法（Smoothing）和动态因子指数法（Dynamic Factor Index，DFI）等，计量途径主要是 SVAR。

构建核心价格指数的最常用方法是剔除法，即从标题价格指数中剔除暂时性价格变动。一般认为核心价格指数反映通货膨胀率变化的长期趋势，是价格指数中与货币政策存在某种长期或持久联系的部分，并有助于预测短期乃至中期的通货膨胀率。例如，美国和欧盟的核心 CPI 是从 CPI 中剔除了食品和能源价格计算的，其理由在于，食品和能源价格波动主要是由供给冲击造成的，是一次性而非趋势性的，这就意味着货币政策既没有能力也没有必要来对食品和能源价格波动做出反应，因此货币政策应该更关注核心 CPI。

但是这一推理逻辑远非完美，至少存在两点反对原因：首先，食品价格上涨会增加生活成本，推动工资上升，提高通货膨胀预期，从而推动价格的全面上涨，这对货币政策构成了挑战；其次，CPI 衡量的是居民生活成本，特别是对于中国这样一个经济发展程度不高、恩格尔系数较高的国家而言，食品价格对居民生活影响很大，而就度量生活费用方面，核心 CPI 的意义很不明确。

下面使用剔除法①对中国 CPI 分类数据进行处理，可以得到核心 CPI，如图 1-2-9 所示。

1994 年 1 月至 2009 年 10 月，中国的月度当月同比 CPI 的标准差为 7.05%，月度当月同比核心 CPI 的标准差为 5.55%，核心 CPI 的波动性的确比较小。因此核心 CPI 一定程度上能够消除价格的暂时波动。

1994 年 1 月至 2009 年 10 月，中国的月度当月同比 CPI 的均值为 4.34%，月度当月同比核心 CPI 的标准差为 2.90%，相差约 1.5 个百分点；1994 年 1 月至 2008 年 12 月，CPI 指数从 100 增长到 174.44，核心 CPI 指数从 100 增长到 145.12，相差约 29.3 个百分点。因此，从度量生活成本角度，核心 CPI 存在较大偏差，并非 CPI 的较好替代。

基于上述分析，本研究不把核心价格指数作为研究重点。

① 将 CPI 构成要素中的食品类剔除。

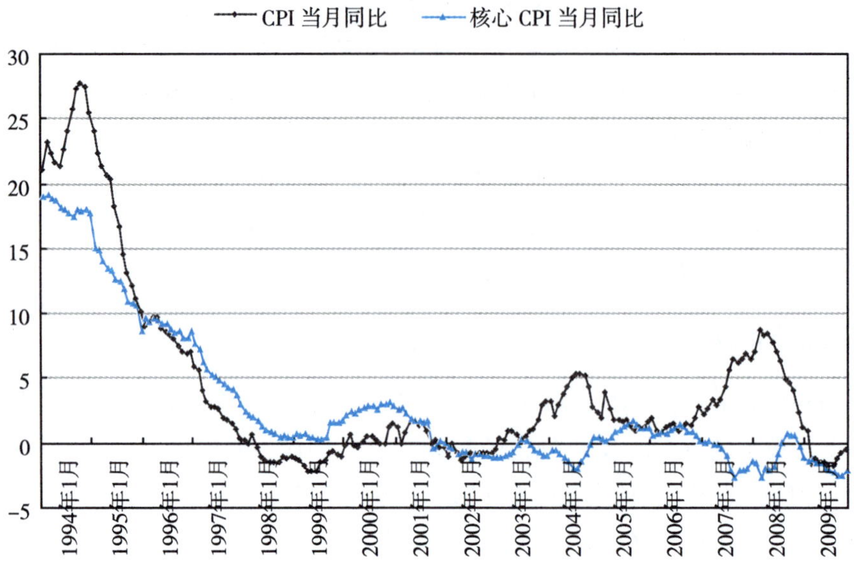


**图 1－2－9　中国 CPI 和核心 CPI（当月同比）**

数据来源：WIND。

### 3. 广义价格指数

广义价格指数由阿尔奇安和克莱因（Alchian & Klein，1973）提出，度量代表性个人整个生命周期的生活成本，不仅包括当期商品价格，也包括未来商品价格。广义价格指数是等效用价格指数，即在货币价格变化时，度量维持特定福利或者相等效用所需要商品的货币成本。

阿尔奇安和克莱因（1973）认为，传统的价格指数只反映商品价格的当期变动，不能反映商品价格的未来走势，而对未来价格的预期会影响居民的行为决策，因此传统的价格指数具有排除物品偏差（Exclued Goods Bias）的作用。从理论上讲，理想的价格指数应该是购买阿罗—德布鲁未来商品市场的完整集合（Complete Set of Arrow-Debreu Futures Market）中单位商品的价格；可以使用跨期生活费用指数（Inter-Temporal Cost of Living Index，ICLI）来反映整个生命周期的生活成本的变动。集合中未来商品的价格可以使用资产价格来替代，因此 ICLI 可以表示为标题价格指数和资产价格指数的函数。

一般将股票和房地产作为资产的代表，资产价格和当期商品服务价格的确存在比较明显的差异，因此有必要考察资产价格，研究其对跨期生活费用的影响，研究其是否应当纳入广义价格指数范围。中国股票市场和房地产市场的价格指数如图 1－2－10、图 1－2－11 所示。

经济学家普遍赞成货币政策应当关注资产价格，例如，伯南克和格特勒（Bernanke & Gertler，1999）认为如果资产价格波动是由非基本面因素引起的①，同时该波动对宏观经济

① 一般认为，非基本面因素引起资产价格波动的情形主要有三种可能性：①不完善的制度变迁，例如 Borio，Kennedy 和 Prouse（1994）认为 20 世纪 80 年代日本金融改革导致信贷可得性急剧增加，从而造成了资产价格的快速膨胀，而 Allen 和 Gale（2000）则将这一思路模型化。②投资者的非完全理性，例如羊群效应、过度乐观、短期行为等。③非完备套利，现实金融市场不存在完备套利也并非总是有效的，因为，首先许多证券没有完全替代品，甚至没有近似替代品；其次，套利者面临着噪声交易者风险、进入成本和流动性约束等。

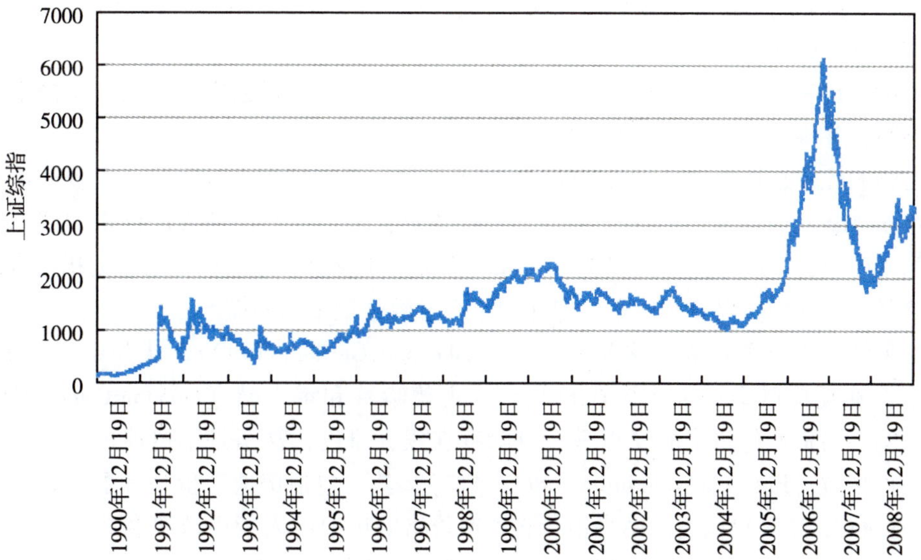


**图 1-2-10　上证综指（1990 年 12 月 19 日至 2008 年 12 月 19 日）**

数据来源：WIND。

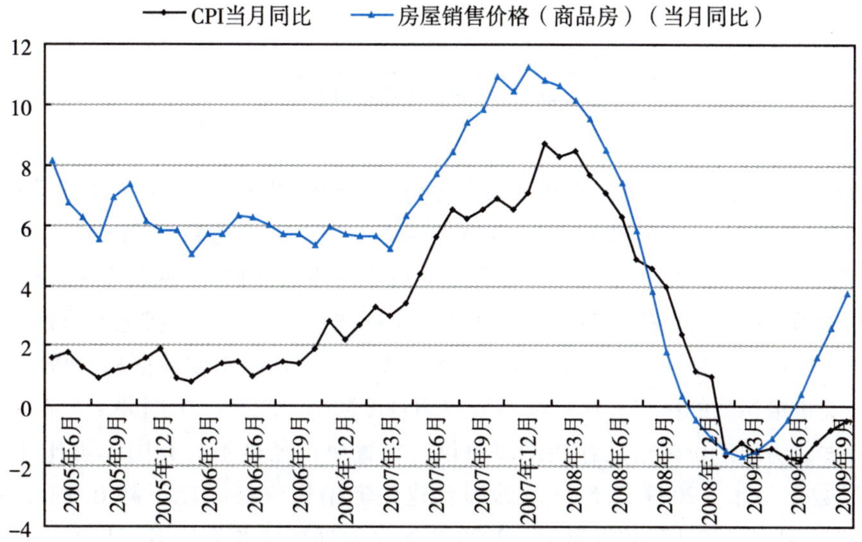


**图 1-2-11　中国 CPI 和房屋销售价格（当月同比）**

数据来源：WIND。

有潜在的显著影响①，那么资产价格波动就成为导致经济不稳定的独立因素，货币政策就应该关注资产价格。

① 由于数据大多表明资产价格和真实经济之间存在双向 Granger 因果关系，这导致很难或者无法使用计量方法来识别该影响的程度，但我们可以采取对历史上的金融危机进行事件研究来考察该影响的存在和程度；而资产价格波动对宏观经济影响的传导机制包括财富效应、托宾 q 效应和金融加速因子等理论。

但是否应该利用资产价格来构建广义价格指数并作为货币政策目标，经济学家仍然存在争论，主要有三种观点：

第一种的代表是阿尔奇安和克莱因（1973），主张在价格指数中加入资产价格来构建广义价格指数，并将其作为货币政策目标。

第二种的代表是切赫埃第等（2000），主张在中央银行的反应函数中加入资产价格偏离（Asset Price Misalignments）。这种方法存在三个难点：一是如何识别资产价格的波动是由非基本面因素引起的，或者说如何识别存在资产价格偏离或资产泡沫；二是如何描述资产泡沫的演变路径；三是如何保证刺破资产泡沫而不会导致金融市场恐慌。

第三种的代表是伯南克和格特勒（Bernanke and Gertler，1999），认为由于技术困难，不应该直接在反应函数中加入资产价格项。古德哈特和霍夫曼（Goodhart and Holfmann，2001）认为，对资产价格中的噪声进行剔除存在很大难度，甚至是不可能的，因此主张构建金融条件指数（Financial Condition Index，FCI），其中包括房地产价格和股票价格。易辛等（Issing etc.，2001）认为，中央银行将资产价格明确地纳入货币政策目标，其行为规律会造成道德风险。国内研究中，易纲和王召（2002）也持相似观点。

应该采取哪种思路将资产价格纳入货币政策框架，仍然有待商榷。本研究下面尝试构建广义价格指数，使用实证方法来研究构建广义价格指数的思路能否可行，广义价格指数是否有利于预测价格指数变动，货币政策变量相关性是否更好和产出缺口相关性是否更好。

## 二、广义价格指数

本部分首先从代表性个人预算约束出发，分析资产价格和商品价格的关系，说明广义价格指数的理论基础。然后，使用中国近年数据，构建了动态因子指数（Dynamic Factor Index，DFI）和动态均衡价格指数（Dynamic Equilibrium Price Index，DEPI）两种广义价格指数。

在构建中国的广义价格指数时，必须注意两个问题：一是，中国房地产价格数据的样本长度较短，房屋销售价格指数月度数据从 2005 年 6 月份开始，季度数据从 1998 年第一季度开始，而广义价格指数的构建方法一般需要使用月度数据。二是，中国并不存在关于资产价格的可信数据。房地产价格指数存在诸多争议，空置率口径也不具有国际可比性①。例如，国家统计局数据显示，2009 年 5 月份深圳新建住宅销售价格同比下降 6.9%，环比上涨 1.7%；深圳市国土房产部门数据显示，2009 年 5 月深圳新建商品住宅销售均价为同比上涨 17.6%，环比上涨 6.1%。这增大了构建的难度，损害了广义价格指数的数据质量。

### （一）资产价格、商品价格和广义价格指数

构建价格指数的目的在于提供等效用价格指数，即在货币价格变化时，度量维持特定福利或者相等效用所需要商品的货币成本。代表性个人进行效用最大化时，需要使用价格指数

---

① 空置率，美国国家统计局定义为“调查时点无人居住且不是暂时无人居住的住宅单元数量占全部住宅存量的比重”，中国国家统计局定义为“报告期末已竣工但尚未销售或租出的部分占近 3 年商品住宅可供面积”，两者之间差距很大。

来计算预算约束方程：当等效用价格指数不变时，预算约束方程不变，从而代表性个人行为不变；当等效用价格指数变动时，预算约束方程会发生变动，从而代表性个人行为发生改变。在考察代表性个人行为及其对宏观经济的影响时，只有等效用价格指数才是有意义的。

由于效用难于度量，价格指数统计中往往使用“相同商品篮子”概念来近似替代“相等效用”概念，例如常用价格指数 CPI、PPI 和核心 CPI。但这种近似处理存在排除性错误，因为“相同商品篮子”的价格指数只包括当期商品的价格，不包括未来商品的价格，但代表性个人的预算约束方程同时包括两者。因此，阿尔奇安和克莱因（1973）认为应该构建广义价格指数，计算购买阿罗—德布鲁未来商品市场完整集合中单位商品的价格，其中未来商品价格可以使用资产价格来替代。

### 1. 理论框架

下面就从理论上证明，资产价格隐含了未来商品价格的相关信息，是对未来商品价格的良好描述，从而价格指数中应该包括资产价格。

在价格体系 $G$ 的情况下，代表性个人的预算约束为：

$$W_G = \int_0^{+\infty}\left[\sum_{i=1}^{n} q_G(i,t)\cdot p_G(i,t)\right]dt \tag{2}$$

其中，$W_G$ 为当期财富名义值；$q_G$（$i$，$t$）为产生相等效用的商品向量，包括现在的和未来的消费；$p_G$（$i$，$t$）为商品的价格向量，存量商品的价格为服务流的租金价格。

从等效用价格指数的角度来看，相对于 $G$，价格体系 $H$ 的价格指数为：

$$P_{GH} = \frac{W_H}{W_G} = \frac{\int_0^{+\infty}\left[\sum_{i=1}^{n} q_H(i,t)\cdot p_H(i,t)\right]dt}{\int_0^{+\infty}\left[\sum_{i=1}^{n} q_G(i,t)\cdot p_G(i,t)\right]dt} \tag{3}$$

价格指数 $P_{GH}$ 具有跨期性质，不仅包括当期商品价格，而且包括未来商品价格；当期价格包含在价格指数中，但并不具有特别的重要性。相对于整个消费支出而言，当期商品和当期价格仅占很小比重，而未来商品和未来价格所占比重更大，重要性也更强。常用的 CPI、PPI 和核心 CPI 只反映当期商品价格，不能很好地描述产生等效用所需的货币成本，不能很好地反映预算约束的变化，也不能很好地预测代表性个人的行为，因此不是等效用价格指数，其适用性和经济含义并不明确。

正确的价格指数必须包括未来商品价格，但是部分的未来商品价格无法直接观测到。①资产是所有的未来服务流的产生基础，② 因此资产价格可以反映对未来服务价格的预期，能够提供未来商品价格的线索。可以引入资产价格来描述未来商品价格，进而全面描述代表性个人的跨期预算约束。

如果真实利率保持不变，当期商品价格和资产价格同比例变动，那么当期商品价格指数就是等效用价格指数的完美代替，③ 就没有必要引入资产价格。但上述假设前提并不成立，

---

① 虽然部分商品存在远期市场或期货市场，但大部分商品是无法直接观测到远期价格的。

② 换言之，服务流由商品（包括资本品、人力资本、耐用消费品和消费品）提供，而任何商品都不是凭空产生的，都是由现有资产产生的。

③ 从理论上讲，未来的服务流租金价格通过隐含的真实利率与资产价格相联系，因此引入资产价格的等效用价格指数与当期服务流量价格加上利率向量是等价的。

当期价格指数与等效用价格指数之间存在系统性的差异，至少在短期之内如此①。货币量变化会产生非隔热调整过程（Nonadiabatic Adjustment Process），首先影响资产价格，进而向商品价格扩散，因此短期内当期商品价格和资产价格会发生相对变动。② 因此，将资产价格纳入价格指数是必要的。

引入资产价格，代表性个人预算约束的表述形式转化为：

$$W_G = \sum_{j=1}^{m} Q_G(j) \cdot P_G(j) = \int_0^{+\infty} \left[ \sum_{i=1}^{n} q_G(i,t) \cdot p_G(i,t) \right] dt \tag{4}$$

其中，$Q_G(j)$ 为当期资产向量，$P_G(j)$ 为当期资产的价格向量。

因此，等效用价格指数可以使用资产价格的函数来表示：

$$P_{GH} = \frac{W_H}{W_G} = \frac{\sum_{j=1}^{m} Q_H(j) \cdot P_H(j)}{\sum_{j=1}^{m} Q_G(j) \cdot P_G(j)} \tag{5}$$

将方程（5）计算的价格指数称为广义价格指数，它具有两个优点：一是，它是等效用价格指数，不仅包括当期商品价格，而且包括未来商品价格，因此能够更好地描述代表性个人的预算约束；二是，计算所需的价格数据在现货市场上都是可以直接观测的，不需要进行主观估计，从而计算结果比较客观。因此，广义价格指数不仅在理论上更完善，而且具有较强的可操作性。

**2. 进一步说明**

下面就以房地产价格为例，从持有房地产的成本收益角度③来说明，资产价格隐含了通胀预期，隐含了未来商品价格。因此，广义价格指数不仅是合理的，也是必要的。

首先做出如下假设：假设一，住宅价格能够作为资产价格 $P_A$ 的代表；④ 假设二，住宅租金能够作为商品价格指数 $P_C$ 的代表；⑤ 假设三，非蓬齐条件（No Ponzi Condition）在长期内成立；⑥ 假设四，住宅年限为无限；⑦ 假设五，持有住宅的唯一成本是价格，而持有住宅的唯一收益是租金（或等价租金）；⑧ 假设六，住宅价格稳定；⑨ 假设七，短期内租金相对于住宅价格以特定速率变化；长期内两者相对稳定。将短期称为调整期，将长期称为均衡

① 前面对标题价格指数的分析也表明，CPI和其他标题价格指数之间的确存在一定差异。

② 当然，如果货币中性或者二分法成立，最终达到均衡时所有价格的变动将是同比例的。

③ 这也可以看作是代表性个人选择购买住宅或租住的角度。

④ 中国股票市场存在较大的制度缺陷，价格波动过于频繁；人力资本只能够观测到工资，而没有现值价格；房地产，特别是住宅，存量规模大，价格相对稳定，直接进入代表性个人的消费支出，因此将住宅价格作为资产价格的代表。

⑤ 这意味着住宅租金和其他商品价格的变动大体一致，租金变动率等于通货膨胀率。

⑥ 在达到均衡时，住宅价格由租金现值决定，价格不可能脱离租金而无限上升。

⑦ 考虑到中国的土地使用年限和住宅建筑寿命，住宅的实际年限介于30~70年之间，这个假设较大地低估了持有成本，从而较大地低估了通胀预期。

⑧ 这忽略了税负、中介费用、时间成本和维修费用等，忽略了持有住宅所带来的心理稳定感，两者对贴现方程的影响相反从而相互抵消，对估计结果影响较小。

⑨ 这仅仅是为了计算的方便，据此得到的通胀预期估计值实际上是未来商品价格相对于资产价格的变动率；如果资产价格上升就意味着其隐含的通胀预期更高。

期，从调整期结束到永久。下面说明假设三中非蓬齐条件的合理性，[①] 持有住宅的成本和收益的贴现值应该相等，因此应当有：

$$P_A^0 = \sum_{t=1}^{+\infty} \frac{R_t}{(1+i)^t} + \lim_{T\to\infty} \frac{P_A^T}{(1+i)^T} \tag{6}$$

或

$$P_A^0 = \sum_{t=1}^{T} \frac{R_t}{(1+i)^t} + \frac{P_A^T}{(1+i)^T} \tag{7}$$

其中，$P_A$ 为住宅价格，右上标为时间，$R_t$ 为租金，$i$ 为贴现适用的收益率。

方程（6）为无限期情形，如果 $P_A^0 - \sum_{t=1}^{+\infty} \frac{R_t}{(1+i)^t} > 0$，就必须有 $\lim_{T\to\infty} \frac{P_A^T}{(1+i)^T} > 0$，从而 $P_A^T = +\infty$，这是不合理的，因为任何资产的价格都不可能是无穷大的。

分析方程（7）为有限期情形，$P_A^0 - \sum_{t=1}^{T} \frac{R_t}{(1+i)^t} > 0$，即房价租金比过高，假设当期为25倍有 $P=100$，$R=4$，假设 $i=8\%$，$T=20$，计算可得 $P_A^{20}=283.5$ 万元，20年后房价租金比将上升至71倍，从而房价租金比过高的情形将不断恶化而非改善，经济将更偏离均衡而非靠近均衡。[②]

如果非蓬齐条件不成立，无限期情形和有限期情形下都会出现不合理情况，因此非蓬齐条件必须得到满足。

长期内持有住宅的成本现值和收益现值必须相等，由此可以建立现值贴现方程，进而估计资产价格隐含的通胀预期。简单起见，假设整个持有期内持有住宅的收益率固定，此时现值方程为：

$$P_A = \sum_{t=1}^{T} \frac{R\cdot(1+\pi^e)^t}{(1+i)^t} + \sum_{s=1}^{+\infty} \frac{R\cdot(1+\pi^e)^T}{(1+i)^{T+s}} \tag{8}$$

其中，$R$ 为当期租金，$\pi^e$ 为调整期内租金变化率，即通胀预期。

参数设定方面，调整期长度 $T$ 设为5年、10年和20年。2014年前，宽松货币政策终止、物业税推出和土地供给制度改革都可能发生，因此将5年作为调整期下限赋值；2029年前，经济增长很难持续在10%以上、部分住宅的土地使用年限到期和部分住宅的建筑寿命到期，因此将20年作为调整期上限赋值。适用收益率设为6%、8%、10%和12%。房地产的必要收益率应当高于长期国债和长期AAA级公司债，参考两者的极低值和历史均值，将12%和6%分别作为适用收益率的上下限。综合来看，调整期为20年、适用收益率为6%是极保守情形，住宅持有人必须在相当长时期内忍受低收益率，现实可能性不大；调整期为5年、适用收益率为12%是激进情形，可能对通胀率高估，但仍有一定发生概率；调整期为5年、适用收益率为8%和调整期为10年、适用收益率为10%的情形发生可能性比较大。根据 www.5i5j.com 和 www.homelink.com.cn 数据进行概算，价格 $P_A$ 为100万元的住宅，当期租金R均值约为（但低于）4万元/年，不妨令 P=100，R=4，i=8%。

---

① 资产价格泡沫未破灭时，投机者都相信资产价格会无限制地上涨，支持这种信念的往往是对供给稀缺性的臆测；遗憾的是，稀缺性臆测并不可靠，价格上涨迟早会导致生产技术或行政管制的改变，从而消除供给垄断。

② 这意味着，如果房价租金比高于均衡值，且租金相对稳定，那么房价要么加速上涨，要么急剧下跌，不存在其他可能的动态路径。

使用上述方程和参数赋值，可以得到 12 种情形组合下调整期通胀率和均衡价格指数，使用 2009 年第 1 季度末 M2 和 2008 年 GDP① 得到私人部门持有货币的损失。详细结果如表 1－2－1 所示。

**表 1－2－1　　资产价格与通胀预期**

| 设定收益率（%） | 调整期 | 调整期通胀率（%） | 均衡期始点（年） | 均衡价格指数（当期＝100） | 私人部门持有货币的损失（万亿元） | 损失占 2008 年 GDP 比重（%） | 年均损失率（%） |
|---|---|---|---|---|---|---|---|
| 6 | 5 | 12.63 | 2014 | 181.2 | 25.7 | 85.44 | 17.09 |
| | 10 | 8.95 | 2019 | 235.7 | 33.0 | 109.72 | 10.97 |
| | 20 | 5.84 | 2029 | 311.2 | 38.9 | 129.35 | 6.47 |
| 8 | 5 | 20.75 | 2014 | 256.7 | 35.0 | 116.36 | 23.27 |
| | 10 | 14.03 | 2019 | 371.7 | 41.9 | 139.33 | 13.93 |
| | 20 | 8.80 | 2029 | 540.2 | 46.7 | 155.33 | 7.77 |
| 10 | 5 | 28.00 | 2014 | 343.6 | 40.6 | 135.13 | 27.03 |
| | 10 | 18.49 | 2019 | 545.5 | 46.8 | 155.67 | 15.57 |
| | 20 | 11.39 | 2029 | 864.8 | 50.7 | 168.57 | 8.43 |
| 12 | 5 | 34.68 | 2014 | 443.1 | 44.4 | 147.59 | 29.52 |
| | 10 | 22.53 | 2019 | 762.8 | 49.8 | 165.62 | 16.56 |
| | 20 | 13.77 | 2029 | 1319.9 | 53.0 | 176.17 | 8.81 |

分析上表可以得出，中国目前资产价格隐含了过高的通胀预期，通胀预期介于 20 年持续 5.84% 和 5 年持续 34.68% 之间。

简单而言，上述估计采取了套利分析方法。首先分析投资的套利机会，对比房地产和其他投资工具（长期国债和长期 AAA 级公司债），两者调整风险后收益应当是大致相等的，如果投资人认为未来房租不会大幅上涨，那么套利行为将导致投资人仅仅投资于国债，而非房地产。其次分析取得住宅使用权的套利机会，对比购买和租赁，两者的成本应当是大致相等的，如果代表性个人认为未来房租不会大幅上涨，那么套利行为将导致个人选择租赁，而非购买。两个角度都指出，中国房地产价格建立在公众的高通胀预期之上。

当这种预期开始自我实现时，剧烈的通货膨胀就会真的到来。当然消除资产价格和商品价格间不平衡的另一种途径是，资产价格的急剧下跌，由此高通胀预期就会消失。

## （二）动态因子指数

广义价格指数的动态因子指数构建方法由布莱恩和切赫埃第（Bryan & Cecchetti，1993）提出。动态因子指数方法的实质是，通过方差来剔除各种价格中的相对变化，进而合成广义

① 数据来源：CEIC。

价格指数。

### 1. 逻辑思路

动态因子指数方法认为价格变动可以分解为两部分：一是纯粹通胀（Pure Inflation）或一般趋势（Common Trend），即所有商品、服务和资产价格的等比例变动；二是相对价格变动（Relative Price Change），即所有商品、服务和资产价格的相对变动。构建价格指数需要将各价格变动中的相对价格变动剔除，进而合成总体的价格指数，以此来度量货币购买力（或者篮子商品价格指数，或者等效用价格指数）。面对某个价格变动，如何将之分解为纯粹通胀和相对价格变动呢？

动态因子指数方法认为，如果某个价格经常性地发生剧烈波动，那么该单个价格就更多地受个别因素影响；单个价格变动的波动性越大，其包含的一般趋势成分就越小，相对价格变动成分就越大。因此，在构建价格指数时，某单个价格波动性越大，则在价格指数中的权重就越小。

第 $i$ 种商品、服务和资产的价格变动为：

$$\pi_{it} = \pi_t + x_{it} \tag{9}$$

式中，$\pi_t$ 为一般趋势成分，$x_{it}$ 为相对价格变动成分，$\pi_t$、$x_{it}$ 及两者间没有自相关，$x_{it}$ 期望为零。

单个价格变动（$\pi_{it}$）包含两部分：$\pi_t$ 一般趋势成分和 $x_{it}$ 相对价格变动成分。现实中，只能观测到单个价格变动，而无法观测到它的两个构成成分。价格指数变动可以由单个价格变动加权获得，通过选择合理的权重，可以使得各单个价格的相对价格变动成分之间相互抵消，从而得到价格指数变动。

因此，价格指数的变动为：

$$I_t = \sum_i w_{it} \cdot \pi_{it} \tag{10}$$

动态因子指数方法中，单个价格权重与其波动性间为负向关系。不妨假设，权重为该单一价格波动率倒数占全部的单一价格波动率倒数之和的比例，即：

$$w_{it} = w_i = \frac{1/\sigma_i^2}{\sum_j 1/\sigma_j^2} \tag{11}$$

式中 $\sigma_i^2$ 为第 $i$ 种商品、服务和资产的价格变动的方差。

### 2. 特点

动态因子指数方法在理论上比较简单，经济含义比较明确。希莱恩和切赫埃第（Bryan & Cecchetti，1993）等研究构建了美国、日本、英国和瑞典等国的动态因子指数，实证检验显示动态因子指数在前瞻性和相关性方面要优于 CPI。

动态因子指数方法有以下两个缺点：一是逻辑基础并不牢固。单个价格的波动性越大，则一般趋势成分就越小的假设很直观，但是并没有严格的逻辑推理；单个价格的波动性大，未必一定意味着其对整体价格变动的影响较小。二是计算的主观性很强。计算各单个价格的波动性时选择多长的时间区间，对权重的影响很大；现有研究多选择月度数据，这是多数价格能够得到的最高频度的数据，但有可能使用日数据、周数据、季度数据或其他频度数据更为合理，这点其实并未得到深入分析。

动态因子指数方法中，由于波动性较大，资产价格的比重一般比较小，房地产价格权重一般不超过 30%，股票价格权重一般为 1% 左右。与之相反，动态均衡价格指数方法中，资产价格权重一般超过 70%，甚至达到 97%，两者形成了强烈对比。理论上讲，动态均衡价格指数的微观基础更为扎实。

### 3. 动态因子指数（月度）构建

本研究使用三种价格来构建动态因子指数，即 CPI、房屋销售价格指数和上证综合指数。国外研究多数使用月度数据，由于中国房屋销售价格指数月度数据的长度较短，因此这里分别使用月度数据和季度数据。

限于中国房屋销售价格指数的数据长度，月度数据选取 2005 年 6 月至 2009 年 10 月的当月同比数据。

使用月度数据，计算各个指数的均值、标准差和方差，进而确定各自的权重，如表 1 -2 -2所示。CPI 波动性最小，权重为 59.00%；房地产价格波动性较小，权重为 40.96%；股票价格波动性最大，权重仅为 0.1%。这说明在动态因子指数中，房地产价格的权重相当大，不能忽略其对实体经济的影响；而股票价格的权重非常小，一定程度上可以忽略。

**表 1 -2 -2　　　　月度 DFI 推算**

| | CPI | 房屋销售价格 | 上证综指 | DFI |
|---|---|---|---|---|
| 均值 | 2.728 | 5.434 | 38.120 | 3.865 |
| 标准差 | 2.969 | 3.565 | 79.730 | 3.073 |
| 方差 | 8.814 | 12.706 | 6356.817 | 9.444 |
| 权重 | 0.590 | 0.4096 | 0.001 | — |

数据来源：WIND。

根据表 1 -2 -2 中数据可以推算出中国 2005 年 6 月至 2009 年 10 月的动态因子指数，如图 1 -2 -12 所示。

### 4. 动态因子指数（季度）构建

限于中国房屋销售价格指数的数据长度，季度数据选取 1998 年第 1 季度至 2009 年第 3 季度的当季同比数据，如图 1 -2 -13 所示。

使用季度数据，计算各个指数的均值、标准差和方差，进而确定各自的权重，如表 1 -2 -3所示。CPI 波动性最小，权重为 66.70%；房地产价格波动性较小，权重为 33.20%；股票价格波动性最大，权重仅为 0.2%。这说明在动态因子指数中，房地产价格的权重相当大，不能忽略其对实体经济的影响；而股票价格的权重非常小，一定程度上可以忽略。

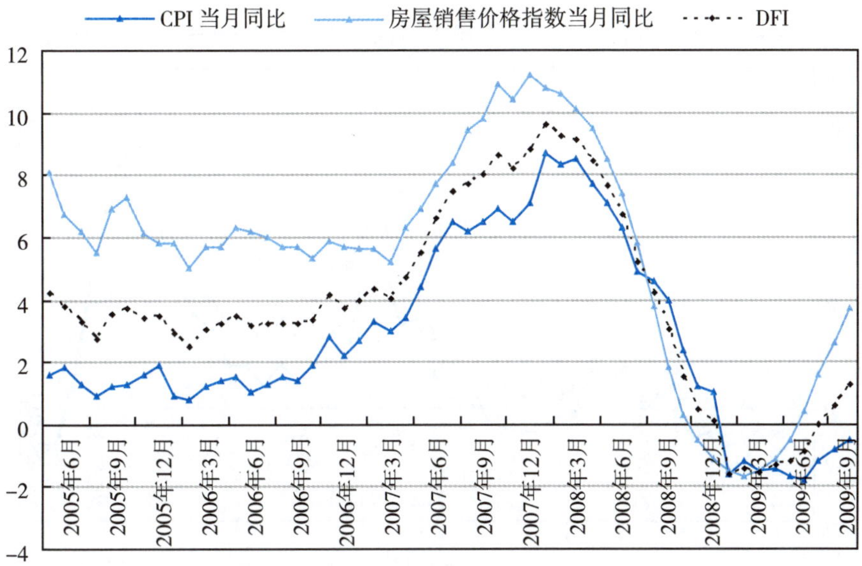


**图1－2－12　中国DFI（当月同比）**

数据来源：WIND。

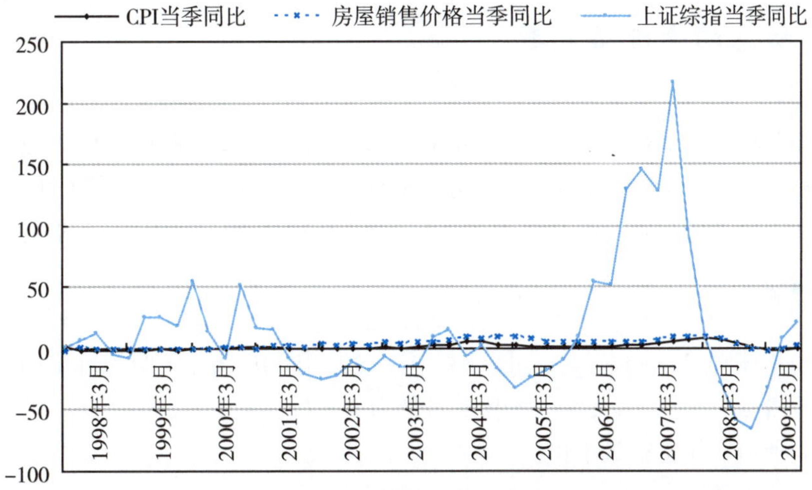


**图1－2－13　中国CPI、房屋销售价格和上证综指（当季同比）**

数据来源：WIND。

**表1－2－3　　季度DFI推算**

| | CPI | 房屋销售价格 | 上证综指 | DFI |
|---|---|---|---|---|
| 均值 | 1.372 | 3.990 | 115.032 | 2.240 |
| 标准差 | 2.539 | 3.597 | 53.105 | 2.741 |
| 方差 | 6.447 | 12.937 | 2820.102 | 7.514 |
| 权重 | 0.667 | 0.332 | 0.002 | — |

数据来源：WIND。

根据表1－2－3中数据可以推算出1998年第1季度至2009年第3季度的动态因子指数，如图1－2－14所示。

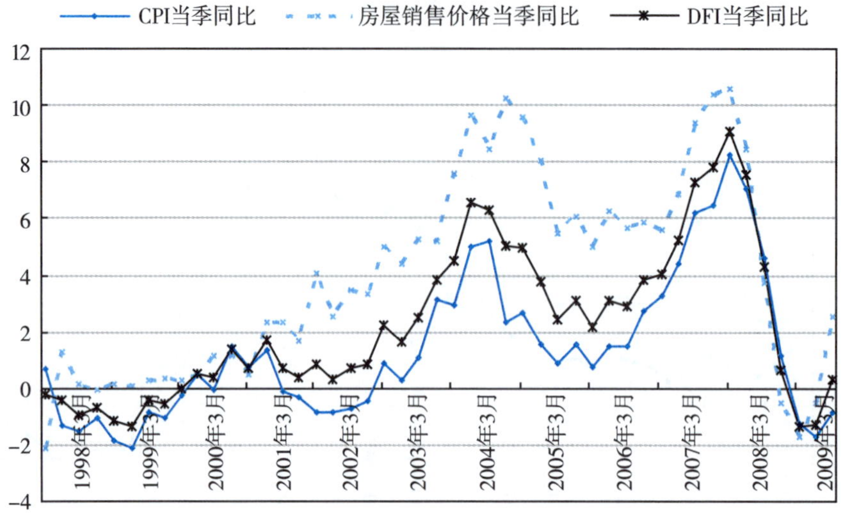


**图 1-2-14　中国 DFI（当季同比）**

数据来源：WIND。

## （三）动态均衡价格指数

动态均衡价格指数方法由涉谷（Shibuya，1992）提出，又称跨期价格指数（Intertemporal Price Index，IPI）。动态均衡价格指数方法从代表性个人的跨期效用最大化出发，推导出当期消费和未来消费的权重，将其作为商品和服务价格的权重和资产价格的权重。

### 1. 逻辑思路

在特定价格体系 $P^T=(p_0^T, p_1^T, p_2^T, \cdots, p_n^T)$（其中，$p_t^T$ 为第 $t$ 期的价格向量）①下，消费向量为 $X=(x_0, x_1, x_2, \cdots, x_n)$，利率向量为 $R=(r_0, r_1, r_2, \cdots, r_n)$，代表性个人试图将跨期消费所需费用进行最小化：

$$E(P^T,U) = \min\{\sum_{t=0}^{n} p_t^T \cdot x_t\}, st.\ U(x_0,x_1,\cdots,x_n) = U \tag{12}$$

跨期效用函数形式为：

$$U(x_0,x_1,\cdots,x_n) = \sum_{t=0}^{n}\left(\frac{1}{1+\rho}\right)^t \cdot u(x_t) \tag{13}$$

其中，$\rho$ 为时间偏好率（主观贴现率），$u$（$x_t$）为单期效用函数。

跨期效用函数为等位的（Homothetic intertemporal utility function），假设 $u(x_t)=\log x_t$，有：

$$U(x_0,x_1,\cdots,x_n) = \prod_{t=0}^{n} x_t^{\alpha_t} = \prod_{t=0}^{n} x_t^{\frac{(1+\rho)^{-t}}{\sum_{s=0}^{n}(1+\rho)^{-s}}} \tag{14}$$

① 特定价格体系是单个价格组成的矩阵，列向量为第 $t$ 期（$t$ 从 1 到 $n$）的所有消费（商品或服务）的单个价格，行向量为第 $i$ 种（$i$ 从 1 到 $m$）的所有消费（商品或服务）在各期的单个价格。

从方程（12）～（14）可以得到最小化费用函数：

$$E(P^T,U) = \left(\prod_{t=0}^{n}\alpha_t^{\alpha_t}\right)^{-1} \cdot \left(\prod_{t=0}^{n} p_t^{T^{\alpha_t}}\right) \cdot U \tag{15}$$

两种特定价格体系的相对的动态均衡价格指数：

$$\text{DEPI} = \frac{E(P^T,U)}{E(P^S,U)} \tag{16}$$

结合方程（15）～（16），可以得到：

$$\text{DEPI} = \frac{\left(\prod_{t=0}^{n}\alpha_t^{\alpha_t}\right)^{-1} \cdot \left(\prod_{t=0}^{n} p_t^{T^{\alpha_t}}\right) \cdot U}{\left(\prod_{t=0}^{n}\alpha_t^{\alpha_t}\right)^{-1} \cdot \left(\prod_{t=0}^{n} p_t^{S^{\alpha_t}}\right) \cdot U} = \frac{\left(\prod_{t=0}^{n} p_t^{T^{\alpha_t}}\right)}{\left(\prod_{t=0}^{n} p_t^{S^{\alpha_t}}\right)} = \prod_{t=0}^{n}\left(\frac{p_t^{T^{\alpha_t}}}{p_t^S}\right) \tag{17}$$

从方程（17）可知，动态均衡价格指数的变动可以表示为当期和未来价格变动的几何均值。

未来价格可以从资产价格推算出来，资本市场均衡必然意味着资产价格等于未来回报的现值。[①] 假设总资产的边际收益率为定值，厂商的利润最大化必然导致资产收益等于产品价格乘以边际产品，因此有：

$$q_0 = \sum_{t=1}^{\infty}(1-\delta)^{t-1} \cdot p_t \cdot MPK \cdot \prod_{s=0}^{t-1}(1+i_s)^{-1} \tag{18}$$

其中，$\delta$ 为折旧系数，$MPK$ 为资本的边际产品。

用未来的平均价格代替各期价格，定义远期价格的中位值 ${}_f p^T$：

$${}_f p^T = \frac{\sum_{t=1}^{\infty}(1-\delta)^{t-1} \cdot p_t \cdot \prod_{s=0}^{t-1}(1+i_s)^{-1}}{\sum_{t=1}^{\infty}(1-\delta)^{t-1}} \tag{19}$$

结合方程（18）～（19），得到：

$${}_f p^T = \delta \cdot q_0 / MPK \tag{20}$$

结合方程（17）～（20），得到：

$$\text{DEPI} = \left(\frac{P_0^T}{P_0^S}\right)^{\alpha_0} \cdot \left(\frac{q_0^T}{q_0^S}\right)^{1-\alpha_0} \tag{21}$$

当 $n \to \infty$ 时，$\alpha_0 = \rho/\rho + 1$。

其中，$S$ 为基期，$T$ 为观察期，$P_0$ 为当期商品价格指数，$q_0$ 为当期资产价格指数，$\alpha_0 = 1/\sum_{s=0}^{n}(1+\rho)^{-s}$，$\rho$ 为主观贴现率。

$\rho$ 值的估算使用方程 $\rho = f - \delta - z - g$，其中 $f$ 为资本的真实回报，等于私人部门营业利润对净资产的比重的均值，$\delta$ 为资产折旧率，$z$ 为劳动力增长率，$g$ 为技术进步增长率，等于

① 推算的逻辑基础是套利均衡条件，详细推导参见资产价格、商品价格和广义价格指数的内容。

真实 GDP 增长率与劳动增长率的差异。涉谷（1992）对日本的研究认为，$f$ 约为 13%，$\delta$ 约为 6%，$z$ 约为 1%，$g$ 约为 3%，因此日本的 $\rho$ 大约为 3%。

背后直观经济学道理是，忽略随时间的消费变化，假设主观贴现率为 3%，那么当期消费在代表性个人一生消费中的权重仅约为 3%，而资产为代表的未来消费的权重约为 97%。

弗莱明（Flemming，1999）认为考虑到真实利率因素，当期价格的权重可能修正为 20% ~33%。

**2. 特点**

动态均衡价格指数方法建立在代表性个人最优化的基础上，有经济学模型的理论支持。涉谷（1992）使用动态均衡价格指数方法构建了日本的广义价格指数，解释力比较强。

动态均衡价格指数方法的缺点包括：一是对 $\rho$ 的估计需要使用 $f$，$\delta$，$z$，$g$ 参数，参数设定可能有较大的主观性；二是究竟使用哪种资产来描述 $q_0$，使用所有资产是不可能的，选择部分资产就可能包含过多的主观判断；三是资产价格可能存在泡沫，而不仅仅反映私人部门对未来价格的预期，所以资产价格不能准确地反映未来的消费品价格。①

**3. 动态均衡价格指数（月度）构建**

本研究构建动态均衡价格指数时，当期价格使用 CPI，资产价格使用房屋销售价格指数或固定资产价格指数。国外研究多数使用月度数据，由于中国统计数据方面的限制，因此这里分别使用月度数据、季度数据和年度数据。参考国外研究，当期价格权重分别取 3% 或 20%。

限于中国房屋销售价格指数的数据长度，月度数据选取 2005 年 6 月至 2009 年 10 月的 CPI 和房屋销售价格当月同比数据，当期价格权重分别取 3%（以 DEPI1 表示）或 20%（以 DEPI2 表示）。

根据方程（21）推算出中国 2005 年 6 月至 2009 年 10 月的动态均衡价格指数，如图 1-2-15所示。

**4. 动态均衡价格指数（季度）构建**

限于中国房屋销售价格指数的数据长度，季度数据选取 1998 年第 1 季度至 2009 年第 3 季度的 CPI 和房屋销售价格当季同比数据，当期价格权重分别取 3%（以 DEPI1 表示）或 20%（以 DEPI2 表示）。

根据方程（21）推算出中国 1998 年第 1 季度至 2009 年第 3 季度的动态均衡价格指数，如图 1-2-16 所示。

---

① 如何预防、识别或刺破资产泡沫参见广义价格指数部分，问题是，如果代表性个人形成未来价格预期时不依靠资产价格数据，他是否还有更好的信息来源；或者，如果代表性个人形成了未来价格预期，那么这是否会影响资产价格。换言之，代表性个人在一次性持有资产和分期购买消费之间具有套利的空间，因此不论资产价格是否存在泡沫，套利将维持资产价格和未来价格价格预期间的平衡关系。

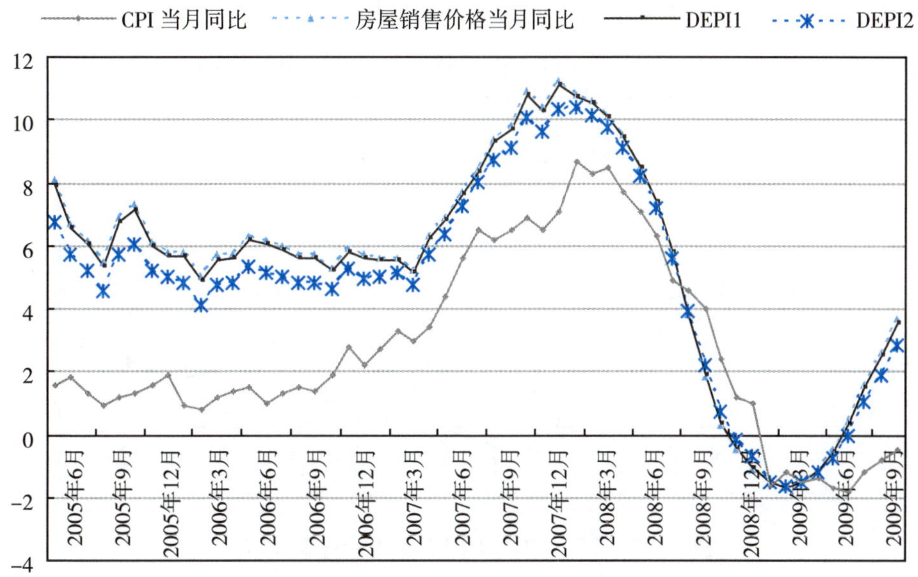


**图1-2-15　中国DEPI（当月同比）**

数据来源：WIND。

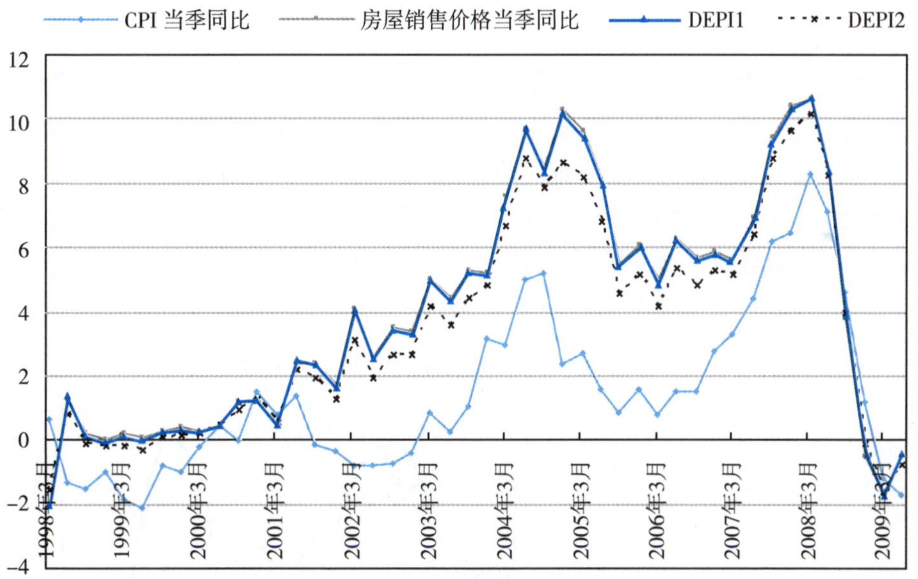


**图1-2-16　中国DEPI（当季同比）**

数据来源：WIND。

### 5. 动态均衡价格指数（年度）构建

年度数据选取1992—2008年的CPI和固定资产价格指数①，当期价格权重分别取3%（以DEPI1表示）或20%（以DEPI2表示）。

① 使用房屋销售价格指数只能构建1998—2008年数据，长度过短，因此不采用该方法。

根据方程（21）推算出中国 1992—2008 年的动态均衡价格指数，如图 1－2－17 所示。

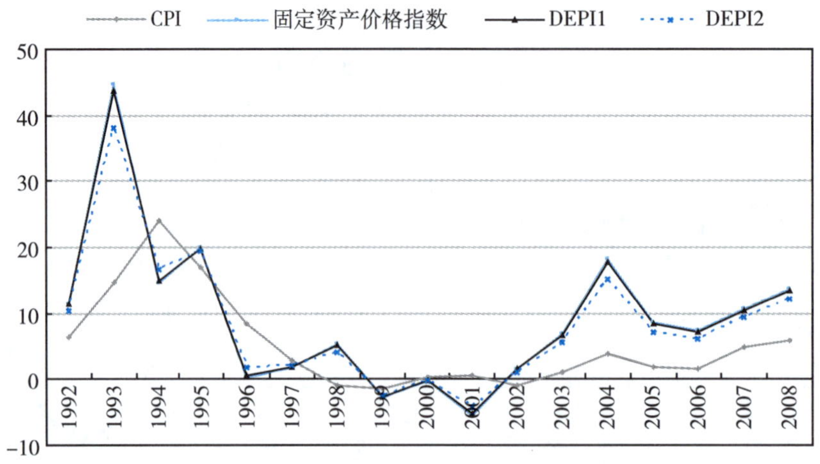


**图 1－2－17　中国 DEPI（1992—2008 年）**

数据来源：WIND。

## （四）考虑资产价格数据质量

正如上文分析，中国资产价格数据的质量存在很多问题，考虑这一因素，下面就以季度数据为例，模拟资产价格的不同情况，考察其对广义价格指数的影响。

考虑到中国的统计体系特点和房地产价格编制方法缺陷，不妨假设中国实际的房屋销售价格指数变动率为官方数据的 2 倍①，使用 1998 年第 1 季度至 2009 年第 3 季度的 CPI 和房屋销售价格当季同比数据，构建 DFI、DEPI1（当期价格权重取 3%）和 DEPI2（当期价格权重取 20%），如图 1－2－18 所示。

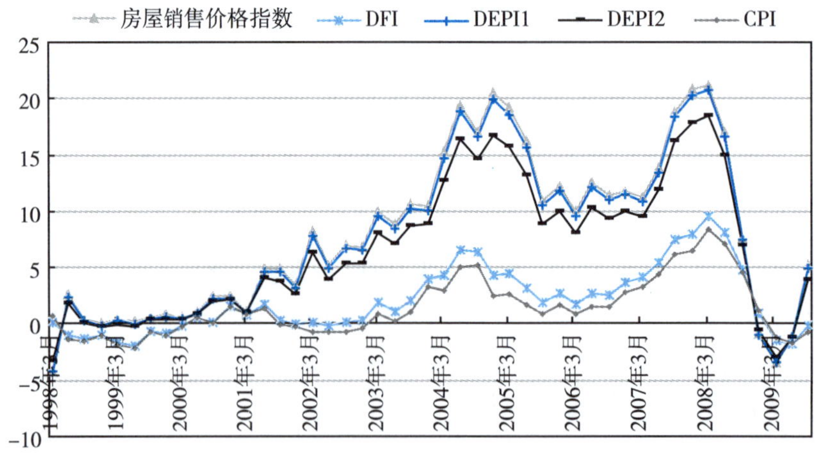


**图 1－2－18　考虑数据质量的广义价格指数（当季同比）**

数据来源：WIND。

① 这个假设非常粗略，也没有大量数据作为支撑，这里仅仅是一项模拟性估计，并非严谨的学术推导。

# 三、各种价格指数的分析

我们使用动态因子指数方法和动态均衡价格指数方法构建了中国的 11 种广义价格指数，包括 2005 年 6 月至 2009 年 10 月的月度 DFI，1998 年第 1 季度至 2009 年第 3 季度的季度 DFI①，2005 年 6 月至 2009 年 10 月的月度 DEPI1 和 DEPI2②，1998 年第 1 季度至 2009 年第 3 季度的季度 DEPI1 和 DEPI2，1992—2008 年的年度 DEPI1 和 DEPI2③，使用修正数据的 1998 年第 1 季度至 2009 年第 3 季度的季度 DFI、DEPI1 和 DEPI2。

目前多数中央银行选择盯住 CPI，下面主要分析各种广义价格指数和 CPI 之间的区别和联系。

## （一）月度价格指数的分析

下面分析 2005 年 6 月至 2009 年 10 月的月度 CPI、DFI、DEPI1 和 DEPI2，详细数据如图 1-2-19 所示。

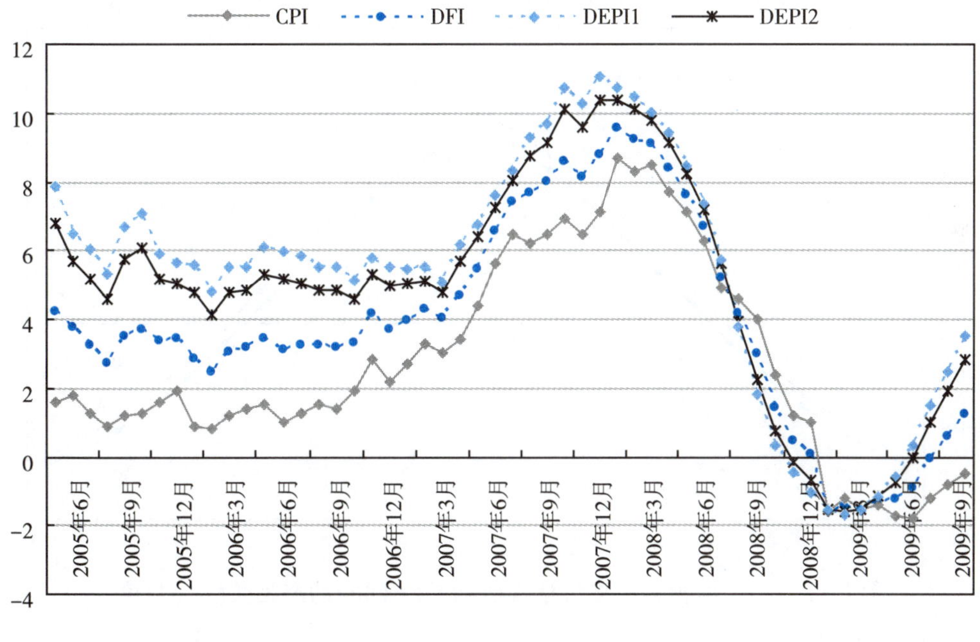


**图 1-2-19 中国 CPI 和各广义价格指数（月度）**

数据来源：WIND。

---

① 当然可以使用月度数据构建出季度数据，使用季度数据构建出年度数据，只是数据长度较短。

② DEPI1 和 DEPI2 区别在于，前者的当期价格权重为 3%，而后者为 20%。

③ 年度数据和月度、季度数据间的区别在于资产价格数据的选取，年度数据选取了国民经济账户中的固定资产价格数据，而后两者选取了资产市场中的房屋销售价格数据。

月度 CPI、DFI、DEPI1 和 DEPI2 的统计特征如表 1 - 2 - 4 所示。首先，广义价格指数的波动性大致等于甚至小于 CPI，因此，认为广义价格指数波动性过大从而无法作为货币政策目标的观点不能成立。其次，广义价格指数显著地高于 CPI，这说明 CPI 可能系统性地低估了通货膨胀。

**表 1 - 2 - 4　　月度 CPI 和各广义价格指数的统计特征**

| | CPI | DFI | DEPI1 | DEPI2 |
|---|---|---|---|---|
| 均值 | 2.728 | 3.865 | 5.352 | 4.884 |
| 标准差 | 2.969 | 3.074 | 3.529 | 3.343 |
| 变异系数 | 1.088 | 0.795 | 0.659 | 0.685 |

数据来源：WIND。

计算月度 DFI、DEPI1 及 DEPI2 和 CPI 之间的动态相关系数，可以得到三个结论：第一，各种广义价格指数和 CPI 间的相关性比较相似；第二，在领先或滞后 6 个月以内时，各种广义价格指数和 CPI 间的相关性为正；第三，在领先或滞后超过 8 个月时，各种广义价格指数和 CPI 间的相关性为负。数据如图 1 - 2 - 20 所示。

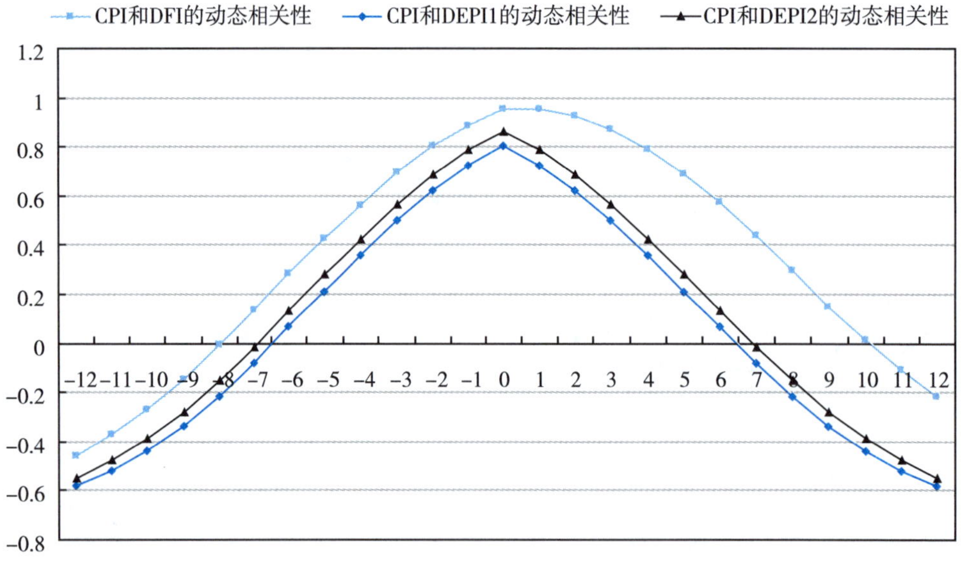


**图 1 - 2 - 20　中国各广义价格指数和 CPI 间的动态相关性（月度）**

数据来源：WIND。

## （二）季度价格指数的分析

下面分析 1998 年第 1 季度至 2009 年第 3 季度的季度 CPI、DFI、DEPI1 和 DEPI2，详细数据如图 1 - 2 - 21 所示。

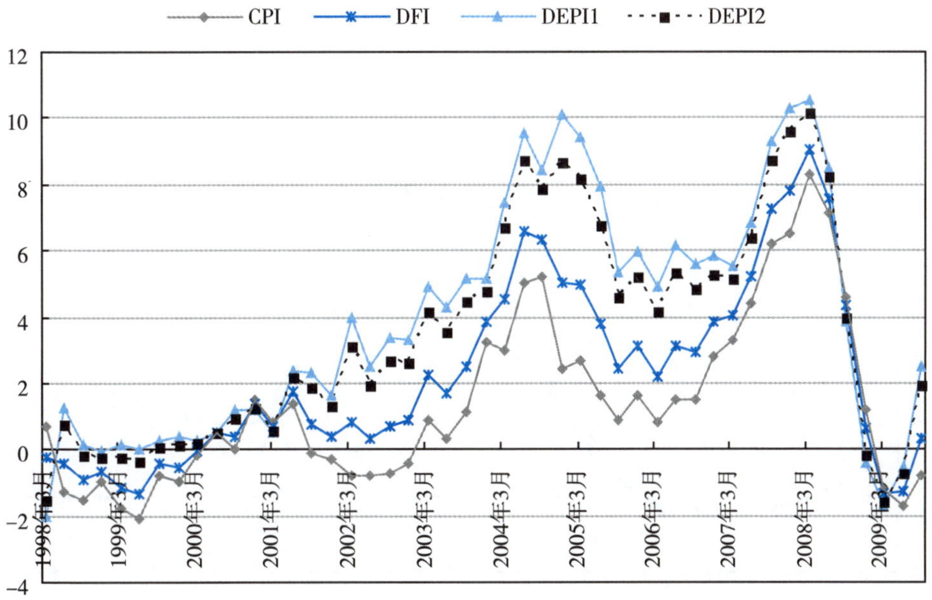


**图 1-2-21 中国 CPI 和各广义价格指数（季度）**

数据来源：WIND。

季度 CPI、DFI、DEPI1 和 DEPI2 的统计特征如表 1-2-5 所示。首先，广义价格指数的波动性大致等于甚至小于 CPI，因此，认为广义价格指数波动性过大从而无法作为货币政策目标的观点不能成立。其次，广义价格指数显著地高于 CPI，这说明 CPI 可能系统性地低估了通货膨胀。

**表 1-2-5 季度 CPI 和各广义价格指数的统计特征**

| | CPI | DFI | DEPI1 | DEPI2 |
|---|---|---|---|---|
| 均值 | 1.372 | 2.239 | 3.910 | 3.457 |
| 标准差 | 2.539 | 2.741 | 3.549 | 3.291 |
| 变异系数 | 1.850 | 1.224 | 0.908 | 0.952 |

数据来源：WIND。

计算季度 DFI、DEPI1 及 DEPI2 和 CPI 之间的动态相关系数，可以得到三个结论：第一，各种广义价格指数和 CPI 间的相关性比较相似；第二，在相邻的几个季度内，广义价格指数和 CPI 间的相关性较强；第三，在领先或滞后的 8 个季度左右时，广义价格指数和 CPI 间的相关性较弱甚至为负。数据如图 1-2-22 所示。

## （三）季度价格指数的分析（考虑数据质量）

根据前面考虑资产价格数据质量部分构建的广义价格指数，考察资产价格数据质量对广

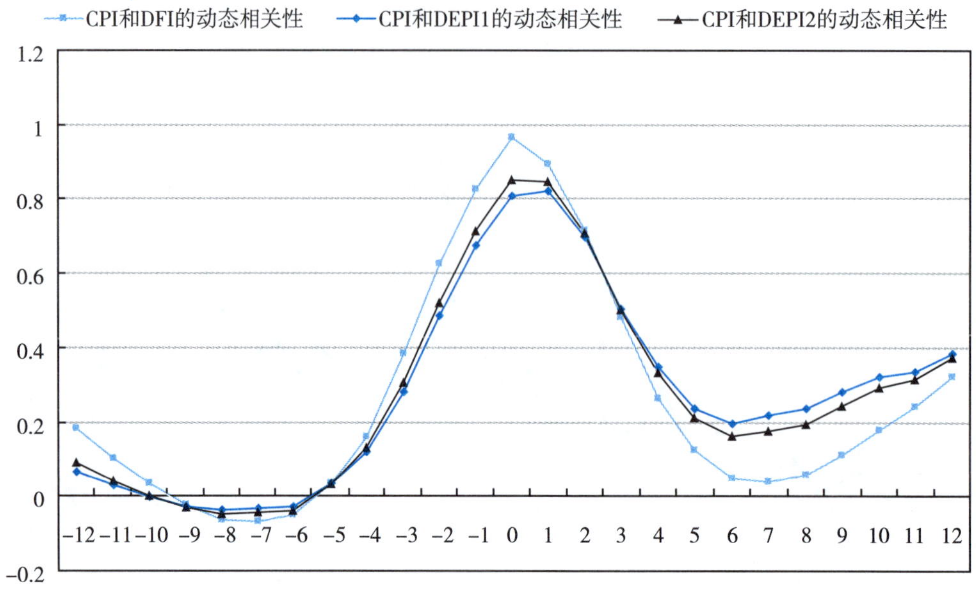


**图 1 –2 –22　中国各广义价格指数和 CPI 间的动态相关性（季度）**

数据来源：WIND。

义价格指数的影响，详细数据如图 1 –2 –23 所示。

季度 CPI 和各广义价格指数的统计特征如表 1 –2 –6 所示。考虑资产价格数据质量，首先，修正后的广义价格指数的波动性大致等于甚至小于原广义价格指数，因此数据修正不会加大价格的波动性，数据修正具有一定合理性。其次，修正后的 DFI 大致等于原 DFI，而修正后的 DEPI 显著地大于原 DEPI，这说明官方数据系统性地低估了通货膨胀。

**表 1 –2 –6　季度 CPI 和各广义价格指数的统计特征（考虑数据质量）**

| | CPI | DFI | DFI（修正） | DEPI1 | DEPI1（修正） | DEPI2 | DEPI2（修正） |
|---|---|---|---|---|---|---|---|
| 均值 | 1.37 | 2.24 | 2.10 | 3.91 | 7.77 | 3.46 | 6.60 |
| 标准差 | 2.54 | 2.74 | 2.93 | 3.55 | 7.02 | 3.29 | 6.12 |
| 变异系数 | 1.85 | 1.22 | 1.39 | 0.91 | 0.90 | 0.95 | 0.93 |

数据来源：WIND。

## （四）年度价格指数的分析

下面分析 1992—2008 年的年度 CPI、DEPI1 和 DEPI2，详细数据如图 1 –2 –24 所示。

年度 CPI、DEPI1 和 DEPI2 的统计特征如表 1 –2 –7 所示。首先，广义价格指数的波动性与 CPI 之间不存在显著差异，因此，认为广义价格指数波动性过大从而无法作为货币政策目标的观点不能成立。其次，广义价格指数显著地高于 CPI，这说明 CPI 可能系统性地低估了通货膨胀。

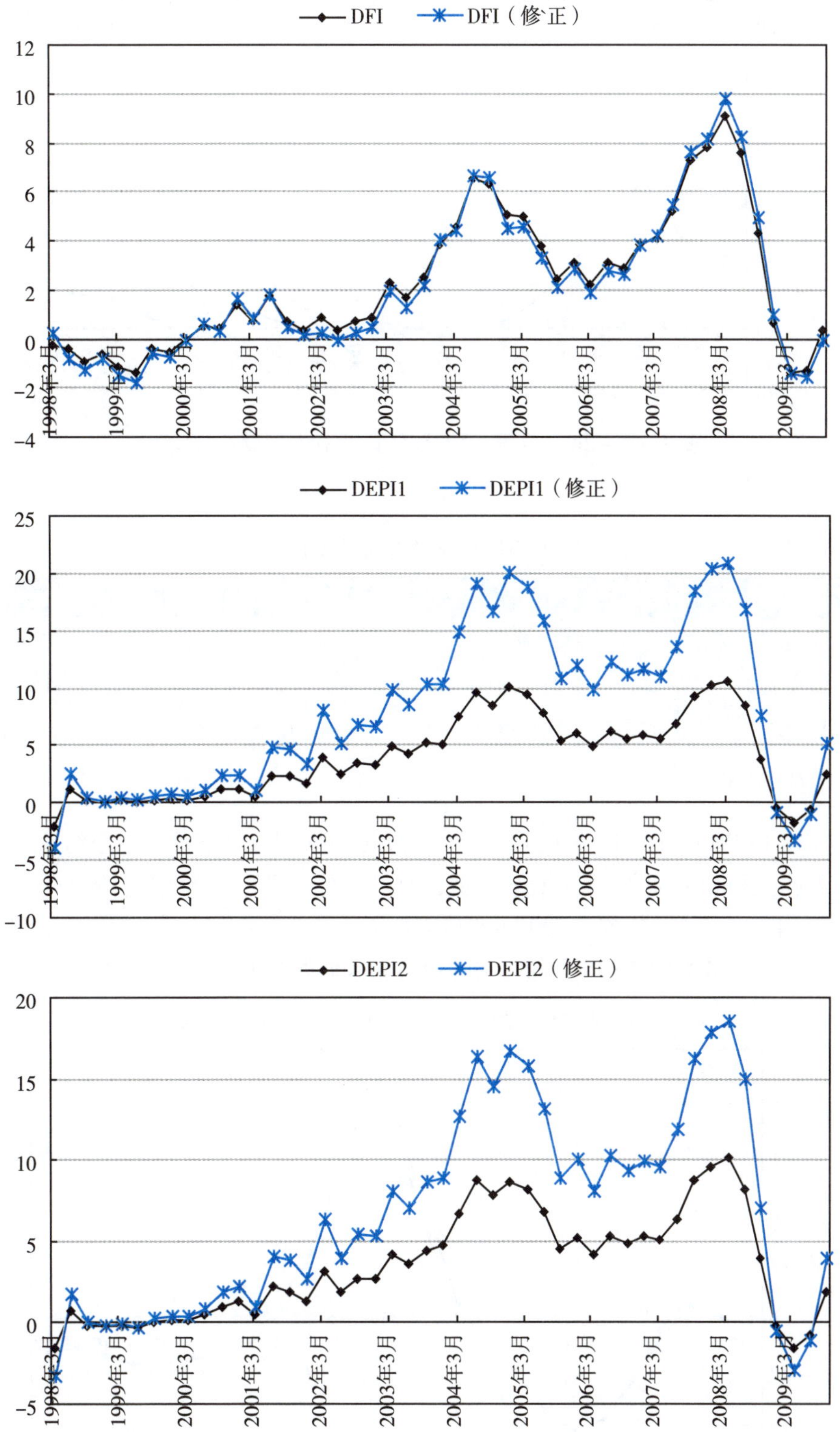


**图 1 −2 −23　资产价格数据质量对广义价格指数的影响（季度）**

数据来源：WIND。

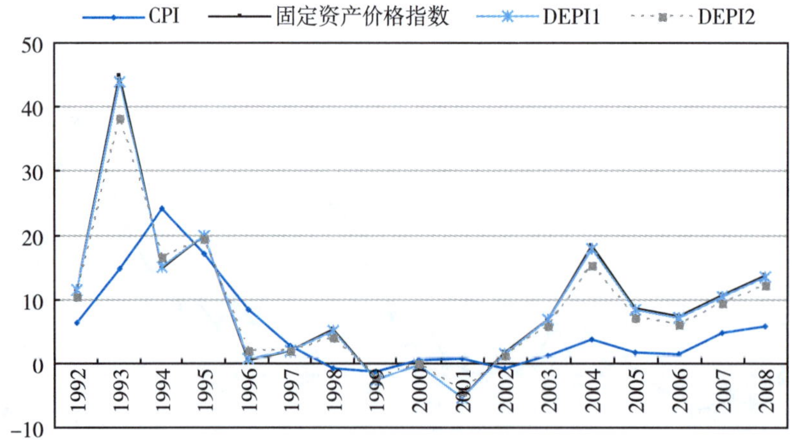


**图 1－2－24　中国 CPI 和各广义价格指数（年度）**

数据来源：WIND。

**表 1－2－7　　年度 CPI 和各广义价格指数的统计特征**

| | CPI | DEPI1 | DEPI2 |
|---|---|---|---|
| 均值 | 5.329 | 9.133 | 8.413 |
| 标准差 | 7.106 | 11.445 | 10.185 |
| 变异系数 | 1.333 | 1.253 | 1.211 |

数据来源：WIND。

计算年度 DEPI1 及 DEPI2 和 CPI 之间的动态相关系数，可以得到三个结论：第一，两种广义价格指数和 CPI 间的相关性比较相似；第二，在相邻的 7 个年度（领先 2 年、当年和滞后 4 年）内，广义价格指数和 CPI 间的相关性为正；第三，在领先 3～9 年和滞后 5～12 年的期间，广义价格指数和 CPI 间的相关性为负。数据如图 1－2－25 所示。

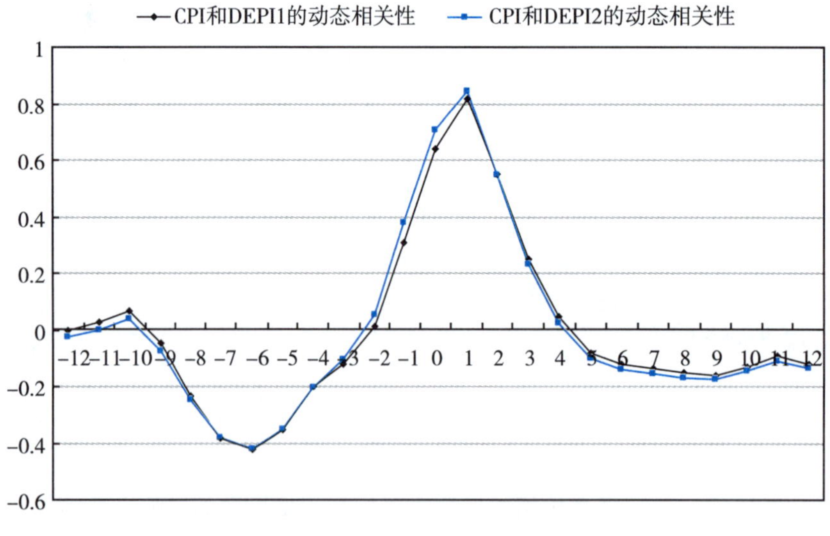


**图 1－2－25　中国各广义价格指数和 CPI 间的动态相关性（年度）**

数据来源：WIND。

### （五）比较汇总

通过前面对 11 种广义价格指数的对比分析，可以得到以下四个主要结论：

第一，各种广义价格指数都显著地高于 CPI。各种广义价格指数比 CPI 高出约 1 ~ 6.5 个百分点之间，这说明 CPI 可能系统性地低估了通货膨胀。

第二，各种广义价格指数的波动性大致等于甚至小于 CPI。广义价格指数的标准差略大于 CPI，但变异系数多数显著地小于 CPI。因此，认为广义价格指数波动性过大从而无法作为货币政策目标的观点不能成立。

第三，对资产价格数据修正具有一定合理性。考虑中国资产价格的数据质量问题，对资产价格修正进而构建修正的 DFI 和 DEPI，并不会损害广义价格指数的稳定性和数据体系的自洽性。

第四，各种广义价格指数和 CPI 的动态相关性十分相似。这说明，即使推算方法和处理细节方面存在差异，各种广义价格指数之间仍然具有内在一致性。因此，后面实证研究中月度数据使用 2005 年 6 月至 2009 年 10 月的 DFI 和 DEPI1，季度数据使用 1998 年第 1 季度至 2009 年第 3 季度的季度 DFI、DEPI1 和修正的 DEPI1，年度数据使用 1992—2008 年的 DEPI1。

## 四、潜在 GDP 与产出缺口①

产出缺口反映了通胀压力，换言之，产出缺口导致了通胀压力。我们可以通过分析各种价格指数和产出缺口之间的关系，来考察哪种价格指数更能预测通胀压力。因此，对潜在 GDP 的定义和估计方法进行比较分析，尝试估计中国的潜在 GDP 和产出缺口。

### （一）潜在 GDP 定义

从不同的经济理论出发，潜在 GDP（Potential GDP）有不同的定义，这些定义大致分为两类：第一类是以充分就业理论为基础的非加速通胀失业率（NAIRU）的 GDP，第二类是以真实经济周期和经济增长理论为基础的趋势 GDP。

**1. NAIRU 的 GDP**

第一类定义认为，经济中总供给比较稳定，而总需求的波动性较强，这造成了经济资源利用率的波动，特别是失业率可能会经常性地偏离充分就业水平。因此，潜在 GDP 就是自然失业率水平时的产出水平，例如：斯蒂格利茨和沃尔什（Stiglitz & Walsh，2005）认为，潜在 GDP 是指，当劳动供给固定在充分就业水平时，一个经济给定的生产能力，它等同于

① 本部分内容参考了中国人民银行研究生部（2009）对中国潜在 GDP 的估计。

充分就业产出水平（Full-employment Level of Output）。

从计量实证角度，充分就业水平更明确地定义为非加速通胀失业率（Non Accelerating Inflation Rate of Unemployment，NAIRU），因此第一类定义可以称为非加速通胀失业率的 GDP 或非加速通胀失业率增长率。以非加速通胀失业率的 GDP 为估计对象的方法包括生产函数法和状态空间法等。

**2. 趋势 GDP**

第二类定义认为，冲击主要来自供给方面，经济波动不仅是对均衡的短期偏离，也是长期均衡本身的变动，可以使用统计方法将波动分解为趋势性成分和周期性成分①；经济主体面对各种冲击做出理性反应，劳动跨时替代意味着经济始终处于充分就业状态，不存在对充分就业的偏离，经济时时刻刻都处于充分就业状态。因此，潜在 GDP 就是实际 GDP 的趋势性成分，例如：周海春（1999）认为经济潜在增长率是指，在剔除短期因素影响的情况下，经济所具有的长期增长能力。

第二类定义可以称为趋势 GDP 或趋势增长率（Trend Growth）。以趋势 GDP 为估计对象的方法包括线性趋势法和滤波方法等。

**3. 比较**

从理论上讲，产出超出非加速通胀失业率水平意味着资源处于过度使用状态②，这将导致通货膨胀，因而都是暂时性的；而趋势 GDP 是可以长期持续的均衡水平，此时通货膨胀将是稳定的，因而也是非加速通胀失业率水平的。从这个角度讲，非加速通胀失业率的 GDP 和趋势 GDP 是一致的。

实践中，价格水平变动和资源使用状态之间的关系却不是十分明确，特别是在货币政策、财政政策和资产价格的作用下，GDP 增长率可以在相当长时期内高于历史平均水平，而同时并不引发通常意义上 CPI 或 PPI 等价格指标③的大幅上涨④。从这个角度讲，非加速通胀失业率的 GDP 和趋势 GDP 并不一致。

本研究并不对这两类定义进行先验区分，而是使用各种方法分别估计出两类定义下的潜在 GDP，然后比较估计结果。

## （二）估计方法综述

潜在 GDP 估计方法有许多种，这些估计方法各有优缺点。从方法角度大致可以分为状态性分解和结构性分解两类。状态性分解将真实 GDP 看做符合某种过程的时间序列，直接

---

① 另外一种提法是分解为永久性成分和暂时性成分。

② 资源的充分使用并非指所有资源时时刻刻都处于使用之中，此时仍有相当部分资源处于闲置，例如，现实中劳动参与率和就业率都处于明显低于 100% 的水平。

③ 相关争论集中在跨期生活费用指数和核心通胀率，参见 Alchian & Klein（1973）。

④ 价格和失业率可能在相当长时期内存在黏性或刚性，其与经济周期间的关系是模糊的，从这个角度讲，潜在 GDP 的结构性估计方法是不合理的。

利用统计方法将其分解为趋势成分和周期成分；结构性分解真实 GDP 和某些变量之间存在的特定关系，利用这些关系将 GDP 分解为趋势成分和周期成分。

结合数据特征，较细致的分类包括以下六类：数据包络分析方法、线性趋势法、滤波方法、状态空间模型、生产函数法和 SVAR 方法。

**1. 数据包络分析方法**

数据包络分析方法（Data Envelopment Analysis，DEA）构建数据点的包络前沿，使用包络前沿估计潜在 GDP。例如，倪晓宁（2004）使用中国省市区数据对中国潜在 GDP 进行了估算。

DEA 方法的估计结果，并不符合本研究对潜在 GDP 两类定义的任何一种。其估计结果本质上高于实际 GDP 理论上的可能最大产出，而潜在 GDP 在部分年份是可能，甚至是必然小于实际 GDP 的。DEA 方法还包括以下缺点：一是 DEA 方法通常隐含了假设，资本存量是限制性因素，而劳动是过剩的；二是 DEA 方法没有考虑结构性和制度性因素；三是 DEA 方法假设了经济近似处于稳态，根据样本末期做出的估计结果不能很好地预测长期动态。

**2. 线性趋势法**

线性趋势法（Linear Time Trends）直接将特定期间的 GDP 的平均增长率作为潜在增长率。例如，Taylor（1993）、谢平和罗熊（2002）就采取了线性趋势法。线性趋势法的基本假设是 GDP 存在确定性趋势，这意味着剔除时间趋势后的残差（即产出缺口）是平稳的，有向均值回归的倾向。

关于确定性趋势假设是否正确存在较大争论，替代假设包括有间断点的确定性趋势和随机性趋势。有间断点的确定性趋势意味着 GDP 潜在增长率可能发生变化，这可以使用分段的线性趋势法来处理。分段的线性趋势法根据经济数据序列的结构变化特征，确定结构突变点的位置，划分不同的线性趋势，然后分段使用线性趋势法。结构突变点的识别，可以使用统计和计量技术或根据历史和经验外生给定。随机性趋势则意味着必须寻找完全不同的分离方法。因此，线性趋势法已经不再是估计潜在 GDP 的主流方法。

线性趋势法可以细分为三种方法：移动平均法、增长率推算法和单对数时间趋势法。

**3. 滤波方法**

滤波方法使用滤波技术（Filter）来分离 GDP 中的趋势成分和周期成分，进而估计潜在 GDP。

滤波方法的最大优点是应用简便，数据拟合较好，预测能力较强，可以根据数据变化而灵活调整估计参数。滤波方法的缺点包括：一是权数值的选取通常根据主观经验得到；二是样本初期和样本末期通常存在偏差；三是估计结果对样本数据长度非常敏感；四是滤波方法缺乏经济理论基础，趋势成分是否对应于非加速通胀失业率或趋势 GDP 需要进一步地探讨。假设政府实施扩张性宏观经济政策，可能在一定时期内推高 GDP 增长率，而这并不能推高（甚至可能降低）GDP 潜在增长率，但是滤波方法的估计结果将显示较高的 GDP 潜在增长率，从而导致估计错误。

常用方法为 HP 滤波（例如，Hodrick & Prescott，1990）、BP 滤波（例如，Baxter & King，1999；Christiano & Fitzgerald，2003）。

HP 滤波法（Univariate Hodrick-Prescott Filter Method）是通过线性方法来最小化波动方差的估计方法。

HP 滤波法由霍德里克和普雷斯科特（Hodrick & Prescott，1980）提出。HP 滤波法认为，时间序列数据常常包含四种变动成分：长期趋势成分 T、循环变动成分 C、季节变动成分 S 和不规则变动成分 I。HP 滤波法的原理是最小化以下方程：

$$\sum_{t=1}^{T}(\ln Y_t - \ln Y_t^*)^2 + \lambda\sum_{t=2}^{T-1}[(\ln Y_{t+1}^* - \ln Y_t^*) - (\ln Y_t^* - \ln Y_{t-1}^*)]^2 \tag{22}$$

最小化过程将 $\ln Y$ 分解成趋势成分 $\ln Y_t^*$ 和周期性成分 $\ln Y_t - \ln Y_t^*$。HP 滤波法可以处理潜在 GDP 变动的情况，（对于多数 λ 值而言）周期性成分是平稳的。

BP 滤波（Band Pass Filter）方法将 GDP 时间序列分解为不同频率的成分，将其中的低频成分作为永久性成分，即趋势成分。BP 滤波方法由巴克斯特和金（Baxter & King，1999）提出。根据频谱表示原理（Spectral Representation Theorem），任何一个时间序列都可以分解为不同频率的成分；滤波方法的实质是将 GDP 变动分离为低频率成分和高频率成分，通过双边对称的移动平均方法得到趋势成分。

**4. 状态空间模型**

状态空间模型（State Space Model）将真实 GDP 分解和其他方程（一般是菲利普斯曲线、奥肯定律或资本利用率）结合起来，其他方程构成约束条件，从而将趋势成分分解出来作为潜在 GDP。状态空间模型又称为不可观测成分方法（Unobservable Components Time Series Methods）①，或多元滤波方法（Multivariate Filter Method）。状态空间模型包括两组方程：一组是量测方程或称信号方程；另外一组是状态方程或称转移方程。

状态空间模型试图将经济理论基础与较好的预测精度相结合。假设政府实施扩张性宏观经济政策，可能在一定时期内推高 GDP 增长率，从而导致滤波方法高估 GDP 潜在增长率。但是扩张性政策必然影响某些经济变量，通过将这些经济变量整合入状态空间模型，就能够更好地估计潜在 GDP 增长率。状态空间模型依赖于相当严格的假设，即在样本期间 GDP 和某些变量间的关系是稳定的，但是这可能并不成立。特别的，现有通胀率指标可能无法正确度量通胀水平，价格黏性可能使得通胀压力无法立即和显性地表现在通胀率上，货币政策的通胀偏向可能持续地将经济维持在高于趋势的水平，政府可能实行价格管制。

状态空间模型主要包括多元 HP 滤波方法、BN 分解方法和 UC-Kalman 滤波方法。

多元 HP 滤波方法（Multivariate Hodrick-Prescott Filter Method）联立分解具有相似趋势的多元时间序列的趋势成分和周期成分。参考拉克斯顿和泰特洛（Laxton & Tetlow，1992）方法，将通胀率、失业率和资本利用率整合入估计模型，最小化方程可以具体化为：

$$\sum_{t=1}^{T}(\ln Y_t - \ln Y_t^*)^2 + \lambda\sum_{t=2}^{T-1}[(\ln Y_{t+1}^* - \ln Y_t^*) - (\ln Y_t^* - \ln Y_{t-1}^*)]^2 + \sum_{t=1}^{T}\mu_t\cdot\varepsilon_{\pi,t}^2 + \sum_{t=1}^{T}\beta_t\cdot\varepsilon_{u,t}^2 + \sum_{t=1}^{T}\psi_t\cdot\varepsilon_{cu,t}^2 \tag{23}$$

① 这点存在争论，究竟是不可观测成分（Unobservable Components）还是未观测成分（Unobserved Components），参见 Morley（2008）。

残差项有以下方程确定：

$$\pi_t = \pi_t^e + A(L)(\ln Y_t - \ln Y_t^*) + \varepsilon_{\pi,t}$$
$$u_t = nairuu_t - B(L)(\ln Y_t - \ln Y_t^*) + \varepsilon_{u,t}$$
$$cu_t = cu_t^* + C(L)(\ln Y_t - \ln Y_t^*) + \varepsilon_{cu,t} \tag{24}$$

其中，$\pi_t$，$u_t$，$cu_t$ 代表通胀率、失业率和资本利用率，三个方程表示菲利普斯曲线、奥肯定律和资本使用率方程。

BN 分解方法使用 ARIMA 方法把非平稳时间序列分解为趋势成分和周期成分，将趋势成分作为潜在 GDP。BN 分解方法由贝维里德奇和纳尔逊（Beveridge & Nelson，1981）提出。BN 分解方法认为真实 GDP 序列并不具有确定性的时间趋势，使用 ARIMA 方法可以把非平稳时间序列分解为趋势成分和周期成分，趋势成分表现为带漂移的随机游走过程，即单位根过程 I（1），$\Delta\ln(Y_t)=\delta+\varphi(L)\cdot\varepsilon_t$；暂时成分表现为平稳的自回归过程。BN 分解方法可以细分为确定性时间趋势模型和差分模型。

UC（Unobservable Component）-Kalman 滤波方法将 GDP 序列看做两个不可观测成分之和，其中的趋势成分就是潜在 GDP，而 Kalman 滤波是以最小均方误差为目标来进行递推的算法。

UC-Kalman 滤波方法由哈维（Harvey，1989）和库特纳（Kuttner，1994）提出，刘斌和张怀清（2001）倾向于使用此方法。假设 $\ln y_t$ 为 $t$ 时期实际产出的对数值，$\ln y_t^T$ 为 $t$ 时期潜在实际产出的对数值，而 $d\ln y_t$ 表示该对数值的差分。令 $\pi_t$ 为 $t$ 时期的通货膨胀率，$\pi_t^e$ 为 $t$ 时期预期的通货膨胀率，建立附加预期的菲利普斯曲线。通货膨胀率满足自适应预期过程，潜在 GDP 满足自回归过程，则有：

$$d\ln y_t = d\ln y_t^T + d\ln y_t^C \tag{25}$$
$$\pi_t = \pi_t^e + \lambda(d\ln y_t - d\ln y_t^T) + \varepsilon_{1t} \tag{26}$$
$$\pi_t^e = \pi_{t-1}^e + \beta(\pi_{t-1} - \pi_{t-1}^e) + \varepsilon_{3t} \tag{27}$$
$$d\ln y_t^T = \alpha \cdot d\ln y_{t-1}^T + \varepsilon_{4t} \tag{28}$$

其中 $\varepsilon_{1t}$、$\varepsilon_{2t}$、$\varepsilon_{3t}$、$\varepsilon_{4t}$ 为白噪声序列，且相互独立。

UC-Kalman 滤波方法与 BN 分解方法类似，都是建立状态空间方程。区别在于，UC-Kalman滤波方法假设趋势成分和周期成分不相关，而 BN 分解方法假设两者相关。

### 5. 生产函数法

生产函数法（Production Function Approach，PFA）是指使用生产要素和特定生产函数形式来估计潜在 GDP。例如，OECD、IMF、美国国会预算办公室（CBO）和日本银行都使用生产函数法估计潜在 GDP。CBO 在 Solow 模型的框架下，估计了劳动力和全要素生产率的趋势值，进而估计潜在 GDP。OECD 使用 Cobb-Douglas 生产函数估计了劳动份额，使用 HP 滤波得到残差的趋势值作为生产率趋势值，由实际资本、就业趋势值和生产率趋势值估计出潜在 GDP。

生产函数法的优点在于经济含义较为明确，可以进行更深入的结构分析，可以进行较长时期的预测，可以根据某种要素的变动而灵活调整。生产函数法的缺点在于对数据的准确性和样本数量的要求较高，中国经济统计数据的质量可能无法满足。

生产函数法主要包括约束因素理论、奥肯定律方法、要素需求方法和 Cobb-Douglas 生产函数法，目前使用较多的是 Cobb-Douglas 生产函数法。

Cobb-Douglas 生产函数法采用资本和劳动两种生产要素、规模报酬不变、要素替代弹性之和为 1，哈罗德中性技术进步：

$$\ln(Y_t^*) = \ln(A_t) + \alpha \cdot \ln(K_t) + \beta \cdot \ln(L_t) \qquad (29)$$

其中，$\alpha + \beta = 1$。根据不同假设，$A_t$、$K_t$、$L_t$ 可能需要估计其趋势值，将其带入（29）式就可以得到 GDP 潜在增长率。

Cobb-Douglas 生产函数法也存在一些缺陷：一是很难处理经济结构的变化。宏观经济中的加总生产函数，可能因为经济制度或产业结构等因素而发生突变，这体现在全要素生产率的突变上，而 Cobb-Douglas 生产函数法的估计过程很难处理这一情况。二是对 $A_t$、$K_t$、$L_t$ 趋势值的估计可能需要使用滤波方法，从而无法避免滤波所带来的缺陷。三是资本存量数据面临较大的质量问题。考虑到这些缺陷，生产函数法直观上所拥有的优点，即经济含义明确、深入分析和长时间段预测，可能并不成立。

#### 6. SVAR 方法

SVAR 方法一般假设供给冲击或者消费①是趋势性的，需求冲击（特别是货币冲击）是周期性的。因此，对 GDP 序列（非平稳的）和一个平稳序列建立 SVAR 模型，在此基础上对残差进行分解得到趋势性成分，即潜在 GDP。

SVAR 方法由布兰查德和柯（Blanchard & Quah，1989）提出。SVAR 方法将 GDP 波动的影响因素区分为临时性因素和永久性因素，而永久性因素所决定的就是潜在 GDP。布兰查德和柯（1989）使用 SVAR 模型进行分析认为，需求冲击对产出和失业率的影响是暂时性的，需求冲击的影响随时间迅速衰减，不存在长期影响；而供给冲击对产出和失业率具有长期影响，使之发生永久性变动。通过分解两种冲击的影响，将 GDP 的临时性成分分解出来，就可以得到永久性成分，即潜在 GDP。

#### 7. 各种方法的比较

潜在 GDP 各种估计方法的特点可以归纳如表 1－2－8 所示：

### （三）产出缺口的估计

下面使用移动平均法、增长率推算法、一元 HP 滤波方法、BP 滤波方法、BN 分解方法、UC-Kalman 滤波方法、C－D 生产函数法和 SVAR 方法②等方法估计 1953—2008 年中国年度 GDP 潜在增长率。③ 估计结果如图 1－2－26 所示。

---

① 这样假设的根据在于，跨期消费最优化理论框架一般认为，消费遵从随机游走过程，而且该结论也得到了多数实证研究的支持，参见 Hall（1978）。

② 由于中国数据的特点，使用 SVAR 方法无法分离出潜在 GDP，因此图 1－2－26 中没有 SVAR 方法的估计结果。

③ 数据来源、数据处理和估计方法参考曾辉和尹小兵（2009）。

表 1－2－8　　GDP 潜在增长率估计方法的比较

| 方　法 | 假设条件 | 优　点 | 缺　点 |
|---|---|---|---|
| 线性趋势法 | 潜在产出是时间的一个确定性趋势 | 简单 | 现实中，潜在产出经常是随机游走过程 |
| 增长率推算法 | 潜在产出在一定时段内相对稳定 | 简单 | 波峰的选择具有主观性 |
| HP 滤波 | 时间序列由趋势、循环、周期和不规则成分组成，趋势成分可以视为潜在产出 | 参数能灵活调整，与实际序列拟合较好 | 趋势成分可能并非潜在产出，权数选择具有主观性，样本末端准确性较差 |
| BP 滤波 | 时间序列是不同频率波的叠加 | 可以灵活地改变滤波结构 | 无法得到样本前段和末端的估计值 |
| 状态空间模型 | 初始变量和扰动项服从正态分布，产出缺口和其他经济变量间存在稳定关系 | 使用可观测模型估计不可观测变量，有经济理论作为支撑 | 模型较复杂，数据长度要求高 |
| 生产函数法 | 生产函数满足特定形式 | 经济含义较明确，能够预测较长时间和处理拐点 | 数据要求高 |

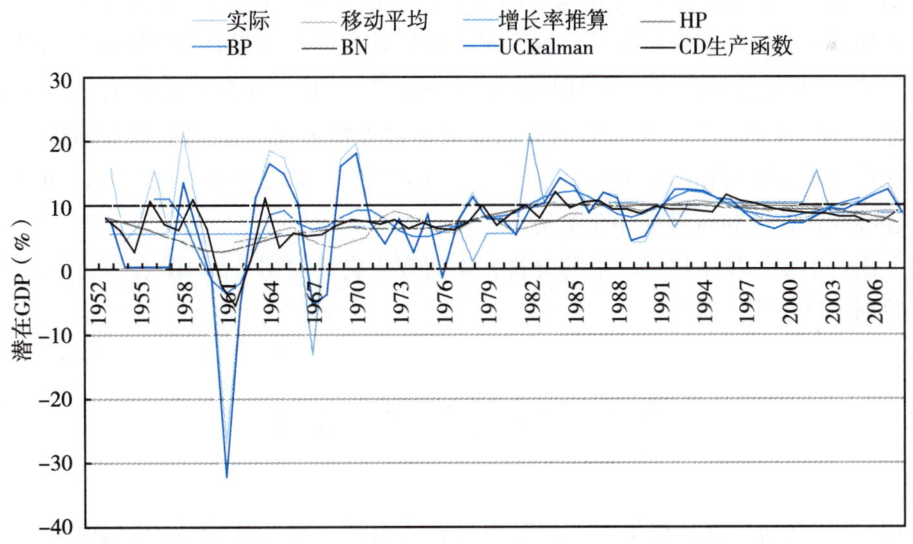


**图 1－2－26　GDP 潜在增长率的估计结果（1952—2006 年）**

数据来源：WIND。

使用 GDP 实际增长率减去潜在增长率，可以得到各种方法对产出缺口的估计，估计结果如图 1－2－27 所示。

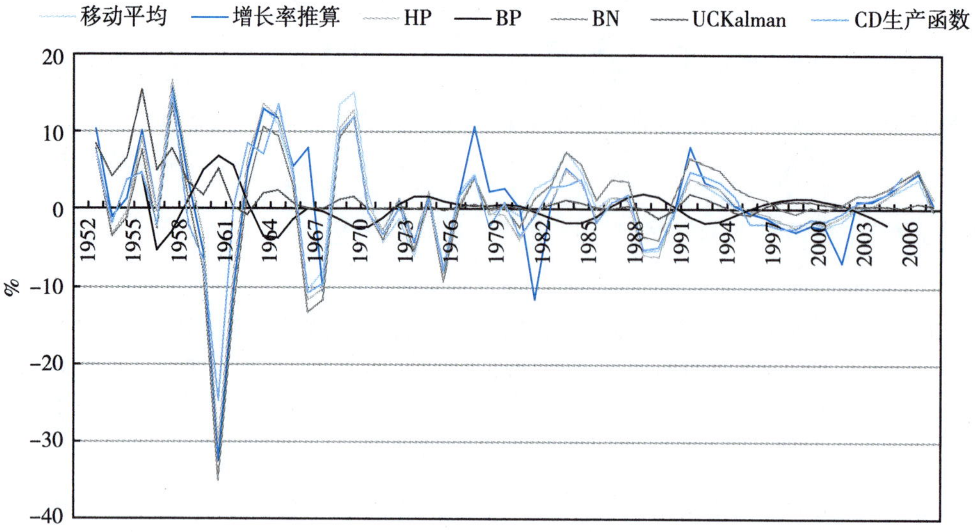


**图 1-2-27 产出缺口估计结果（1952—2006 年）**

数据来源：WIND。

使用 HP 滤波和 BP 滤波方法估计中国季度潜在 GDP，估计结果并不理想；原因可能在于中国季度 GDP 统计方法存在问题，并不存在真正的分季度 GDP 数据。因此，本研究不尝试使用产出缺口的季度数据来进行实证研究。

对潜在 GDP 增长率和产出缺口年度估计结果的分析表明：（1）改革开放以来，特别是 1997 年以来，产出缺口的波动在减小。这可能反映了市场经济体制不断完善，政府宏观调控能力不断提高，经济已经能够较好地沿稳态增长路径发展。（2）多数估计在方向性上是一致的。这加强了研究结论的可靠性，也说明各种估计方法及其背后的经济理论基础是相通的。（3）潜在 GDP 的两种定义，NAIRU 的 GDP 和趋势 GDP，及其对应的估计方法并不存在显著差异。（4）理论上更完美、处理更复杂的估计方法并没有表现出显著的优势。原因可能在于这些方法需要对相当多的函数形式、变量关系和参数进行主观性判断，而且中国统计数据的详细度、长度和质量都存在不足。

根据上面对季度和年度估计结果的分析，本研究将尝试使用一元 HP 滤波方法的产出缺口的年度数据来进行实证研究。

## 五、价格指数的实证分析

下面对 CPI、各种广义价格指数、产出缺口、货币供应量和信贷量数据进行实证分析，主要使用 VAR 方法，进行协整检验、格兰杰因果检验和冲击响应分析。月度数据使用 2005 年 6 月至 2009 年 10 月的 DFI 和 DEPI1，季度数据使用 1998 年第 1 季度至 2009 年第 3 季度的季度 DFI、DEPI1 和修正的 DEPI1，年度数据使用 1992—2008 年的 DEPI1。

这项研究重点有两个：首先，广义价格指数是否是 CPI 的格兰杰原因，换言之，广义价格指数是否有利于预测 CPI；其次，相对 CPI，广义价格指数与产出缺口之间、与货币信贷量之间是否存在更加稳定的关系，从而在实证研究和政策制定中的有用性更强。

## （一）直观分析

将月度数据年化为2005—2008 年度 DFI（月年）和 DEPI1（月年），将季度数据年化为1998—2008 年度 DFI（季年）、DEPI1（季年）和修正 DEPI1（季年），① 同 1992—2008 年度 DEPI1 一并，与 CPI 做对比分析。数据如表 1 -2 -9 所示。

**表 1 -2 -9　CPI 和各广义价格指数的统计分析**

| 年度 | | CPI | DFI（月年） | DEPI1（月年） | DFI（季年） | DEPI1（季年） | 修正 DEPI1（季年） | DEPI1 |
|---|---|---|---|---|---|---|---|---|
| 1992—2008 年 | 均值 | 5. 33 | | | | | | 9. 13 |
| | 标准差 | 7. 11 | | | | | | 11. 44 |
| | 变异系数 | 1. 33 | | | | | | 1. 25 |
| 1998—2008 年 | 均值 | 1. 56 | | | 2. 33 | 3. 93 | 7. 82 | 5. 69 |
| | 标准差 | 2. 39 | | | 2. 63 | 3. 84 | 7. 62 | 6. 95 |
| | 变异系数 | 1. 53 | | | 1. 13 | 0. 98 | 0. 97 | 1. 22 |
| 2005—2008 年 | 均值 | 3. 50 | 4. 06 | 5. 41 | 3. 84 | 5. 41 | 10. 71 | 9. 89 |
| | 标准差 | 2. 19 | 3. 18 | 4. 41 | 2. 96 | 4. 41 | 8. 75 | 2. 79 |
| | 变异系数 | 0. 62 | 0. 78 | 0. 82 | 0. 77 | 0. 82 | 0. 82 | 0. 28 |

从表中可以得到以下几个主要结论：

第一，动态均衡价格指数要高于动态因子指数。对比表 1 -2 -9 中第 2 列和第 3 列或者第 4 列和第 5 列的数据可以发现，在处理同样数据时，动态均衡价格指数要高于动态因子指数。由于动态因子指数对当期价格赋予的权重较大，动态均衡价格指数对当期价格赋予的权重较小，因此两者间存在较显著的差异。

第二，资产价格修正会导致更高的广义价格指数估计值。由于中国房地产价格的数据质量存在不足，可能需要调高房屋销售价格指数进行修正。对比表 1 -2 -9 中第 5 列和第 6 列的数据可以发现，这会导致更高的广义价格指数。这意味着，现有经济统计体系可能极大地低估了中国的通胀情况。

第三，资产价格的选取会极大地影响广义价格指数的估计值。第 5 列 DEPI1（季年）中资产价格选取了 70 个大中城市房屋销售价格指数，第 7 列 DEPI1 中资产价格选取了固定资产价格指数②，两者间存在较为显著的差异。这说明，广义价格指数的估计对于资产价格选

① 分别取年度末月份的当月同比数据和季度末月份的当月同比数据。

② 根据固定资产投资科目和固定资本形成科目计算得到，参见标题价格指数部分。

取十分敏感，也说明，中国房地产价格的数据质量可能存在低估。

第四，2002 年之后，广义价格指数持续地高于 CPI（见图 1 -2 -28）。使用 1992—2008 年 DEPI1 减去 CPI 得到两者间差异，可以发现 2002 年之后广义价格指数持续地高于 CPI，平均高出 6.76 个百分点。这说明 2002 年之后，中国资产价格上涨速度远远高于消费品价格上涨速度，① 而 CPI 则严重低估了通胀情况。

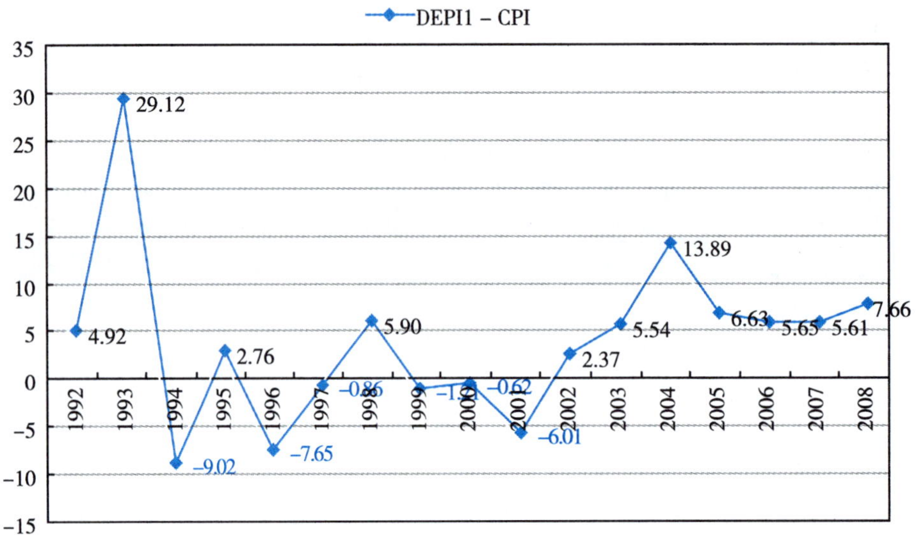


**图 1 -2 -28　广义价格指数和 CPI 的差异（1992—2008 年）**

数据来源：WIND。

## （二）月度数据的实证分析

下面使用 VAR 方法对 2005 年 6 月至 2009 年 10 月的 CPI、DFI、DEPI1、货币供应量 M 和信贷量 CRE 的月度同比数据进行实证分析。②

使用 Eviews5③ 进行含截距项的单位根检验，在 5% 的置信区间，CPI、DFI、DEPI1、M1、M2 和 CRE 含一个单位根，下面使用上述数据建立 VAR 模型。

### 1. CPI 和广义价格指数间的关系

研究 CPI 和广义价格指数间的关系，在 5% 的置信区间，存在下列协整关系：

$$CPI - 1.266DFI = 0 \tag{30}$$

$$CPI - 1.910DFI = 0 \tag{31}$$

① 可能的原因是各项经济政策使得收入财富分配严重失衡，私人部门收入相对下降，私人部门中中低收入者收入相对下降，这使得对消费品需求增长缓慢，而对投资品需求增长迅速。

② 中国不存在月度 GDP 数据，而工业增加值数据和 GDP 之间并不存在稳定关系，因此在月度数据的实证研究中没有使用产出数据。

③ 如无特别说明，本研究中计量统计软件均使用 Eviews5。

对上述协整关系进行格兰杰因果检验①，在10%的置信区间，DFI是CPI的格兰杰原因，而CPI不是DFI的格兰杰原因；DEPI1是CPI的格兰杰原因，而CPI不是DEPI1的格兰杰原因。

这说明，广义价格指数和CPI之间存在稳定的关系，广义价格指数的确有助于预测CPI②。从货币政策角度，盯住广义价格指数能够提高货币政策的前瞻性，可能改进货币政策执行效果。

**2. 价格和货币信贷间的关系**

研究价格指数和货币信贷间的关系，在5%的置信区间，存在下列协整关系：

$$CPI - 0.248M1 = 0 \tag{32}$$

$$DFI - 0.0003M1 = 0 \tag{33}$$

$$DEPI1 + 0.264M1 = 0 \tag{34}$$

$$DEPI1 + 0.373M2 = 0 \tag{35}$$

在10%的置信区间，存在下列协整关系：

$$DEPI1 + 0.278CRE = 0 \tag{36}$$

从与货币信贷间的协整关系来看，CPI和DFI比较相似，都与M1间存在正向的关系；DEPI1存在较大不同，与M1、M2和信贷量之间都存在负向的关系③。首先，如果M2和信贷量更多地影响长期通胀压力，那么就可以认为DEPI1和长期通胀压力间关系更密切；其次，考虑商业银行在中国金融体系中占据绝对地位的现实，信贷渠道具有特殊重要性。考虑中国金融结构现实，在度量长期通胀压力方面，DEPI1可能具有相对的优势。

对上述协整关系进行格兰杰因果检验，在5%的置信区间，M1是CPI的格兰杰原因，而CPI不是M1的格兰杰原因；DFI和M1互为格兰杰原因；DEPI1是M1、M2和信贷量的格兰杰原因，而M1、M2和信贷量不是DEPI1的格兰杰原因。这可能说明④，M1能够较强地影响CPI，但对资产价格的影响较弱；相反，由于2005年以来中国CPI一直比较稳定而无法及时反映长期通胀压力，因此中央银行更多地关注资产价格，在资产价格上涨较快时执行较为紧缩的货币政策，在资产价格上涨较慢时执行较为宽松的货币政策。

对上述协整关系建立VEC模型，进行冲击相应分析，得到冲击的动态反应路径，冲击响应函数如图1-2-29所示：

月度数据从2005年6月到2009年10月有53个数据，样本空间较小，并不足以覆盖一个完整的经济周期；同时，货币政策在2008年进行了方向性的巨大调整，2009年信贷宽松程度创造了历史纪录。因此，月度数据实证研究的结果具有一定启示意义，但其可靠性仍有待进一步研究。

---

① 格兰杰因果检验结果对滞后阶数选择很敏感，本研究中只有当滞后阶数选择2~6得到相同结论时，才作为确定性结果，下面也采取同样方法。

② 格兰杰因果检验并不能证明广义价格指数变动是CPI变动的原因。

③ 月度DEPI1和货币信贷间的负向关系到底具有什么经济含义？这需要进一步地研究。

④ 推理的逻辑是，DFI包括了CPI较大权重和资产价格较小权重，而DEPI1包括了CPI较小权重和资产价格较大权重。

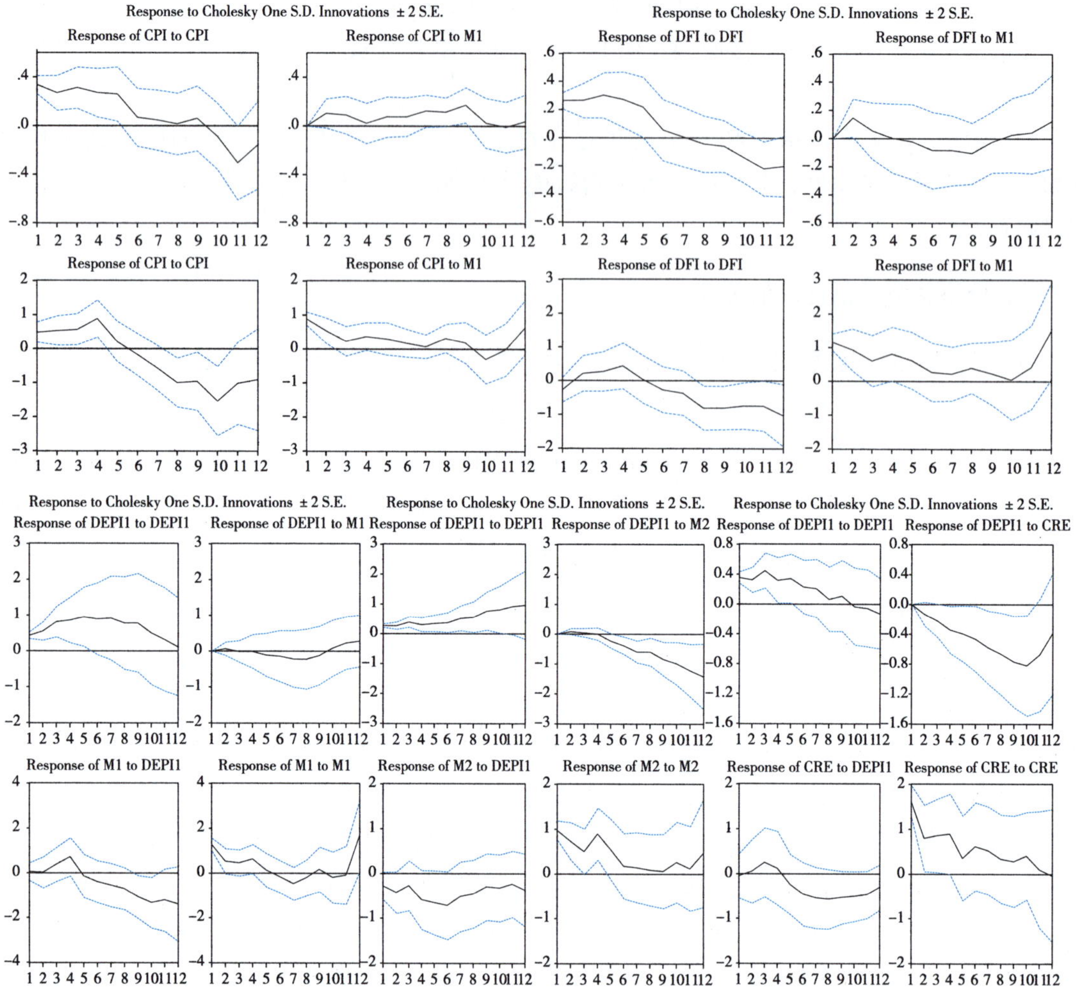


**图 1－2－29　价格和货币信贷的冲击响应函数（月度）**

## （三）季度数据的实证分析

下面使用 VAR 方法对 1998 年第 1 季度至 2009 年第 3 季度的 CPI、DFI、DEPI1、DFIR（对资产价格数据进行修正时得到的 DFI）、DEPI1R（对资产价格数据进行修正时得到的 DEPI）、货币供应量 M 和信贷量 CRE① 的季度同比数据进行实证分析。进行含截距项的单位根检验，CPI、DFI、DEPI1、DFIR、DEPI1R、M1、M2 和 CRE 含一个单位根，下面使用上述数据建立 VAR 模型。

### 1. CPI 和广义价格指数间的关系

研究 CPI 和广义价格指数间的关系，在 5% 的置信区间，CPI 和广义价格指数间不存在

① 信贷量数据从 2001 年 1 季度开始。

协整关系。这说明，广义价格指数和CPI之间可能不存在稳定的关系。从货币政策角度，盯住广义价格指数和盯住CPI可能存在根本性差异。

**2. 价格和货币信贷间的关系**

研究价格指数和货币信贷间的关系，在5%的置信区间，存在下列协整关系：

$$CPI - 2.077M1 = 0 \tag{37}$$

$$DFI + 1.942M1 = 0 \tag{38}$$

$$DEPI1 + 1.962M1 = 0 \tag{39}$$

$$DEPI1 + 0.144CRE = 0 \tag{40}$$

$$DFIR + 5.176M1 = 0 \tag{41}$$

$$DEPI1R + 3.875M1 = 0 \tag{42}$$

$$DEPI1R + 0.291CRE = 0 \tag{43}$$

从与货币信贷间的协整关系来看，CPI和M1间存在正向的关系；DFI和M1间、DFIR和M1间存在负向的关系；DEPI1和M1间、DEPI1R和M1间、DEPI1和CRE间、DEPI1R和CRE间存在负向的关系。首先，如果信贷量更多地影响长期通胀压力，那么就可以认为DEPI1、DEPI1R和长期通胀压力间关系更密切；其次，考虑商业银行在中国金融体系中占据绝对地位的现实，信贷渠道具有特殊重要性。考虑中国金融结构现实，在度量长期通胀压力度量方面，DEPI1和DEPI1R可能具有相对的优势。

对上述协整关系进行格兰杰因果检验，在5%的置信区间，DEPI1、DEPI1R是信贷量的格兰杰原因，而信贷量不是DEPI1、DEPI1R的格兰杰原因。在10%的置信区间，DEPI1是M1的格兰杰原因，而M1不是DEPI1的格兰杰原因。这可能说明，M1对CPI和资产价格的影响都较弱；相反，由于1998年以来中国CPI一直比较稳定而无法及时反映长期通胀压力，因此中央银行更多地关注资产价格，在资产价格上涨较快时执行较为紧缩的货币政策，在资产价格上涨较慢时执行较为宽松的货币政策。

对上述协整关系建立VEC模型，进行冲击相应分析，得到冲击的动态反应路径，冲击响应函数如图1-2-30所示：

季度数据从1998年第1季度至2009年第3季度有47个数据，样本空间较小，但刚好覆盖从亚洲金融危机到美国次贷危机的较完整的经济周期；同时，从1998—2009年，货币政策也经历了从宽松到紧缩再到宽松的过程。因此，季度数据实证研究的结果具有较强的经济含义。

## （四）年度数据的实证分析

下面使用VAR方法对1992—2008年的产出缺口GAP、CPI、DEPI1、货币供应量M和信贷量CRE① 的年度数据进行实证分析。进行含截距项的单位根检验，GAP、CPI、DEPI1

① 信贷量数据从1995年开始。

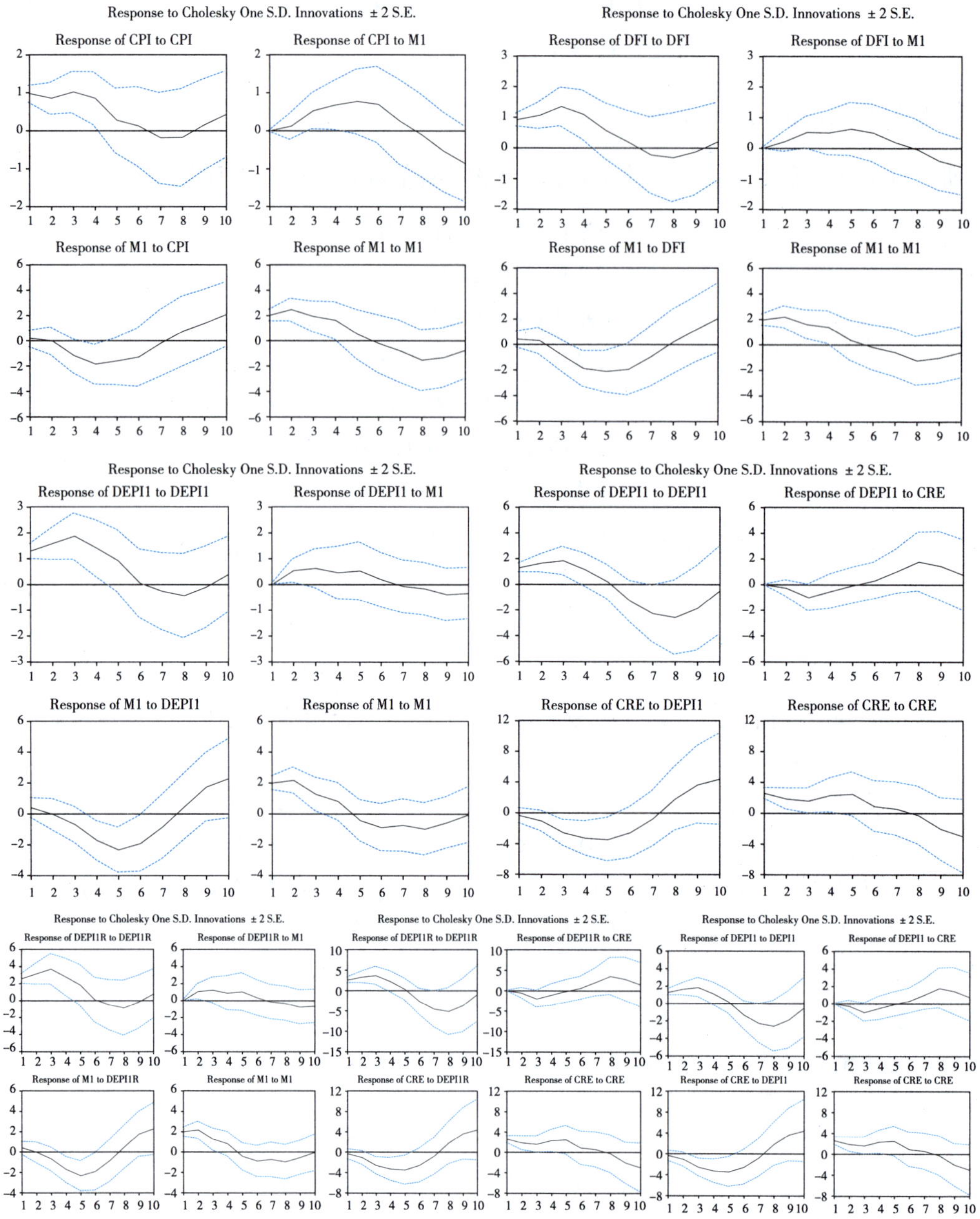


**图 1－2－30　价格和货币信贷的冲击响应函数（季度）**

和 M2 含有一个单位根，下面使用上述数据建立 VAR 模型。

### 1. CPI 和广义价格指数间的关系

研究 CPI 和广义价格指数间的关系，在 5% 的置信区间，存在下列协整关系：

$$CPI + 0.178DEPI1 = 0 \quad (44)$$

对上述协整关系进行格兰杰因果检验，CPI 和 DEPI1 间不存在格兰杰因果关系。这说明，广义价格指数和 CPI 之间存在稳定的负向关系①，但可能无法根据 CPI 来预测 DEPI1 或者反之。从货币政策角度，盯住广义价格指数和盯住 CPI 可能存在根本性差异。

### 2. 产出缺口、价格和货币信贷间的关系

研究产出缺口、价格指数和货币信贷间的关系，在 5% 的置信区间，存在下列协整关系：

$$GAP - 0.253CPI - 0.198M2 = 0 \tag{45}$$

$$GAP + 0.067DEPI1 - 0.449M2 = 0 \tag{46}$$

对上述协整关系进行格兰杰因果检验，未发现显著的格兰杰因果关系。

对上述协整关系建立 VEC 模型，进行冲击相应分析，得到冲击的动态反应路径，冲击响应函数如图 1 -2 -31 所示：

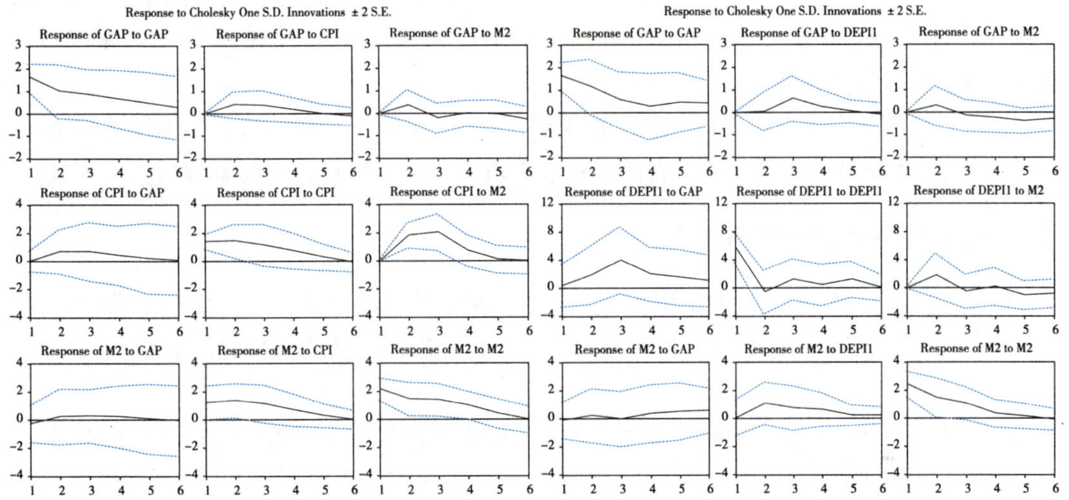


**图 1 -2 -31　产出缺口、价格和货币信贷的冲击响应函数（年度）**

年度数据从 1992—2008 年有 17 个数据，样本空间太小，建立 VAR 进行分析得到的结论可能并不可靠。因此，年度数据实证研究的结果仅仅具有参考意义。

## 六、结　论

本研究的重点在于考察是否应当将资产价格纳入价格指标，从而构建广义价格指数并作为货币政策的目标。通过理论分析和实证研究，主要结论包括以下六点：

### 1. 广义价格指数具有理论上的优势

广义价格指数是等效用价格指数，不仅反映商品价格的当期变动，而且反映商品价格的

① 负向关系产生的原因可能在于，在中国，从资产价格到消费品价格的传导存在较长的时滞，从而导致正向关系不够强；相反，一定支出在储蓄投资上配置越多，在消费上配置越少，从而导致了负向关系比较弱。

未来走势，因此能够准确地反映整个生命周期的生活成本的变动，能够更好地描述代表性个人的预算约束。

可以使用资产价格来代表未来价格走势，由此计算广义价格指数所需的价格数据在现货市场上都是可以直接观测的，不需要进行主观估计，从而计算结果比较客观。因此，广义价格指数不仅在理论上更完善，而且具有较强的可操作性。

**2. 广义价格指数一般高于 CPI**

本研究构建了 11 种广义价格指数，从均值来看，各种广义价格指数都显著地高于 CPI。各种广义价格指数比 CPI 高出约 1 ~ 6.5 个百分点之间，这说明 CPI 可能系统性地低估了通货膨胀。

2002 年之后，广义价格指数持续地高于 CPI。使用 1992—2008 年的 DEPI1 减去 CPI 得到两者的差异，可以发现，2002 年之后的广义价格指数持续地高于 CPI，平均高出 6.76 个百分点。这说明，2002 年之后中国资产价格上涨速度远远高于消费品的价格上涨速度，① 而 CPI 则严重低估了通货膨胀。

2003 年之后，广义价格指数 DEPI1 从未低于 6%。从这个角度来看，中国经济持续地处于过热状态，特别是投资品部门一直面对超额需求，因此应该执行更为紧缩的货币政策。

**3. 广义价格指数波动性并不高**

本研究构建了 11 种广义价格指数，从标准差和变异系数来看，广义价格指数的标准差略大于 CPI，但变异系数多数显著地小于 CPI。因此，各种广义价格指数的波动性大致等于甚至小于 CPI。

部分观点认为广义价格指数波动性过大，从而无法作为货币政策目标；而数据本身并不支持这种观点。

**4. 广义价格指数可能有助于预测 CPI**

月度数据的实证研究显示，广义价格指数和 CPI 之间存在协整关系，而且广义价格指数是 CPI 的格兰杰原因，而 CPI 不是广义价格指数的格兰杰原因。这意味着，从货币政策角度来看，盯住广义价格指数能够提高货币政策的前瞻性，可能改进货币政策执行效果。

但遗憾的是，在季度数据和年度数据并未发现类似关系，因此上述结论仍然有待进一步检验。

**5. 广义价格指数可能更能反映长期通胀压力**

月度和季度数据的实证研究都显示，广义价格指数和信贷量间存在协整关系，而 CPI 和信贷量间不存在协整关系。首先，如果信贷量更多地影响长期通胀压力，那么就可以认为广义价格指数和长期通胀压力间关系更密切；其次，商业银行在中国金融体系中占据绝对地位，信贷渠道在货币政策传导中具有特殊重要性。那么考虑中国金融结构现实，在度量长期

① 可能的原因是各项经济政策使得收入财富分配严重失衡，私人部门收入相对下降，私人部门中中低收入者收入相对下降，这使得对消费品需求增长缓慢，而对投资品需求增长迅速。

通胀压力方面，广义价格指数可能具有相对的优势。

**6. 广义价格指数可能已经成为中央银行的监测目标**

月度数据显示，广义价格指数与M1、M2和信贷量间存在负向的协整关系；广义价格指数是M1、M2和信贷量的格兰杰原因，但M1、M2和信贷量不是广义价格指数的格兰杰原因，而CPI并未发现类似关系。

季度数据显示，广义价格指数与M1和信贷量间存在负向的协整关系；广义价格指数是M1和信贷量的格兰杰原因，但M1和信贷量不是广义价格指数的格兰杰原因，而CPI并未发现类似关系。

这说明，广义价格指数可能已经成为中央银行的监测目标。即使并未计算广义价格指数，中央银行也可能已经将资产价格作为重要的监测指标（如果没有作为政策目标的话）。由于中国CPI一直比较稳定而无法及时反映长期通胀压力，因此中央银行被迫只能更多地关注资产价格，在资产价格上涨较快时执行较为紧缩的货币政策①，在资产价格上涨较慢时执行较为宽松的货币的政策。

在上述主要结论以外，本研究还得到了一些重要性稍差但仍有一定意义的结论，包括以下七点：

**1. 价格稳定单一目标具有一定优势**

本研究主要对比分析了价格稳定单一目标、多目标体系、名义GDP稳定单一目标和货币供应量稳定单一目标。从长期动态和可操作性角度，价格稳定单一目标要优于多目标体系，虽然理论支持并不足够充分。虽然拥有理论上的某些优势，但名义GDP稳定单一目标缺乏可操作性，货币供应量稳定单一目标从未成为中央银行的主流信念。因此与其他目标相比，价格稳定单一目标具有一定优势，也是目前最为常见的货币政策目标。

**2. 盯住价格优于盯住通胀**

部分理论模型认为盯住价格水平会导致真实产出的过度波动，但是这一结论强烈地依赖于模型设定。改变设定形式，同样可以得到盯住价格水平更优的结论。例如内森和韦斯廷（Nessen & Vestin，2005）认为盯住价格水平还是盯住通胀率更优，主要取决于对预期形成过程的假设。

本研究倾向于认为，货币政策目标应该盯住价格水平，因为盯住通胀率会导致基础漂移（Base Drift）问题。盯住通胀率的情况下，中央银行可能通过一次性的剧烈的价格上升来释放货币供给过多的压力，从而在其他时期将通胀率保持在社会容忍的范围，降低中央银行面临的指责。从代表性个人跨期规划角度，短期的剧烈通胀和长期的中低速通胀是相似的，但前者不确定性更大，因此也更差。

**3. 标题价格指数存在排除性偏差**

从微观角度，构建价格指数的目的是形成等效用价格指数，即在货币价格变化时，度量

① 采用2005年6月至2009年10月月度数据的月度模型和采用1998年第1季度至2009年第3季度数据的季度模型，均能得到此结论。

维持特定福利或者相等效用所需要商品的货币成本。标题性价格指数不是等效用价格指数，往往使用“相同商品篮子”概念来近似替代“相等效用”概念。这种近似处理存在排除性错误，因为“相同商品篮子”的价格指数只包括当期商品的价格，不包括未来商品的价格，但代表性个人的预算约束方程同时包括两者。因此，标题价格指数不能正确地度量价格变动对代表性个人的影响。

**4. 核心价格指数存在不足**

核心价格指数不是等效用价格指数，同时还存在两点不足：第一，食品价格上涨会增加生活成本，推动工资上升，提高通货膨胀预期，从而推动价格的全面上涨，这对货币政策构成了挑战。第二，CPI衡量的是居民生活成本，特别是对于中国这样一个经济发展程度不高、恩格尔系数较高的国家而言，食品价格对居民生活影响很大，因此就度量生活费用方面，核心CPI的意义很不明确。对中国数据的分析表明，核心CPI显著地低于CPI。

**5. 动态因子指数和动态均衡价格指数间存在较大差异**

动态因子指数，单个价格的权重根据统计数据得出，较为客观，但缺乏理论基础。动态均衡价格指数，建立在代表性个人最优化的基础上，有经济学模型作为理论支持，但参数估计和资产种类选取具有较大的主观性。

动态因子指数和动态均衡价格指数最明显的差异在于对当期价格赋予的权重不同，前者赋予当期CPI的权重一般超过40%，赋予房地产价格的权重一般小于40%，赋予股票价格的权重一般小于1%；而后者赋予CPI的权重介于3%~20%，赋予资产价格权重的权重介于80%~97%。这种差异也极大地影响了广义价格指数的估计结果。

**6. 各广义价格指数具有内在一致性**

虽然推算方法和处理细节方面存在差异，但各广义价格指数之间仍然具有内在一致性。例如，月度、季度和年度的各种广义价格指数和CPI的动态相关性十分相似。这说明，广义价格指数的各种估计方法可以相互支持和印证。

**7. 广义价格指数对估计方法和数据比较敏感**

虽然具有内在一致性，但各广义价格指数之间仍然存在较大差异。例如，样本期间，动态均衡价格指数要高于动态因子指数；资产价格修正时，广义价格指数估计值更高；相对于资产价格选取70个大中城市房屋销售价格指数的情形，资产价格选取固定资产价格指数会导致更高的广义价格指数估计值。

# 附表　广义价格指数的估计结果

附表 1　年度广义价格指数估计结果

| 年度 | CPI | DEPI1 | DEPI2 |
|---|---|---|---|
| 1992 | 6.4 | 11.32 | 10.44 |
| 1993 | 14.7 | 43.82 | 38.23 |
| 1994 | 24.1 | 15.08 | 16.61 |
| 1995 | 17.1 | 19.86 | 19.37 |
| 1996 | 8.3 | 0.65 | 1.95 |
| 1997 | 2.8 | 1.94 | 2.09 |
| 1998 | -0.8 | 5.10 | 4.04 |
| 1999 | -1.4 | -2.61 | -2.40 |
| 2000 | 0.4 | -0.22 | -0.11 |
| 2001 | 0.7 | -5.31 | -4.28 |
| 2002 | -0.8 | 1.57 | 1.15 |
| 2003 | 1.2 | 6.74 | 5.75 |
| 2004 | 3.9 | 17.79 | 15.23 |
| 2005 | 1.8 | 8.43 | 7.23 |
| 2006 | 1.5 | 7.15 | 6.14 |
| 2007 | 4.8 | 10.41 | 9.41 |
| 2008 | 5.9 | 13.56 | 12.18 |

附表 2　季度广义价格指数估计结果

| 年月 | CPI | DFI | DEPI1 | DEPI2 | DFIR | DEPI1R | DEPI2R |
|---|---|---|---|---|---|---|---|
| 1998-03 | 0.7 | -0.23 | -2.02 | -1.55 | 0.16 | -4.06 | -3.24 |
| 1998-06 | -1.3 | -0.43 | 1.22 | 0.77 | -0.87 | 2.48 | 1.81 |
| 1998-09 | -1.5 | -0.93 | 0.15 | -0.14 | -1.29 | 0.34 | 0.02 |
| 1998-12 | -1 | -0.67 | -0.03 | -0.20 | -0.89 | -0.03 | -0.20 |
| 1999-03 | -1.8 | -1.13 | 0.14 | -0.20 | -1.56 | 0.33 | -0.04 |
| 1999-06 | -2.1 | -1.37 | 0.03 | -0.34 | -1.85 | 0.13 | -0.26 |
| 1999-09 | -0.8 | -0.43 | 0.27 | 0.08 | -0.64 | 0.56 | 0.32 |
| 1999-12 | -1 | -0.53 | 0.36 | 0.12 | -0.80 | 0.75 | 0.44 |
| 2000-03 | -0.2 | -0.03 | 0.28 | 0.20 | -0.11 | 0.58 | 0.44 |
| 2000-06 | 0.5 | 0.50 | 0.50 | 0.50 | 0.56 | 0.98 | 0.90 |
| 2000-09 | 0 | 0.40 | 1.16 | 0.96 | 0.27 | 2.33 | 1.92 |

续表

| 年月 | CPI | DFI | DEPI1 | DEPI2 | DFIR | DEPI1R | DEPI2R |
|---|---|---|---|---|---|---|---|
| 2000 - 12 | 1. 5 | 1. 40 | 1. 21 | 1. 26 | 1. 60 | 2. 37 | 2. 22 |
| 2001 - 03 | 0. 8 | 0. 70 | 0. 51 | 0. 56 | 0. 82 | 0. 99 | 0. 96 |
| 2001 - 06 | 1. 4 | 1. 73 | 2. 37 | 2. 20 | 1. 78 | 4. 70 | 4. 11 |
| 2001 - 09 | - 0. 1 | 0. 73 | 2. 32 | 1. 90 | 0. 44 | 4. 65 | 3. 80 |
| 2001 - 12 | - 0. 3 | 0. 36 | 1. 64 | 1. 30 | 0. 11 | 3. 29 | 2. 65 |
| 2002 - 03 | - 0. 8 | 0. 83 | 3. 95 | 3. 10 | 0. 20 | 7. 92 | 6. 34 |
| 2002 - 06 | - 0. 8 | 0. 33 | 2. 50 | 1. 91 | - 0. 14 | 5. 01 | 3. 97 |
| 2002 - 09 | - 0. 7 | 0. 70 | 3. 37 | 2. 65 | 0. 15 | 6. 76 | 5. 41 |
| 2002 - 12 | - 0. 4 | 0. 86 | 3. 28 | 2. 63 | 0. 40 | 6. 58 | 5. 32 |
| 2003 - 03 | 0. 9 | 2. 26 | 4. 87 | 4. 17 | 1. 91 | 9. 72 | 8. 12 |
| 2003 - 06 | 0. 3 | 1. 66 | 4. 27 | 3. 57 | 1. 24 | 8. 53 | 7. 04 |
| 2003 - 09 | 1. 1 | 2. 49 | 5. 17 | 4. 45 | 2. 15 | 10. 30 | 8. 63 |
| 2003 - 12 | 3. 2 | 3. 86 | 5. 14 | 4. 80 | 4. 00 | 10. 18 | 8. 92 |
| 2004 - 03 | 3 | 4. 52 | 7. 46 | 6. 66 | 4. 35 | 14. 81 | 12. 65 |
| 2004 - 06 | 5 | 6. 55 | 9. 56 | 8. 74 | 6. 60 | 18. 94 | 16. 37 |
| 2004 - 09 | 5. 2 | 6. 29 | 8. 40 | 7. 83 | 6. 51 | 16. 63 | 14. 54 |
| 2004 - 12 | 2. 4 | 5. 02 | 10. 05 | 8. 67 | 4. 42 | 20. 01 | 16. 72 |
| 2005 - 03 | 2. 7 | 4. 99 | 9. 39 | 8. 18 | 4. 53 | 18. 67 | 15. 70 |
| 2005 - 06 | 1. 6 | 3. 76 | 7. 90 | 6. 77 | 3. 22 | 15. 73 | 13. 12 |
| 2005 - 09 | 0. 9 | 2. 43 | 5. 36 | 4. 56 | 2. 02 | 10. 68 | 8. 90 |
| 2005 - 12 | 1. 6 | 3. 09 | 5. 96 | 5. 18 | 2. 77 | 11. 87 | 10. 00 |
| 2006 - 03 | 0. 8 | 2. 19 | 4. 87 | 4. 15 | 1. 82 | 9. 71 | 8. 10 |
| 2006 - 06 | 1. 5 | 3. 09 | 6. 15 | 5. 32 | 2. 73 | 12. 25 | 10. 29 |
| 2006 - 09 | 1. 5 | 2. 89 | 5. 57 | 4. 85 | 2. 60 | 11. 09 | 9. 35 |
| 2006 - 12 | 2. 8 | 3. 83 | 5. 81 | 5. 27 | 3. 80 | 11. 52 | 9. 94 |
| 2007 - 03 | 3. 3 | 4. 06 | 5. 53 | 5. 14 | 4. 18 | 10. 95 | 9. 57 |
| 2007 - 06 | 4. 4 | 5. 22 | 6. 82 | 6. 40 | 5. 44 | 13. 51 | 11. 85 |
| 2007 - 09 | 6. 2 | 7. 25 | 9. 30 | 8. 75 | 7. 60 | 18. 40 | 16. 17 |
| 2007 - 12 | 6. 5 | 7. 79 | 10. 28 | 9. 61 | 8. 08 | 20. 34 | 17. 79 |
| 2008 - 03 | 8. 3 | 9. 05 | 10. 53 | 10. 14 | 9. 73 | 20. 79 | 18. 50 |
| 2008 - 06 | 7. 1 | 7. 55 | 8. 46 | 8. 22 | 8. 20 | 16. 69 | 14. 95 |
| 2008 - 09 | 4. 6 | 4. 33 | 3. 82 | 3. 96 | 4. 93 | 7. 51 | 6. 99 |
| 2008 - 12 | 1. 2 | 0. 64 | - 0. 43 | - 0. 14 | 0. 96 | - 0. 89 | - 0. 53 |
| 2009 - 03 | - 1. 2 | - 1. 36 | - 1. 69 | - 1. 60 | - 1. 44 | - 3. 33 | - 2. 96 |
| 2009 - 06 | - 1. 7 | - 1. 30 | - 0. 54 | - 0. 74 | - 1. 62 | - 1. 02 | - 1. 14 |
| 2009 - 09 | - 0. 8 | 0. 33 | 2. 50 | 1. 91 | - 0. 14 | 5. 01 | 3. 97 |

附表 3　　月度广义价格指数估计结果

| 年月 | CPI | DFI | DEPI1 | DEPI2 |
|---|---|---|---|---|
| 2005 - 06 | 1. 6 | 4. 24 | 7. 90 | 6. 77 |
| 2005 - 07 | 1. 8 | 3. 79 | 6. 55 | 5. 70 |
| 2005 - 08 | 1. 3 | 3. 29 | 6. 05 | 5. 20 |
| 2005 - 09 | 0. 9 | 2. 77 | 5. 36 | 4. 56 |
| 2005 - 10 | 1. 2 | 3. 52 | 6. 72 | 5. 73 |
| 2005 - 11 | 1. 3 | 3. 74 | 7. 11 | 6. 07 |
| 2005 - 12 | 1. 6 | 3. 43 | 5. 96 | 5. 18 |
| 2006 - 01 | 1. 9 | 3. 50 | 5. 68 | 5. 01 |
| 2006 - 02 | 0. 9 | 2. 90 | 5. 65 | 4. 80 |
| 2006 - 03 | 0. 8 | 2. 53 | 4. 87 | 4. 15 |
| 2006 - 04 | 1. 2 | 3. 06 | 5. 56 | 4. 78 |
| 2006 - 05 | 1. 4 | 3. 20 | 5. 57 | 4. 83 |
| 2006 - 06 | 1. 5 | 3. 51 | 6. 15 | 5. 32 |
| 2006 - 07 | 1 | 3. 17 | 6. 04 | 5. 14 |
| 2006 - 08 | 1. 3 | 3. 26 | 5. 86 | 5. 04 |
| 2006 - 09 | 1. 5 | 3. 26 | 5. 57 | 4. 85 |
| 2006 - 10 | 1. 4 | 3. 21 | 5. 57 | 4. 83 |
| 2006 - 11 | 1. 9 | 3. 36 | 5. 20 | 4. 61 |
| 2006 - 12 | 2. 8 | 4. 17 | 5. 81 | 5. 27 |
| 2007 - 01 | 2. 2 | 3. 73 | 5. 59 | 4. 99 |
| 2007 - 02 | 2. 7 | 3. 98 | 5. 51 | 5. 01 |
| 2007 - 03 | 3. 3 | 4. 36 | 5. 53 | 5. 14 |
| 2007 - 04 | 3 | 4. 03 | 5. 13 | 4. 76 |
| 2007 - 05 | 3. 4 | 4. 71 | 6. 21 | 5. 71 |
| 2007 - 06 | 4. 4 | 5. 52 | 6. 82 | 6. 40 |
| 2007 - 07 | 5. 6 | 6. 60 | 7. 64 | 7. 28 |
| 2007 - 08 | 6. 5 | 7. 45 | 8. 34 | 8. 02 |
| 2007 - 09 | 6. 2 | 7. 68 | 9. 30 | 8. 75 |
| 2007 - 10 | 6. 5 | 8. 03 | 9. 70 | 9. 13 |
| 2007 - 11 | 6. 9 | 8. 64 | 10. 78 | 10. 09 |
| 2007 - 12 | 6. 5 | 8. 17 | 10. 28 | 9. 61 |
| 2008 - 01 | 7. 1 | 8. 82 | 11. 07 | 10. 37 |
| 2008 - 02 | 8. 7 | 9. 59 | 10. 74 | 10. 38 |
| 2008 - 03 | 8. 3 | 9. 24 | 10. 53 | 10. 14 |
| 2008 - 04 | 8. 5 | 9. 14 | 10. 05 | 9. 78 |

续表

| 年月 | CPI | DFI | DEPI1 | DEPI2 |
|---|---|---|---|---|
| 2008-05 | 7.7 | 8.42 | 9.45 | 9.14 |
| 2008-06 | 7.1 | 7.64 | 8.46 | 8.22 |
| 2008-07 | 6.3 | 6.71 | 7.37 | 7.18 |
| 2008-08 | 4.9 | 5.22 | 5.77 | 5.62 |
| 2008-09 | 4.6 | 4.22 | 3.82 | 3.96 |
| 2008-10 | 4 | 3.04 | 1.87 | 2.24 |
| 2008-11 | 2.4 | 1.49 | 0.36 | 0.72 |
| 2008-12 | 1.2 | 0.46 | -0.43 | -0.14 |
| 2009-01 | 1 | 0.10 | -1.04 | -0.68 |
| 2009-02 | -1.6 | -1.60 | -1.50 | -1.52 |
| 2009-03 | -1.2 | -1.43 | -1.69 | -1.60 |
| 2009-04 | -1.5 | -1.53 | -1.50 | -1.50 |
| 2009-05 | -1.4 | -1.30 | -1.11 | -1.16 |
| 2009-06 | -1.7 | -1.20 | -0.54 | -0.74 |
| 2009-07 | -1.8 | -0.88 | 0.33 | -0.04 |
| 2009-08 | -1.2 | -0.04 | 1.51 | 1.03 |
| 2009-09 | -0.8 | 0.61 | 2.50 | 1.91 |
| 2009-10 | -0.5 | 1.28 | 3.57 | 2.85 |

## 参考文献


1. 郭庆旺、贾俊雪：《中国潜在产出与产出缺口的估计》，载于《经济研究》，2004年第5期。

2. 刘斌、张怀清：《我国产出缺口的估计》，载于《金融研究》，2001年第10期。

3. 刘建伟、彭建霞、罗兰：《核心消费价格指数的理论与应用》，载于《统计研究》，2006年第10期。

4. 刘金全、刘志刚：《我国GDP增长率序列中趋势成分和周期成分的分解》，载于《数量经济技术经济研究》，2004年第5期。

5. 倪晓宁：《基于DEA的潜在国内生产总值估算方法及其在中国的应用》，载于《统计研究》，2004年第5期。

6. 沈利生：《我国潜在经济增长率变动趋势估计》，载于《数量经济技术经济研究》，1999年第12期。

7. 石柱鲜、黄红梅、石庆华：《关于中国潜在GDP与景气波动、通货膨胀的经验研究》，载于《世界经济》，2004年第8期。

8. 万晓西：《城市狭义CPI年均低估4.4个百分点左右——中国城市居民消费价格指数研究（1978—2005年）》，载于《南方基金研究报告》，2007年1月5日。

9. 曾辉：《统计数据修正与货币政策研究》，经济科学出版社2009年版。

10. 曾辉、尹小兵：《中国潜在GDP估计的比较研究》，载于《南方金融》，2009年第6期。

11. 曾辉、张晓艳：《我国内地投资品价格指数估算问题研究》，载于《西部金融》，2009 年第 7 期。

12. 中国人民银行研究生部：《中国潜在 GDP 估计研究》，收于《中国人民银行 2008 年度金融研究重点课题获奖报告》，中国金融出版社 2009 年版。

13. 周海春：《劳动力无限供给条件下的中国经济潜在增长率》，载于《管理世界》，1999 年第 3 期。

14. Alchian, Armen A. and Benjamin Klein, 1973, "On a Correct measure Inflation", *Journal of Money, Credit and Banking*, Vol. 5, No. 1, Part 1. (Feb., 1973), pp. 173 – 191.

15. Beveridge Stephen and Charles R. Nelson, 1981, "A New Approach to Decomposition of Economic Time Series into Permanent and Transitory Components with Particular Attention to Measurement of the Business Cycle", *Journal of Monetary Economics* Volume 7, Issue 2, 1981, pp. 151 – 174.

16. Blanchard O. J. and D. Quah, 1989, "The Dynamic Effects of Aggregate Demand and Supply Disturbances", *American Economic Review*, Vol. 79, No. 4 (Sep., 1989), pp. 655 – 673.

17. Brouwer, Gordon de, 1998, "ESTIMATING OUTPUT GAPS", Reserve Bank of Australia, Economic Research Department, Research Discussion Paper 9809, August 1998.

18. Bryan M. F. and S. G. Cecchetti, 1993, "the Consumer Price Index as a Measure of Inflation", Economic Review of the Federal Reserve Bank of Cleveland, 29, (4), pp. 15 – 24.

19. Campbell, John Y. and N. Gregory Mankiw, 1987, "Permanent and Transitory Components in Macroeconomic Fluctuations", *The American Economic Review*, Vol. 77, No. 2, Papers and Proceedings of the Ninety-Ninth Annual Meeting of the American Economic Association (May, 1987), pp. 111 – 117.

20. Eckstein, Otto, 1981, Core Inflation. Englewood Cliffs, Prentice-Hall, 1981.

21. Flemming J., 1999, Monetary Policy: Questions of Adequacy, Design and Presentation. Economic Outlook, 24 (1), pp. 9 – 13.

22. Hamilton, James D., 1989, "A New Approach to the Economic Analysis of Nonstationary Time Series and the Business Cycle", *Econometrica*, Vol. 57, No. 2 (Mar., 1989), pp. 357 – 384.

23. Hall R. E., 1978, "Stochastic Implications of the Life Cycle-Permanent Income Hypothesis: Theory and Evidence", *Journal of Political Economy*, 1978, 86.

24. King, Robert G., Charles I. Plosser, James H. Stock and Mark W. Watson, 1991, "Stochastic Trends and Economic Fluctuations", Source: *The American Economic Review*, Vol. 81, No. 4 (Sep., 1991), pp. 819 – 840.

25. Kydland F. E. and E. C. Prescott, 1977, "Rules Rather Than Discretion: the Inconsistency of Optimal Rules", *Journal of Political Economics*, 85, June 1977, pp. 473 – 493.

26. Laxton D. and R. Tetlow, 1992, "A Simple Multivariate Filter for the Measurement of Potential Output", Bank of Canada, Technical Report No. 59, 1992.

27. Lucas R. E., 1972, "Expectations and Neutrality of Money", *Journal of Economic Theory* 4, April 1972.

28. Nessen, Marianne and David Vestin, 2005, "Average Inflation Targeting", *Journal of Money, Credit, and Banking*, Vol. 37, No. 5 (October 2005).

29. Romer, D., 2001, *Advanced Macroeconomics*, McGraw-Hill Companies, 2nd Edition, 2001.

30. Samuelson, Paul A. and William D. Nordhaus, 2005, *Economics*, McGraw-Hill Companies, 18th Edition, 2005.

31. Shibuya, 1992, "Dynamic Equilibrium Price Index: Asset Price and Inflation. Monetary and Economic Studies", Bank of Japan, Vol. 10 (1) pp. 95 – 109.

32. Stiglitz, Joseph E. and Carl E. Walsh, 2005, *Economics*, W. W. Norton, 4th Edition, December 1, 2005.

# 第二篇

# 价格监测分析

# 第一部分

# 2009年第1季度价格监测分析

## 主要观点和结论

总体看，当前价格走势继续回落，下行压力进一步上升。一是从外部冲击的影响看，国际大宗商品价格继续走低，向国内输入通缩压力；与此同时，外需跌幅明显加深加剧了国内相关行业的供给过剩和物价下行压力。二是从国内因素看，尽管政府项目投资增长较快，但由于非政府投资、房地产投资明显下滑以及消费放缓，价格回落走势进一步延续。三是从存货调整因素看，煤炭、黑色金属等上游行业的产成品库存继续调整，且需求下滑会引发新一轮库存调整，继续对价格水平构成下行压力。

预计全年价格将呈低位运行态势，但不会出现严重通货紧缩。一是国际大宗商品价格将逐步企稳；二是扩大内需的政策效应将进一步显现；三是货币信贷持续增长仍有一定基础；四是支持性价格政策将缓和价格下行压力。在假定全年GDP增长为8%、国际油价为目前40美元/桶的前提下，预测全年CPI为0左右，全年PPI为-5%左右，下半年或第4季度价格将有所回升。

（本部分完成于2009年3月17日）

# 一、价格形势

■ 2006 年第 4 季度以来，我国价格形势经历了从快速上涨到急剧回落的过程。受全球通货膨胀和国内结构性供给短缺影响，CPI、PPI 相继于 2008 年 2 月和 8 月达到本轮上涨的高峰，此后，受国际金融危机等因素的影响，国际大宗商品价格暴跌，加之国内经济增速明显放缓以及农产品供给改善的影响，主要价格指标急剧回落，至 2009 年 2 月，CPI 和 PPI 同比双双出现自 2002 年 11 月以来的首次下降。

## （一）价格下行压力有所增大

### 1. 居民消费价格同比下降，环比基本持平

2006 年 10 月份以来，在全球通胀压力上升以及国内食品价格大幅上涨的推动下，CPI 月度同比涨幅在 2008 年 2 月份达到 8.7%，此后基本呈现逐月回落态势。到 2009 年 2 月份，CPI 同比涨幅转为下降 1.6%，为 2003 年以来的首次下降，为 1999 年 7 月以来的最大单月降幅（见图 2－1－1）。

**从翘尾因素和新涨价因素看，翘尾因素对 CPI 同比涨幅的走势起到了决定性作用，新涨价因素基本稳定。**2009 年 1、2 月份，翘尾因素分别为 0.1 个和 －2.5 个百分点，新涨价因素均为 0.9 个百分点，如果剔除翘尾因素的影响，2 月份当月 CPI 同比上涨 0.9 个百分点。

**食品价格首现负增长，非食品价格跌幅加深。**2009 年 1、2 月份，食品价格同比分别上涨 4.2% 和 －1.9%，其中 2 月份食品价格翘尾因素为 －5.8%，新涨价因素仍达 3.9%。受 PPI 较快下降影响，非食品价格降幅加深，1、2 月份分别下降 0.6% 和 1.2%（见图 2－1－2）。

**从环比看，CPI 走势基本平稳。**2009 年 1、2 月份 CPI 环比分别上涨 0.9% 和 0，季节调整后分别下降 0.2% 和 0.6%，显示通缩压力有所上升。

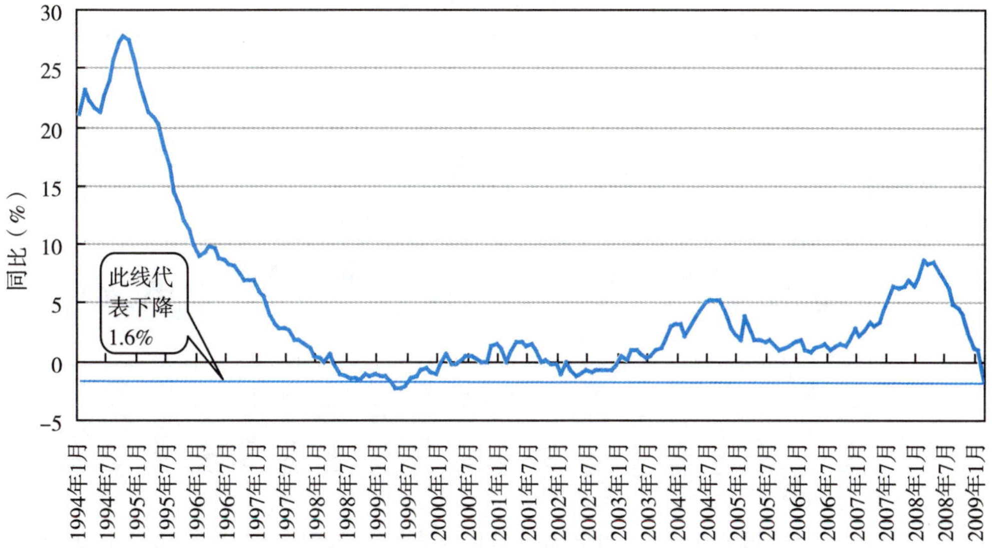


**图 2 -1 -1　CPI 走势（1994 年 1 月—2009 年 2 月）**

数据来源：CEIC。

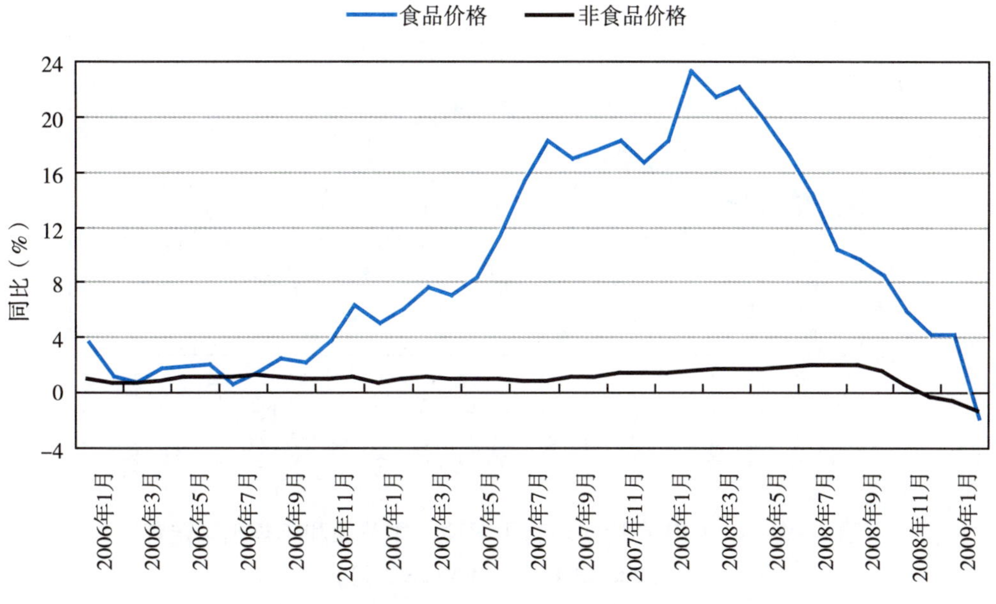


**图 2 -1 -2　食品和非食品价格走势（2006 年 1 月—2009 年 2 月）**

数据来源：CEIC。

其中，1、2 月份食品价格环比分别上涨 3.3% 和 0.8%，季节调整后的环比值分别为 0.1% 和 -0.8%（见图 2 -1 -3）。

**从趋势周期因素看，CPI 环比趋势周期项趋于稳定，**从 2008 年 11 月份至 2009 年 2 月份，趋势周期项基本稳定在 -0.5% 左右（见图 2 -1 -4）。

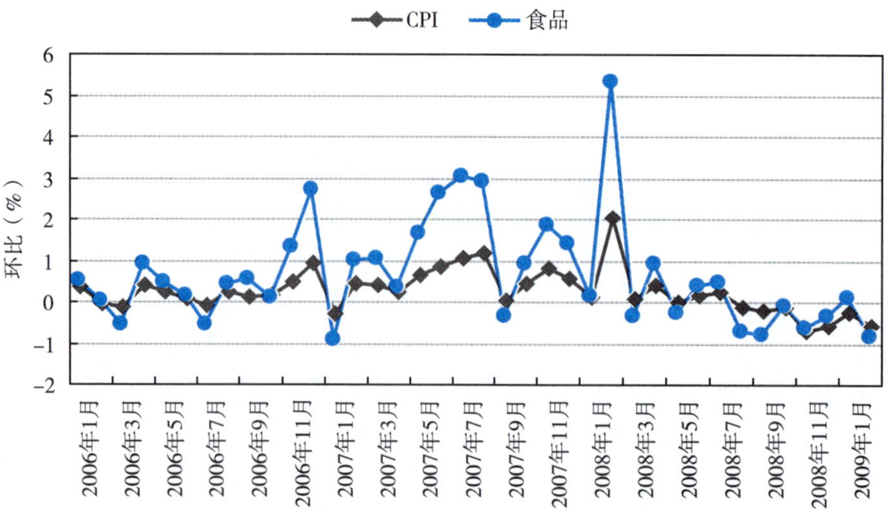


**图2-1-3　季节调整的CPI和食品价格环比走势（2006年1月—2009年2月）**

数据来源：CEIC。

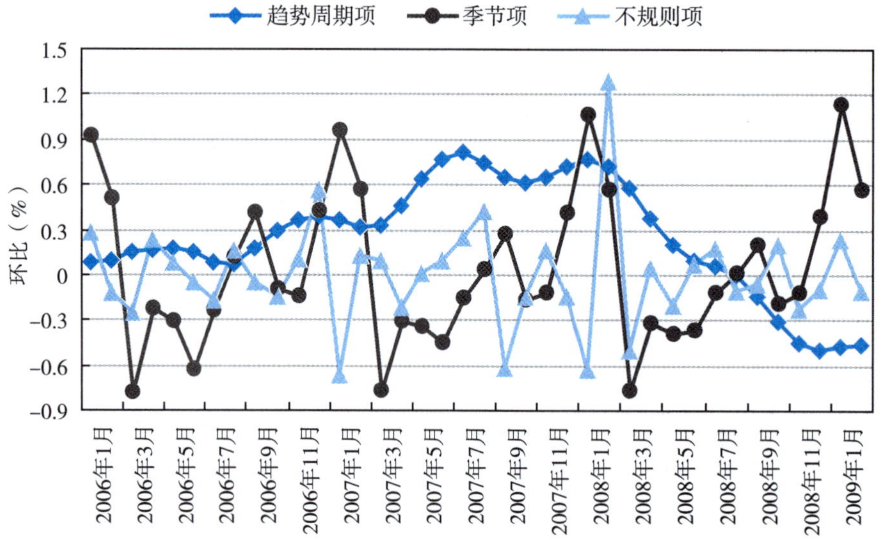


**图2-1-4　CPI环比的趋势周期项、季节项和不规则项走势（2006年1月—2009年2月）**

数据来源：CEIC。

**2. 原材料、燃料、动力购进价格同比继续下降，环比降幅趋缓**

原材料、燃料、动力购进价格于2008年7月份创出15.4%的单月历史最高涨幅，后呈逐步回落态势，到2008年12月份由上涨转为下降。2009年1、2月份，原材料、燃料、动力购进价格同比分别下降5.3%和7.1%，环比分别下降2.5%和1.3%，较2008年12月4.6%的环比降幅明显放缓。其中，燃料、动力类价格同比分别下降7.4%和10.9%，环比分别下降5.5%和3.1%；黑色金属类价格同比分别下降4.7%和6.3%，环比分别下降

1.7%和0.8%；有色金属类价格同比分别下降28.5%和29.7%，环比分别下降3.4%和2.1%（见图2－1－5）。

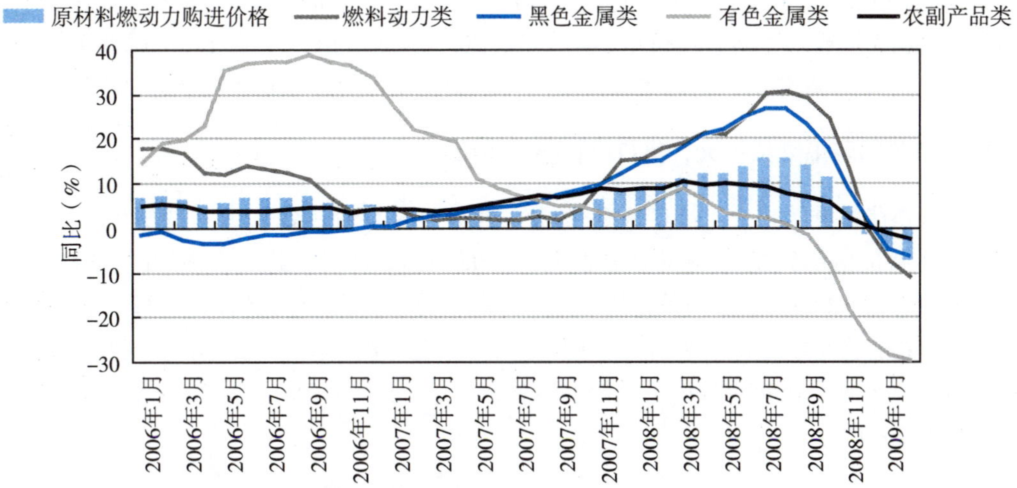


**图2－1－5　原材料燃料动力购进价格及其构成走势（2006年1月—2009年2月）**

数据来源：CEIC。

### 3. 工业品出厂价格同比降幅扩大，环比降幅缩小

2008年8月份，工业品出厂价格同比上涨10.1%，为历史最高月度同比涨幅，此后开始逐步回落。至2008年12月份，在生产资料价格由上涨转为下降的影响下，工业品出厂价格同比下降1.1%。2009年1、2月份，工业品出厂价格同比分别下降3.4%和4.5%，2月份降幅比1月份扩大1.1个百分点；工业品出厂价格环比分别下降1.4%和0.7%，相比2008年11月份和12月份3.4%和2.3%的环比降幅，已连续第4个月收缩（见图2－1－6）。

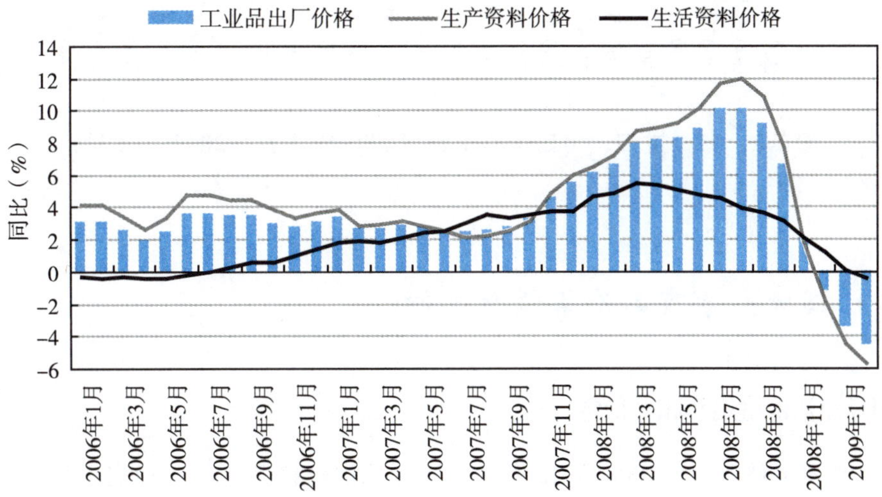


**图2－1－6　工业品出厂价格走势（2006年1月—2009年2月）**

数据来源：CEIC。

**生产资料价格继续下降**。2009 年 1、2 月份，生产资料价格同比分别下降 4.4% 和 5.7%，影响工业品出厂价格下降约 3.4 个和 4.4 个百分点。其中，采掘业价格分别下降 13.2% 和 17.4%，原材料分别下降 6.8% 和 8.4%，加工业分别下降 2.2% 和 3.0%。

**食品价格下降带动生活资料价格小幅下跌**。2009 年 2 月份，食品价格下降 0.7%，导致生活资料价格自 2006 年 7 月份以来首次下降，影响工业品出厂价格下降约 0.1 个百分点。

### 4. 进口价格降幅继续扩大，出口价格首现下降

**进口价格降幅继续扩大**。进口价格涨幅在 2008 年 8 月份达到 22.7% 的历史高点后，在国际大宗商品价格暴跌的影响下急剧回落，2008 年 12 月份，进口价格由上涨转为下降 10%。2009 年 1、2 月份，进口价格继续下降，降幅分别扩大至 10.6% 和 19%。

**出口价格首次出现下降**。2008 年 10 月份以来，受外需下降影响，出口价格涨幅逐步回落，2009 年 2 月份，出口价格由 1 月份上涨 2.3% 转为下降 1.7%，为 2005 年①以来的首次下降（见图 2-1-7）。

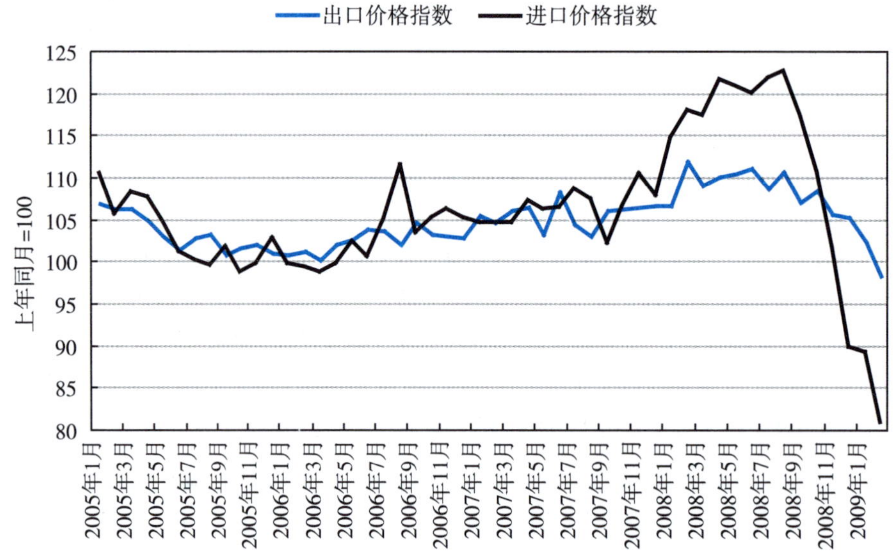


**图 2-1-7　进口、出口价格指数（2005 年 1 月—2009 年 2 月）**

数据来源：CEIC。

## （二）国际大宗商品价格低位徘徊

### 1. 国际原油价格走势相对稳定

在经历急剧下跌后，自 2008 年 12 月份，国际原油价格开始趋于稳定，基本在每桶 40 美元上下震荡，已跌至 2004 年年中水平（见图 2-1-8）。

---

① 进、出口价格指数自 2005 年开始公布月度数据。

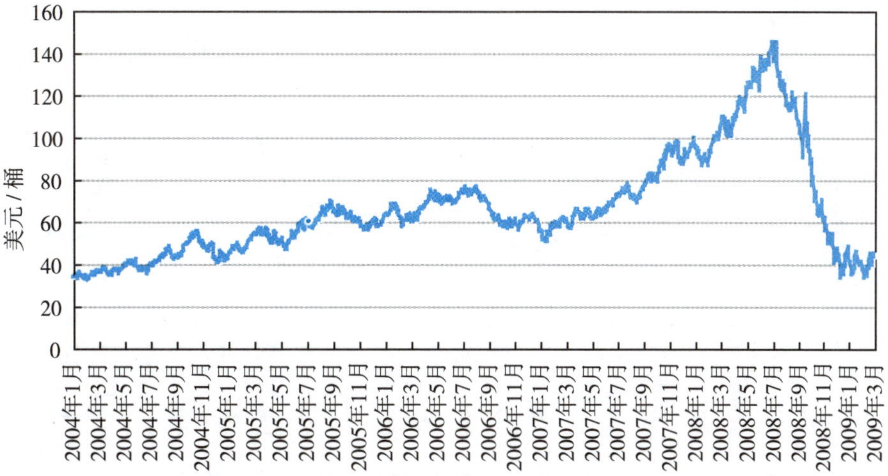


**图 2－1－8　WTI 原油期货价格走势（2004 年 1 月—2009 年 3 月）**

数据来源：CEIC。

### 2. 国际粮价趋于平稳

CBOT 农产品期货价格在经历大幅回落后，已基本回落至 2007 年的水平，近期回落势头减弱，走势趋于平稳（见图 2－1－9）。

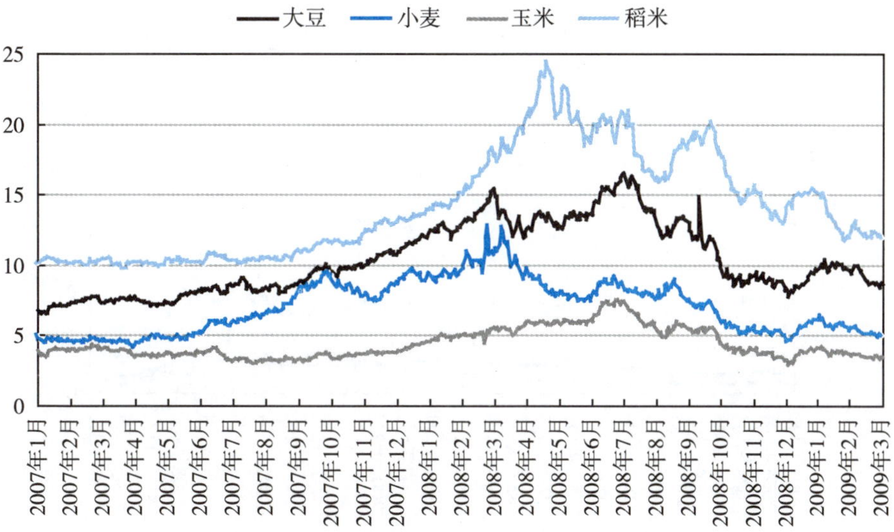


**图 2－1－9　CBOT 主要粮食期货价格走势（2007 年 1 月—2009 年 3 月）**

注：大豆、小麦、玉米价格单位为美元/蒲式耳，稻米价格单位为美元/英担。

数据来源：CEIC。

### 3. 黑色金属价格降幅明显放缓

国际钢铁价格指数急剧回落至 2007 年年初水平后，降势明显放缓，至 3 月 6 日，国际钢铁价格指数为 147.4 点，比年初的 150.8 点回落 3.4 点（见图 2－1－10）。

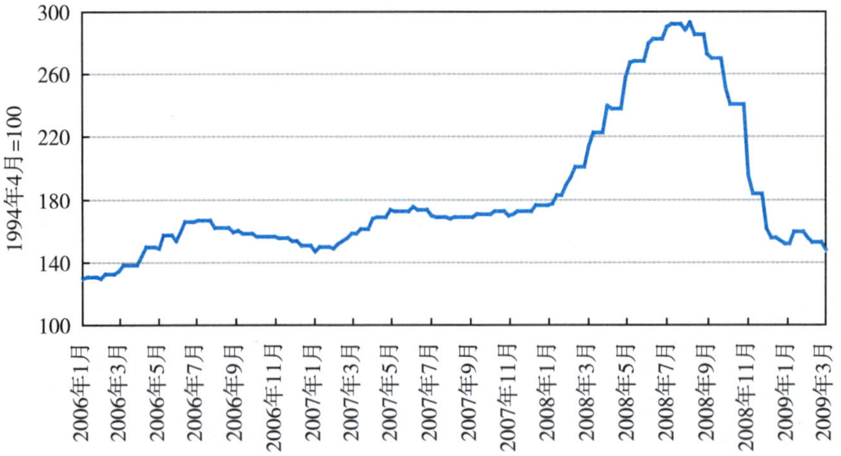


**图 2－1－10　国际钢铁价格指数（2006 年 1 月—2009 年 3 月）**

数据来源：CEIC。

**4. 有色金属价格走势平稳**

伦敦金属交易所 6 种主要有色金属价格在经历一轮上涨和下跌后，走势基本稳定。其中，铝价跌落至 2002 年水平，铜价跌落至 2005 年水平，镍价跌至 2003 年水平，铅价跌至 2006 年水平，锡价跌至 2007 年年初水平，锌价跌至 2005 年水平（见图 2－1－11）。

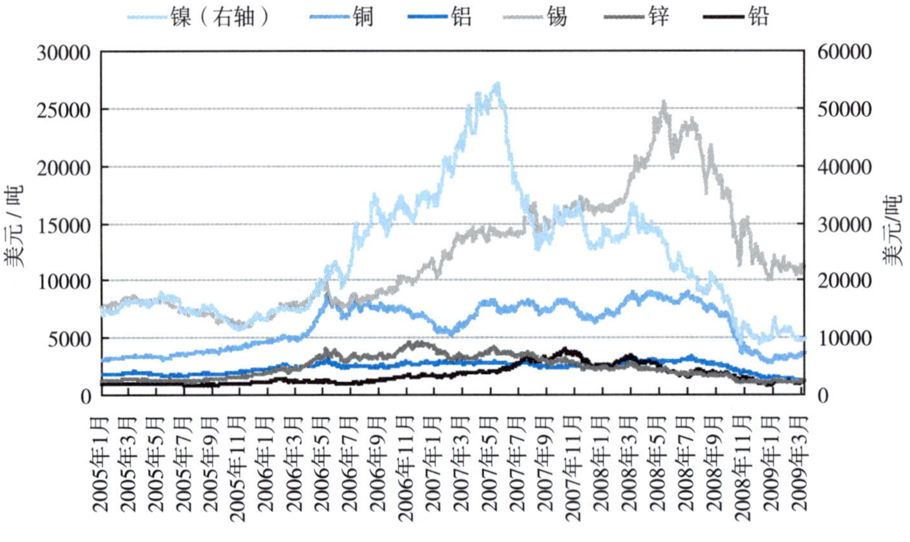


**图 2－1－11　有色金属价格走势（2005 年 1 月—2009 年 3 月）**

数据来源：CEIC。

## （三）房地产和债券等主要资产价格走低

**1. 房价同比降幅继续扩大，环比降幅缩小**

2009 年 1、2 月份，全国 70 个大中城市房屋销售价格分别同比下降 0.9% 和 1.2%，环比分别下降0.2%和0.2%。其中，新建商品住房价格分别同比下降1.4%和1.8%，环比分别下降0.3%和0.2%；二手房分别同比下降0.3%和0.7%，环比分别下降0.1%和0.1%（见图2-1-12）。

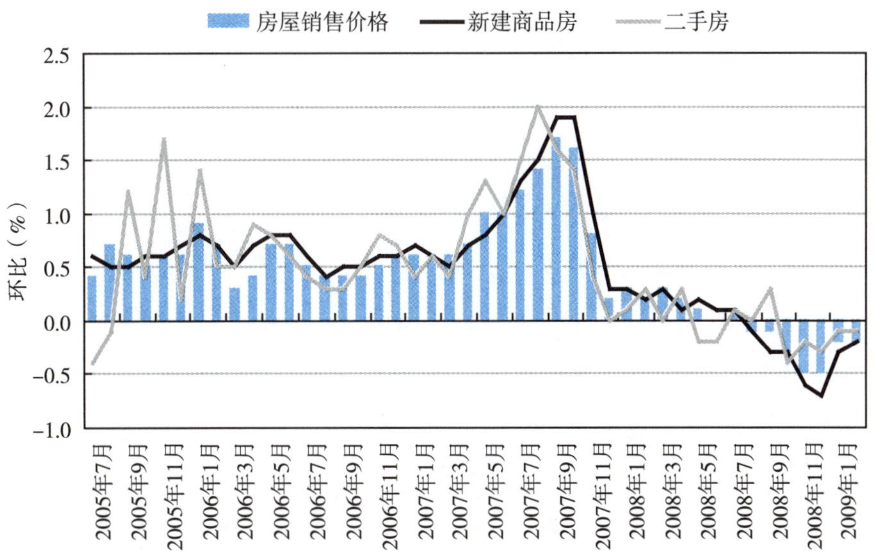


**图2-1-12　房屋销售价格环比走势（2005年7月—2009年2月）**

数据来源：CEIC。

**2. 中债指数持续回落，收益率曲线陡峭化上移**

2009年以来，中债总净价指数和中债国债总净价指数出现持续回落，分别从1月初的121.4574和122.3666回落至3月10日的118.3265和118.291（见图2-1-13）。2月份，

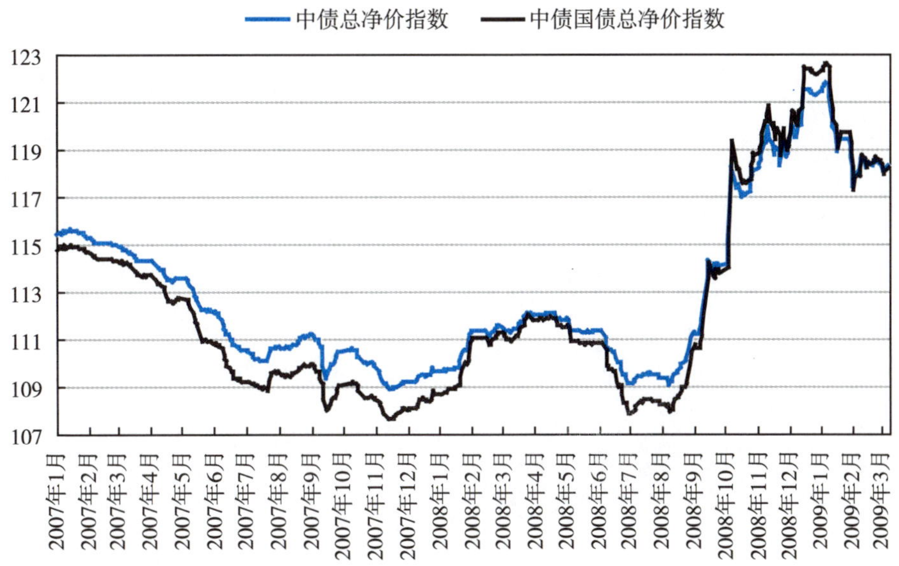


**图2-1-13　国债指数走势（2007年1月—2009年3月）**

数据来源：中央国债登记结算有限公司。

债券收益率曲线继续陡峭化上移。从短端来看，受宽松的资金面支撑，固定利率国债、政策性金融债和企业债（AAA）曲线 1 年以下（包括 1 年）关键期限点收益率，均出现一定程度的下降。从长端来看，经历过 2008 年下半年的大幅下跌后，国债和政策性金融债收益率已接近投资者预期低位，加之近期市场对经济走势持乐观态度，降息预期减弱，长债价格下跌风险逐渐加大，导致收益率向上调整。

# 二、成因分析

■ 国际金融危机带来的外部冲击是当前价格下行压力增大的主要原因，而国内需求放缓、存货调整和农产品供给改善的影响也不容忽视。从国际因素看，国际大宗商品价格继续走低，向国内输入通缩压力；同时，外部需求萎缩加剧了相关行业的产能过剩，而且抑制了出口导向行业的投资需求，加大了国内供求矛盾和物价下行压力。从国内因素看，房地产投资大幅降低，抑制了对相关材料的需求；上游企业消化产成品存货，强化了原材料价格下跌压力；猪肉等农副产品供给显著改善，食品价格步入下降周期。

## （一）外部冲击是当前价格下行压力增大的主要原因

### 1. 国际商品价格继续走低向国内输入通缩压力

受国际金融危机影响，国际大宗商品价格自2008年下半年以来急剧下跌。进入2009年后，金融危机仍未见底，国际商品价格跌势虽然趋缓，但下行趋势仍未改变。CRB大宗商品期货价格指数自2008年6月份以来连续8个月下降，2009年2月份已降至211.57点（以1967年为基期），比危机全面爆发前的最高点下降了251.17点，降幅达54.3%。国际金融危机对国际商品价格的影响主要有三个方面：一是导致全球金融部门流动性紧张，引发“去杠杆化”，使金融部门陷入了“资产缩水—负债率上升—出售流动资产补充资本—流动资产价格进一步下跌”的恶性循环。二是增加了对美元的避险需求，大量国际资本流向美国，推动美元持续升值；由于美元币值和国际大宗商品价格具有显著负相关关系，美元升值进一步打压了大宗商品价格。以1973年3月份为基期，2009年2月份美元实际币值指数为96.2，相比2008年4月份此轮美元升值以来升值了13%。三是金融危机向实体经济蔓延，主要经济体陷入衰退，新兴市场经济体经济增长明显减速，抑制了国际大宗商品需求。

国际大宗商品价格下行通过进口价格向国内输入通缩压力。近年来我国对原油、铁矿石等初级产品的进口依存度逐步提高，国际价格变化对国内价格影响很大，部分商品（如原油）甚至具有决定作用。从国际价格看，2009 年 2 月份 WTI 原油期货平均收盘价为 39.3 美元/桶，连续第 8 个月降低；2 月份伦敦金属交易所铝价平均为 1331 美元/吨，比 1 月份均价再次降低 83 美元/吨，连续第 7 个月走低。与此相对应，国内 2009 年 2 月份燃料动力、有色金属材料价格环比分别下跌 3.12% 和 2.06%，成为八大类购进价格中环比跌幅最深的两类；从国内工业品出厂价格看，2 月份石油和天然气开采业环比下跌 6.98%，也是 39 类工业行业出厂价格中环比跌幅最深的行业（见图 2－1－14）。

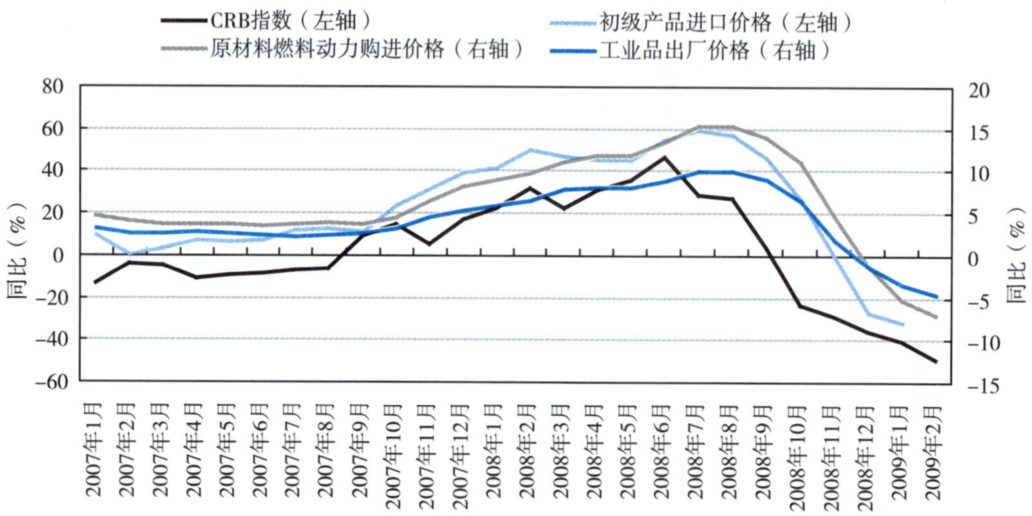


**图 2－1－14　国际大宗商品价格对国内 PPI 的传导**

数据来源：CEIC。

### 2. 外需急剧放缓加剧出口行业产能过剩和价格下跌

随着国际金融危机的蔓延和加深，我国出口已转为大幅度负增长，2009 年 1、2 月份出口同比分别下降 17.5% 和 25.6%。出口需求萎缩加剧了国内产能过剩压力。在前几年全球经济高增长中，我国出口导向行业的产能也迅速扩张，外需急剧收缩使出口导向行业的大量产能涌向国内市场，进一步压低了国内价格水平。表 2－1－1 定义出口交货值/总产值为行业出口依存度，并对比了部分出口依存度较高行业的出口增速和工业品出厂价格环比增速，从中不难发现通信电子设备制造、纺织服务、橡胶等出口依存度较高行业，其工业品出厂价格也相对下跌较多。以钢材为例，2009 年 2 月份钢材出口只有 156 万吨，自 2008 年 8 月份以来已经连续 6 个月下降，降幅达到 80%，也创下 52 个月以来新低；与此相对，国内钢材综合价格指数也持续下降，3 月初降到 101，比 2008 年 8 月初下降了 37%。

### 3. 出口行业及外资企业投资增速下滑加大价格下行压力

外部需求萎缩导致出口导向行业的固定资产投资增速大幅下滑，在很大程度上抑制了国内投资需求。2008 年制造业固定资产投资占城镇固定资产投资 31.3%，受金融危机和宏观经济下行影响，制造业投资开始下滑，抑制了固定资产投资需求。2009 年 1—2 月份制造业投资同比增长25.4%，比上年同期下降10.4个百分点，这也是2005年以来最低水平。其中，出口依存度（出口交货值/工业总产值）较高和出口增速大幅下滑的行业，其固定资产投资增速也明显下降（见表2－1－2）。

**表2－1－1　　部分行业出口依存度和出厂价格**

| 行业 | 出口依存度（%） | 出口增速（同比,%） | | | 出厂价格（环比,%） | |
|---|---|---|---|---|---|---|
| | | 2008年11月 | 2008年12月 | 2009年1月 | 2009年1月 | 2009年2月 |
| 工业行业 | 18 | －2.2 | －2.8 | －17.5 | －1.41 | －0.68 |
| 纺织业 | 21 | 4.6 | 8.8 | －8.2 | －0.76 | －0.45 |
| 纺织服装制造业 | 40 | 2.3 | 11.8 | 5.5 | －1.17 | －0.13 |
| 木材加工 | 16 | －18.3 | －9.3 | －20.5 | －0.48 | －0.35 |
| 家具制造 | 42 | 10 | 16.1 | －4.9 | －0.18 | 0.22 |
| 文教体育用品制造 | 60 | 3.3 | 17.8 | －12.4 | －0.2 | －0.12 |
| 造纸业 | 8 | －5.4 | －6.5 | －21.9 | －1.55 | －0.88 |
| 化学原料及制品 | 9 | －17.7 | －30 | －43.3 | －2.22 | －0.79 |
| 化学纤维 | 8 | －34.6 | －40.9 | －61.3 | －2.44 | －0.01 |
| 橡胶制品 | 24 | －9.8 | －15.5 | －21.5 | －1.18 | －0.42 |
| 塑料制品 | 21 | 23.1 | 36.1 | －5.9 | －1.52 | －0.48 |
| 黑色金属 | 7 | 11.2 | －3.3 | －43.1 | －0.27 | －0.34 |
| 有色金属 | 6 | －41.4 | －38.8 | －59.8 | －3.4 | －0.63 |
| 金属制品 | 24 | 4.7 | －1 | －16.8 | －0.1 | －0.28 |
| 电气机械制造 | 24 | 1.7 | －1.3 | －18.8 | －1.39 | －0.57 |
| 通信电子设备制造 | 66 | －13.2 | －18.9 | －29.5 | －0.61 | －0.69 |
| 仪器仪表制造 | 48 | －20.3 | －23.6 | －32.3 | 0.16 | －0.36 |

数据来源：CEIC、中国人民银行研究局。

**表2－1－2　　出口导向行业的固定资产投资增速**

| 行　业 | 出口依存度（%） | 出口增速（同比,%） | | | 投资增速（同比,%） |
|---|---|---|---|---|---|
| | | 2008年11月 | 2008年12月 | 2009年1月 | |
| 纺织业 | 21.13 | 4.6 | 8.8 | －8.2 | －19.8 |
| 家具制造 | 41.63 | 10 | 16.1 | －4.9 | 8.5 |
| 文教体育用品制造 | 59.51 | 3.3 | 17.8 | －12.4 | 13.6 |
| 造纸业 | 7.95 | －5.4 | －6.5 | －21.9 | －11.3 |
| 化学纤维 | 7.97 | －34.6 | －40.9 | －61.3 | －7.8 |
| 橡胶制品 | 24.43 | －9.8 | －15.5 | －21.5 | －2.6 |
| 塑料制品 | 21.10 | 23.1 | 36.1 | －5.9 | 12.5 |
| 黑色金属 | 7.15 | 11.2 | －3.3 | －43.1 | －10.8 |
| 有色金属 | 5.88 | －41.4 | －38.8 | －59.8 | 7.6 |
| 通信设备及电子设备制造 | 66.27 | －13.2 | －18.9 | －29.5 | 8.3 |
| 工艺品及其他制造业 | 48.19 | 6.3 | 11.3 | －3.2 | 5.2 |

数据来源：CEIC。

外需急剧下滑也导致外资企业固定资产投资大幅减少。2008 年外商直接投资企业固定资产投资占城镇固定资产投资的 5.2%，目前国际金融危机造成不少跨国公司经营面临困境，资产出现缩水，对外投资的能力和意愿有所下降，2009 年前两个月，港、澳、台企业及外资企业投资同比仅分别增长 1.1% 和 2.1%，远低于同期全部城镇投资 26.5% 的同比增速。

无论是出口行业或外资企业的投资下滑，都会在一定程度上对当前的工业生产及价格下行产生影响。

## （二）国内需求放缓和存货调整的影响也不容忽视

### 1. 国内需求放缓加大了价格下行压力

自 2008 年年底开始，我国总需求出现明显放缓，一方面是因为国际金融危机导致外部需求急剧萎缩和出口导向行业投资放缓（见上文分析）；另一方面，国内经济进入下行阶段，房地产投资、工业部门投资乃至消费增速均出现走低趋势，加剧了供给过剩和价格下行压力。

从固定资产投资看，虽然各级政府加大了基础设施投资，但非国有部门投资仍然低迷，特别是房地产和工业企业投资增速较低。2009 年 1—2 月份，具有政府背景的基础设施投资增速较高，如铁路运输业、城市公共交通业、水利管理业和公共设施管理业行业投资增速分别达到 210.1%、59.0%、80.7% 和 48.5%；而非国有部门和房地产开发投资增速较低，如非国有部门投资增速只有 20.2%，房地产开发投资只有 1%。基础设施投资仅占全国整体固定资产投资的 26%，其对总需求的拉动作用被其他部门投资放缓所抵消。不仅如此，相对于工业企业投资来说，基础设施投资的产业链条相对较短，拉动的产业也主要集中在建筑材料等领域。反映到价格领域，在 39 类工业行业的出厂价格中，2 月份非金属矿采选业价格环比上涨 1.17%，其他主要工业行业出厂价格则继续下跌。

消费需求也出现放缓迹象。2003 年以来，随着我国经济进入新一轮增长周期，消费增速也持续提高，至 2008 年 7 月份达到 23.3% 的高点，此后开始逐月回落，2009 年 1—2 月份消费同比增速降到 15.2%，其中占消费 80% 的批发和零售行业只增长了 14.8%。消费需求放缓不仅直接下拉了物价水平，还抑制了相关行业的投资需求，从而加大了物价下行的压力。

### 2. 上游企业产成品存货调整压制了其出厂价格

宏观经济数据表明，在市场经济体中，企业存货水平具有明显的顺周期特征，因此，当前宏观经济从上行阶段步入下行阶段时，企业存货会经历从积累到消化的调整过程。下游企业对原材料存货的调整会减少上游企业的产品需求，而上游企业对产成品存货的调整也会进一步加剧供给过剩。本轮存货调整自 2008 年 9 月份开始，在前一阶段，伴随着原材料价格从暴涨到暴跌，下游企业大幅减少了原材料存货采购，导致上游企业产成品存货被动增加，进一步打压了原材料价格；而从当前情况来看，下游企业的本轮原材料存货调整基本结束，但上游企业的产成品存货调整刚刚开始，对原材料价格仍有抑制作用。

数据显示，主要上游行业产成品存货余额增速显著下降。由于国家统计局对全部行业产成品存货按季度统计，数据尚未公布，我们采用17个主要经济省份产成品存货数据。2008年12月末，17个省份产成品存货余额同比增长21.6%，与11月份下降4个百分点，其中主要上游行业降幅更大。如煤炭开采和洗选业回落10.5个百分点，黑色金属矿采选业回落8.6个百分点，黑色金属冶炼行业回落10个百分点。与此相对应，主要上游行业的工业品出厂价格继续大幅下降，这也是当前工业品出厂价格走低的主要原因。表2-1-3列举了部分上游行业产成品存货调整和工业品出厂价格走势。

**表2-1-3 上游行业存货调整和出厂价格下降**

| 行业 | 产成品存货同比增速（%） | | | 工业品出厂价格环比增速（%） | | | | |
|---|---|---|---|---|---|---|---|---|
| | 2008年11月 | 2008年12月 | 减少 | 2008年11月 | 2008年12月 | 2009年1月 | 2009年2月 | 2008年11月至2009年2月累计 |
| 全部工业 | 25.67 | 21.64 | 4.03 | -3.37 | -2.35 | -1.41 | -0.68 | -7.6 |
| 煤炭开采和洗选业 | 63.34 | 52.8 | 10.54 | -5.58 | -3.95 | -1.5 | -0.83 | -11.41 |
| 石油和天然气开采 | 0.07 | -4.37 | 4.44 | -17.72 | -26.05 | -12.9 | -6.98 | -50.70 |
| 黑色金属矿采选业 | 76.26 | 67.67 | 8.59 | -12.39 | -4.18 | -4.66 | -1.24 | -20.96 |
| 有色金属矿采选业 | 38.34 | 28.22 | 10.12 | -12.45 | -4.46 | -2.33 | -0.36 | -18.60 |
| 石油加工炼焦 | 52.23 | 20.75 | 31.48 | -7.77 | -4.44 | -7.72 | -2.4 | -20.62 |
| 化学原料制造 | 35.70 | 28.52 | 7.18 | -8.23 | -4.54 | -2.22 | -0.79 | -15.02 |
| 化学纤维制造业 | 17.90 | 7.91 | 9.99 | -7.08 | -4.79 | -2.44 | -0.01 | -13.70 |
| 黑色金属冶炼加工 | 42.92 | 32.01 | 10.91 | -10.06 | -3.38 | -0.27 | -0.34 | -13.63 |

注：12月份数据使用17个主要经济省份的工业行业数据，该17个省工业产值占全国的60%以上。

数据来源：CEIC、中国人民银行研究局。

## （三）主要农产品供需关系明显改善，价格下行压力加大

农产品价格上涨引发食品价格上涨是此轮物价波动的重要因素之一，随着国际粮价下跌和国内农产品供给的改善，食品价格面临下行压力。

### 1. 主要农产品供需关系明显改善

**粮食连续5年增产丰收**。2008年粮食产量52850万吨，比上年增加2690万吨，增产5.4%。尽管2008年冬到2009年春的干旱对小麦生产产生了不利的影响，但由于及时采取措施组织抗旱，在一定程度上缓解了各地旱情。据农业部调查，截至3月1日，8省冬小麦受旱3254万亩，重旱692万亩，分别较高峰时减少12946万亩和6172万亩，受旱面积占耕地面积的比例下降到低于四级响应指标的4.8%，小麦苗情开始好转。

**生猪生产迅速恢复**。在前期猪肉价格大幅上涨和国家落实生猪扶持政策的共同作用下，母猪数量大增。2008年，猪肉产量4615万吨，增长7.6%；生猪年末存栏46264万头，增

长 5.2%；生猪出栏 60960 万头，增长 7.9%。

**油料生产扭转连续 3 年下滑局面**。2008 年，油料种植面积 1271 万公顷，增加 139 万公顷；油料产量 2950 万吨，增产 14.8%。农业部预计 2008 年国内食用植物油供给量达 970 多万吨，增加 80 多万吨，食用植物油自给率比 2007 年提高 2.2 个百分点，扭转了自 2000 年以来的持续下滑局面。

**农产品消费增长乏力**。一方面，农产品出口困难、进口增加；另一方面，国际金融危机对国内影响加深，一些地区出现了农民工返乡现象，国内农产品需求有所下降。

### 2. 国际粮价下跌压力向国内传导

2009 年国际粮食价格继续呈回落走势：一是国际金融危机仍在扩散和蔓延，世界经济陷入衰退，农产品有效需求不足；二是能源价格下跌，粮食尤其是玉米的工业需求会受到影响，支撑国际农产品高位运行的宏观环境发生重大变化；三是全球谷物供给增加。据联合国粮农组织预测，2008—2009 年世界谷物产量达到 22.4 亿吨，增长 5.3%，期末库存有望增长 9.4%。

# 三、趋势分析与指标预测

■ 随着金融危机对实体经济影响不断加深，外需存在继续下滑风险，房地产和制造业投资短期内难以快速反弹，企业存货调整继续压制价格回升，加上翘尾因素影响，预计未来1~2个季度内价格水平仍将低位运行。但是，在以下因素的推动下，预计全年出现严重通货紧缩的可能性不大：一是随着外需逐步企稳和扩大内需政策效应的逐步显现，实体经济需求仍将保持一定增长；二是货币信贷反弹推动实体经济活跃；三是国内支持性价格政策将发挥积极作用。预测全年CPI为0左右，PPI为-5%左右，下半年或四季度价格将有所回升。

## （一）预计短期内价格水平仍将低位运行

### 1. 外需存在继续下滑的风险

金融危机仍未见底，对实体经济的影响仍在蔓延。尽管欧美等主要经济体救市措施不断升级，但全球货币和信贷市场仍不断受到削弱，对实体经济的影响逐步加深。全球主要经济体经济衰退导致失业率不断攀升、消费者信心指数逐月低迷①，导致进口规模不断萎缩。世界银行预计，2009年全球贸易量下降2%（由于价格趋降，贸易额的降幅将会更大），自1982年以来首次出现负增长。

贸易保护主义可能进一步加剧。目前，针对我国的反倾销、反补贴、保障措施、技术性贸易壁垒滥用的趋势有所强化。据商务部统计，目前全球40%以上的反倾销调查和70%的反补贴调查针对中国。随着金融危机

---

① 据路透社/密歇根大学消费者调查显示，2009年2月份美国消费者信心指数由1月份的61.2跌至56.2，为3个月来的最低水平。

对实体经济影响进一步加深，贸易保护主义将导致我国出口环境进一步趋紧。

部分先行指标持续恶化显示出口压力增大。PMI出口订单指数虽有所反弹，但仍处于50%的收缩线以下，而且这一反弹更多反映了春节后复工的季节性因素。分行业看，除电气机械、交通运输设备、石油加工及饮料制造外，所有行业均低于50%的收缩线，预示未来一段时期出口将继续走弱。

**2. 房地产和制造业投资短期内难以快速反弹**

房地产市场景气低迷和空置商品房的消化，压制房地产投资难以快速反弹。尽管受2008年年底房地产政策变化的积极影响，房屋成交量有所回暖，但存量房的消化平均仍需20个月左右的时间。2009年2月份全国70个大中城市房屋销售价格同比下降1.2%，降幅明显扩大，表明房地产市场调整仍未结束。1—2月份全国商品房新开工1.08亿平方米，较2008年同期下降了14.8%，房地产企业购地2288万平方米，较2008年同期下降30%。从这些情况看，未来房地产投资较快反弹的可能性不大，2009上半年都可能保持低增长态势（见表2-1-4）。

**表2-1-4 2009年1—2月份部分省份住宅投资增速**

| 指标项 | 可售套数 | 月成交套数 | 可售套数/月成交套数 | 所在省份住宅投资增速（%） |
|---|---|---|---|---|
| 北京 | 140979 | 8414 | 17 | -27.5 |
| 上海 | 61447 | 10965 | 6 | -9 |
| 深圳 | 55139 | 5927 | 9 | -11.2 |
| 东莞 | 82366 | 3204 | 26 | -11.2 |
| 厦门 | 29978 | 2480 | 12 | -31.9 |
| 福州 | 38579 | 2833 | 14 | -31.9 |
| 苏州 | 51878 | 3557 | 15 | -2.1 |
| 南京 | 50541 | 4851 | 10 | -2.1 |
| 杭州 | 30248 | 1727 | 18 | -3.2 |
| 宁波 | 94479 | 3247 | 29 | -3.2 |
| 成都 | 218983 | 9014 | 24 | -0.4 |

注：月成交套数指最近3个月平均。

数据来源：www.soufang.com、CEIC。

制造业投资中相当一部分与出口有关，而出口贸易形势的进一步恶化势必会压制制造业投资。不仅如此，工业品出厂价格下行和工业生产放缓会进一步降低企业利润，以及企业家对未来经济走势的不确定，都会抑制工业企业固定资产投资的意愿。

### 3. 企业存货调整继续压制PPI和非食品CPI

存货调整过程并未结束。虽然从2008年4季度以来，工业企业“去库存化”取得一定成效，产成品存货增幅明显回落。但是，“去库存化”的过程并未结束。从历史数据观察，产成品存货的增长在大幅回落后会在低位徘徊较长时间，1999—2002年产成品存货增幅在5%～6%左右徘徊了4年时间，即使考虑2009年1—2月份产成品存货增幅继续回落的可能性，距这一水平仍有较大距离，预示着产成品存货增幅的回落还有一定空间。

下游需求不振可能导致新一轮“去库存化”。从PMI库存指数看，原材料库存与产成品库存指数2月份分别上升1.7个百分点和4.2个百分点，产成品库存回升速度快于原材料，显示下游销售压力依然较大（见图2-1-15）。由于现有产能规模相对于需求而言依然过剩，企业一旦全面开工，库存又将加大，导致“去库存化—再库存化—去库存化”交替往复，进而抑制物价上涨。近期钢铁行业社会库存再次上升并创新高，导致钢价再次走低就是例证。

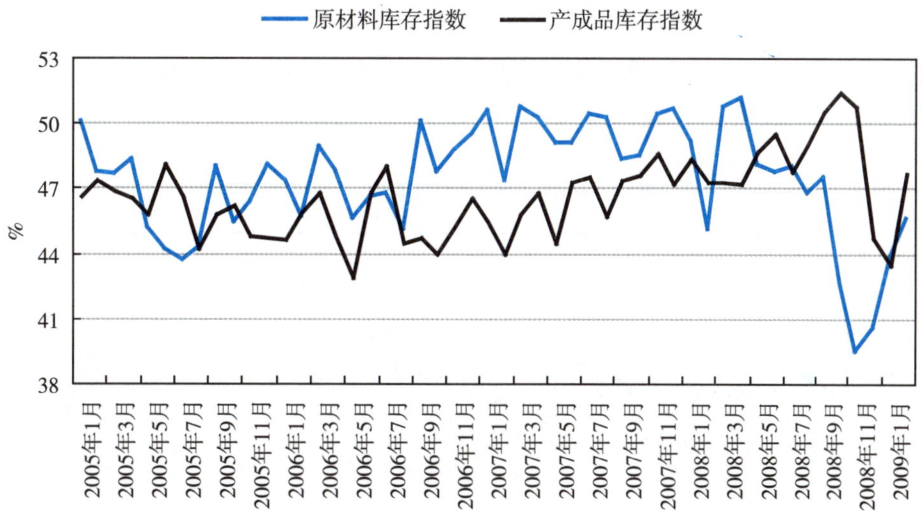


**图2-1-15　PMI产成品库存指数回升速度快于原材料库存指数**

数据来源：CEIC。

利用PMI构造的供需缺口指标也显示未来PPI环比不大可能出现明显反弹。取PMI中新订单指数减去产成品库存指数作为度量供需缺口的指标，其与PPI环比走势具有较高相关性。由于2月份产成品库存开始回升，使得供需缺口上升的幅度较1月份已明显减弱，PPI环比上升幅度较1月份也有所减弱。从先行指标原材料存货指数的变化趋势看，未来一个季度产成品库存指数可能继续上升，从而使供需缺口回升幅度进一步减弱（见图2-1-16）。因此，预计2009年上半年PPI环比不会出现大幅上升。从历史数据来看，PPI环比与CPI环比存在一定的相关性，而且这种相关性在PPI下跌时更为明显。在前两次经济调整中，PPI环比都经历了较长时间为负值的情况，而同期CPI环比也基本为负值，只不过跌幅没有PPI大（见图2-1-17）。所以，如果PPI环比不出现大幅上升，那么CPI环比也不大可能出现大幅上升。

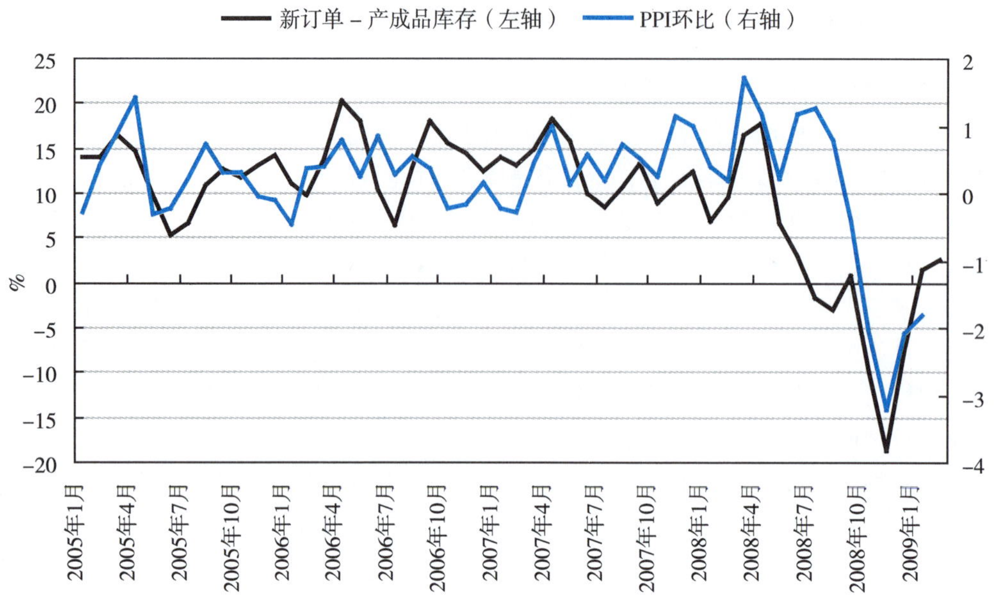


**图 2－1－16　供需缺口（新订单－产成品库存）与 PPI 环比**

数据来源：CEIC。

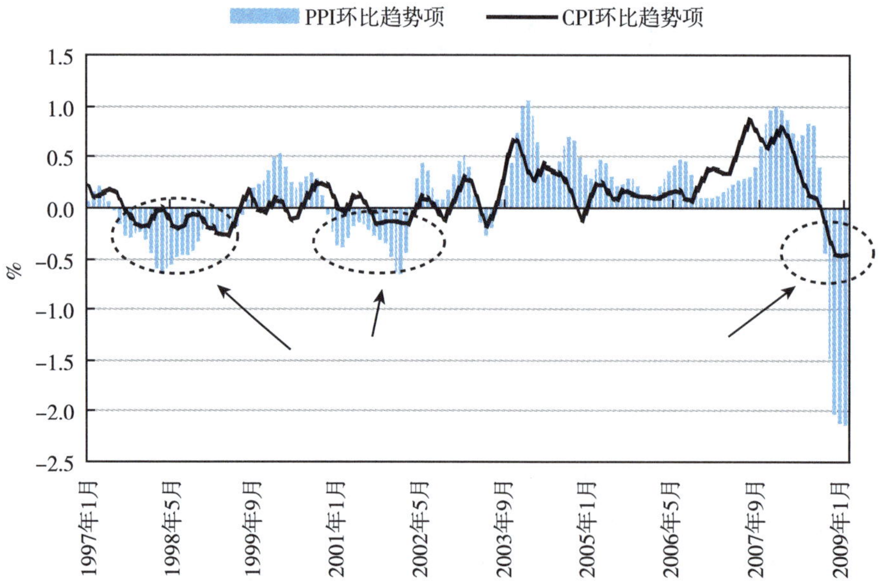


**图 2－1－17　PPI 与 CPI 环比趋势项（1997 年 1 月—2009 年 2 月）**

数据来源：CEIC。

#### 4. 翘尾因素持续为负

由于2008 年物价基数较高，2009 年 CPI 翘尾因素持续为负，特别是由于2009 年新涨价因素较小，翘尾因素对 CPI 的影响更加显著（见表 2－1－5）。按 2008 年各月价格水平推算，2009 年全年 CPI 翘尾因素为－1.2%。如果未来各月 CPI 环比涨幅均为零，则余下各月

CPI 同比降幅将逐渐缩小，在年底甚至可能出现正值，但全年 CPI 同比仍将下降 0.3%。

**表 2-1-5　　2009 年 CPI 翘尾因素**　　单位:%

| | 1月 | 2月 | 3月 | 4月 | 5月 | 6月 | 7月 | 8月 | 9月 | 10月 | 11月 | 12月 | 平均 |
|---|---|---|---|---|---|---|---|---|---|---|---|---|---|
| CPI 翘尾 | 0.1 | -2.5 | -1.8 | -1.9 | -1.5 | -1.3 | -1.4 | -1.3 | -1.3 | -1.0 | -0.2 | 0.0 | -1.2 |
| 食品 | 0.9 | -5.8 | -4.0 | -3.9 | -2.7 | -1.9 | -1.8 | -1.4 | -1.1 | -0.2 | 0.8 | 0.0 | -1.8 |
| 非食品 | -0.4 | -0.8 | -0.7 | -0.9 | -0.9 | -1.0 | -1.2 | -1.2 | -1.4 | -1.4 | -0.7 | 0.0 | -0.9 |

数据来源：CEIC 国家统计局、中国人民银行研究局。

## （二）全年出现严重通货紧缩的可能性不大

### 1. 扩大内需的政策效应将逐渐显现

从投资看，1—2 月固定资产投资同比增长 26.5%，不仅高于 2008 年全年 26.1% 的同比增速，而且明显高于市场预期，如果考虑 1—2 月 PPI 同比下降 3.9%，实际增长更为强劲。尤其值得注意的是，1—2 月新开工项目投资增长很快，将对今后几个月投资增长起到支撑作用。1—2 月，新开工项目达 18533 个，同比增加 4056 个，新开工项目计划总投资 7437 亿元，同比增长 87.5%。一般来讲，新开工项目在半年至一年后投资规模达到最大，因此预计未来投资还将持续增加。而且，政府除着力加大预算投资力度外，还将吸引更多社会资金参与政府鼓励项目。目前我国资本回报率仍然较高，利率水平也比较合适，政府投资对私人部门投资的拉动作用在 2009 年第 4 季度或 2010 年第 1 季度会有所显现。预计全年投资增速将保持 20% ~30% 的高水平。

从消费看，1—2 月，社会消费品零售总额同比增长 15.2%（见图 2-1-18）。尽管增长幅度较上年同期下降 5 个百分点，较 2008 年全年下降 6.4 个百分点，但总体基本符合市

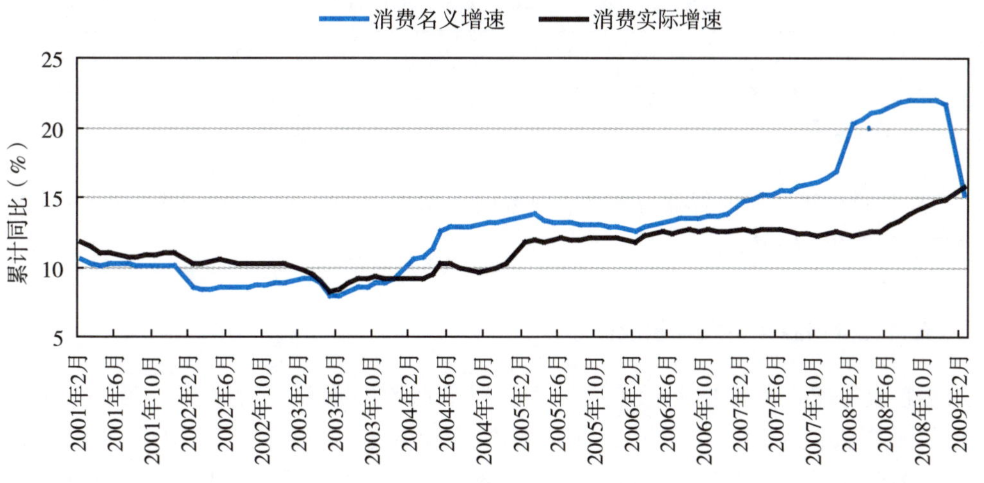


**图 2-1-18　社会消费品零售总额累计同比增速（2001 年 2 月—2009 年 2 月）**

数据来源：CEIC。

场预期。从消费结构看也不乏亮点，比如据商务部监测，1 月份国内汽车销售达 73.55 万辆，乘用车销量环比增长 4.4%，连续两个月呈回升势头。此外，服务消费持续升温，文化、旅游、教育、电讯等服务消费同比明显增长。从投资对消费的带动作用看，消费要滞后 6～12 个月，预计到下半年消费同比增幅会有所回升。从更长远看，近几年将是城市化进程加速时期，居民消费升级需求巨大，而且我国居民家庭债务负担较低，储蓄率高，消费潜力巨大。这些情况表明，我国消费增长依然存在坚实的基础，这将为下一步扩大内需提供良好的环境。

**2. 货币信贷持续增长仍有一定基础**

自实施适度宽松的货币政策以来，银行系统资金重归充裕，货币条件较为宽松。2008 年 10 月至 2009 年 1 月，银行体系的存差规模均超过 16 万亿元。2009 年前两个月人民币新增贷款增长 2.69 万亿元，广义货币自 2008 年 11 月以来已是连续第 4 个月回升，狭义货币增速也开始回升（见图 2－1－19）。货币信贷连续数月高增，既显示了前一时期的金融机构改革和金融市场发展对改善货币政策传导机制的作用，也为未来实体经济的复苏打下了基础。

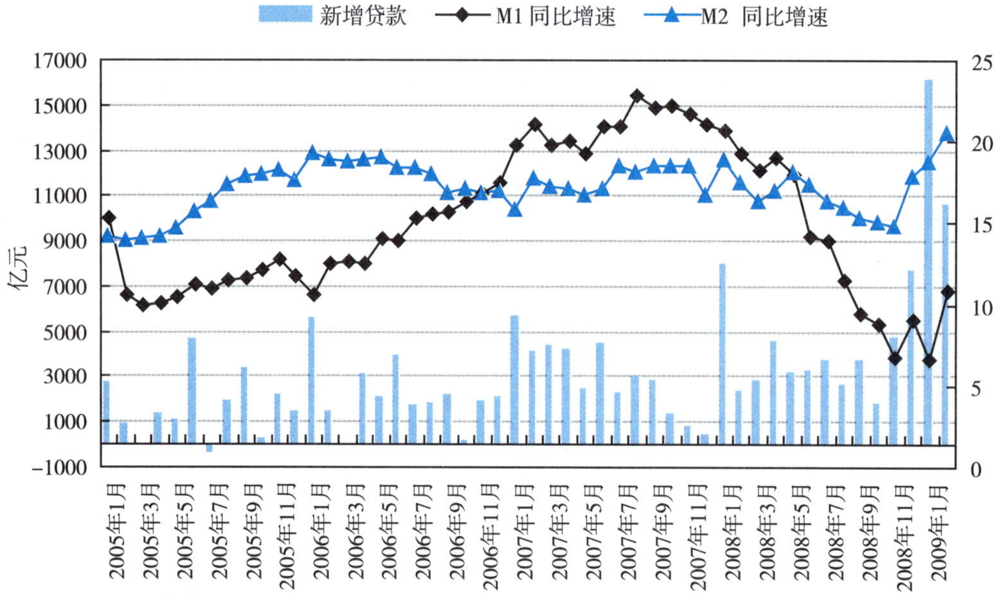


**图 2－1－19　新增贷款与货币供应量同比增速（2005 年 1 月—2009 年 2 月）**

数据来源：中国人民银行。

**3. 支持性价格政策将发挥积极作用**

虽然粮食等农产品价格下行压力较大，但最低收购价和临时收储等支持性政策将对稳定粮价发挥积极作用。2008 年，国家两次提高小麦、稻谷最低收购价，并出台玉米、稻谷等临时收储措施，对稳定粮价起到了关键作用，这也是国际粮价大幅下跌的情况下国内粮价没有明显波动的重要原因。2009 年，国家已明确大幅提高小麦、稻谷最低收购价水平，并将继续视情况采取重要品种临时收储政策。总体上看，在国家最低收购价和临时收储等政策的多重作用下，通过灵活运用进出口等调控手段，加大对粮食生产扶持力度，科学引导产销衔接，2009 年全年粮食价格有望保持大体稳定，将在一定程度上缓解通货紧缩压力。除粮价外，预计国家将进一步理顺资源能源产品价格，这也将缓解短期的价格下行压力。

## （三）对全年 CPI 和 PPI 的预测

### 1. CPI 预测

（1）前提假设。2009 年 3—12 月无重大自然灾害，全年国内生产总值增速为 8% 左右，国际油价为目前的 40 美元/桶。

（2）预测方法。将 CPI 构成分为食品和非食品部分分别进行预测。食品价格环比增速为 2001 年 1 月至 2003 年 6 月各月平均，非食品价格同比增速综合考虑 2009 年翘尾因素和历史各月增长的倒“V”形规律。

其中食品价格环比增速选择 2001 年 1 月至 2003 年 6 月各月平均数据，选择理由有二：一是 CPI 环比增速与经济增速之间存在规律性变动（见图 2 -1 -20）。二是 1999 年 4 季度至 2003 年第 2 季度的 GDP 平均增速为 8.0% 左右，与本预测前提中 2009 年经济增长目标一致。但由于我国食品环比数据始于 2001 年 1 月，只能选择 2001 年 1 月至 2003 年 6 月的环比数据，这一期间（2001 年第 1 季度到 2003 年第 2 季度）GDP 平均增速为 8.1%（见图 2 -1 -21），亦与假定 2009 年 GDP 增长 8% 的预测前提相当。

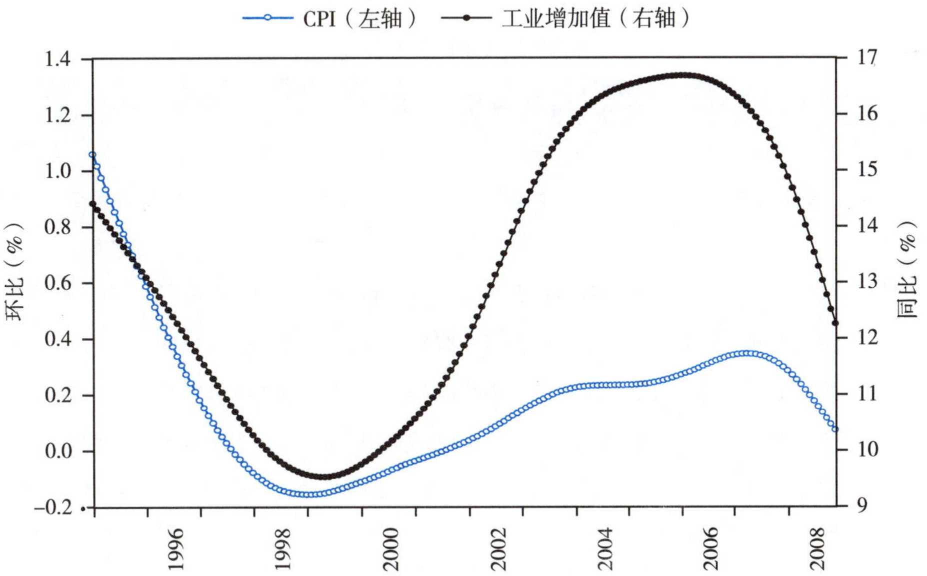


**图 2 -1 -20　CPI 环比增速与工业增加值同比增速**

注：CPI 环比增速和工业增加值数据经过 H - P 过滤处理。

数据来源：CEIC。

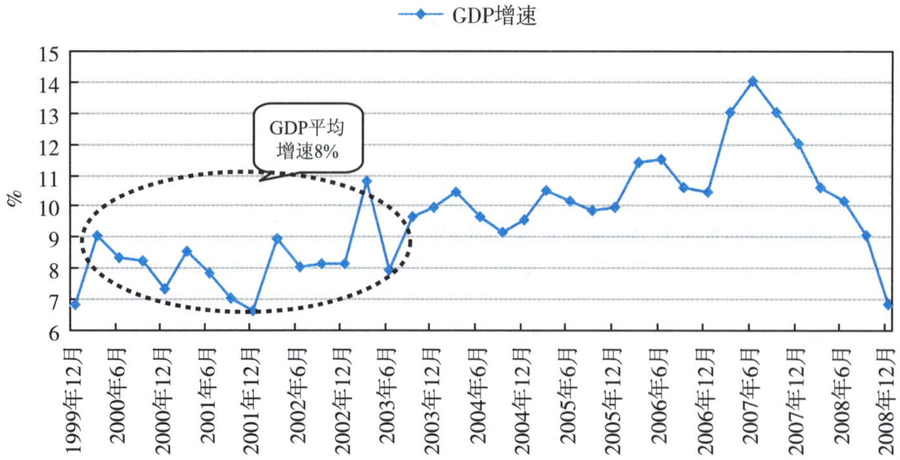


**图 2－1－21　GDP 增长速度**

数据来源：CEIC。

考虑到 2009 年提高粮食价格是已经颁布并将实施的既定影响因素，在预测数的基础上应加上粮价提高的影响。此外，历史经验数据表明，我国 CPI 与国际石油价格指数（西德克萨斯轻质原油现货价格指数）之间存在同步波动趋势，据此对 2000 年 1 月至 2009 年 2 月期间我国 CPI 与 WTI 指数作了计量检验，结果表明两者之间存在协整关系，向量误差修正模型（VECM）中的长期关系式为 CPI = 100.72 + 0.028 WTI，即原油价格每提高 10%，我国 CPI 将上涨 0.28%。以上述估计结果为基准，按石油价格在现有 40 美元/桶的基础上分别上涨 20%、40% 和 70% 对 CPI 作了情景预测，结果见表 2－1－6。

**表 2－1－6　　2009 年 CPI 预测结果**　　单位：%

| | 1 月 | 2 月 | 3 月 | 4 月 | 5 月 | 6 月 | 7 月 | 8 月 | 9 月 | 10 月 | 11 月 | 12 月 | 全年 |
|---|---|---|---|---|---|---|---|---|---|---|---|---|---|
| 预测结果 | 1.0 | －1.6 | **－1.16** | **－1.23** | **－1.04** | **－1.21** | **－1.29** | **－0.71** | **－0.18** | **0.27** | **2.20** | **2.75** | **－0.18** |
| | **第 1 季度** | | | **第 2 季度** | | | **第 3 季度** | | | **第 4 季度** | | | |
| 预测结果 | **－0.59** | | | **－1.16** | | | **－0.73** | | | **1.74** | | | |
| | 2009 年粮食价格提高 16.4%，影响 CPI 0.02 个百分点 | | | | | | | | | | | | **－0.16** |
| 情景 1 | 相对目前 40 美元/桶上涨 20% 左右，即 50 美元/桶，影响 CPI 0.56 个百分点 | | | | | | | | | | | | **0.40** |
| 情景 2 | 相对目前 40 美元/桶上涨 40% 左右，即 60 美元/桶，影响 CPI 1.12 个百分点 | | | | | | | | | | | | **0.96** |
| 情景 3 | 相对目前 40 美元/桶上涨 70% 左右，即 70 美元/桶，影响 CPI 2.78 个百分点 | | | | | | | | | | | | **2.62** |

注：根据国家发展和改革委员会《关于提高 2009 年稻谷最低收购价格的通知》，2009 年每 50 公斤早籼稻、中晚籼稻、粳稻最低收购价格分别提高到 90 元、92 元、95 元，比 2008 年均提高 13 元，黑体为预测数。

**2. PPI 预测**

（1）前提假设。2009 年 3—12 月无重大自然灾害，全年国内生产总值增速为 8% 左右，国际油价为目前的 40 美元/桶。

（2）预测方法。利用新涨价因素和翘尾因素预测。由 2008 年 PPI 各月环比增速可以得到2009年各月翘尾因素，2009年3—12月的新涨价因素采用1999年1月至2003年12月的平均数。一是PPI的环比和同比增速与经济增长速度（工业增加值增速）之间存在明显的同趋势变动规律（见图2-1-22和图2-1-23）；二是1999年第4季度至2003年第2季度的GDP平均增速为8%左右，与预测前提中2009年GDP增长8%相一致。

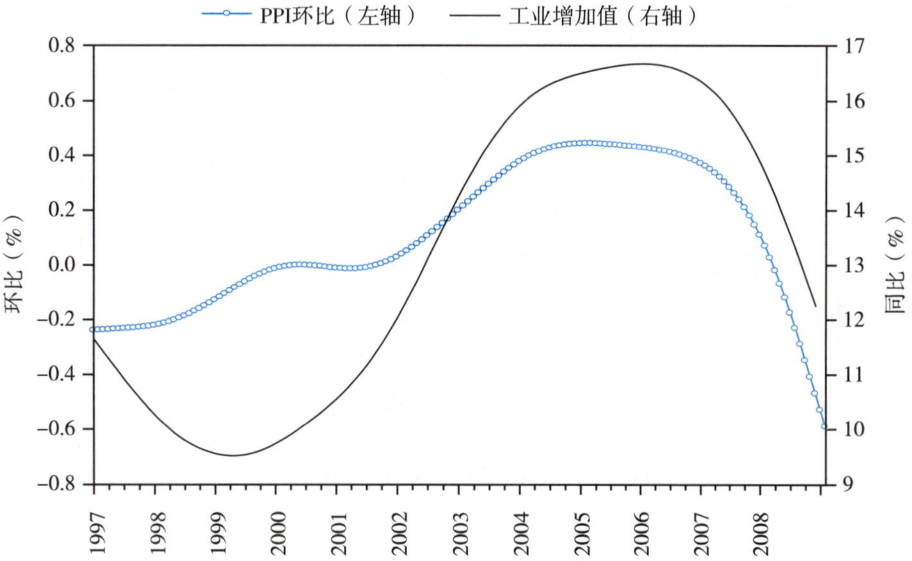


**图2-1-22　PPI环比与工业增加值同比增速**

注：PPI环比和工业增加值同比数据经过H-P过滤处理。

数据来源：国家统计局、中国人民银行研究局。

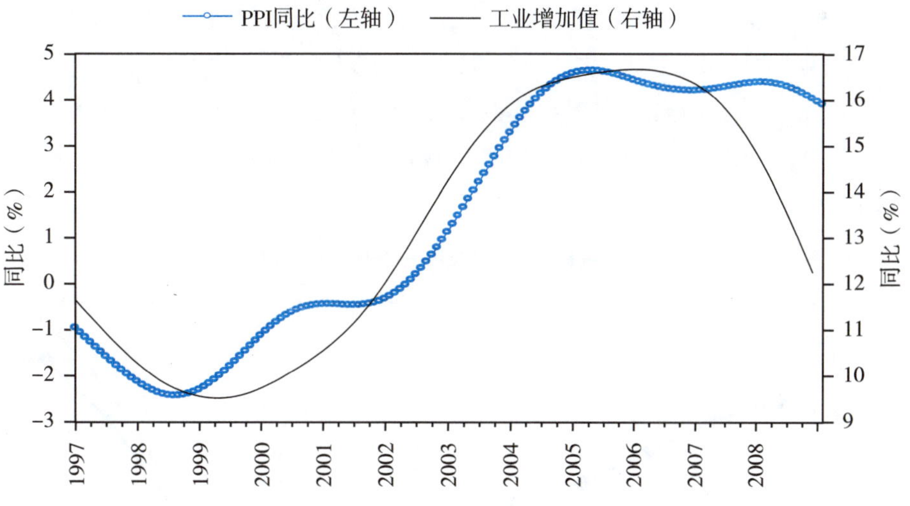


**图2-1-23　PPI与工业增加值同比增速**

数据来源：CEIC。

考虑到我国PPI与国际石油价格指数（西德克萨斯轻质原油现货价格指数）之间存在同步波动趋势（见图2-1-24），据此对2000年1月至2009年2月我国PPI与WTI指数作了计量检验，结果表明两者之间存在协整关系，向量误差修正模型（VECM）中的长期关系式为 PPI = 100.46 + 0.046 WTI，即原油价格每提高 10%，我国 PPI 将上涨 0.46%。以上述估计结果为基准，按石油价格在现有 40 美元/桶的基础上分别上涨 20%、40% 和 70% 对 PPI 作了情景预测，结果见表 2－1－7，PPI 预测值和翘尾因素见图 2－1－25。

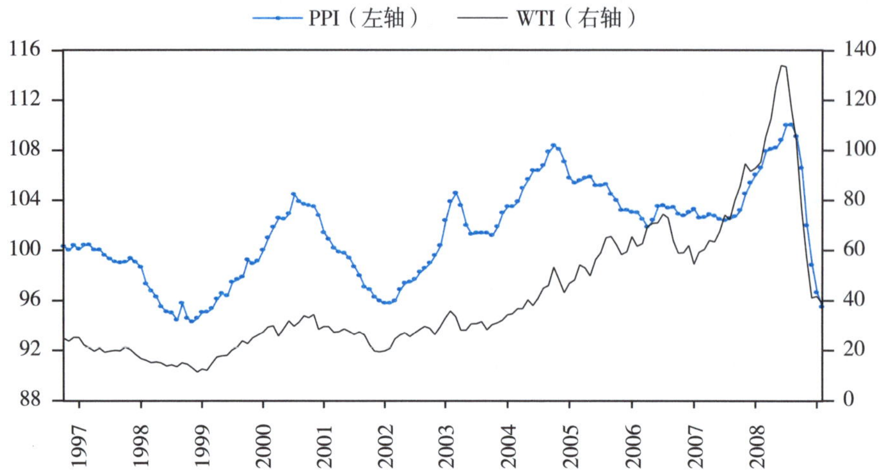


**图 2－1－24　PPI 与国际石油价格**

数据来源：CEIC。

**表 2－1－7　　　　2009 年 PPI 预测结果**　　　　单位：%

| | 1月 | 2月 | 3月 | 4月 | 5月 | 6月 | 7月 | 8月 | 9月 | 10月 | 11月 | 12月 | 全年 |
|---|---|---|---|---|---|---|---|---|---|---|---|---|---|
| 预测结果 | －3.35 | －4.50 | **－5.96** | **－6.52** | **－6.99** | **－7.49** | **－8.31** | **－8.35** | **－7.42** | **－5.02** | **－1.33** | **1.43** | **－5.32** |
| | | **第 1 季度** | | | **第 2 季度** | | | **第 3 季度** | | | **第 4 季度** | | |
| 预测结果 | | **－4.60** | | | **－7.00** | | | **－8.02** | | | **－1.64** | | |
| 情景 1 | 相对目前 40 美元/桶上涨 20% 左右，即 50 美元/桶，影响 CPI0.92 个百分点 | | | | | | | | | | | | **－4.40** |
| 情景 2 | 相对目前 40 美元/桶上涨 40% 左右，即 60 美元/桶，影响 CPI1.84 个百分点 | | | | | | | | | | | | **－3.48** |
| 情景 3 | 相对目前 40 美元/桶上涨 70% 左右，即 70 美元/桶，影响 CPI2.76 个百分点 | | | | | | | | | | | | **－2.56** |

注：黑体为预测数。

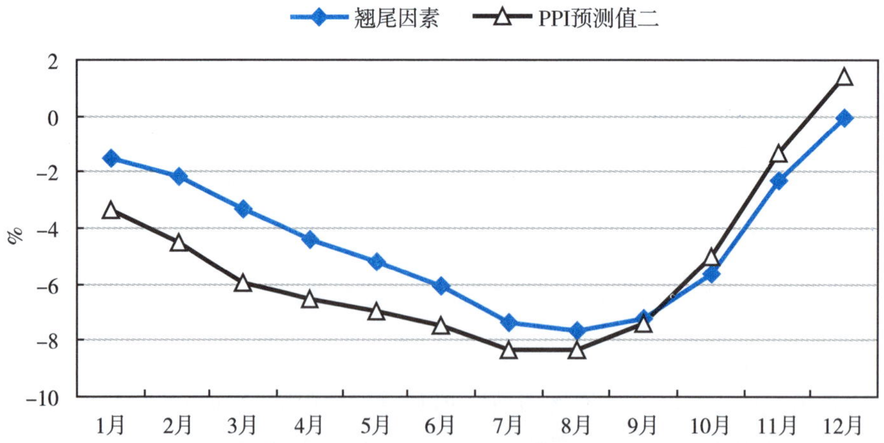


**图 2－1－25　2009 年 PPI 翘尾因素和预测值**

# 附表

## 国内外机构对2009～2010年中国GDP和CPI的预测

（预测时间2009年2月）

单位：同比（%）

| 经济预测机构 | 国内生产总值（年平均同比增长） | | 消费物价指数（全国） | |
|---|---|---|---|---|
| | 2009年 | 2010年 | 2009年 | 2010年 |
| 中国社会科学院（1月） | 7.8 | 8.3 | 1.0 | 2.0 |
| 国家信息中心（1月） | 7.9 | — | 0.8 | — |
| 中金公司 | 7.3（8.8） | — | -1.0 | — |
| 中信证券 | 8.2 | — | -0.4 | — |
| 中银国际（1月） | 8.0 | 8.3 | 2.0 | 2.5 |
| | 国际机构 | | | |
| 摩根士丹利（亚洲） | 5.5 | 8.0 | -0.8 | 1.5 |
| 恒生银行 | 8.0 | — | 1.0 | — |
| 花旗集团 | 7.6 | 8.6 | -0.4 | 1.5 |
| 汇丰银行 | 7.8 | 8.9 | -0.2 | 0.8 |
| 高盛（亚洲） | 6.0 | 9.0 | -0.5 | 1.0 |
| JP摩根 | 7.2 | 8.5 | 0.1 | 2.0 |
| 瑞士信贷 | 8.0 | 8.5 | 0.5 | 1.5 |
| 德意志银行 | 7.0 | 6.6 | 0.0 | 1.0 |
| 瑞银 | 6.5 | 7.5 | 0.2 | 1.0 |
| 东亚银行 | 7.0 | 8.3 | 0.6 | 1.7 |
| 美国Global insight公司 | 5.9 | 8.0 | 0.9 | 1.1 |
| IMF | 6.7 | 8.0 | — | — |
| 以上机构预测中位数 | 7.2 | 8.3 | 0.1 | 1.5 |
| 最高 | 8.2 | 8.9 | 2.0 | 2.5 |
| 最低 | 5.5 | 6.6 | -1.0 | 0.8 |
| 《亚太经济预测》中15家国际机构预测 | | | | |
| 中位数 | 7.0 | 8.3 | 0.3 | 1.6 |
| 最高 | 8.0 | 9.7 | 2.0 | 3.5 |
| 最低 | 5.5 | 6.6 | -0.8 | 0.8 |

# 第二部分

# 2009年第2季度价格监测分析

## 主要观点和结论

第2季度以来，受主要经济体货币政策宽松和美元贬值影响，国际大宗商品价格明显反弹，但受制于整体经济的萎缩，主要经济体通胀水平仍处于多年来历史低位。国内方面，尽管受基数影响CPI和PPI同比跌幅略有扩大，但得益于积极的财政政策和适度宽松的货币政策，新涨价因素、环比以及趋势项变化指标均显示当前价格总水平继续呈现止跌回稳态势，通缩压力继续缓解，通缩预期基本消除。

总体看，第3季度全球货币政策将继续保持宽松，经济止跌回稳的态势将逐步明朗，国际大宗商品价格仍将保持高位，但涨幅可能趋缓。国内方面，随着实体经济需求的进一步回升，货币流动性将有所上升，前期货币宽松对价格的推动效应将逐渐增大，产出缺口对价格的下行压力将逐渐缩小，价格上行的可能性进一步增大。

在假设全年GDP增长8%，下半年无重大自然灾害的前提下，预计第3季度CPI同比降幅将明显收缩，第4季度将转为正增长，全年在0左右。预计PPI第4季度跌幅将明显收缩，全年在－5%左右。2010年CPI和PPI将为正增长，不排除有一定通货膨胀压力的可能。

（本部分完成于2009年6月19日）

# 一、价格形势

■ 第2季度以来，CPI和PPI同比跌幅有所扩大，但从新涨价因素、环比以及趋势项变化看，当前价格总水平继续止跌回稳。一是剔除基期因素的影响，CPI同比自2009年以来已连续5个月为正，PPI跌幅也逐月收窄；二是自2009年3月份以来，经过季节调整的CPI环比已连续3个月为正，且趋势项变动逐月上涨；三是受上游价格上涨的推动，PPI环比自4月份起已连续两个月为正；四是受国际市场大宗商品价格明显反弹的影响，进口价格环比自3月份起开始上涨；五是股票、房地产等资产价格继续上涨，债券收益率曲线呈现陡峭化趋势，显示中期通胀预期有所上升。

## （一）当前价格总水平继续止跌回稳

**表2－2－1**　　**近期主要价格数据**　　单位：同比涨幅（%）

| | 2007年 | 2008年 | 2009年1月 | 2009年2月 | 2009年3月 | 2009年4月 | 2009年5月 |
|---|---|---|---|---|---|---|---|
| CPI | 4.8 | 5.9 | 1.0 | -1.6 | -1.2 | -1.5 | -1.4 |
| CPI：食品 | 12.3 | 14.6 | 4.2 | -1.9 | -0.7 | -1.3 | -0.6 |
| CPI：非食品 | 1.1 | 1.5 | -0.6 | -1.2 | -1.3 | -1.5 | -1.7 |
| 工业品出厂价格 | 3.1 | 6.9 | -3.3 | -4.5 | -6.0 | -6.6 | -7.2 |
| 原材料、燃料、动力购进价格 | 4.4 | 10.5 | -5.3 | -7.1 | -8.9 | -9.6 | -10.4 |
| 进口价格 | 6.5 | 14.8 | -10.6 | -17.6 | -18.5 | -19.2 | -20.7 |
| 出口价格 | 5.5 | 8.7 | 2.3 | -2.5 | -5.6 | -5.9 | -6.4 |

数据来源：CEIC。

### 1. 居民消费价格同比降幅止跌回稳，季节调整的 CPI 环比上涨

CPI 同比涨幅在 2008 年 2 月份达到 8.7% 的高点后，呈现逐月回落态势。2009 年 2 月份，CPI 同比由上涨转为下降，降幅为 1.6%，此后 CPI 同比降幅基本稳定，略有收窄（见图 2－2－1）。

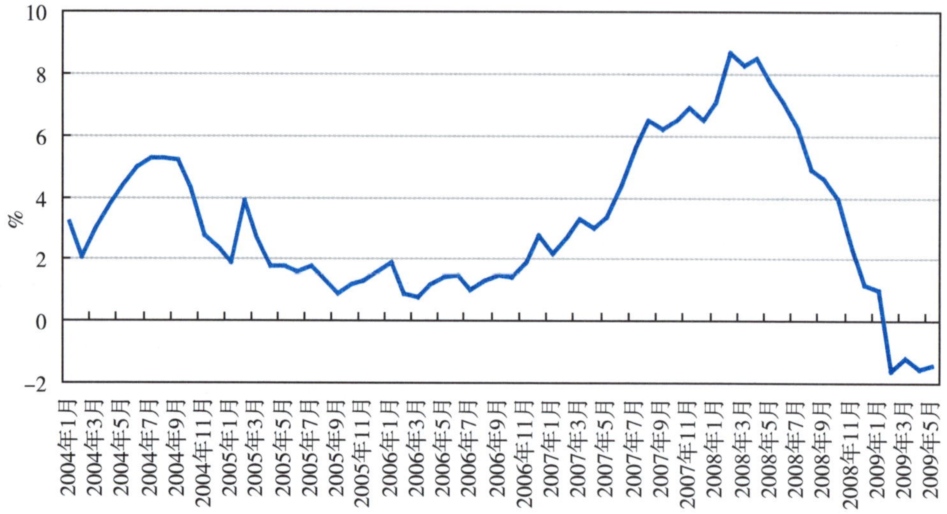


**图 2－2－1　CPI 同比涨幅走势（2004 年 1 月—2009 年 5 月）**

数据来源：CEIC。

**翘尾因素为负是 CPI 同比下降的主要原因**。由于 2008 年物价基数较高，2009 年 CPI 同比涨幅受翘尾因素影响较大。2009 年 2—5 月，各月翘尾因素分别为－2.5%、－1.8%、－1.9%、－1.5%，分别高出同期 CPI 同比降幅 0.9 个、0.6 个、0.4 个、0.1 个百分点，新涨价因素自 2009 年 1 月份起已连续 5 个月为正，显示当前 CPI 同比下降主要是受翘尾因素影响（见表 2－2－2）。

**表 2－2－2　　翘尾因素和新涨价因素**

| | 2009 年 1 月 | 2009 年 2 月 | 2009 年 3 月 | 2009 年 4 月 | 2009 年 5 月 |
|---|---|---|---|---|---|
| CPI 同比涨幅 | 1.0 | －1.6 | －1.2 | －1.5 | －1.4 |
| 翘尾因素 | 0.1 | －2.5 | －1.8 | －1.9 | －1.5 |
| 新涨价因素 | 0.9 | 0.9 | 0.6 | 0.4 | 0.1 |
| 食品价格涨幅 | 4.2 | －1.9 | －0.7 | －1.3 | －0.6 |
| 翘尾因素 | 0.9 | －5.8 | －4.0 | －3.9 | －2.7 |
| 新涨价因素 | 3.3 | 3.9 | 3.3 | 2.6 | 2.1 |
| 非食品价格涨幅 | －0.6 | －1.2 | －1.3 | －1.5 | －1.7 |
| 翘尾因素 | －0.4 | －0.8 | －0.7 | －0.9 | －0.9 |
| 新涨价因素 | －0.2 | －0.4 | －0.6 | －0.6 | －0.8 |

数据来源：国家统计局。

**食品价格同比降幅有所企稳，非食品价格同比跌幅继续加深**。2009 年 3、4、5 月份，食品价格同比降幅分别为 0.7%、1.3% 和 0.6%，非食品价格同比降幅分别为 1.3%、1.5% 和 1.7%（见图 2－2－2）。食品价格同比降幅缩小主要是受季节性因素影响，2009 年 1、2 月食品价格环比上涨较快，而 3、4、5 月份环比下降比较温和，因而食品价格的新涨价因素为正，部分抵消了负翘尾因素的影响。食品价格中猪肉价格随供给不断增加进入下跌通道，已连续 10 个月同比下降，且降幅不断扩大。粮食价格已连续 5 个月环比上涨，累计上涨 4.0%。粮食是许多食品的原料，也与许多农产品存在比价关系，在当前存在一定通缩压力的背景下，粮价适度上涨有助于缓和价格下跌。非食品价格同比降幅不断加深主要是受居住类价格环比持续下降的影响。2008 年 9 月份以来，中央银行连续 5 次降息，商品房抵押贷款利率大幅下降，相应拉低了居住价格中的自有住房消费价格。

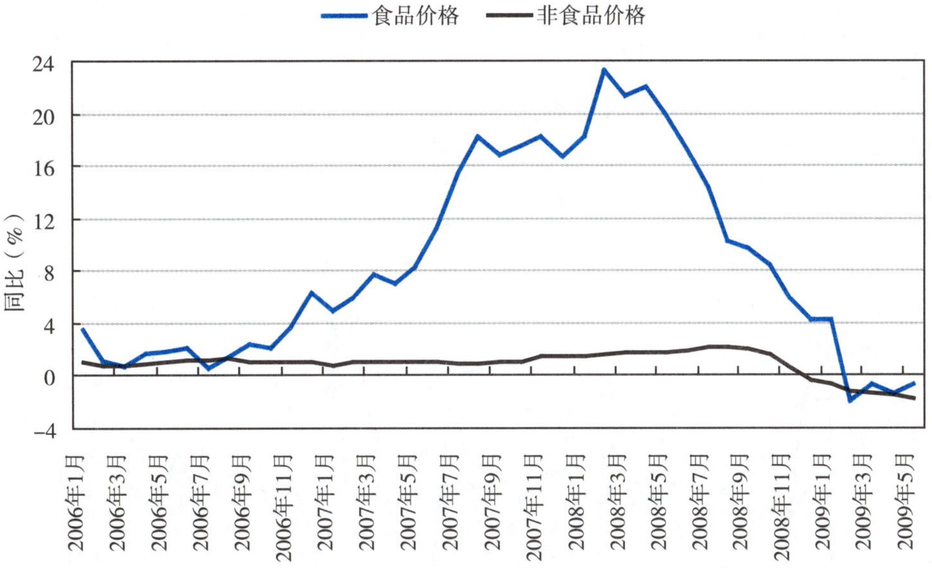


**图 2－2－2　食品和非食品价格走势（2006 年 1 月—2009 年 5 月）**

数据来源：CEIC。

**季节调整的 CPI 环比连续 3 个月上涨**。在经历了 2008 年 8 月份以来连续 7 个月的下降后，2009 年 3 月份季节调整的 CPI 环比开始上涨。2009 年 3、4、5 月份，季节调整后的 CPI 环比分别上涨 0.4%、0.1% 和 0.2%，显示通货紧缩风险明显降低。其中，季节调整后的食品价格环比分别上涨 0.7%、0.3% 和 0.6%（见图 2－2－3）。

**CPI 环比趋势周期项连续 3 个月出现正值**。CPI 环比的趋势周期项在经历了连续 7 个月的负值后，从 2009 年 3 月份开始转为正值并逐月上升，预示着未来物价可能呈温和上涨态势（见图 2－2－4）。

### 2. 生产者价格（PPI）同比降幅加深，环比出现上涨

**受 2008 年基数较高的影响，原材料、燃料、动力购进价格和工业品出厂价格同比降幅继续加深**。2009 年 3、4、5 月份，原材料、燃料、动力购进价格同比分别下降 8.9%、9.6% 和 10.4%，工业品出厂价格同比分别下降 6.0%、6.6% 和 7.2%，降幅继续加深（见

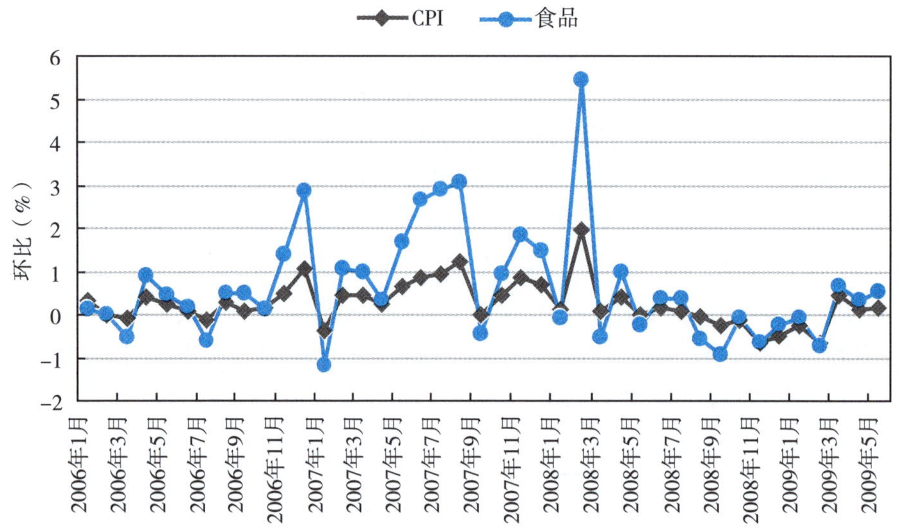


**图 2－2－3　季节调整的 CPI 和食品价格环比走势（2006 年 1 月—2009 年 5 月）**

数据来源：CEIC。

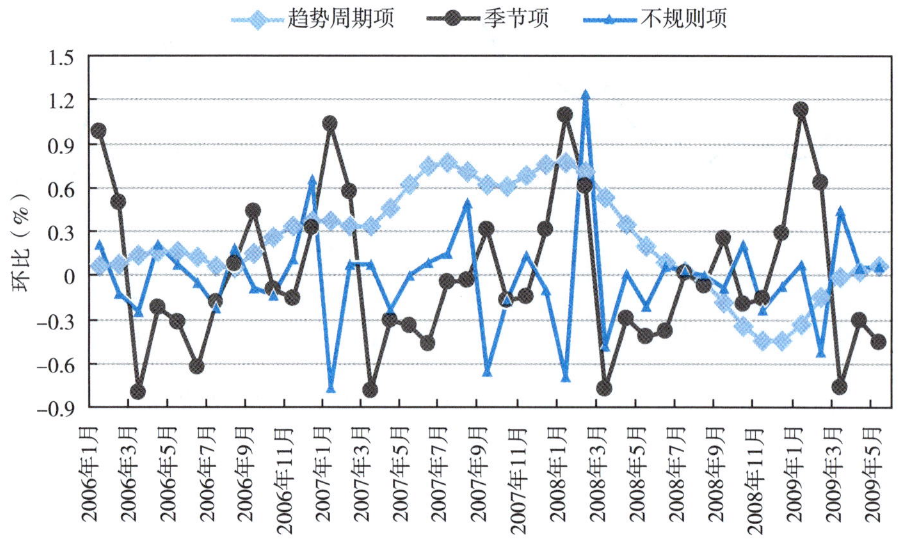


**图 2－2－4　CPI 环比的趋势周期项、季节项和不规则项走势（2006 年 1 月—2009 年 5 月）**

数据来源：CEIC。

图 2－2－5）。在原材料、燃料、动力购进价格中，燃料动力类、黑色金属类、化工原料类降幅仍在扩大，有色金属类分别下降 31.9%、29.0% 和 28.7%，降幅仍然较大，但降幅收窄。在工业品出厂价格中，生产资料出厂价格同比分别下降 7.4%、8.1% 和 8.8%。其中采掘业下降 19.9%、21.5% 和 21.8%，原材料下降 10.2%、10.3% 和 10.9%，加工业下降 4.5%、5.4% 和 6.2%。生活资料出厂价格同比分别下降 1.4%、1.7% 和 1.9%。其中，食品类价格下降 2.1%、2.7% 和 2.8%，衣着类下降 0.1%、0.2% 和 0.2%，一般日用品类下降 0、0.4% 和 0.8%，耐用消费品类下降 2.5%、2.7% 和 3.0%。

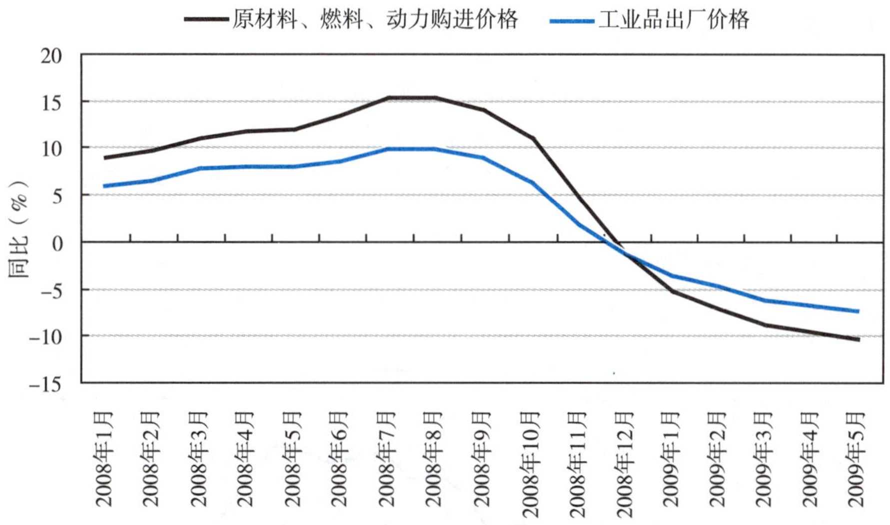


**图2－2－5　原材料、燃料、动力购进价格和工业品出厂价格同比走势**

数据来源：CEIC。

**从环比看，在原油、有色金属等国际大宗商品价格反弹的带动下，原材料、燃料、动力购进价格和工业品出厂价格连续2个月出现上涨。**在经历了7个月的环比下降后，2009年4月份原材料、燃料、动力购进价格和工业品出厂价格出现环比上涨（见图2－2－6）。其中，生产资料价格上涨是工业品出厂价格环比上涨的主要原因。生产资料出厂价格中，采掘业在2009年3月份出现环比上涨，2009年3—5月各月环比涨幅分别为2.8%、2.5%和2.1%；原材料在2009年4月份出现环比上涨，2009年4、5月份环比涨幅分别为0.7%和0.2%；加工业环比价格仍在下降，但降幅逐渐缩小，2009年3—5月份各月环比降幅分别为0.6%、0.2%和0.2%。

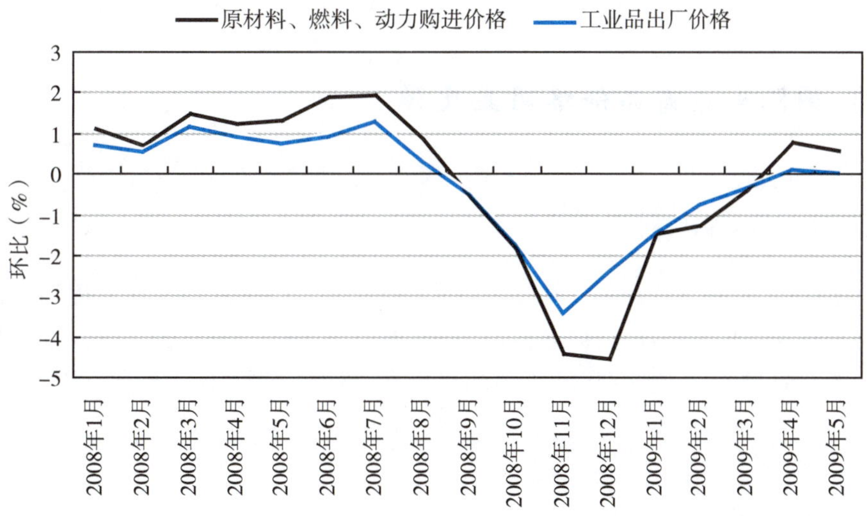


**图2－2－6　原材料、燃料、动力购进价格和工业品出厂价格环比走势**

数据来源：CEIC。

### 3. 进口价格降幅大于出口价格

**进口价格同比降幅继续扩大，但环比出现上涨。**进口价格在 2008 年 12 月份由上涨转为下降后，降幅持续扩大。2009 年 3—5 月份进口价格各月同比降幅分别为 18.5%、19.2% 和 20.7%。受国际市场大宗商品价格明显反弹的影响，进口价格环比出现上涨，2009 年 4、5 月份环比分别上涨 1.0% 和 0.5%。

**出口价格同比降幅有所加深。**出口价格在 2009 年 2 月份由上涨转为下降，此后呈温和下降态势。2009 年 3—5 月份出口价格各月降幅分别为 5.6%、5.9% 和 6.4%（见图 2－2－7）。

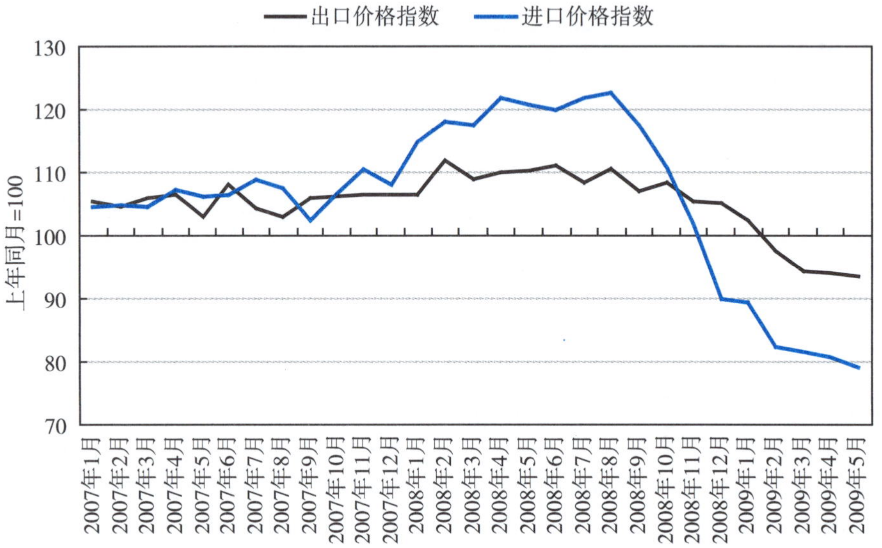


**图 2－2－7　进、出口价格指数（2007 年 1 月—2009 年 5 月）**

数据来源：CEIC。

## （二）国际大宗商品价格明显反弹

### 1. 国际原油价格强劲反弹

国际原油价格在 40 美元/桶上下震荡一段时间后，自 2009 年 3 月份逐渐走高。截至 2009 年 6 月 10 日，纽约 WTI 原油期货价格报收于 71.33 美元/桶，比 2009 年年初的 46.34 美元/桶上涨了 53.93%，比 2009 年年内的最低价 33.98 美元/桶上涨了 109.92%（见表 2－2－3、图 2－2－8）。

表 2－2－3 主要国际大宗商品价格上涨情况

| | 原油 | 大豆 | 小麦 | 玉米 | 稻米 | 钢铁 |
|---|---|---|---|---|---|---|
| 2009 年年初价格 | 46.34 | 9.7 | 6.11 | 4.1225 | 15.295 | 150.80 |
| 2009 年内最低价 | 33.98 | 8.485 | 4.9025 | 3.3675 | 11.455 | 126.50 |
| 2009 年 6 月 10 日价格 | 71.33 | 12.46 | 5.96 | 4.3575 | 12.775 | 132.10 |
| 比年初涨幅（%） | 53.93 | 28.45 | －2.45 | 5.70 | －16.48 | －12.40 |
| 比年内最低价涨幅（%） | 109.92 | 46.85 | 21.57 | 29.40 | 11.52 | 4.43 |
| | 铝 | 铜 | 镍 | 铅 | 锡 | 锌 |
| 2009 年年初价格 | 1492 | 3071 | 12710 | 1040.5 | 11550 | 1220.5 |
| 2009 年内最低价 | 1253.5 | 3050.5 | 9405 | 991.5 | 10055 | 1059.5 |
| 2009 年 6 月 10 日价格 | 1638 | 5180 | 15395 | 1744.5 | 15850 | 1607.5 |
| 比年初涨幅（%） | 9.79 | 68.67 | 21.13 | 67.66 | 37.23 | 31.71 |
| 比年内最低价涨幅（%） | 30.67 | 69.81 | 63.69 | 75.95 | 57.63 | 51.72 |

注：原油价格单位为美元/桶，大豆、小麦、玉米价格单位为美元/蒲式耳，稻米价格单位为美元/英担，钢铁价格为以 1994 年 4 月为基期的价格指数，铝、铜、镍、铅、锡、锌价格单位为美元/吨。

**图 2－2－8 WTI 原油期货价格走势（2004 年 1 月—2009 年 6 月）**

数据来源：CEIC。

**2. 国际粮价有所上升**

截至 2009 年 6 月 10 日，CBOT 农产品期货价格较 2009 年年初有涨有落，但比 2009 年最低价均有所上涨。具体看，大豆期货价格比年初上涨 28.45%，比年内最低上涨 46.85%；小麦比年初下降 2.45%，比年内最低上涨 21.57%；玉米比年初上涨 5.70%，比年内最低上涨 29.40%；稻米比年初下降 16.48%，比年内最低上涨 11.52%（见图 2－2－9）。国际粮价上涨主要是受粮食产量前景堪忧、原油价格走高和流动性涌入期货市场的影响。根据国际谷物理事会 5 月份全球粮食市场报告，2009/2010 年度，全球粮食产量将同比下降 6100 万吨至 17.21 亿吨，全球粮食消费量将同比增长 1300 万吨至 17.36 亿吨；全球粮食贸易量将同比下降1100万吨至2.21亿吨。

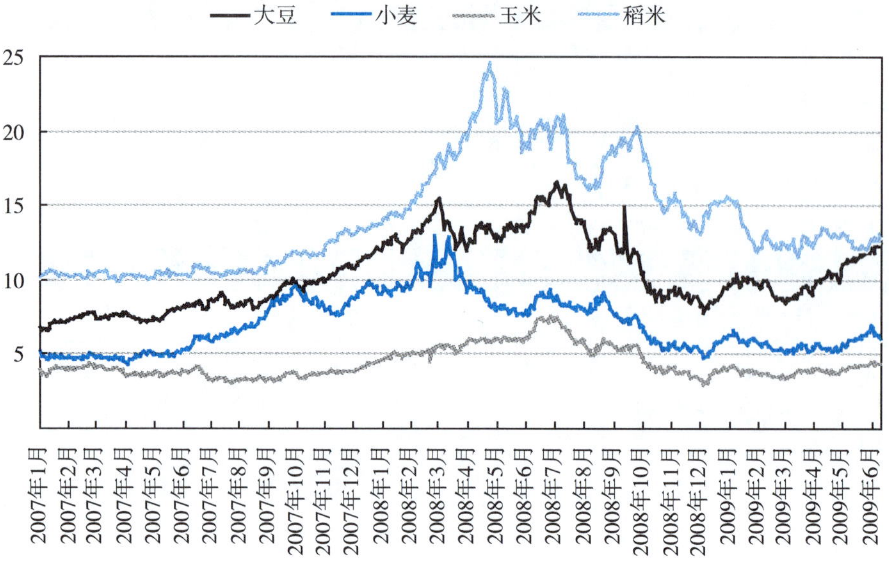


**图2-2-9　CBOT主要粮食期货价格走势（2007年1月—2009年6月）**

注：大豆、小麦、玉米价格单位为美元/蒲式耳，稻米价格单位为美元/英担。

数据来源：CEIC。

### 3. 黑色金属价格逐渐企稳

在全球经济衰退，住宅、汽车、家电等耗钢产品销售不景气、钢材需求萎缩的背景下，国际钢铁价格指数在经历了大幅回调后，走势逐渐平稳。2009年4月份以来，国际钢铁价格指数基本稳定在2006年年初水平，即在130点左右波动。至2009年6月5日，国际钢铁价格指数为132.10点，再次回到2009年4月3日水平（见图2-2-10）。

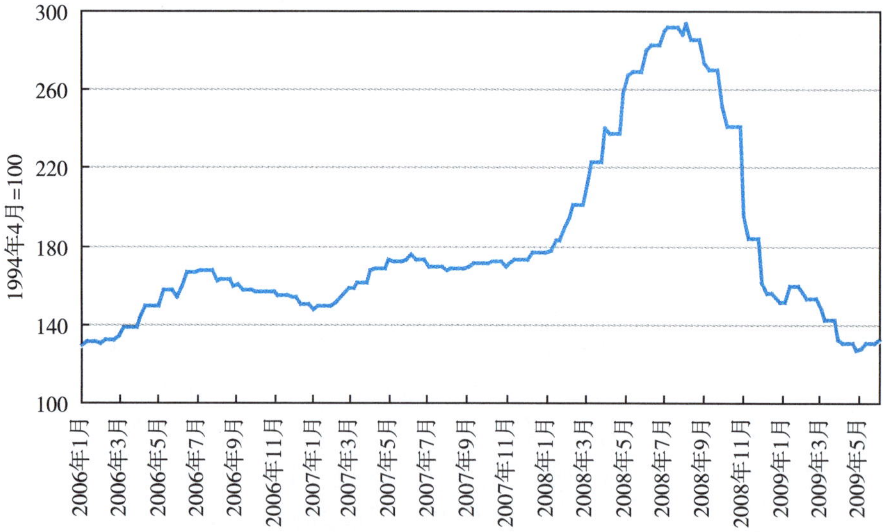


**图2-2-10　国际钢铁价格指数（2006年1月—2009年6月）**

数据来源：WIND。

#### 4. 有色金属价格大幅上涨

截至6月10日，伦敦金属交易所6种主要有色金属价格均创出2009年年内新高。具体看，铝比年初上涨9.79%，比年内最低上涨30.67%；铜比年初上涨68.67%，比年内最低上涨69.80%；镍比年初上涨21.13%，比年内最低上涨63.69%；铅比年初上涨67.66%，比年内最低上涨75.95%；锡比年初上涨37.23%，比年内最低上涨57.63%；锌比年初上涨31.71%，比年内最低上涨51.72%（见图2－2－11）。

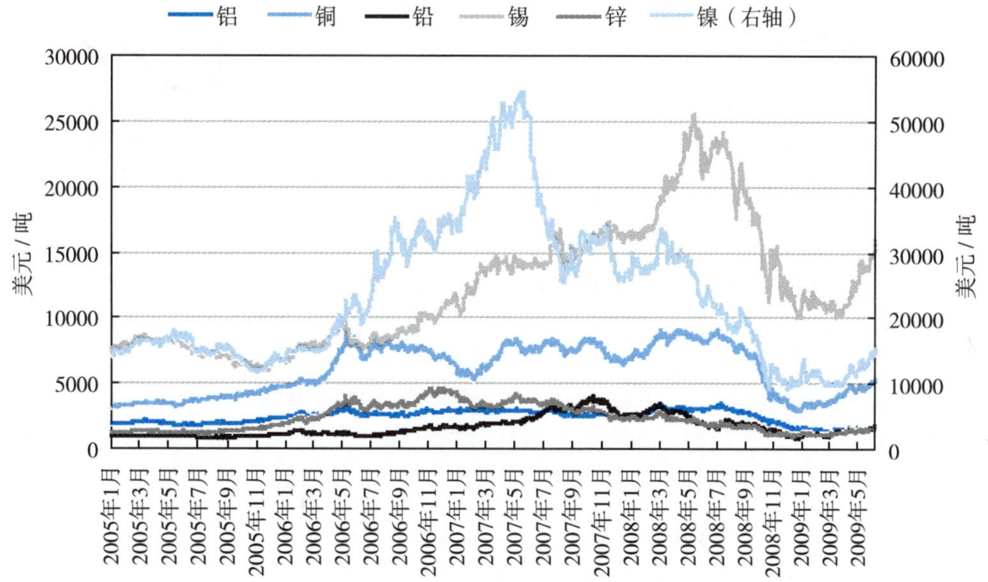


**图2－2－11　有色金属价格走势（2005年1月—2009年6月）**

数据来源：CEIC。

#### 5. 国际航运价格快速反弹

受国际金融危机影响，波罗的海干散货运价指数（BDI）在经历大幅下跌后，2008年年末和2009年年初在800点上下波动。在国际原油价格快速上涨和全球铁矿石等资源品交易量上升的推动下，2009年5月以来，BDI指数大幅反弹，6月初甚至达到4000点之上。截至2009年6月10日，BDI指数为3452点，较年初上涨了近4倍（见图2－2－12）。

### （三）主要资产价格继续上涨

#### 1. 房价同比降幅继续缩小，环比涨幅扩大

从同比看，房价同比降幅持续缩小。2009年3、4、5月份，全国70个大中城市房屋销售价格同比分别下降1.3%、1.1%和0.6%。其中，新建商品住房价格同比分别下降1.9%、1.7%和1.3%，二手房价格同比分别上涨－0.4%、0和0.9%。

从环比看，房价自2008年8月起连续环比下跌7个月后，2009年3月出现环比上涨，

**图 2－2－12　波罗的海干散货运价指数走势（2006 年 1 月—2009 年 6 月）**

数据来源：WIND。

且涨幅扩大。2009 年 3、4、5 月份，全国 70 个大中城市房屋销售价格环比分别上涨 0.1%、0.3% 和 0.7%。其中，新建商品住房价格环比分别上涨 0.2%、0.4% 和 0.6%，二手房价格环比分别上涨 0.3%、0.8% 和 0.7%（见图 2－2－13）。

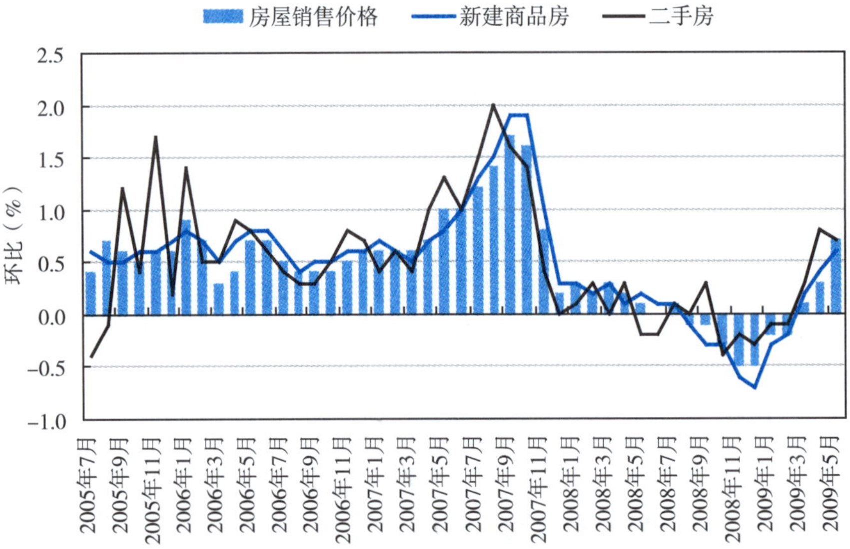


**图 2－2－13　房屋销售价格环比走势（2005 年 7 月—2009 年 5 月）**

数据来源：CEIC。

**2. 股票价格振荡上行，市盈率较快上升**

在宏观经济出现环比反弹和资金充裕等因素的推动下，股市开始回暖并不断冲高。截至 2009 年 6 月 11 日，上证综合指数收于 2797.32 点，上海证券交易所平均市盈率为 23.88。

上证综合指数比2009年年初上涨916.6点，上涨了32.77%，上海证券交易所平均市盈率由年初的15.34倍提高到23.88倍（见图2-2-14）。

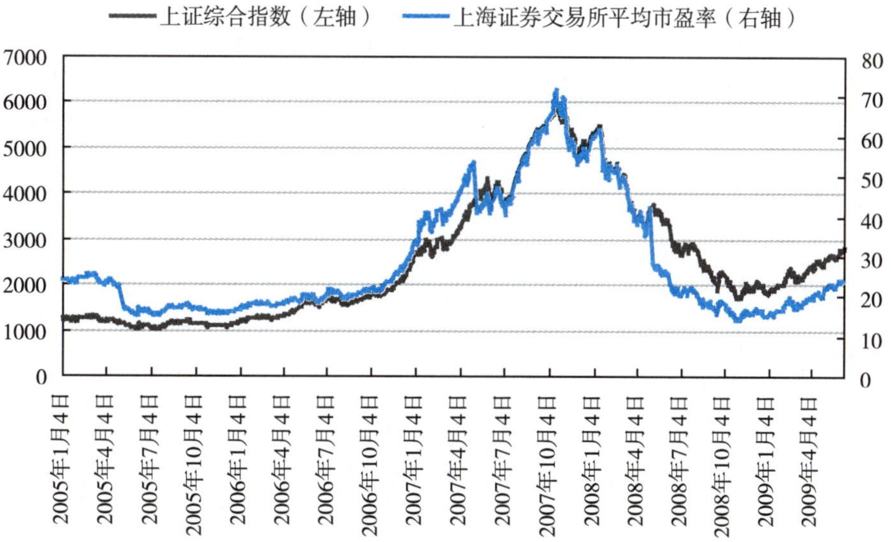


**图2-2-14　上证指数、平均市盈率走势（2005年1月—2009年6月）**

数据来源：CEIC。

### 3. 中债指数小幅波动回落，收益率曲线呈陡峭化趋势

2009年4月份以来，中债总净价指数和中债国债总净价指数出现小幅波动。截至2009年6月12日，中债总净价指数为117.9372点，比4月初回落0.3018点，中债国债总净价指数为118.1968点，比4月初回落0.1485点（见图2-2-15）。5月份，资金宽松推动债

**图2-2-15　国债指数走势（2007年1月—2009年6月）**

数据来源：中央国债登记结算有限公司。

券收益率水平整体下行，从期限结构上看，中短期品种价格成为上涨主力。债券收益率曲线除短端个别期限收益率出现上涨外，固定利率国债、政策性金融债和企业债（AAA）曲线均出现不同程度下调，其中 2—5 年期跌幅最大，国债收益率平均下调 10. 77BP、政策性金融债平均下调 11. 69BP、企业债（AAA）平均下调 19. 18BP。整体来看，收益率曲线呈现陡峭化趋势，表明市场对中期通胀预期有所上升。

# 二、成因分析

■ 第2季度以来，全球主要经济体货币政策进一步放松，国际市场通胀预期显著上升，美元大幅贬值，大宗商品价格明显反弹。国内方面，积极财政政策和适度宽松货币政策的效应逐步显现，货币信贷继续较快增长，投资增长进一步加速，消费需求稳中趋旺，库存调整渐近尾声，通缩预期基本消除，通缩压力继续缓解。

## （一）全球货币政策宽松推动大宗商品价格反弹

能源、原材料等国际大宗商品价格具有双重属性：一方面，国际大宗商品和其他实物商品一样，都有其特定使用价值，其价格水平受实际供求关系和生产成本的影响，这是其价格形成机制的商品属性；另一方面，国际大宗商品大多是资源性产品，不可再生或生产效率受到限制，因此大宗商品期货具有和贵金属一样的投资价值，是对冲通货膨胀或计价货币贬值的良好投资工具，其价格受到金融市场交易因素的影响，这是其价格形成机制的金融属性。

金融属性由于交易性强，在上涨时可能“超涨”，在下跌时可能“超跌”，不仅会低于长期平均价格，甚至会低于部分地区的生产成本，前一时期国际大宗商品的暴跌就是如此，当前的上涨也带有恢复成分。以原油为例，金融危机恶化后，短期原油期货价格一度跌至33美元/桶，形成鲜明对比的是，国际原油长期合约价格一直维持在60美元/桶以上，短期期货价格与长期合约价格差距一度达到了30美元/桶，几乎相差1倍（见图2－2－16）。虽然两者之间存在较大价格差距，但由于原油库存逼近极限，套利活动很难展开，价格差距能够得以维持。

除恢复性上涨这一因素外，当前大宗商品期货价格急剧上涨更多基于其金融属性，源于通胀预期上升和美元贬值的推动。虽然全球经济及大宗商品真实需求仍处于收缩状态，但由于美联储等主要经济体央行实行了极

**图 2－2－16　28 个月 WTI 期货合约价格**

数据来源：Bloomberg。

为宽松的货币政策，导致通货膨胀预期急剧上升和美元大幅贬值，国际资金从“低风险”的美债资产向大宗商品市场回流，推动了其价格上涨。

### 1. 主要经济体实行极为宽松的货币政策

金融危机爆发后，主要经济体中央银行实行了极为宽松的货币政策：一是纷纷大幅降低利率水平，目前美联储基准利率保持在 0～0.25% 的超低水平，欧元区和英国的基准利率也只有 1% 和 0.5%，相比 2008 年危机恶化前分别下降了 1.75 个、3.25 个和 4.5 个百分点。二是基础货币投放数量大幅扩张。除了利率工具以外，主要经济体中央银行还不同程度地实施了量化宽松的货币政策，基础货币供给迅速膨胀，2009 年 5 月，美国基础货币同比增加了 19.4 倍，英国基础货币同比增加 2 倍多，欧洲央行对外资产增速在 2008 年 8 月份以后也显著提高（见表 2－2－4）。

**表 2－2－4　欧美基础货币扩张**　单位：同比（%）

| 年月 | 美国 | | 欧元区 | | 英国 | |
|---|---|---|---|---|---|---|
| | 基础货币 | 广义货币 MZM | 欧央行对外资产 | 广义货币 M3 | 英格兰银行资产 | 广义货币 M3 |
| 2008 年 1 月 | -0.38 | 13.00 | 11.03 | 12.50 | 46.69 | 16.93 |
| 2008 年 6 月 | -0.02 | 15.52 | 7.73 | 10.48 | 36.41 | 13.64 |
| 2008 年 7 月 | 3.57 | 15.04 | 7.86 | 10.18 | 21.03 | 12.45 |
| 2008 年 8 月 | -0.99 | 13.08 | 26.60 | 9.92 | 22.75 | 13.71 |
| 2008 年 9 月 | 141.05 | 11.48 | 30.81 | 9.96 | 37.98 | 12.52 |
| 2009 年 1 月 | 1936.63 | 14.09 | 30.53 | 6.78 | 204.04 | 16.50 |
| 2009 年 2 月 | 1537.01 | 12.15 | 32.44 | 6.71 | 102.52 | 16.21 |
| 2009 年 3 月 | 1660.74 | 11.11 | 28.09 | 5.87 | 122.37 | 14.02 |
| 2009 年 4 月 | 1923.68 | 10.21 | 29.89 | 5.73 | 169.57 | 12.64 |
| 2009 年 5 月 | 1942.35 | — | — | — | 208.04 | — |

数据来源：CEIC、WIND。

### 2. 宽松货币政策导致通胀预期上升和美元贬值

主要经济体货币政策宽松不仅打消了通缩压力，并产生了通胀预期。特别是 2009 年 3 月份美联储宣布直接购买国债以来，其国债收益率曲线日趋陡峭，长短债收益率点差明显扩大，反映了市场对中期通胀的强烈预期（见图 2－2－17）。

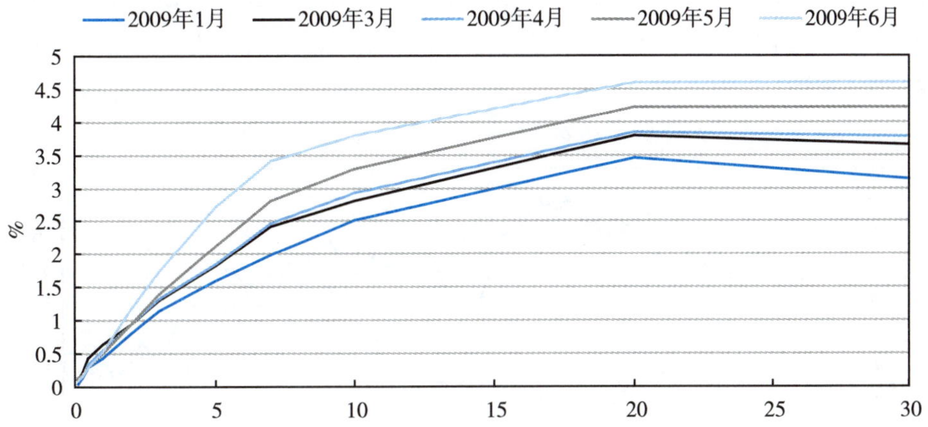


**图 2－2－17 美国国债收益率曲线**

数据来源：WIND。

美联储宽松货币政策不仅提升了通胀预期，还导致美元一改 2008 年 10 月份以来的升值趋势，出现较大贬值。以 1973 年 3 月份为基期，美元指数从 2009 年 3 月 9 日的 89.29 逐步下跌至 6 月 11 日的 79.43，贬值幅度达到 11%。其间澳元、英镑、欧元分别对美升值 28.3%、17.9% 和 12.3%。如果使用 10 年期国债和 3 个月国债收益率点差表示中期通胀预期，2009 年 3 月份以来，美国通胀预期明显超过欧元区，是导致美元对欧元等主要货币出现贬值的基本动因（见图 2－2－18）。

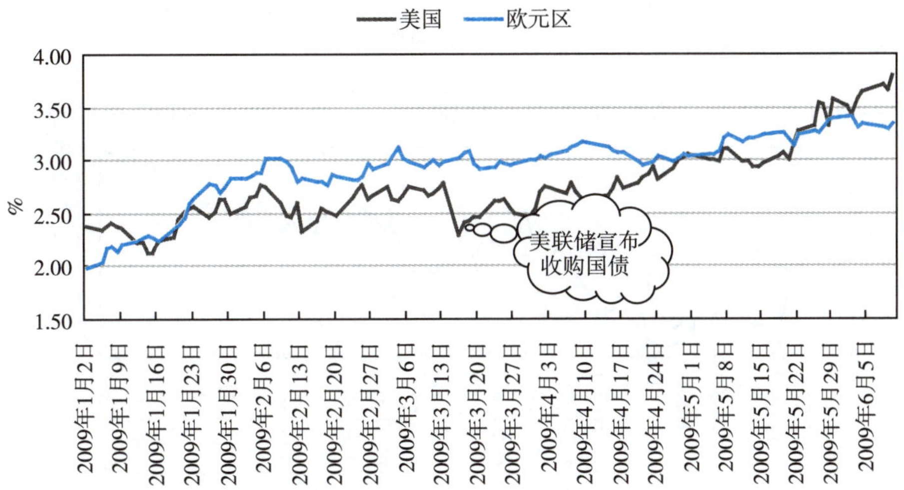


**图 2－2－18 欧美通胀预期比较**

数据来源：WIND。

**3. 美元贬值和通胀预期刺激大宗商品价格明显反弹**

美元贬值对大宗商品价格的推升效应主要包括“计价货币效应”和“投资需求效应”。

从计价货币效应看，2009 年 3—6 月中旬，美元币值（以 1973 年 3 月为基期）从 86.42 下降到 79.72，贬值幅度达到 7.75%，同期 CRB 综合现货指数从 311 点上涨到 370 点，涨幅超过 18.8%。使用美元币值指数，计算得到当美元币值始终为 100 的 CRB 实际价格指数涨幅为 9.6%，表明该时期美元贬值对 CRB 商品价格指数上涨的贡献为 48.9%，实际价格变动的贡献为 51.1%（见图 2－2－19）。

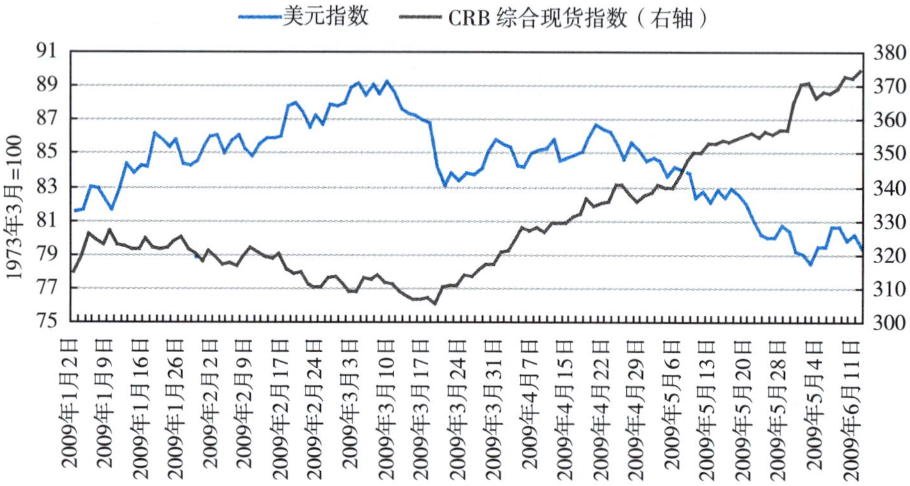


**图 2－2－19　美元币值和 CRB 综合现货指数**

数据来源：WIND。

从投资需求效应看，国际资本增持黄金、石油等大宗商品，减持美元现金和国债，推动大宗商品价格上涨。使用 10 年期国债和 10 年期通胀指数国债的收益率之差表示通胀预期，发现该指标和剔除美元汇率影响后的实际大宗商品价格指数仍具有较强的相关性，表明当前国际大宗商品价格上涨明显受到了通胀预期上升的影响（见图 2－2－20）。

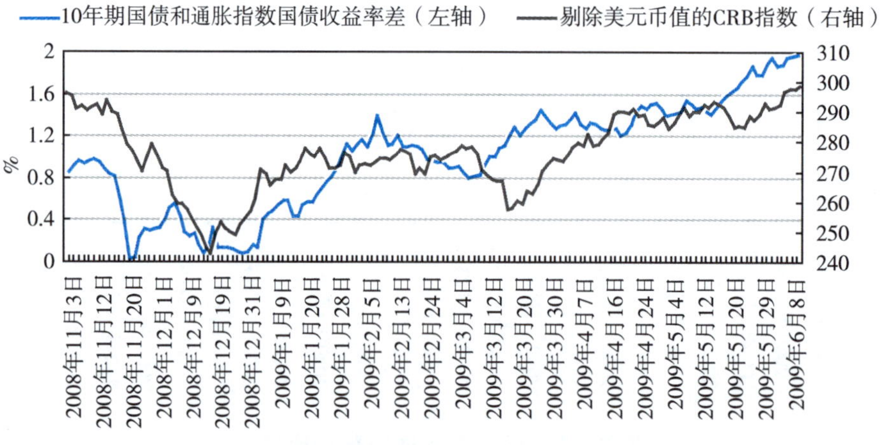


**图 2－2－20　通胀预期和剔除美元汇率因素的商品价格指数**

数据来源：WIND。

## （二）国内需求显著回升制约价格下行

尽管出口受主要贸易国经济衰退影响继续收缩，但由于国内需求增长大于出口减速，推动了总需求显著回升。

从投资需求看，自年初以来，在政府基建投资的推动下，城镇固定资产投资累计同比增速以每月2个百分点、当月同比增速以每月4个百分点的速度增长。至5月份，累计同比增长达32.9%，当月同比增长达38.7%，均高于市场预期。分行业看，与基建相关的行业投资加速增长，其中铁路投资增长110.9%，水泥、煤炭、有色金属投资分别增长56.2%、38.4%和25.8%，电力投资增长20.5%。值得注意的是，前期下滑幅度较大的出口相关制造业投资下滑态势有所企稳，5月份港澳台商固定资产投资下降0.3%，外商固定资产投资增长1.9%。房地产开发投资也有所反弹，1—5月房地产开发投资同比增长6.8%，增幅较1—4月提高1.9个百分点，当月增长12%，较4月份提高5.6个百分点（见图2-2-21）。

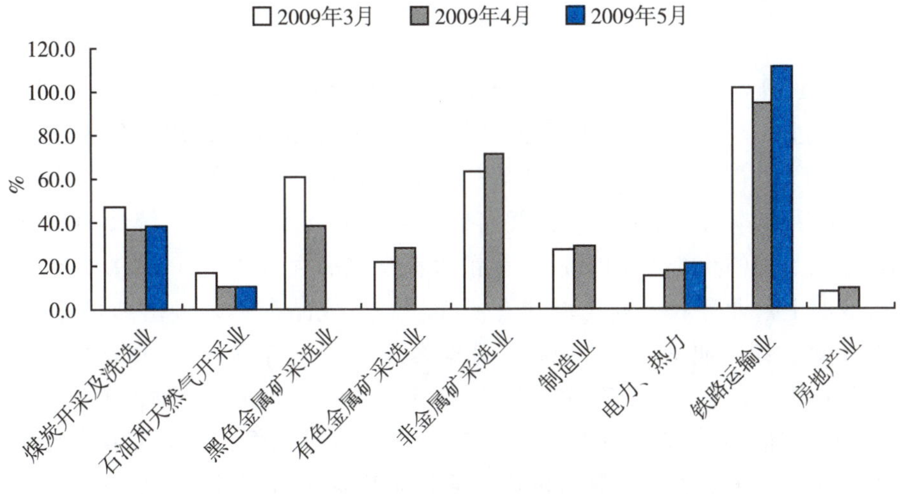


**图2-2-21　铁路、煤炭和有色金属等投资保持高速增长**

数据来源：WIND。

从消费需求看，在各项扩大内需政策的推动下，消费需求继续保持了较快增长态势（见表2-2-5）。5月份社会消费品零售名义增长15.2%，扣除物价影响，实际增长17.4%，较4月份加快0.4个百分点。当前消费市场表现出三个突出特点：一是受税收减免、汽车下乡等刺激政策推动，汽车产销已连续5个月排名全球第一，取代美国和日本成为全球销量第一大国；二是房屋成交量持续回升使商品房库存的消化时间从2008年11月的27个月缩短至10个月；三是受“汽车摩托车下乡”、“家电下乡”等政策的推动，农村消费增长首次快于城市。

**表2－2－5　　部分消费品批发销售情况**　　单位：亿元，%

| 类别 | 2008年1—4月 | 2009年1—4月 | 同比增长 |
|---|---|---|---|
| 批发销售总额 | 37938 | 39045 | 2.92 |
| 汽车类 | 1690 | 1877 | 11.06 |
| 机电产品及设备类 | 1610 | 1950 | 21.15 |
| 建筑及装潢材料类 | 364 | 510 | 40.16 |
| 化工材料及制品类 | 2205 | 2627 | 19.16 |
| 金银珠宝类 | 82 | 155 | 87.73 |
| 家用电器和音像器材类 | 1000 | 1052 | 5.23 |
| 煤炭及制品类 | 1737 | 2254 | 29.76 |

数据来源：WIND。

## （三）库存调整产生的价格下行压力基本消除

2008年9月份开始，随着宏观经济景气转换和原材料价格逆转，工业企业开始了消化存货的剧烈调整过程，企业大幅减少了原材料进货，并艰难地消化产成品存货，这一过程加剧了价格下跌，形成“存货调整—价格下降—存货调整”的恶性循环。

从当前情况看，本轮工业企业的存货调整已接近尾声，根据国家统计局调查的22个地区（约占全国数据的60%～70%）工业销售和产成品存货情况，2009年3月份以来，主要工业行业的主营业务收入同比增速有所加快，产成品存货余额增速虽然仍在下降，但下降势头明显放缓（见表2－2－6）。另据中国人民银行编制的5000户企业存货指数①，1季度5000户企业产成品存货指数为48.7，结束了连续3个季度的跌势，较上季上升1.0，表明增加存货的企业比例开始上升。从价格变化看，前期库存调整剧烈的钢铁、有色、煤炭、石化、纺织等部门价格已明显企稳甚至有所回升，表明库存调整对其价格下行压力基本消除。

## （四）市场流动性宽松显著缓解了通缩压力

尽管经历了1季度货币信贷大幅增长后，2季度以来货币信贷增量有所放缓，但市场流动性总体仍相当充裕，M1与工业增加值增速之差不断扩大，货币条件处于历史上较为宽松的水平（见图2－2－22）。货币供应量特别是企业活期存款持续上升有助于增强企业的即期支付能力，从而缓和由货币流通速度下降产生的价格下行压力。

① 中国人民银行基于工业企业调查数据，尝试编制了5000户企业存货指数。该指数以50作为经济强弱的分界点，当指数高于50时，一般被视为经济处于扩张状态的信号；当指数低于50时，通常被视为收缩状态。

**表 2－2－6　　主要行业产成品存货余额与 PPI 环比走势**

| 行业 | 产成品存货余额（亿元） | | | PPI 环比指数 | | |
|---|---|---|---|---|---|---|
| | 2 月 | 3 月 | 4 月 | 3 月 | 4 月 | 5 月 |
| 总计 | 15218.4 | 15461.6 | 15755.71 | 99.7 | 100.2 | 100.1 |
| 煤炭开采和洗选业 | 333.3 | 350.3 | 362.99 | 100.4 | 100.2 | 99.6 |
| 黑色金属矿采选业 | 109.9 | 128.4 | 133.39 | 97.2 | 96.9 | 99.2 |
| 纺织业 | 939.1 | 967.8 | 981 | 99.6 | 99.7 | 100.1 |
| 纺织服装、鞋、帽制造业 | 329.8 | 346.1 | 355.66 | 99.5 | 99.9 | 100.3 |
| 石油加工、炼焦及核燃料加工业 | 487.6 | 489.5 | 469.76 | 100.3 | 101.3 | 100.7 |
| 化学原料及化学制品业 | 1090.4 | 1108.7 | 1139.69 | 100.3 | 100.7 | 99.6 |
| 化学纤维制造业 | 206.2 | 168.6 | 159.88 | 100.6 | 101.9 | 102.9 |
| 塑料制品业 | 283.6 | 300.2 | 302.27 | 99.9 | 100.1 | 100.1 |
| 非金属矿物制品业 | 737.4 | 814 | 838.42 | 99.3 | 99.8 | 100.1 |
| 黑色金属冶炼及压延加工业 | 1569 | 1555.1 | 1546 | 96.9 | 97.6 | 99.2 |
| 有色金属冶炼及压延加工业 | 483.7 | 498.9 | 498.36 | 100.2 | 105.3 | 101.7 |
| 金属制品业 | 488.4 | 515.6 | 522.64 | 99.3 | 99.1 | 99.3 |
| 通用设备制造业 | 1095.6 | 1111.5 | 1132.09 | 99.6 | 99.7 | 99.9 |
| 专用设备制造业 | 798.3 | 799 | 826.14 | 100.0 | 100.0 | 99.9 |
| 交通运输设备制造业 | 1130.9 | 1194.8 | 1226.97 | 99.9 | 99.9 | 99.9 |
| 电气机械及器材制造业 | 981.5 | 1009.9 | 1043.15 | 99.6 | 100.8 | 99.9 |
| 通信设备、计算机及其他电子设备制造业 | 669.7 | 660 | 679.59 | 99.7 | 99.4 | 99.6 |

数据来源：国家统计局。

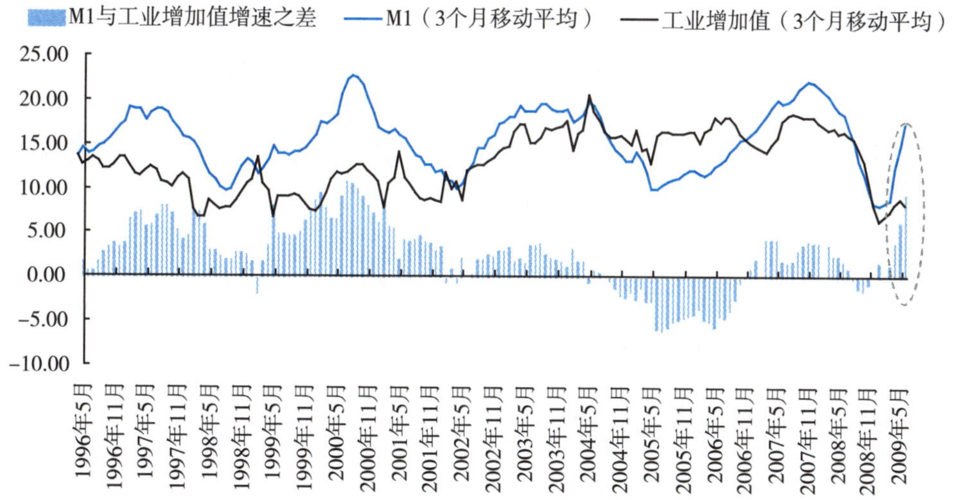


**图 2－2－22　M1 与工业增加值增速之差扩大显示货币条件宽松**

数据来源：WIND。

与此同时，流动性充裕也使市场利率处于较低水平。2009年前5个月，货币市场利率稳中趋降。较低的利率水平一方面有助于刺激企业增加投资从而缓和投资品价格的下行压力；另一方面也有助于活跃房地产、汽车等高端消费品市场进而缓和消费品价格的下行压力。从贷款结构看，5月份中长期贷款占比达68%，连续3个月高于短期贷款与票据融资占比。贷款结构优化也有利于拉动投资进一步上升。

# 三、趋势分析与指标预测

■ 总体看，第3季度全球货币政策将继续保持宽松，经济止跌回稳的态势将逐步显现，国际大宗商品价格仍将保持高位，但涨幅可能趋缓。国内方面，随着经济进一步回升，产出缺口对价格的下行压力将逐渐缩小，货币宽松对价格的推动效应将逐渐增大，价格上行的可能性进一步增大。在假设全年GDP增长8%，下半年无重大自然灾害的前提下，预计第3季度CPI同比降幅将明显收缩，第4季度将转为正增长，全年在0左右。预计PPI 4季度跌幅将明显收缩，全年在-5%左右。2010年价格上行动力将伴随实体经济需求和货币流动性上升进一步增强，不排除有一定通货膨胀压力的可能。

## （一）通缩压力将进一步缓和

从国际看，尽管全球经济调整及复苏进程仍可能需要较长时间，但总体上继续恶化的可能性已明显降低，加之全球货币宽松局面短期内不会改变，国际大宗商品价格不会重新大幅下跌并可能继续走高。从国内看，上游生产者价格将继续因大宗商品进口传导和投资拉动而逐渐走高，并在消费稳定增长和宽松货币条件的推动下逐渐向下游消费者价格传导。

### 1. 国际大宗商品价格仍将保持高位

一是，主要经济体特别是美国仍将维持宽松货币政策，继续保持超低利率水平，并仍有可能收购不良资产和国债。与此同时，受美国通胀预期上升、货币市场利率较低、大规模财政赤字的影响，预计美元贬值的局面短期内难以改变。据估计，2009财政年度美国财政赤字将达到创纪录的1.84万亿美元，2010年更有可能攀升至2.33万亿美元。二是，尽管国际大宗商品真实需求短期内难以恢复，但这类商品供给大都具有一定的垄断性，仍可能通过人为限产形成短期内的供不应求格局。以原油为例，从2008年10月份开始，OPEC大幅削减产量，截至2009年3月份，累计削减产量达到了320万桶/日，而非OPEC增产则面临很大瓶颈。三是，国际大宗商品的生产成本明显上升，特别是新增产能的生产成本上升尤为显著。以原油为例，根据美国能源信息署2007年对国际石油公司的调查，原油平均成本（包含生产成本和勘探开发成本）约为55美元/桶，其中，印度尼西亚、安哥拉、利比亚和阿塞拜疆等国的生产成本已接近或超过80美元/桶。

**2. 国内需求继续回升有利于缩小产出缺口**

总体看，房地产投资有望成为继基建投资后的新增长点，消费需求有望在多种因素支撑下继续保持较快增长。同时，国际市场需求快速大幅下降的状况将逐渐回稳。

房地产投资增速有望加快。受调减项目资本金比例、前期降息以及经济逐渐回升等多种因素的影响，房地产投资有望取代基建投资成为带动整体投资的新增长点。按2009年第2季度销售数据测算，商品房库存的消化时间已从2008年11月的27个月缩短至10个月，且新开工面积和施工面积增速远低于销售面积增速。如果未来销售面积与新开工面积增速差距继续扩大，房地产投资增速有望继续加快（见图2－2－23）。

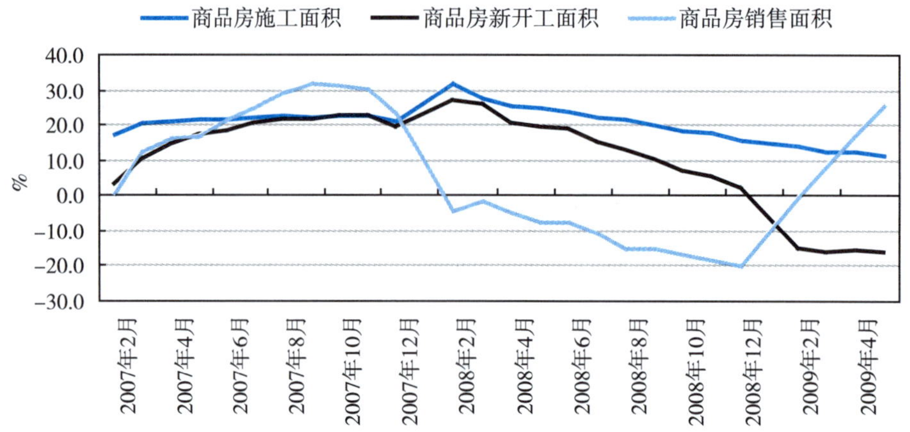


**图2－2－23　销售面积与新开工面积增速的差距扩大**

数据来源：WIND。

国内消费有望保持较快增长。当前国内消费的较快增长，既得益于政策刺激等短期因素，更与我国处于消费结构加快升级阶段的背景有关。我国目前人均GDP已超过3000美元，较发达地区已超过5000美元。根据世界经验，这一时期消费结构进入较快升级阶段，且我国居民储蓄率较高，只要政策得当和收入分配、社保、医疗等体制改革加快推进，消费在中长期内保持稳定较快增长并非不可期待。

出口大幅下滑的状况将逐步回稳。一是海外市场经济衰退进一步放缓，主要贸易伙伴OECD国家综合领先指标跌幅缩窄，PMI指数有所反弹，工业生产环比跌幅明显收窄；二是危机以来我国政府陆续出台的一系列稳定出口措施的效应将逐渐显现；三是人民币贸易加权汇率企稳有利于稳定出口份额；四是部分外贸先行指标显示未来出口下降压力正在减少。2009年5月来料加工进口降幅缩小，PMI指数中出口新订单指数已升至扩张区间（50.1%），服装、家具、电子及通信设备等行业订单明显增加（见表2－2－7）。

表 2－2－7　美欧日工业产值和景气指标　单位：%

| 年月 | 美国 | | | 日本 | | 欧元区（16 国） | | |
|---|---|---|---|---|---|---|---|---|
| | 工业产量环比 | 制造业新订单环比 | 制造业 PMI | 工业产值环比 | 制造业 PMI | 工业产值环比 | 制造业 PMI | 经济景气指数 |
| 2008 年 9 月 | -4.10 | -3.10 | 43.40 | 1.1 | 44.30 | -2.1 | 45.00 | 88.90 |
| 2008 年 12 月 | -2.40 | -4.90 | 32.90 | -9.8 | 30.80 | -2.7 | 33.90 | 68.90 |
| 2009 年 1 月 | -1.90 | -1.90 | 35.60 | -10.2 | 29.60 | -3.5 | 34.40 | 67.20 |
| 2009 年 2 月 | -1.40 | 1.80 | 35.80 | -9.4 | 31.60 | -2.2 | 33.50 | 65.30 |
| 2009 年 3 月 | -1.50 | -1.90 | 36.30 | 1.6 | 33.80 | -1.6 | 33.90 | 64.70 |
| 2009 年 4 月 | -0.50 | 0.70 | 40.10 | 5.2 | 41.40 | — | 36.80 | 67.20 |
| 2009 年 5 月 | — | — | 42.80 | — | 46.60 | — | 40.70 | 69.30 |

数据来源：CEIC、WIND。

上述分析表明，在未来一段时期内，总需求回升将继续带动工业生产回升和缩小负产出缺口。根据我们对 1997 年 3 月至 2009 年 5 月期间月度样本数据的实证分析（参见专题分析），在包括货币、信贷、国际价格、产出缺口在内影响 CPI 的诸多因素中，产出缺口变化对 CPI 变化的影响系数最大，从长期看，产出缺口变化 10% 对 CPI 的影响达到 4.05%，未来数月内总需求回升将使目前负产出缺口对价格的下行压力逐渐减弱。

**3. 国内流动性总体仍将保持较为宽松的局面**

考虑银行放贷的季节性特点，以及政府投资拉动的信贷增长可能趋缓，预计 2009 年下半年的信贷增量将有所减少。但前 5 个月信贷增量巨大且其中的中长期贷款比重较高，加之下半年 IPO 重启及债券发行增加，企业资金宽松的局面不会改变。如果实体经济进一步恢复使货币流通速度加快，则通缩压力仍将得益于货币宽松继续缓解。根据我们对 1997 年 3 月至 2009 年 5 月期间月度样本数据的实证分析（参见专题分析），M1 领先 CPI 约 6 个月，据此判断，伴随 M1 的继续回升，对价格的上拉作用将于第 4 季度及 2010 年上半年趋于显著。

## （二）再通胀不会很快到来

**1. 国际金融市场功能恢复仍有待时日**

尽管目前基础货币供给大量增加，货币政策操作利率超低，但受制于信贷增长乏力等因素，主要经济体广义货币增速下降的趋势仍未改变。2008 年 8 月份至 2009 年 4 月份，美国和欧元区的广义货币增速分别从 13.1% 和 9.9% 持续下降到 10.2% 和 5.7%。与此同时，尽管货币政策操作目标利率已几乎为零，但却因通胀预期上升导致金融市场利率不降反升，势必影响住房、耐用消费品、资本支出等利率敏感型部门需求的恢复，增大了整体经济复苏的不确定性。以美国公司债收益率变化为例，2008 年 9 月穆迪 Aaa 和穆迪 Baa 公司债收益率显著上升，11 月份以后虽有所下降，但目前仍处于较高水平，其中穆迪 Baa 公司债收益率甚至比 2008 年 9 月仍提高 1 个百分点，显示金融市场对经济复苏的前景仍存较大疑虑（见图 2 -2 -24）。

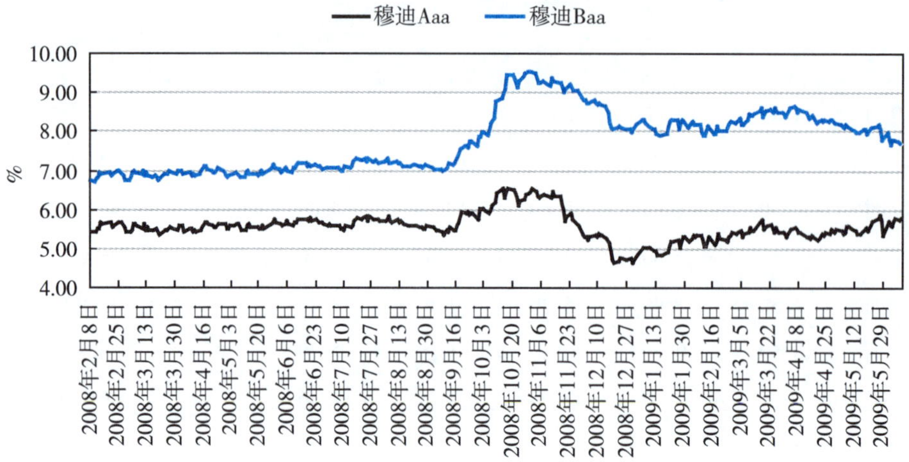


**图 2 -2 -24　美国公司债收益率**

数据来源：WIND。

**2. 失业率上升和产能利用率走低抑制通胀水平上升**

从失业率来看，2009 年 5 月份，美国和欧元区失业率分别达 10. 2% 和 8. 7%，比危机前的 2008 年 8 月份分别提高了 3. 9 个和 1. 5 个百分点，特别是美国失业率创 1983 年以来最高水平。从产能利用率来看，2009 年 4 月份美国工业生产能力利用率为 69. 1%，比 2008 年 8 月份下降了 9. 2 个百分点，也是 1967 年有记录以来的最低水平，欧元区 2009 年第 2 季度制造业产能利用率为 70. 5%，比 2008 年第 2 季度下降了 13. 2 个百分点（见表 2 -2 -8）。由于当前最终消费需求不足，预计设备利用率在年内仍将维持较低水平。

**表 2 -2 -8　　美欧日失业率和产能利用率**　　单位:%

| 年月 | 美国 | | 欧元区 | | 日本 | |
|---|---|---|---|---|---|---|
| | 失业率 | 全部工业部门产能利用率 | 制造业产能利用率 | 失业率 | 制造业产能利用率 | 失业率 |
| 2008 年 1 月 | 4. 8 | 81. 03 | | 6. 8 | 104. 4 | 3. 9 |
| 2008 年 2 月 | 4. 8 | 80. 68 | | 6. 8 | 106. 3 | 4. 1 |
| 2008 年 3 月 | 5 | 80. 40 | 83. 80 | 6. 8 | 102. 6 | 4. 1 |
| 2008 年 4 月 | 5 | 79. 87 | | 6. 8 | 101. 9 | 4. 1 |
| 2008 年 5 月 | 5. 5 | 79. 61 | | 6. 9 | 104. 1 | 4 |
| 2008 年 6 月 | 5. 6 | 79. 57 | 83. 70 | 7 | 102. 3 | 3. 9 |
| 2008 年 7 月 | 5. 8 | 79. 44 | | 7. 1 | 103. 7 | 3. 8 |
| 2008 年 8 月 | 6. 3 | 78. 31 | | 7. 2 | 100. 1 | 4. 1 |

续表

| 年月 | 美国 | | | 欧元区 | | 日本 |
|---|---|---|---|---|---|---|
| | 失业率 | 全部工业部门产能利用率 | 制造业产能利用率 | 失业率 | 制造业产能利用率 | 失业率 |
| 2008 年 9 月 | 6.3 | 74.53 | 82.80 | 7.3 | 101.7 | 4.1 |
| 2008 年 10 月 | 6.8 | 75.44 | | 7.5 | 97.7 | 3.8 |
| 2008 年 11 月 | 7 | 74.43 | | 7.7 | 88.5 | 3.9 |
| 2008 年 12 月 | 7.5 | 72.78 | 81.50 | 7.8 | 78.1 | 4.1 |
| 2009 年 1 月 | 8 | 71.27 | | 8.1 | 68 | 4.2 |
| 2009 年 2 月 | 8.6 | 70.56 | | 8.3 | 60.5 | 4.6 |
| 2009 年 3 月 | 9.2 | 69.40 | 74.70 | 8.5 | 61 | 5.1 |
| 2009 年 4 月 | 9.6 | 69.10 | | 8.7 | — | 5.2 |
| 2009 年 5 月 | 10.2 | — | | — | — | — |
| 2009 年 6 月 | — | — | 70.50 | — | — | — |

数据来源：WIND。

失业上升影响了个人收入增长，抑制了未来消费需求；设备利用率低下影响企业固定资产投资，特别是设备投资的增长。2009 年 4 月份美国个人总收入同比增长 0.7%，是近年来的最低水平。用耐用品销售情况来反映企业设备投资的需求，季节调整后的美国耐用品出货量从 2008 年 7 月的 2175 亿美元下滑至 2009 年 4 月份的 1737 亿美元（见图 2－2－25）。

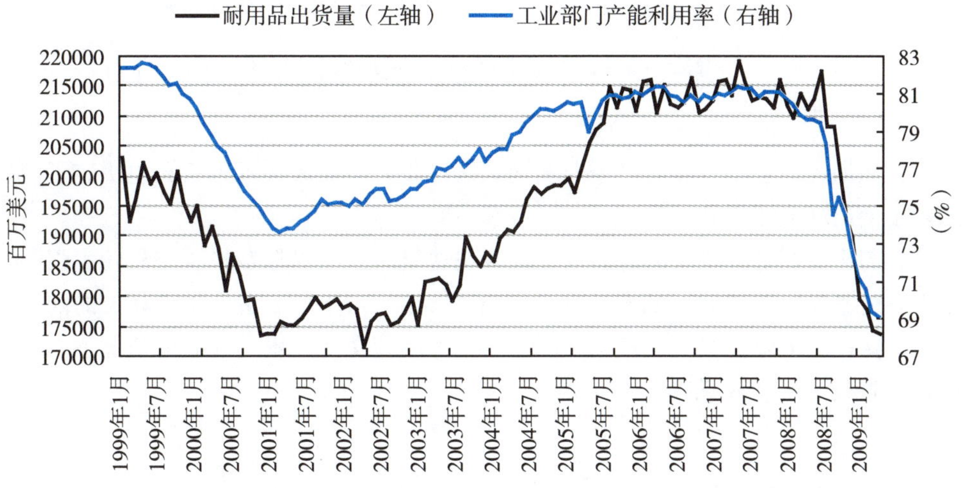


**图 2－2－25　美国设备利用率和耐用品销售情况**

数据来源：WIND。

从历史数据看，在经济复苏过程中，产能利用率、失业率等指标滞后于零售和资本支出指标的变化，但领先于 CPI 特别是核心 CPI 的变化。尽管货币政策宽松显著提升了金融市场的通胀预期，但由于产能利用率和失业率远未好转，实体经济价格仍处于下跌阶段。最新公布的美国 2009 年 5 月份 CPI 环比仅较 4 月份上升 0.1%，同比跌幅则扩大到 1.3%，为近 60 年来最大单月跌幅。

**3. 国内经济持续快速复苏仍受制于诸多因素**

其一，尽管外需快速大幅下滑的状况会有所回稳，但总体上仍将处于低速增长。一方面，主要经济体虽已显露止跌回稳迹象，但远未恢复到正常水平。欧盟近期公布的数据显示，欧元区 4 月份工业产值较 3 月份下降 1.9%，较 2008 年同期锐减 21.6%，同比下降幅度创 1990 年 1 月份该数据统计以来的最大降幅。另一方面，金融危机冲击了借债消费模式，预计未来储蓄率将显著提高，对个人消费形成抑制。2009 年 4 月份，美国个人储蓄占可支配收入的比例上升到 5.7%，为近年最高水平，与此同时个人消费支出同比下降 1.9%，也降至近年来最低水平，对主要贸易伙伴国出口恢复将产生不利影响（见图 2－2－26）。

**图 2－2－26　美国个人储蓄率继续上升**

数据来源：WIND。

其二，短期内就业压力加大、企业利润和居民收入增长放缓等因素，也决定了消费零售额短期内不会出现大幅提升。

其三，与出口制造业相关的私人投资难以快速复苏。尽管近期投资增长较为强劲，但主要还是由政府基建投资拉动。私人投资增长相对较慢，与出口制造业密切相关的港澳台商投资还出现一定幅度下降。在产能过剩状况和一些体制壁垒尚无根本改观的情况下，预计私人投资增长仍将较为缓慢（见图 2－2－27）。

## （三）指标预测

**1. CPI 预测**

（1）前提假设。2009 年 6—12 月无重大自然灾害，全年国内生产总值增速为 8% 左右。

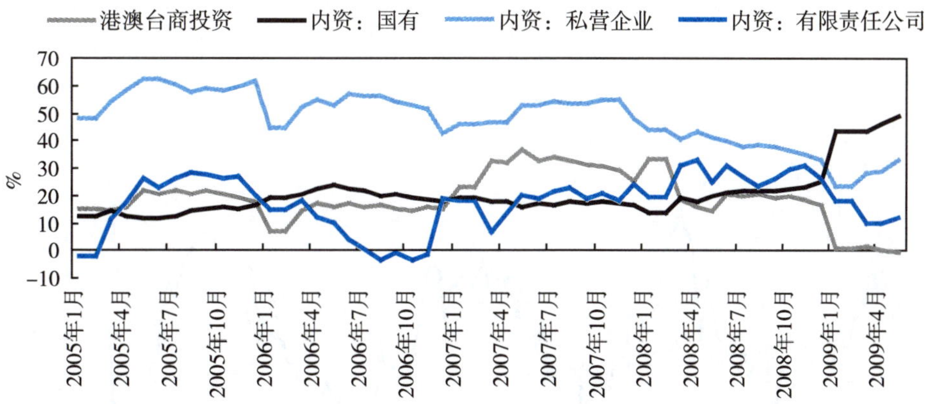


**图 2-2-27 私人投资启动仍较缓慢**

数据来源：国家统计局。

（2）预测方法。采用两种方法预测 CPI。

第一种方法是将 CPI 分为食品和非食品部分，分别进行预测。考虑到预测前提为 GDP 增长 8%，而 2001 年 1 月份至 2003 年 6 月份 GDP 平均增速为 8%，因此对食品价格环比增速的预测取上述期间的各月平均数为基准，再综合考虑食品供求、价格周期等因素进行修正。非食品价格同比增速预测综合考虑 2008 年翘尾因素和历史各月增长的倒“V”形规律。由于 2009 年粮食价格提高为既定因素，因此在此基础上须加上这一影响。考虑到国际油价波动的不确定性以及对国内价格的影响较大，因此将国际油价分为 70 美元/桶、80 美元/桶和 90 美元/桶三种情景，并分别估算其对 CPI 的影响。预测结果如表 2-2-9 所示。

第二种方法：根据《对我国货币信贷、产出缺口和通货膨胀关系的研究》专题分析的结论，货币（M1）、产出缺口（gap）、国际石油价格（oil）、人民币实际有效汇率（reerch）与通货膨胀（cpi）之间存在以下长期关系：

$$cpi = 0.005oil + 0.038food - 0.090reerch + 0.306M1 + 0.405gap + 0.913 \quad (1)$$

在长期关系式中，M1 和产出缺口增速分别领先 CPI 6 个月和 5 个月，因此 2008 年 6 月份至 2009 年 6 月份的 M1、2008 年 7 月份至 2009 年 7 月份的产出缺口将对 2009 年全年的物价水平产生影响。如果假定人民币实际有效汇率和国际食品价格未来数月保持不变，国际石油价格仍为 5 月份的 60 美元/桶，2009 年 6 月份 M1 增速为 20%，6 月份和 7 月份产出缺口分别为 -2.5% 和 -2%，就可以算出 2009 年 6—12 月份的 CPI。

2009 年 6 月 M1 增速设定为 20% 的理由：根据历史经验数据（见图 2-2-28），目前 M1 增速正处于新一轮货币波动周期中的初始上升阶段，其最高增速水平应不低于同一周期中 M2 的最高增速。2009 年 5 月份 M1 增速为 18.69%，而 M2 增速达 25.74%，1—5 月份 M1 平均增速为 14.1%，而图中历史平均水平达到 15.6%，这意味着 2009 年未来数月和 2010 年物价水平变化将受到货币 M1 的较大冲击。

2009 年 6 月份和 7 月份产出缺口分别设定为 -2.5% 和 -2% 的理由：从历史数据看，产出缺口与 M1 增速变化基本同步（见专题分析图 3-1-8），根据上述分析，M1 增速在 6 月份和 7 月份将较快提升，据此假定 6、7 月份的产出缺口由 5 月的 -3.05% 分别缩小至 -2.5% 和 -2%。

两种预测结果的比较如图 2 -2 -29 所示。从中不难看出，由于两种预测结果前提假定不同，且方法二仅是对长期关系的描述，因此存在一些差异，但总体趋势非常一致。

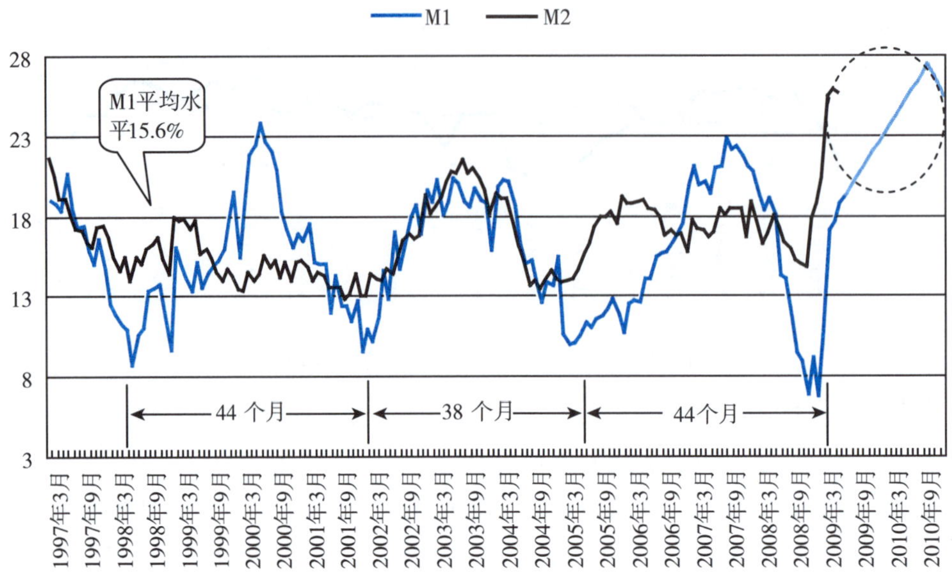


**图 2 -2 -28　M1、M2 增速的比较（1997 年 3 月—2009 年 5 月）**

注：图中浅蓝线为对未来数月 M1 的粗略估计。

数据来源：CEIC、中国人民银行研究局。

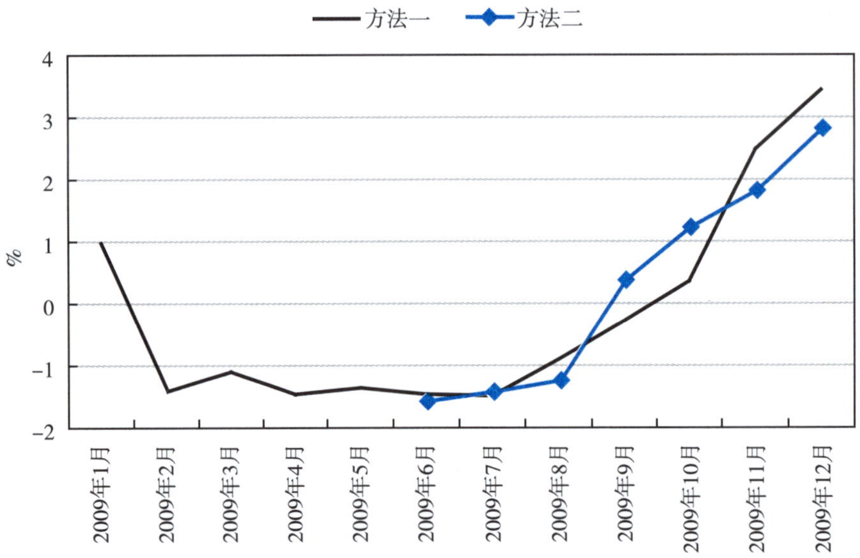


**图 2 -2 -29　预测方法一和预测方法二的比较**

数据来源：中国人民银行研究局。

（3）方法一的预测结果（见表 2 -2 -9）。

**表 2-2-9　　2009 年 CPI 预测结果**　　单位:%

| | 1月 | 2月 | 3月 | 4月 | 5月 | **6月** | **7月** | **8月** | **9月** | **10月** | **11月** | **12月** | **全年** |
|---|---|---|---|---|---|---|---|---|---|---|---|---|---|
| 预测结果 | 1.0 | -1.6 | -1.2 (*-1.16*) | -1.5 (*-1.52*) | -1.4 (*-1.42*) | **-1.5** | **-1.5** | **-0.9** | **-0.3** | **0.4** | **2.5** | **3.4** | **-0.18** |
| | | 第1季度 | | | 第2季度 | | | 第3季度 | | | 第4季度 | | |
| 预测结果 | | -0.60 | | | **-1.43** | | | **-0.90** | | | **2.10** | | |
| | 2009年粮食价格提高16.4%，影响CPI 0.02个百分点。 | | | | | | | | | | | | **-0.16** |
| 情景1 | 国际石油价格70美元/桶左右，1—6月M1平均增速15.1%，产出缺口-3.0%，影响CPI 0.32个百分点。 | | | | | | | | | | | | **0.16** |
| 情景2 | 国际石油价格80美元/桶左右，1—6月M1平均增速15.1%，产出缺口-3.0%，影响CPI 0.37个百分点。 | | | | | | | | | | | | **0.21** |
| 情景3 | 国际石油价格90美元/桶左右，1—6月M1平均增速15.1%，产出缺口-3.0%，影响CPI 0.42个百分点。 | | | | | | | | | | | | **0.26** |

注：根据国家发展和改革委员会《关于提高2009年稻谷最低收购价格的通知》，2009年每50公斤早籼稻、中晚籼稻、粳稻最低收购价格分别提高到90元、92元、95元，比2008年均提高13元。括号中斜体数据为第1季度所做预测数，黑体为预测数。

（4）对2009年6月至2012年6月CPI变化趋势的估计。假定除货币外的其他解释变量均不发生变化，即与2009年5月份相同，只考虑货币变化对未来CPI的影响。从图2-2-28可以看出，M1波动周期长度一般为44个月，所以假定2008年11月至2010年9月为M1变化周期中的上升期，2010年10月至2012年6月为下降期。根据1998—2005年两次周期中M1的月均增速变化，设定上升周期中M1同比增速月均上升0.54%，下降周期中M1同比增速月均下降0.64%。根据上述长期关系式（1），可推断2009年下半年后CPI将逐渐上升，高点可能出现在2010年第4季度，之后将重新回落（见图2-2-30）。

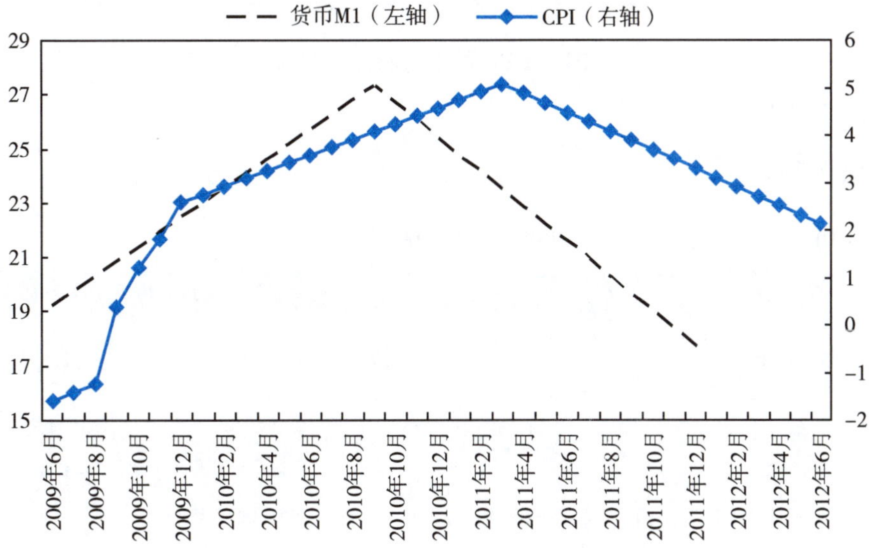


**图 2-2-30　货币 M1 波动对 CPI 的影响**

数据来源：中国人民银行研究局。

**2. PPI 预测**

（1）前提假设。2009 年 6—12 月份无重大自然灾害，全年国内生产总值增速为 8% 左右。

（2）预测方法。利用新涨价因素和翘尾因素预测。由 2008 年 PPI 各月环比增速可以得到 2009 年各月的翘尾因素，2009 年 6 月份到 12 月份的新涨价因素采用 1999 年 1 月份到 2003 年 12 月份的平均数。

由于石油价格变动对 PPI 的影响较大，有必要以上述预测结果为基准，针对不同油价水平做出情景分析。对 2000 年 1 月份到 2009 年 5 月份期间我国 PPI 与 WTI 价格同比增速的计量检验表明，两者之间存在协整关系，向量误差修正模型（VECM）中的长期关系式为 PPI = −97.43 + 0.212 WTI，即原油价格同比增速每提高 10%，我国 PPI 将上涨 2.12%（见图 2 −2 −31）。根据计量检验结果，三种情景下的预测结果如表 2 −2 −10 所示。PPI 预测值和翘尾因素如图 2 −2 −32 所示。

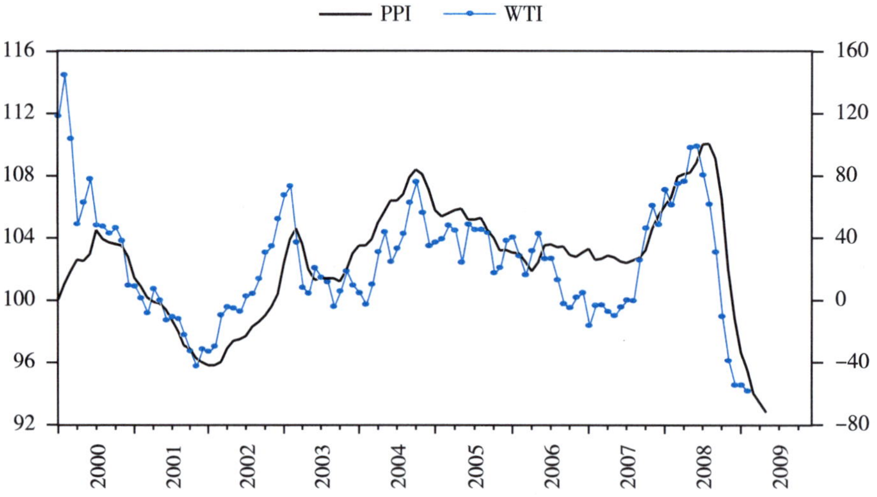


**图 2 −2 −31　PPI 同比与石油价格同比增速**

数据来源：CEIC。

（3）预测结果。

**表 2 −2 −10　　2009 年 PPI 预测结果**　　单位：%

| | 1 月 | 2 月 | 3 月 | 4 月 | 5 月 | **6 月** | **7 月** | **8 月** | **9 月** | **10 月** | **11 月** | **12 月** | **全年** |
|---|---|---|---|---|---|---|---|---|---|---|---|---|---|
| 预测结果 | −3.35 | −4.50 | −5.99 (*−5.96*) | −6.6 (*−6.52*) | −7.2 (*−6.99*) | **−7.7** | **−8.5** | **−8.6** | **−7.6** | **−5.2** | **−1.5** | **1.2** | **−5.47** |
| | | 第 1 季度 | | | **第 2 季度** | | | **第 3 季度** | | | **第 4 季度** | | |
| 预测结果 | | −4.61 | | | **−7.2** | | | **−8.2** | | | **−1.8** | | |
| 情景 1 | 国际石油价格 70 美元/桶左右，即同比增速提高 5%，影响 PPI1.06 个百分点。 | | | | | | | | | | | | **−4.41** |
| 情景 2 | 国际石油价格 80 美元/桶左右，即同比增速提高 12%，影响 PPI2.54 个百分点。 | | | | | | | | | | | | **−2.93** |
| 情景 3 | 国际石油价格 90 美元/桶左右，即同比增速提高 30%，影响 PPI6.36 个百分点。 | | | | | | | | | | | | **0.89** |

注：括号中斜体数据为第 1 季度所做的预测数据，黑体为预测数。

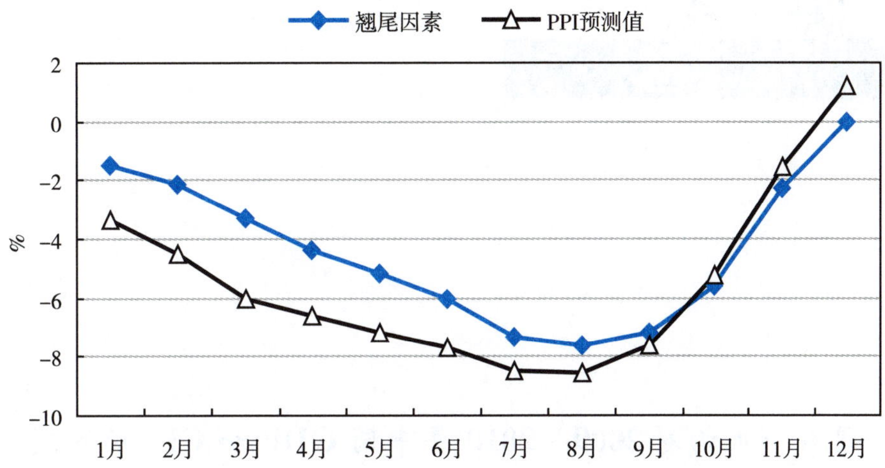


**图 2－2－32　2009 年 PPI 翘尾因素和预测值**

# 附　表

## 国内外机构对2009~2010年中国GDP和CPI的预测

### （预测时间2009年6月）

单位：同比（%）

| 经济预测机构 | 国内生产总值（年平均同比增长） | | 消费物价指数（全国） | |
|---|---|---|---|---|
| | 2009年 | 2010年 | 2009年 | 2010年 |
| 中国社会科学院 | 8.2 | 8.5 | 0.5 | 1.5 |
| 国家信息中心（5月） | 7.9 | — | -0.7 | — |
| 中金公司 | 7.6~8.0 | — | -0.3 | — |
| 中信证券 | 8.2 | 8.5 | -0.4 | 1.2 |
| 国际机构 | | | | |
| 摩根士丹利（亚洲） | 7.0 | 8.0 | -0.8 | 1.5 |
| 恒生银行 | 8.0 | — | 1.0 | — |
| 花旗集团 | 7.6 | 8.3 | -0.4 | 2.0 |
| 汇丰银行 | 7.8 | 8.9 | -0.2 | 0.8 |
| 高盛（亚洲） | 8.3 | 10.9 | -0.3 | 1.5 |
| JP摩根 | 7.2 | 8.5 | -0.5 | 2.5 |
| 瑞士信贷 | 8.0 | 8.5 | -0.8 | 1.9 |
| 瑞银 | 7.5 | 7.5 | 0.5 | 2.0 |
| 东亚银行 | 7.7 | 8.3 | -0.3 | 1.7 |
| 美国Global insight公司 | 6.9 | 8.2 | -1.0 | 0.0 |
| IMF（4月） | 6.5 | 7.5 | 0.1 | 0.7 |
| 以上机构预测中位数 | 7.7 | 8.3 | -0.3 | 1.5 |
| 最高 | 8.2 | 10.9 | 1.0 | 2.5 |
| 最低 | 6.5 | 7.5 | -1.0 | 0.0 |
| 《亚太经济预测》中15家国际机构预测 | | | | |
| 中位数 | 7.5 | 8.4 | -0.1 | 1.6 |
| 最高 | 8.3 | 10.9 | 1.0 | 3.2 |
| 最低 | 6.5 | 7.3 | -1.1 | 0.0 |

# 第三部分

# 2009年第3季度价格监测分析

## 主要观点和结论

受猪肉等食品价格较快上涨影响，第3季度以来居民消费价格同比跌幅明显收窄，环比趋势周期项连续5个月为正，表明价格总水平触底回升的基础基本稳固。在国际初级产品价格上涨的传导下，原材料、燃料、动力购进价格和工业品出厂价格连续5个月环比上涨，同比降幅开始收窄。

从表面上看，目前物价水平回升主要是由于国内食品价格和国际大宗商品价格上涨，但从宏观经济金融背景看，一方面主要经济体中央银行的货币政策继续保持宽松，美元贬值和通胀预期得以延续；另一方面，危机以来全球经济急速回落阶段基本结束，我国经济更是出现了明显复苏，增强了当前价格总水平的回升基础。

总体看，第4季度世界经济复苏的迹象将更加明显，主要经济体仍将保持相对宽松的货币政策，国际初级产品价格温和上升的可能性较大。国内方面，货币流动性上升、投资增长和基期因素将支持价格总水平延续稳步回升态势。但另一方面，我国主要贸易伙伴国目前仍存在失业率较高，CPI走势偏弱的问题。这会影响我国出口产能的恢复，产出缺口难以迅速收窄，并由此限制了价格总水平的回升速度。预计在未来3～6个月内，国内价格总水平环比涨幅仍将维持温和上升态势，同比涨幅则会因基期因素加快上升。预计价格形势的上述变化将带来企业利润的逐渐回升并推动GDP同比增速的进一步加快。

（本部分完成于2009年9月22日）

# 一、价格形势

■ 受猪肉、蛋、鲜菜、鲜果等食品价格上涨较快影响，居民消费价格同比跌幅明显收窄，环比出现上涨。CPI环比趋势周期项连续5个月为正，表明价格总水平触底回升的基础比较稳固，而CPI和食品价格环比与当月历史平均值之差在缩小，反映CPI将呈温和回升态势。在国际大宗商品价格上涨的传导下，原材料、燃料、动力购进价格和工业品出厂价格连续5个月环比上涨，同比降幅开始收窄。

## （一）当前价格总水平延续止跌回升态势

**表2-3-1　　2009年主要价格数据**　　同比涨幅：%

| | 1月 | 2月 | 3月 | 4月 | 5月 | 6月 | 7月 | 8月 |
|---|---|---|---|---|---|---|---|---|
| CPI | 1.0 | -1.6 | -1.2 | -1.5 | -1.4 | -1.7 | -1.8 | -1.2 |
| CPI：食品 | 4.2 | -1.9 | -0.7 | -1.3 | -0.6 | -1.1 | -1.2 | 0.5 |
| CPI：非食品 | -0.6 | -1.2 | -1.3 | -1.5 | -1.7 | -1.9 | -2.1 | -2.0 |
| 工业品出厂价格 | -3.3 | -4.5 | -6.0 | -6.6 | -7.2 | -7.8 | -8.2 | -7.9 |
| 原材料、燃料、动力购进价格 | -5.3 | -7.1 | -8.9 | -9.6 | -10.4 | -11.3 | -11.7 | -11.4 |
| 进口价格 | -10.6 | -17.6 | -18.5 | -19.2 | -20.4 | -16.3 | -16.7 | -20.3 |
| 出口价格 | 2.3 | -2.5 | -5.6 | -5.9 | -6.2 | -8.8 | -7.1 | -9.1 |

数据来源：国家统计局。

### 1. 居民消费价格同比跌幅明显收窄，环比出现上涨

CPI同比自2009年2月份开始下降，至8月份已连续7个月。当月下降1.2%，跌幅比7月份大幅缩小0.6个百分点（见图2-3-1）。

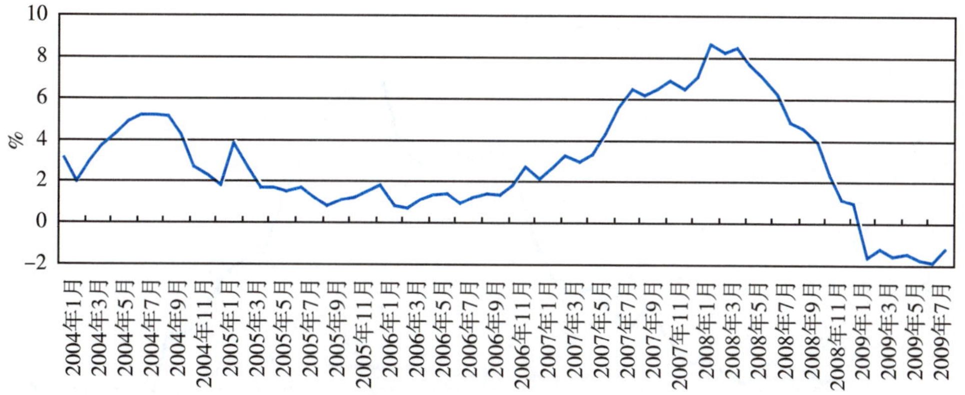

**图2－3－1　CPI同比涨幅走势（2004年1月—2009年8月）**

数据来源：CEIC。

**受负翘尾因素的影响，CPI同比涨幅仍为负。**2009年6、7、8月份，各月翘尾因素分别为－1.3%、－1.4%和－1.3%，对CPI同比降幅的贡献分别为76.5%、77.8%和108.3%。新涨价因素分别为－0.4%、－0.4%和0.1%，对CPI同比降幅的贡献分别为23.5%、22.2%和－8.3%（见表2－3－2）。

**表2－3－2　翘尾因素和新涨价因素**　同比涨幅:%

| | 1月 | 2月 | 3月 | 4月 | 5月 | 6月 | 7月 | 8月 |
|---|---|---|---|---|---|---|---|---|
| CPI同比涨幅 | 1.0 | -1.6 | -1.2 | -1.5 | -1.4 | -1.7 | -1.8 | -1.2 |
| 翘尾因素 | 0.1 | -2.5 | -1.8 | -1.9 | -1.5 | -1.3 | -1.4 | -1.3 |
| 新涨价因素 | 0.9 | 0.9 | 0.6 | 0.4 | 0.1 | -0.4 | -0.4 | 0.1 |
| 食品价格涨幅 | 4.2 | -1.9 | -0.7 | -1.3 | -0.6 | -1.1 | -1.2 | 0.5 |
| 翘尾因素 | 0.9 | -5.8 | -4.0 | -3.9 | -2.7 | -1.9 | -1.8 | -1.4 |
| 新涨价因素 | 3.3 | 3.9 | 3.3 | 2.6 | 2.1 | 0.8 | 0.6 | 1.9 |
| 非食品价格涨幅 | -0.6 | -1.2 | -1.3 | -1.5 | -1.7 | -1.9 | -2.1 | -2.0 |
| 翘尾因素 | -0.4 | -0.8 | -0.7 | -0.9 | -0.9 | -1.0 | -1.2 | -1.2 |
| 新涨价因素 | -0.2 | -0.4 | -0.6 | -0.6 | -0.8 | -0.9 | -0.9 | -0.8 |

数据来源：国家统计局。

**食品价格同比连续6个月下跌后首次出现上涨，非食品价格同比跌幅有所企稳。**2009年6、7、8月份，食品价格同比分别上涨－1.1%、－1.2%和0.5%，非食品价格同比降幅分别为1.9%、2.1%和2.0%（见图2－3－2）。食品价格同比上涨主要是受肉禽及其制品、蛋和鲜菜价格上涨的影响。

**猪肉、蛋、鲜菜、鲜果等食品价格上涨较快。**2009年8月份，尽管肉禽及其制品价格同比仍处于下降中，但降幅已明显缩小。8月份肉禽及其制品价格同比下降9.5%，降幅比7月缩小3.7个百分点，其中猪肉价格同比下降20.2%，降幅比7月缩小7.3个百分点。而从环比看，8月份肉禽及其制品价格上涨3.5%，猪肉价格上涨8.1%。蛋类价格同比上涨

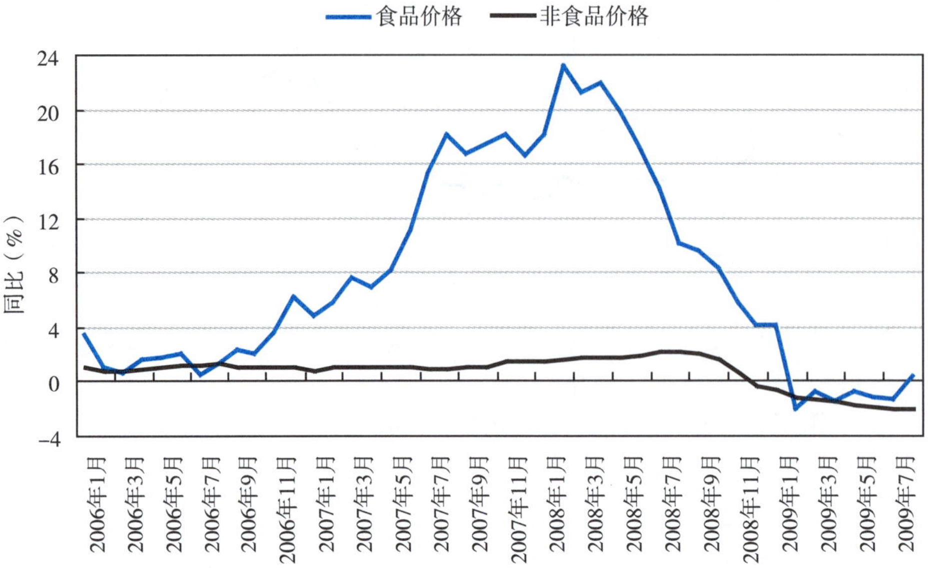


**图 2－3－2　食品和非食品价格走势（2006 年 1 月—2009 年 8 月）**

数据来源：国家统计局。

0.9%，涨幅比 7 月扩大 2.1 个百分点，环比上涨 5.4%。8 月份，鲜菜同比上涨 21.8%，涨幅比 7 月扩大 11.7 个百分点，鲜果同比上涨 22.1%，涨幅比 7 月缩小 2 个百分点（见图 2－3－3）。

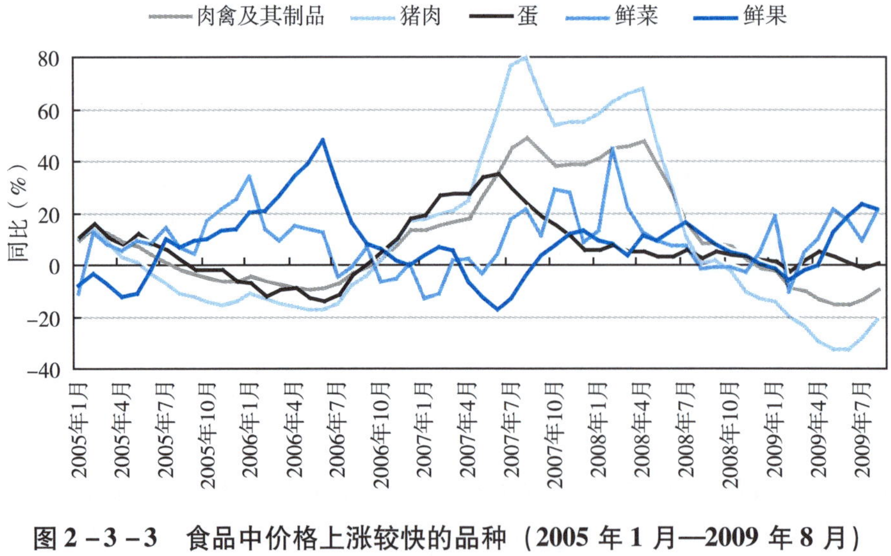


**图 2－3－3　食品中价格上涨较快的品种（2005 年 1 月—2009 年 8 月）**

数据来源：国家统计局。

**CPI 和食品价格环比出现上涨。**在经历了 2009 年 2 月份以来连续 6 个月的下降或持平后，8 月份 CPI 环比开始上涨。6、7、8 月份，CPI 环比涨幅分别为－0.5%、0.0% 和 0.5%，食品价格环比涨幅分别为－1.3%、－0.2% 和 1.3%。季节调整后的 CPI 环比值分别为－0.10%、－0.03% 和 0.38%，季节调整后的食品价格环比值分别为 0.36%、0.16%

和0.57%（见图2－3－4）。

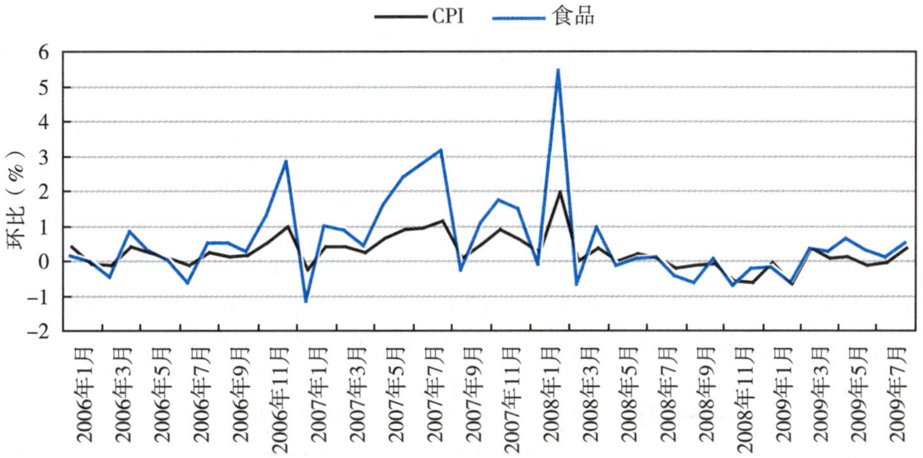


**图2－3－4　季节调整的CPI和食品价格环比走势（2006年1月—2009年8月）**

数据来源：CEIC。

**CPI和食品价格环比与当月历史平均值之差缩小**。6、7、8月份，CPI环比分别高出当月历史平均值0.14个、0.15个和0.08个百分点，食品价格环比分别高出当月历史平均值0.33个、0.26个和0.01个百分点，表明CPI已经止跌回升，呈现温和回升态势。

**CPI环比趋势周期项连续5个月出现正值**。CPI环比的趋势周期项在经历了连续7个月的负值后，从2009年3月开始转为正值并逐月上升，表明价格总水平触底回升的基础比较稳固（见图2－3－5）。

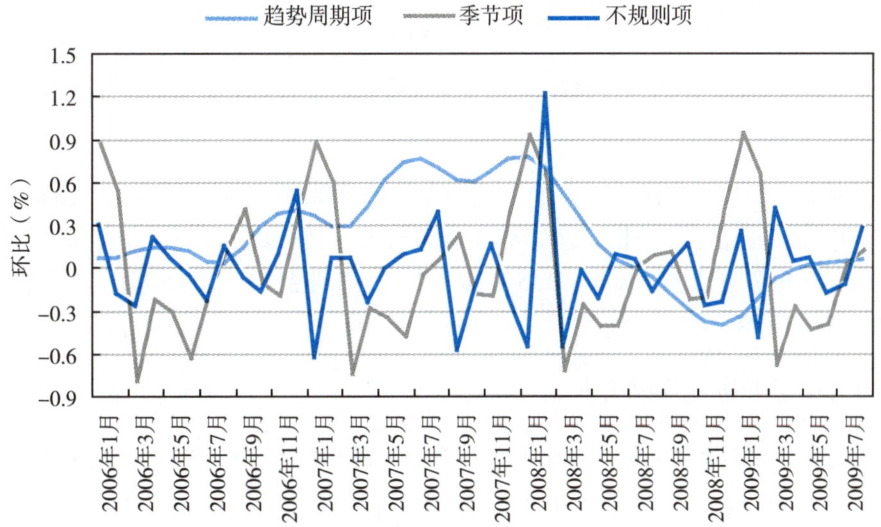


**图2－3－5　CPI环比的趋势周期项、季节项和不规则项走势（2006年1月—2009年8月）**

数据来源：CEIC。

**2. 生产者价格（PPI）同比降幅开始收窄，环比继续上涨**

原材料、燃料、动力购进价格和工业品出厂价格同比降幅开始收窄（见图 2 - 3 - 6）。2008 年年底以来，PPI 持续下降，2009 年 7 月份同比降幅达到最大，8 月份开始呈现缩小态势。8 月份，原材料、燃料、动力购进价格和工业品出厂价格同比分别下降 11.4% 和 7.9%，降幅均比 7 月份减少 0.3 个百分点。8 月份，生产资料价格同比下降 9.7%，降幅比 7 月份缩小 0.4 个百分点，影响工业品出厂价格下降约 7.4 个百分点。其中，采掘业下降 25.9%，原材料下降 11.5%，加工业下降 6.9%。生活资料价格同比下降 1.9%，降幅比 7 月份缩小 0.4 个百分点，影响工业品出厂价格下降约 0.5 个百分点。其中食品类下降 2.3%，衣着类下降 0.4%，一般日用品下降 1.8%，耐用消费品下降 2.3%。

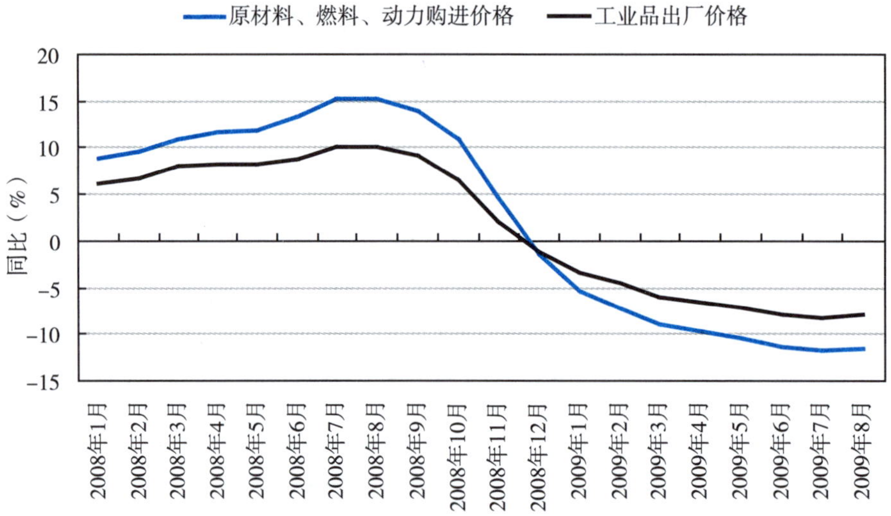


**图 2 - 3 - 6　原材料、燃料、动力购进价格和工业品出厂价格同比走势**

数据来源：CEIC。

从环比看，在经历了连续 7 个月的环比下降后，自 2009 年 4 月份开始，原材料、燃料、动力购进价格和工业品出厂价格已经连续 5 个月环比上涨。6、7、8 月份，原材料、燃料、动力购进价格环比分别上涨 0.8%、1.5% 和 1.1%，工业品出厂价格环比分别上涨 0.3%、1.0% 和 0.8%（见图 2 - 3 - 7）。

**3. 企业商品价格同比降幅缩小**

企业商品价格已连续 10 个月同比下降，企业商品价格 6、7、8 月份分别同比下降 8%、8% 和 7.1%，降幅呈现缩小态势。分类别看，农产品同比分别下降 4.5%、3.7% 和 2.7%，矿产品同比分别下降 14.8%、15.8% 和 12.7%，煤油电同比分别下降 14.3%、15.0% 和 16.1%，加工业产品同比分别下降 8.2%、8.3% 和 7.3%（见图 2 - 3 - 8 所示）。

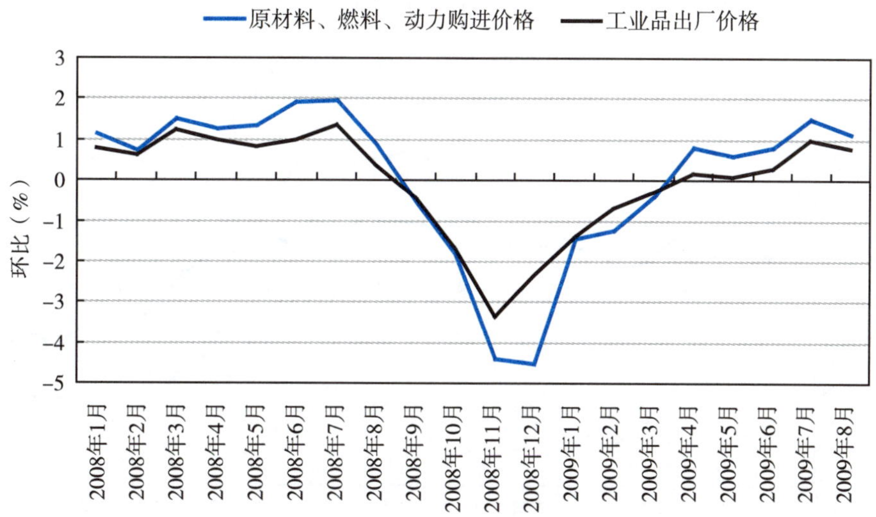


**图2-3-7　原材料、燃料、动力购进价格和工业品出厂价格环比走势**

数据来源：CEIC。

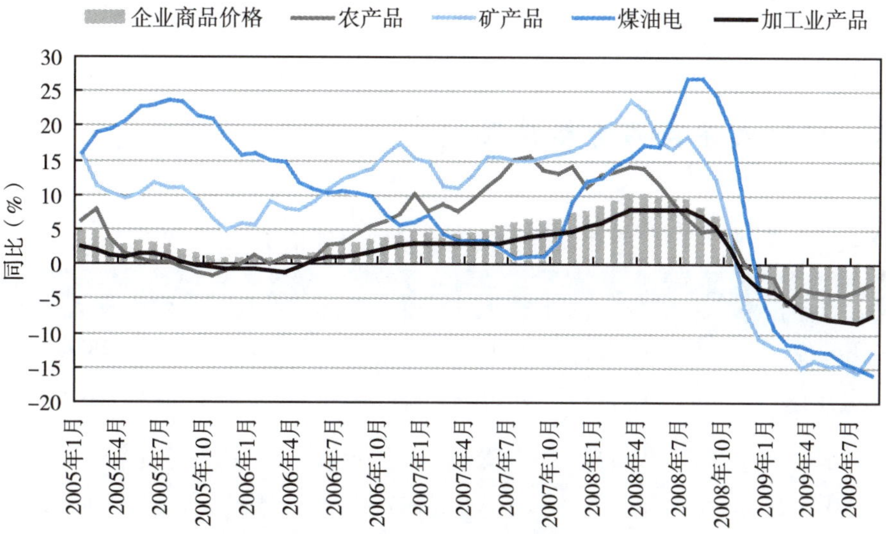


**图2-3-8　企业商品价格同比走势**

数据来源：中国人民银行。

## 4. 进口价格降幅大于出口价格

进口价格在2008年12月份由上涨转为下降后，已连续9个月出现同比下降。2009年6、7、8月份，进口价格同比降幅分别为16.3%、16.7%和20.3%。出口价格在2009年2月份由上涨转为下降后，已连续7个月出现同比下降。6、7、8月份，出口价格同比降幅分别为8.8%、7.1%和9.1%。尽管进口价格和出口价格均为同比下降态势，但进口价格的降幅明显大于出口价格。在2007年12月份之前，进口价格与出口价格之间的差距较小，基本在相差5个百分点的区间内波动。从2008年1月份开始，在国际大宗商品价格大幅波动的影响下，进口价格的变动明显快于出口价格，且差距逐渐拉大（见图2－3－9）。

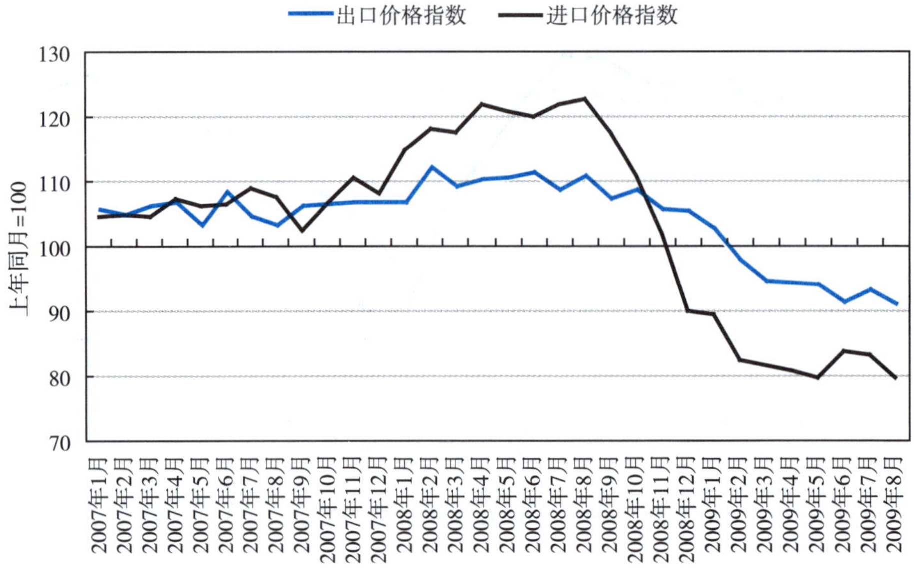


**图2－3－9　进、出口价格指数（2007年1月—2009年8月）**

数据来源：CEIC。

## （二）国际大宗商品价格情况

**表2－2－3　主要国际大宗商品价格上涨情况**

| | 原油 | 大豆 | 小麦 | 玉米 | 稻米 | 钢铁 |
|---|---|---|---|---|---|---|
| 2009年1月均价 | 41.923 | 9.9305 | 5.8890 | 3.9096 | 13.5825 | 155.54 |
| 2009年最低月均价 | 39.258 | 9.0780 | 4.8643 | 3.2714 | 12.2186 | 128.66 |
| 2009年8月均价 | 71.139 | 11.0942 | 4.8643 | 3.2714 | 13.4562 | 155.93 |
| 比1月均价涨幅（%） | 69.69 | 11.72 | －17.40 | －16.32 | －0.93 | 0.25 |
| 比最低均价涨幅（%） | 81.21 | 22.21 | 0.00 | 0.00 | 10.13 | 21.20 |
| | 铝 | 铜 | 镍 | 铅 | 锡 | 锌 |
| 2009年1月均价 | 1413.12 | 3220.69 | 11306.9 | 1132.74 | 11372.86 | 1187.4 |
| 2009年最低月均价 | 1330.95 | 3220.69 | 9696.36 | 1099.24 | 10675.91 | 1110.39 |
| 2009年8月均价 | 1931.21 | 6180.79 | 19639.52 | 1910.48 | 14847.38 | 1821.6 |
| 比1月均价涨幅（%） | 36.66 | 91.91 | 73.70 | 68.66 | 30.55 | 53.41 |
| 比最低均价涨幅（%） | 45.10 | 91.91 | 102.55 | 73.80 | 39.07 | 64.05 |

注：原油价格单位为美元/桶，大豆、小麦、玉米价格单位为美元/蒲式耳，稻米价格单位为美元/英担，钢铁价格为以1994年4月份为基期的价格指数，铝、铜、镍、铅、锡、锌价格单位为美元/吨。

**1. 国际原油价格反弹**

国际原油价格在6月份达到70美元/桶之后，7月份出现了小幅调整，曾一度跌破60美元/桶,但进入8月份以来，基本停留在70美元/桶之上。8月份，纽约WTI原油期货当月平均价格为71.139美元/桶，比7月份上涨10.65%，比1月份上涨近70%（见图2-3-10）。

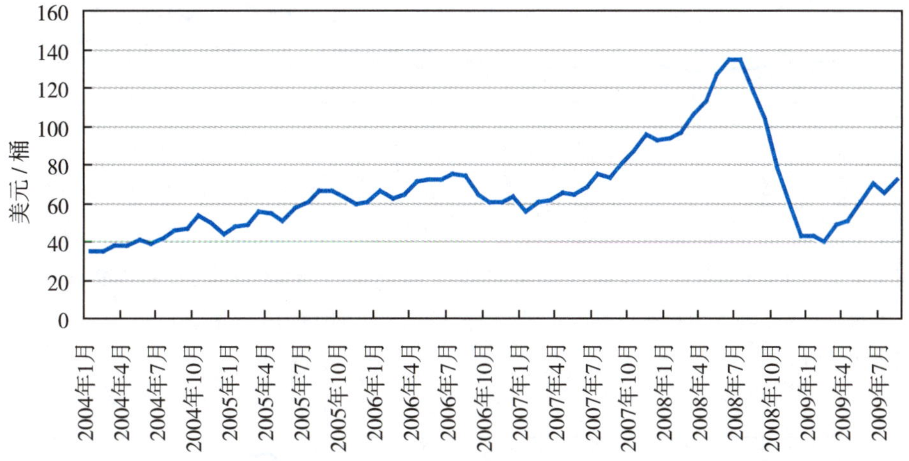


**图2-3-10 WTI原油期货月均价格走势（2004年1月—2009年8月）**

数据来源：CEIC。

**2. 国际粮价有涨有落**

2009年以来，小麦和玉米期货价格下降较多，小麦和玉米期货8月份均价分别比1月份均价下跌17.40%和16.32%，均为年内最低月均价。大豆期货价格上涨较多，大豆期货8月份均价比1月份均价上涨11.72%，比年内最低月均价上涨22.21%。稻米期货价格近期上涨较快，基本接近1月份的价格，稻米期货8月份均价比1月份均价下降0.93%，比年内最低月均价上涨10.13%。

6、7、8月份，大豆期货当月均价分别环比上涨5.47%、-10.56%和2.4%。小麦和玉米期货均连续3个月环比下降，小麦价格分别下跌1.0%、11.33%和5.49%，玉米价格分别下跌1.4%、19.51%和1.45%，稻米价格连续3个月环比上涨，分别为1.58%、5.2%和2.63%（见图2-3-11）。

**3. 黑色金属价格持续反弹**

2009年第2季度以来国际经济形势逐步好转，钢材需求相应复苏，国际钢铁生产企业开工率提高，国际钢铁价格逐渐回升。国际钢铁价格指数在5月份达到128.66的低点后，已连续3个月反弹。6、7、8月份，国际钢铁价格指数分别为133.83、146.2和155.93，8月份国际钢铁价格比5月份上涨21.20%（见图2-3-12）。

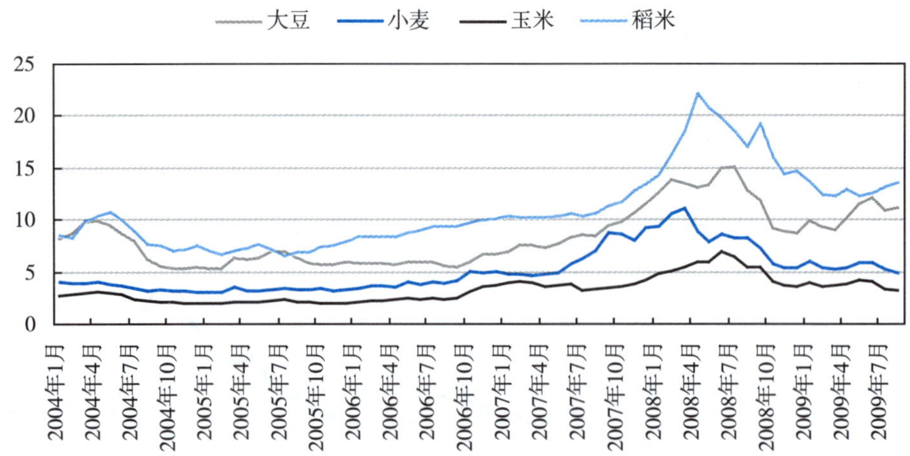


**图2－3－11　CBOT主要粮食期货月均价格走势（2004年1月—2009年8月）**

注：大豆、小麦、玉米价格单位为美元/蒲式耳，稻米价格单位为美元/英担。

数据来源：CEIC。

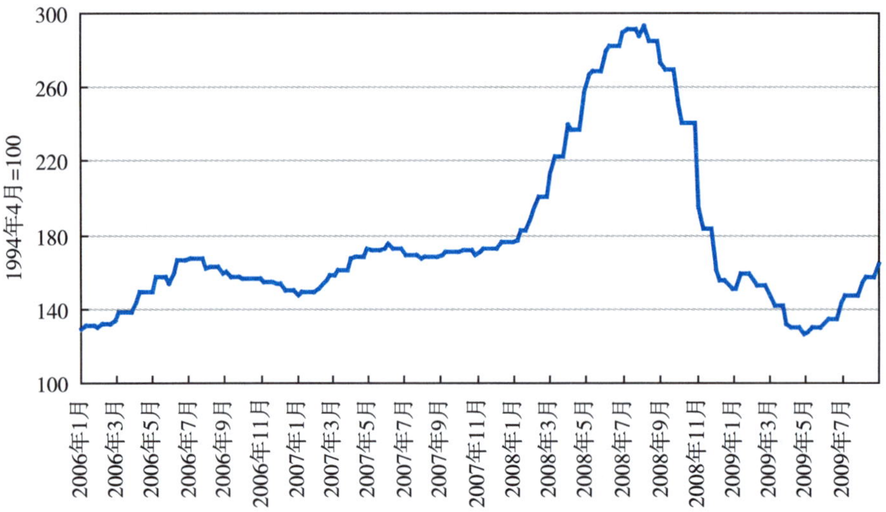


**图2－3－12　国际钢铁价格指数（2006年1月—2009年9月）**

数据来源：WIND。

#### 4. 有色金属价格上涨较快

随着世界主要经济体经济指标逐步出现回暖迹象，有色金属的需求回升较多，伦敦金属交易所6种主要有色金属月度平均价格上涨较快。具体看，截至8月份，铝已连续6个月环比上涨，比1月份上涨36.66%，比最低月均价上涨45.10%；铜已连续8个月环比上涨，比1月份上涨91.91%；镍已连续5个月环比上涨，比1月份上涨73.70%，比最低月均价上涨102.55%；铅已连续6个月环比上涨，比1月份上涨68.66%，比最低月均价上涨73.80%；锡比1月份上涨30.55%，比最低月均价上涨39.07%；锌已连续6个月环比上涨，比1月份上涨53.41%，比最低月均价上涨64.05%（见图2－3－13）。

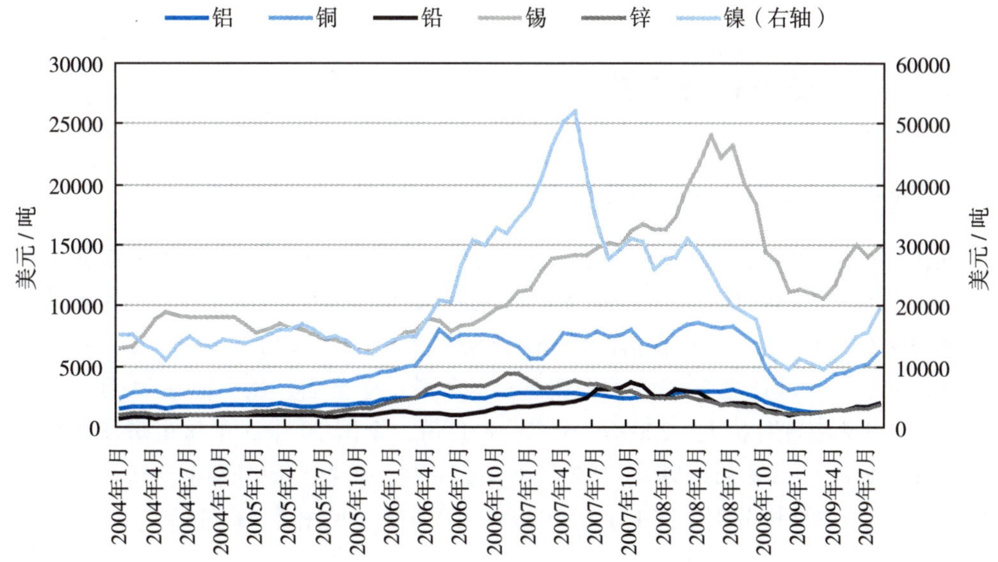


**图 2－3－13　有色金属价格月均价格走势（2004 年 1 月—2009 年 8 月）**

数据来源：CEIC。

**5. 国际航运价格大幅回调**

2009 年以来，波罗的海干货指数（BDI）自 5 月 6 日突破了 2000 点后，持续上涨到 5 月 27 日突破 3000 点关口，随后迅速于 6 月 2 日突破 4000 点关口，并于 6 月 3 日创下 2009 年以来的最高点 4291 点。6 月份 BDI 指数徘徊在 4000 点上下，在 6 月底开始震荡下跌，在 8 月 21 日跌破 2500 点，之后就一直在 2400～2500 点震荡。截至 9 月 11 日，BDI 指数为 2468 点，与年内高点 4291 点相比，下跌了近 42.5%（见图 2－3－14）。

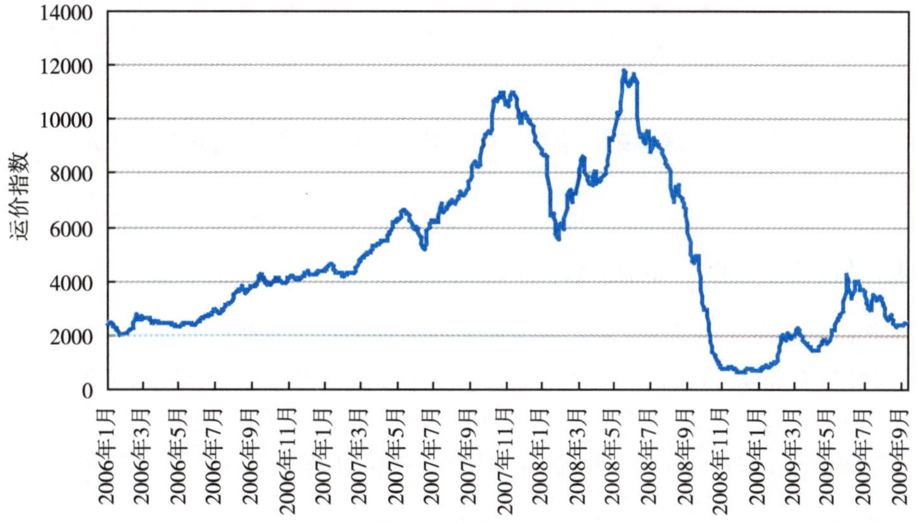


**图 2－3－14　波罗的海干散货运价指数走势（2006 年 1 月—2009 年 9 月）**

数据来源：WIND。

## （三）主要资产价格走势

### 1. 房价同比上涨较快，环比持续上涨

从同比看，房价同比涨幅持续扩大。2009 年 6、7、8 月份，全国 70 个大中城市房屋销售价格同比分别上涨 0.2%、1.0% 和 2.0%。其中，新建商品住房价格同比分别上涨 -0.6%、0.3% 和 1.5%，二手房价格同比分别上涨 2.2%、3.0% 和 3.6%。

从环比看，房价环比自 2008 年 8 月份起连续下跌 7 个月后，从 2009 年 3 月开始已连续 6 个月上涨，且涨幅逐月扩大。2009 年 6、7、8 月份，全国 70 个大中城市房屋销售价格环比分别上涨 0.8%、0.9% 和 0.9%。其中，新建商品住房价格环比分别上涨 0.8%、1.1% 和 1.1%，二手房价格环比分别上涨 1.1%、0.9% 和 0.6%（见图 2-3-15）。

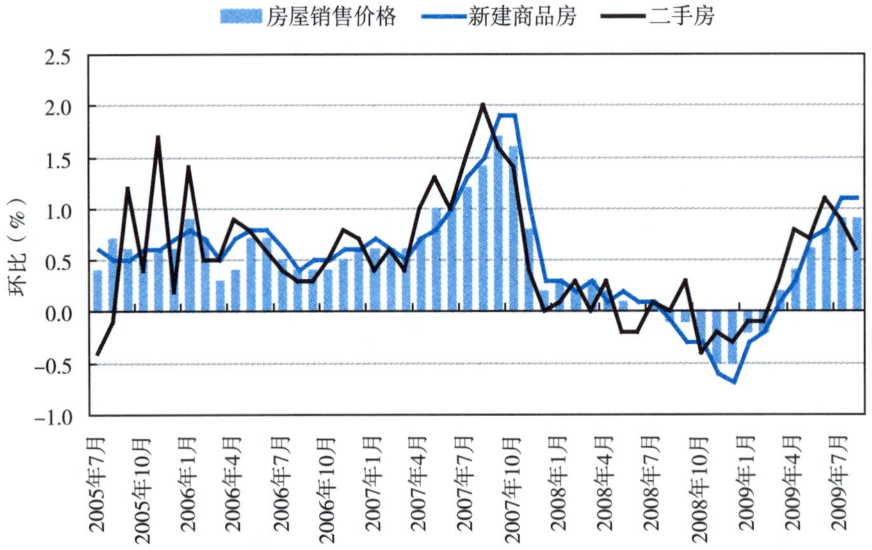


**图 2-3-15　房屋销售价格环比走势（2005 年 7 月—2009 年 8 月）**

数据来源：CEIC。

### 2. 股票价格振荡调整，市盈率有所下降

2009 年以来，在宏观经济形势逐渐见底企稳向好和资金充裕的背景下，股市逐渐走高，8 月 4 日上证综合指数和市盈率分别达到 3471.44 点和 29.86 倍的高点，此后振荡下行，8 月31 日上证综合指数和市盈率分别达到 2667.75 点和 23 倍的近期低点。截至 9 月 10 日，上证综合指数收于 2924.88 点，上海证券交易所平均市盈率为 25.24 倍（见图 2-3-16）。

### 3. 中债指数小幅波动反弹，收益率曲线陡峭化调整

2009 年 5 月份以来，中债总净价指数和中债国债总净价指数逐渐下行，至 7 月中旬，中债总净价指数和中债国债总净价指数止跌回稳，出现小幅波动反弹。截至 2009 年 9 月 11

**图 2－3－16　上证指数、平均市盈率走势（2005 年 1 月—2009 年 9 月）**

数据来源：CEIC。

日，中债总净价指数和中债国债总净价指数为 116.1325 点和 116.0014 点。8 月份，受货币市场利率走低的带动，中债收益率曲线短端下行，国债、政策性金融债和企业债（AAA）曲线 1 年期以下收益率均有不同程度的下降，最大降幅达 30BP 以上。10 年期以上利率则普遍上行。1—10 年期附近各曲线走势出现分化，受配置型需求影响国债和政策性金融债收益率仍然以下行为主，企业债收益率整体则呈现走高趋势（见图 2－3－17）。

**图 2－3－17　国债指数走势（2007 年 1 月—2009 年 9 月）**

数据来源：中央国债登记结算有限公司。

# 二、成因分析

■ 从表面上看，目前物价水平回升主要是由于国内食品价格和国际大宗商品价格上涨，但从宏观经济金融背景看：一方面，世界主要经济体中央银行特别是美联储实行了极为宽松的货币政策，引发了美元贬值和通胀预期；另一方面，危机以来世界经济急速回落阶段基本结束，我国经济更是出现了明显复苏，增强了当前价格总水平的回升基础。

## （一）全球货币宽松和经济企稳推动大宗商品价格反弹

金融危机爆发后，主要经济体特别是美联储向金融市场注入大量货币，加之世界经济企稳复苏，大量流动性投向大宗商品等通胀防御性品种，推动了其价格反弹。从我国情况看，2008年第4季度以来人民币与美元汇率比较稳定，国际大宗商品价格反弹几乎能完全传导到国内价格。

### 1. 世界主要经济体货币宽松引发通胀预期和美元贬值预期

截至2009年9月9日，通过注资、收购、货币互换等方式，美联储总资产相比2008年9月初增加了126%。截至2009年7月份，美国、欧元区和英国的基础货币投放分别同比增加98.75%、23.78%和444.28%（见表2-3-4）。

基础货币大量投放引发了通胀预期。2008年8月份以后，随着美国基准利率逐渐降至0.25%，国债收益率曲线一度大幅下移。但基础货币大量增加又引发了通胀预期的上升，国债收益率曲线长端显著弹起，反映了金融市场通胀预期的显著上升（见图2-3-18）。

表 2-3-4　主要经济体货币供应增速　单位：同比（%）

| 年月 | 美国 | | 欧元区 | | 英国 | |
|---|---|---|---|---|---|---|
| | 基础货币 | M2 | 基础货币 | M3 | 基础货币 | M3 |
| 2008 年 8 月 | 2.15 | 5.42 | 8.30 | 8.91 | 56.48 | 13.70 |
| 2008 年 12 月 | 100.78 | 9.62 | 36.68 | 7.54 | 80.57 | 18.25 |
| 2009 年 4 月 | 112.17 | 8.27 | 17.96 | 4.89 | 167.62 | 12.39 |
| 2009 年 5 月 | 113.96 | 8.81 | 16.47 | 3.74 | 258.73 | 10.76 |
| 2009 年 6 月 | 101.89 | 8.97 | 13.68 | 3.57 | 342.75 | 9.40 |
| 2009 年 7 月 | 98.75 | 8.07 | 23.78 | 2.96 | 444.28 | 10.36 |

数据来源：CEIC。

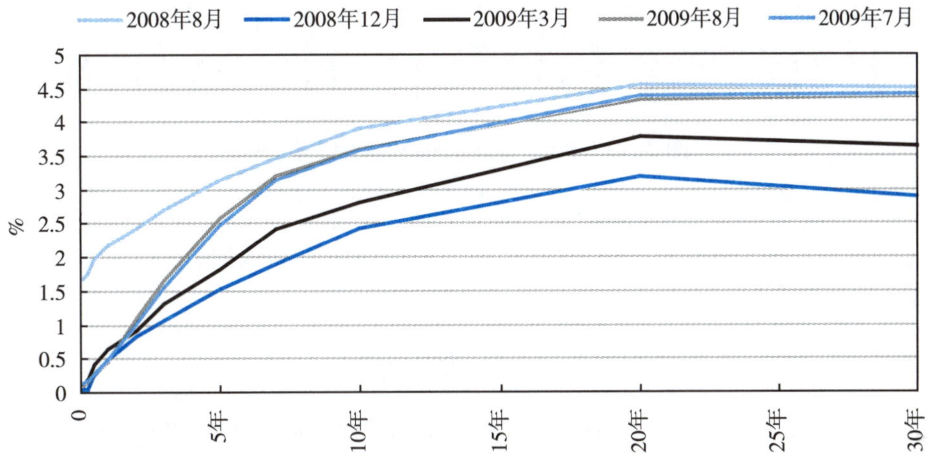


图 2-3-18　美国国债收益率曲线陡峭化

数据来源：WIND。

通胀预期还引发了美元币值大幅走低。金融危机爆发后，对美元资产的避险需求一度推动美元大幅升值，并于 2009 年 3 月初达到本轮升值的高点，但随着市场恐慌情绪的逐步缓解和通胀预期的上升，美元币值持续走低。截至 2009 年 9 月 11 日，美元币值指数收于 76.72，比 3 月初高点下降了 12.57 个百分点，贬值幅度超过 14%。

### 2. 世界经济出现企稳复苏迹象

全球主要经济体开始步入低水平复苏。OECD 领先指数已经连续 4 个月回升，表明发达国家经济见底回升的趋势即将出现。

2009 年第 2 季度，美国 GDP 环比折年率为 -1%，相比 2008 年第 4 季度（-5.4%）和 2009 年第 1 季度（-6.4%）大幅下降，表明美国经济急剧回落的阶段已经结束。其中 7 月份个人消费支出环比上升 0.2%，S&P/Case-shiller 大城市房价指数结束了持续 3 年的跌势，新屋库存下降至 27 万套，较 1 年前的 42 万套显著下降，达到 1993 年以来的低位；与此相对应，季节调整后的当月住宅建造支出结束自 2006 年 2 月份以来的下跌趋势，7 月份出现反弹，环比上升2.3%（见图2-3-19）。从工业生产看，7月份耐用品订单较上月增加780亿~1684亿美元，环比上升4.9%，是自2007年7月以来最大升幅，与此同时，耐用品存货连续7个月下降，新订单和库存指标之间的差值正在显著上升，预示企业生产速度将加快。

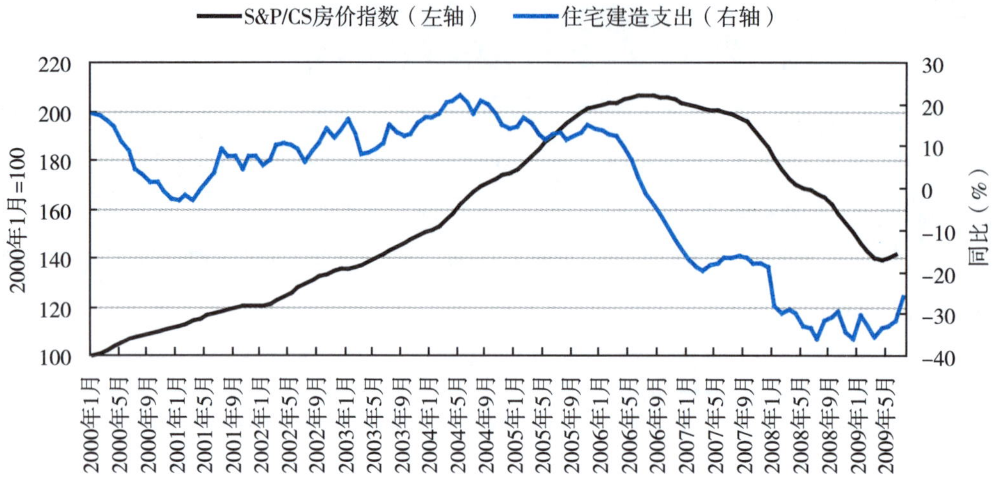


**图2-3-19　美国房价和房地产投资**

数据来源：WIND。

德国GDP环比增长0.3%，其中剔除存货变化后的经济增速已高达2.2%，显示欧洲最大经济体已开始复苏。

### 3. 通胀预期和美元贬值推动国际大宗商品价格反弹

在全球经济复苏大背景下，通胀和美元贬值预期使国际资本从国债资产向大宗商品市场回流，推动其价格反弹。2009年8月末，CRB现货指数收于381点，比3月末上升了18.7%，已恢复到2008年10月的水平。从各分类指数来看，金属、家畜、工业原料和食用油价格涨幅较大（见表2-3-5）。

**表2-3-5　　国际大宗商品价格反弹（指数）**

| | CRB现货指数 | 家畜 | 食用油 | 工业原料 | 纺织 | 金属 |
|---|---|---|---|---|---|---|
| 2009年3月 | 321.40 | 301.04 | 259.17 | 339.73 | 233.74 | 467.53 |
| 2009年4月 | 338.57 | 323.81 | 293.30 | 363.17 | 246.57 | 515.91 |
| 2009年5月 | 364.90 | 371.24 | 340.11 | 393.14 | 253.10 | 563.23 |
| 2009年6月 | 360.92 | 360.44 | 318.28 | 406.34 | 253.10 | 612.25 |
| 2009年7月 | 372.36 | 368.51 | 326.42 | 427.79 | 255.12 | 677.36 |
| 2009年8月 | 381.53 | 399.78 | 332.24 | 447.13 | 250.70 | 712.42 |
| 8月末相比3月末上涨（%） | 18.71 | 32.80 | 28.19 | 31.61 | 7.26 | 52.38 |

数据来源：WIND。

美元贬值和通胀预期对大宗商品价格的推动主要有两条途径：首先，美元是国际大宗商品的计价货币，美元贬值直接推动国际大宗商品价格上涨；其次，通胀预期和美元贬值预期强化了大宗商品的投资需求，推动大宗商品价格上涨。国际大宗商品大多是资源性产品，不可再生或生产效率受到限制，具有良好的投资价值，是对冲通货膨胀或计价货币贬值的投资工具，其价格受到金融市场交易因素的影响。使用 10 年期国债和 6 个月国债的收益率之差表示通胀预期，选取 2008 年 8 月 1 日—2009 年 9 月 10 日的日度数据，发现通胀预期和 CRB 指数之间的相关系数达到 -0.82，且通胀预期是国际大宗商品价格的格兰杰原因。

我国是全球加工制造业基地，当前也正在大量增加投资，对能源原材料等初级产品有着巨大需求，这是国际大宗商品价格反弹导致国内上游原材料、燃料、动力购进价格环比持续上涨的主要原因。2009 年 4 月份以来，尽管进口价格同比涨幅受 2008 年高基数影响持续为负，但环比涨幅连续 5 个月为正（见图 2-3-20）。

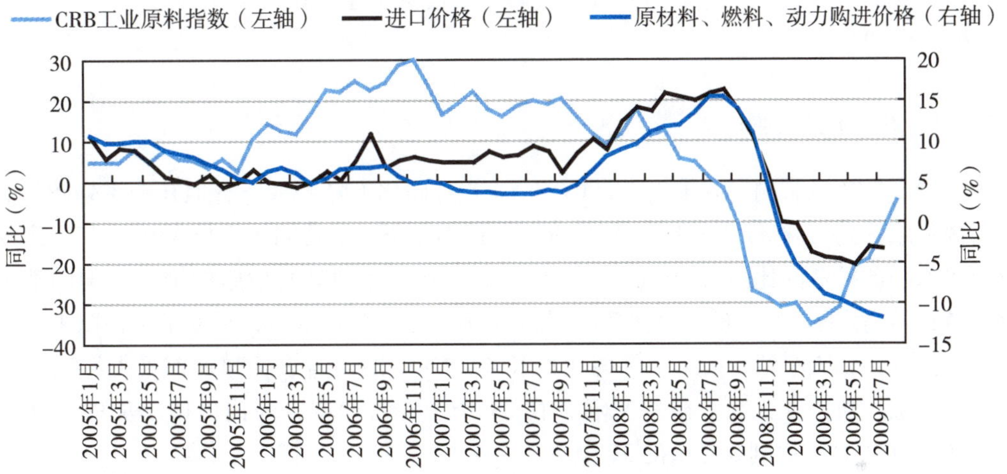


**图 2-3-20　输入型物价上涨**

数据来源：WIND。

## （二）国内经济反弹加速了上游物价上涨的传导和扩散

从国内来看，2009 年以来我国货币信贷高速增长，一方面带动国内总需求特别是投资需求迅猛回升，在很大程度上弥补了外需下滑；另一方面，大量流动性也引发了国内资产价格特别是房地产价格的上扬，既刺激了房地产投资的迅速复苏，也基本打消了通缩预期。

### 1. 国内货币信贷大幅增长

截至 2009 年 8 月份，M2 同比增长 28.53%，是该项指标自 1997 年正式公布以来的最高水平。M2 大幅增长主要是商业银行信贷迅猛增长所致。截至 2009 年 8 月份，人民币贷款余额同比增长 34.1%，货币乘数迅速上升至 2009 年 7 月份的 4.6，比上年同期提高了 19.5%（见图 2-3-21）。

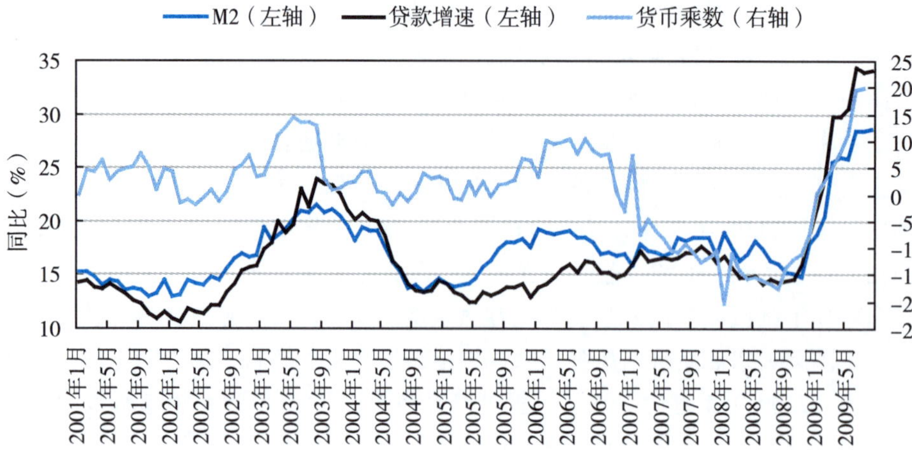


**图2－3－21　国内货币信贷快速增长**

数据来源：WIND。

## 2. 国内需求强劲反弹

虽然受金融危机影响，我国出口2009年1—8月同比下降22.2%，但在一系列政策刺激下，国内需求强劲反弹。2009年1—8月份，城镇固定资产投资同比增长33%，其中国有及国有控股部门的投资同比增长39.9%。受政府消费和一系列鼓励措施的推动，国内消费增速也保持在较高水平，8月份社会消费品零售总额同比增长15.4%，延续了年初以来的较快增长势头。其中，汽车消费前8个月同比增长47.9%。国内需求反弹加速了上游物价上涨的传导和扩散，从工业品出厂价格来看，在39个工业行业中，环比价格上涨的行业已从3月份的16个逐月扩散到8月份的31个。

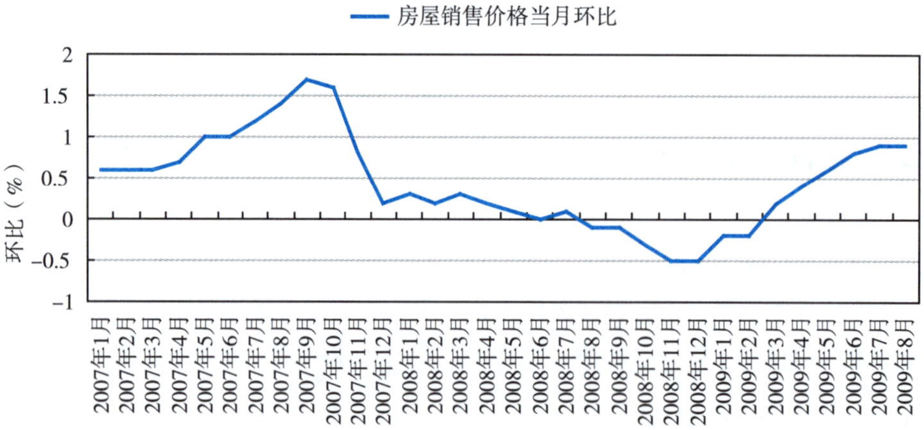


**图2－3－22　房地产价格反弹**

数据来源：WIND。

## 3. 资产价格显著上涨

在宽松货币环境和经济企稳复苏的推动下，房地产和股票价格明显反弹。居民购房按揭贷款自2009年3月以来持续大幅增加，目前已占到全部银行贷款的1/6，达到了2006/2007年房市景气时期的水平。与此同时，房地产销售明显加快，截至8月份，销售面积累积增长42.8%，增速恢复到2007年水平。购房贷款的大量投放和房地产销售的加快推动房地产价格显著反弹，房地产价格环比涨幅从2009年3月份的0.2%逐月加快到8月份的0.9%，一改2008年以来房地产价格持续下滑的局势（见图2-3-22）。

资产价格上涨刺激了总需求回升。尽管我国资产价格对居民消费的财富效应在实证检验中并不显著，但房地产价格反弹对房地产投资的刺激效应比较显著。2009年以来，单月房地产投资同比增速已经从2月份的1.0%大幅上升至8月份的34.6%，超过总体的城镇固定资产投资增速，房地产投资对总投资的拉动作用逐渐上升。

## （三）农产品价格上涨的推动

### 1. 粮食价格持续上涨

第一，政府有意通过提高农产品价格增加农民收入，每50公斤白小麦、红小麦、混合麦最低收购价比2008年分别提高13%、15.3%、15.3%；每50公斤早籼稻、中晚籼稻、粳稻比2008年分别提高16.9%、16.5%、15.9%。

第二，对玉米、大豆、棉花、油菜籽等农产品实行了临时性收储，既有助于解决部分农产品滞销问题，也遏制了这些农产品价格的下跌，同时保护了农民生产积极性，促进了农民增收。

第三，最近我国部分地区旱灾可能使粮食减产，粮价上涨预期有所上升。据国家防总统计，截至2009年9月1日，全国农作物受旱面积1.2亿亩。玉米主产区辽宁、吉林、黑龙江、内蒙古、山西北方5省（区）农作物受旱面积7181万亩，旱情属中等偏轻程度。

### 2. 近期猪肉价格上涨较快

受市场供求特别是甲型H1N1流感的影响，2009年3—6月，市场出现猪肉供大于需的情况，生猪和猪肉价格连续下降。为保护农民收益，国家于6月初启动临时收储，猪肉价格开始回升，此外，近期玉米等主要饲料价格上涨也推升了猪肉价格。

### 3. 鸡蛋和鲜菜、鲜果价格上涨

根据历史经验，历史夏秋时节由于产蛋量下降和需求增加，蛋价都会出现环比上涨，2009年8月蛋价环比大幅上涨9.3%，但比历史当月平均涨幅还低0.6个百分点。

鲜菜、鲜果价格受天气因素影响出现季节性上涨。2009年夏天南方不少地区频降暴雨，蔬菜、水果产量受到影响，大雨成灾，道路运输受阻。另外，电费、水费的上调和油价的波动，也使得运输、人工等费用上升。

# 三、趋势分析

■ 总体看，第 4 季度世界经济复苏的迹象将更加明显，主要经济体仍将保持宽松的货币政策，大宗商品价格温和上升的可能性较大。国内方面，投资增长和基期因素将支持价格总水平延续稳步回升的态势；但另一方面，我国主要贸易伙伴国目前仍存在失业率较高，CPI 走势偏弱的问题，这会影响我国出口产能的恢复，产出缺口难以迅速收窄，并因此限制了价格总水平的回升速度。预计在未来 3 ~6 个月内，国内价格总水平环比仍将呈温和上升走势，同比涨幅则会因基期因素逐渐加快。

## （一）短期内物价水平将继续温和上涨

### 1. 主要经济体的宽松货币政策和美元贬值趋势仍将持续

第一，主要经济体的宽松货币政策一时难以改变。尽管世界经济出现好转迹象，但在目前的经济形势下，预计主要经济体宽松货币政策仍将继续。一是，世界经济复苏的基础并不稳固。尽管美国个人消费支出显露回升迹象，但仍受压于失业人数增加和家庭财富减少等不利因素；虽然近来房价有所回升，但市场信心恢复仍有待时日。从金融市场看，目前银行贷款意愿仍然偏弱，美联储仍需维持一个相对宽松的货币政策。二是，美国政府和民间债务规模非常庞大，这次为救市又形成巨额财政赤字，各部门调整资产负债表需要一个过程，这就需要在较长时间内维持低利率水平。三是，主要经济体近期通胀指数没有明显变化。7 月份，美国 CPI 同比下滑 2. 1%，为 1950 年 1 月份以来的最大同比降幅，PPI 同比也下滑 6. 8%；日本 CPI 和核心 CPI 都出现了 2. 2% 的同比降幅；欧元区 7 月份 CPI 和核心 CPI 出现 0. 7% 和 0. 6% 的环比负增长。

第二，预计短期内美元走势难有起色。历史上美元走势和其债务水平呈负相关关系。20 世纪 90 年代，美国财政赤字状况逐渐改善，国债规模增速逐渐减少，美元币值不断走强；2001 年后，美国国债规模再次较快膨胀，美元也从 2002 年初开始步入贬值通道，贬值时点大约滞后国债规模拐点 4～6 个季度。这次为遏制金融危机，美国实施宽松的货币和财政政策，其国债占 GDP 比重 2010 年年底将达到 66%，显著高于过去 30 年 40% 的平均水平，特别是短期国债已升至 2 万亿美元，这对美元在短期内反弹也会构成压力（见图 2－3－23）。

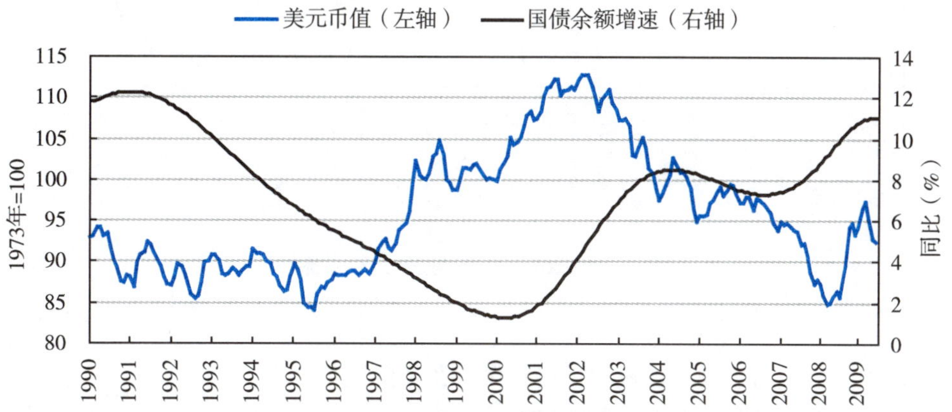


**图 2－3－23　美元币值和国债规模的反向关系**

数据来源：WIND。

### 2. 世界经济复苏步伐将有所加快

预计第 4 季度主要经济体复苏将有所加快，且在短期存货回补的推动下，环比增速可能出现跃升。首先，从主要先行指标看，美国密歇根大学消费者信心指数在 6 月份达到金融危机以来的最高点 70.8，虽然在 7、8 月份意外下降至 66 和 65.7，但 9 月份又大幅上升至 70.2。采购经理人指数 8 月份达到 52.9，是 2007 年 8 月以来的最高点。至 2009 年 8 月，欧元区经济信心指数与德国 IFO 景气指数再次超出预期，连续第 5 个月上升。其次，从美国采购经理人指数的存货指数看，2009 年 6 月份该指数达到危机爆发后的最低点 30.8，现已连续 2 个月回升，8 月份达到 34.4，这一状况表明美国存货调整进入尾声，存货回补将带动第 4 季度经济跃升（见图 2－3－24）。

### 3. 国内经济反弹势头仍将延续

从国内投资增长看，目前仍处于高位运行状态，虽然从环比看，8 月份城镇固定资产投资减少了 4.4 个百分点，但是近 10 年的数据序列显示，每年 8 月份的投资水平基本与 7 月份持平或者略低，但第 4 季度投资增速普遍较快，并在季末达到顶峰。另外，迄今为止，中央财政投资只下拨了 2800 亿元，仍有 2000 亿元尚待下拨，2010 年预计还会有约 6000 亿元中央投资下达。同时，作为目前国内投资增长重要推动力量的房地产投资保持了较高增速，1—8 月份房地产开发完成投资 21147 亿元，累计增长 14.7%，较 1—7 月提高 3.1%，其中 8 月份单月增速为 34.6%，较上月的 19.6% 有大幅度提升。1—8 月房屋新开工面积 6.31 亿平方米，累计同比增长 －5.9%，单月增加 24.2%（7 月份分别为 －9.1% 和 0.3%）。综合

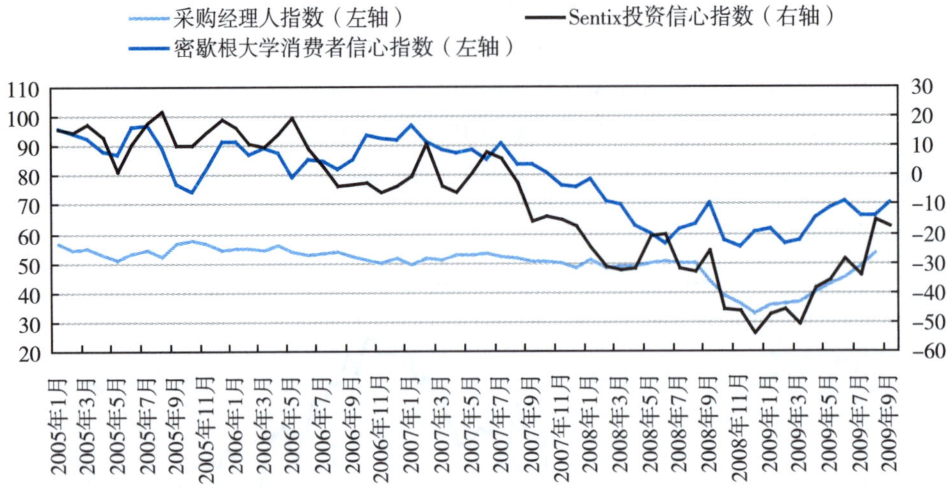


**图 2 -3 -24　美国经济先行指标**

数据来源：WIND。

以上因素，预计全年固定资产投资增长仍将保持在高位。

出口需求方面，目前已出现结构性好转。尽管 8 月份我国出口环比出现小幅下降，且对欧、美、日的出口恢复仍有波动，但从结构看，对东盟、韩国等周边地区出口明显恢复。考虑到亚洲新兴市场间的区内贸易以加工贸易为主，通常是对欧美出口的先行指标，预计随着欧、美、日经济的全面复苏，我国出口将迎来更强劲的恢复。

从库存调整看，2009 年 1—5 月份存货投资大幅下降，随着国内经济复苏和国际经济环境的好转，目前过低的存货水平已需要调整，从 PMI 指数来看，原材料存货和产成品存货指数已开始上升。

综合以上因素，短期内无论是最终需求还是存货回补，都将延续上升态势，这将推动价格总水平的稳步上升。

## （二）未来一二年内发生明显通货膨胀的可能性不大

尽管短期内价格总水平将延续上升态势，但未来一二年内我国发生明显通货膨胀的可能性不大。一是从总量因素看，国内外经济虽处于复苏进程，但受制于原有增长模式调整等多种因素，未来二三年内经济增速难以恢复到危机前水平；二是从结构因素看，影响国内消费物价的最大因素——国内农产品（食品）价格难以持续上涨。

### 1. 全球经济调整需要较长时间

第一，金融危机爆发后，原有负债消费模式难以持续，美国家庭需要对资产负债进行调整，提高其储蓄水平；同时，经济产业结构调整导致失业率上升，就业市场持续疲软，这两方面因素决定了私人消费支出将保持较低水平（见图 2 -3 -25）。美国储蓄率在 2009 年 5 月份一度达到 6.0%，创 1993 年以来的新高，虽然 6、7 月份储蓄率有所回落，但未来仍可能呈趋势性上升。8 月份美国失业率已经上升到 9.7%，2008 年 10 月份以来，非农就业人数已下降约 550 万人，在每月几十万新增失业人数下，失业率将继续面临上行压力，可能在年底攀升至 10%。

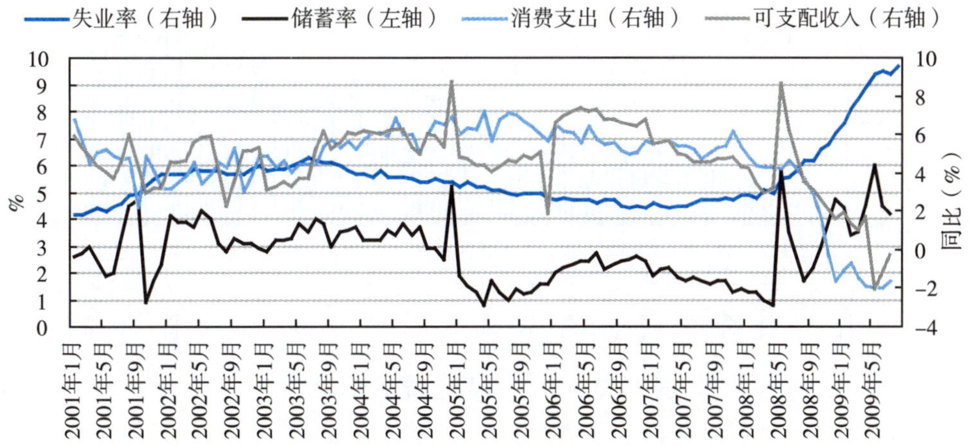


**图 2－3－25　美国个人消费支出仍然低迷**

数据来源：WIND。

第二，消费低迷将抑制固定资产投资。由于最终消费需求持续低迷，美国制造业出货量大幅萎缩，2009 年 7 月份制造业出货量同比下降－22.2%，已是连续 10 个月同比负增长；与此同时，工业产能利用率严重不足，2009 年 7 月份产能利用率仅为 68.5%，是 1986 年该项指标统计以来的最低水平。由于未来消费支出仍将保持较低水平，预计产能利用率也将在低位徘徊（见图 2－3－26）。

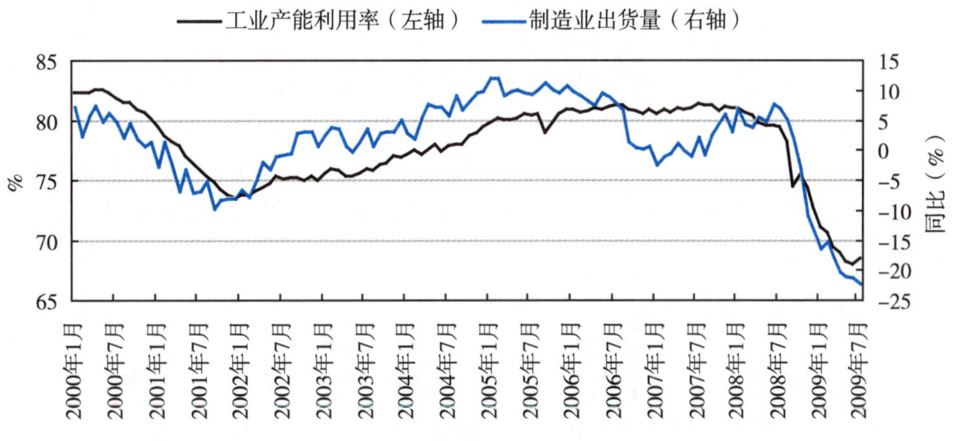


**图 2－3－26　销售低迷与工业产能过剩**

数据来源：WIND。

第三，虽然美联储采取了诸多措施，但信贷紧缩状况仍未完全改善。主要起因于银行惜贷和贷款需求减少。美国消费信贷连续 6 个月下滑，7 月份消费信贷余额下降 216 亿美元，比 2008 年同期下滑 4.2%，下降幅度创历史最高水平，其中循环信贷下降 61 亿美元（见图 2－3－27）。

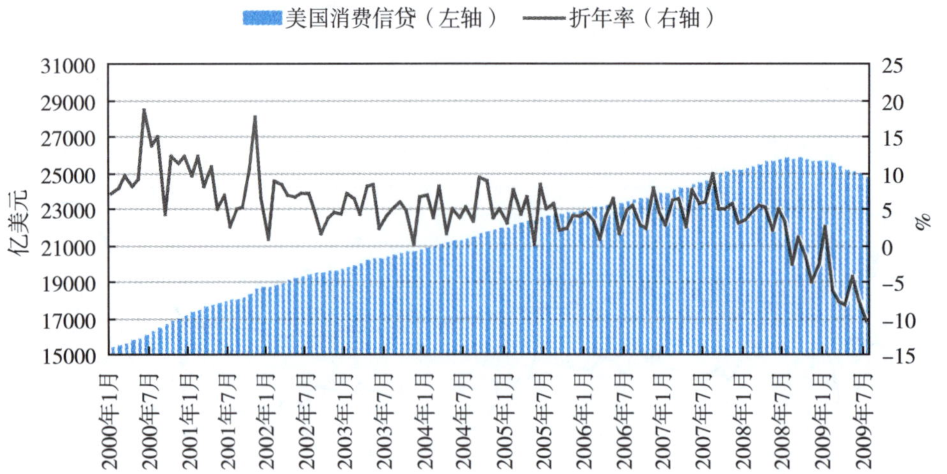


**图 2 -3 -27　消费信贷依然紧缩**

数据来源：WIND。

**2. 国内经济复苏中的制约因素仍然存在**

一是，尽管出口增速在回升，但预计世界经济未来 1 ~2 年甚至更长时间内仍将处于调整阶段，我国出口增速难以恢复到危机前水平；二是，受收入分配制度、社会保障制度不健全等多种因素制约，消费在中长期内持续上升的难度较大；三是，投资增速可能在 2010 年开始下滑。2009 年上半年推动我国经济强劲复苏的主要是固定资产投资，但政府背景投资可持续性不足的问题正在显现。目前，国有及控股企业的固定资产投资累计同比已由 4 月份的 40. 1% 下降到 39. 9%，中央项目从 7 月份的 25% 降到 8 月份的 22%，降速更快。房地产投资虽为固定资产投资增长提供了有力支持，但 2010 年能否持续仍然存在不确定性。第 3 季度以来，受居民承受能力、房价预期和房贷政策调整预期等因素共同影响，国内商品房销售并没有如预期那样加速上涨，一些重点城市的销量甚至出现明显下滑，这直接影响到房地产投资能否持续增长（见图 2 -3 -28）。工业企业投资方面，受出口和最终消费需求低迷的制约，我国工业企业普遍存在产能过剩压力，且企业经营效益仍然处于较低水平，工业投资持续增长面临较多制约因素。

**3. 农产品价格难以出现过快、过大上涨**

目前我国猪肉供给充足，猪肉价格不会出现大幅度上涨。据相关部门测算，满足全国猪肉消费需要的存栏生猪是不低于 4. 1 亿头，能繁母猪存栏不低于 4100 万头。据农业部统计，7 月底全国生猪存栏量为 4. 5 亿头，能繁母猪占全部生猪存栏的比重为 10. 7%，高于 9% 的正常水平。

鸡蛋和一些蔬菜价格的上涨，主要是受季节性影响，这一情形与过去年份基本一致。随着时间的推移，季节性影响将会消失，价格会恢复到均衡水平，不构成价格持续上涨的因素。

尽管当前我国北方旱情较为严重，且厄尔尼诺现象对全球 2009/2010 年度农作物生产带来了不利影响，但在我国农业连续 5 年增产、粮食库存充足，2009 年我国夏粮又丰收的情

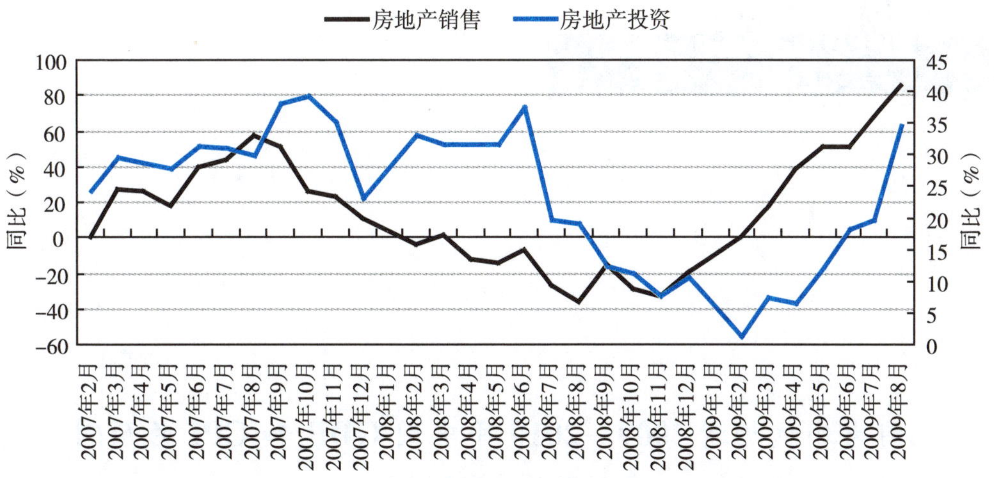


**图 2-3-28　房地产销售和房地产投资**

数据来源：WIND。

况下，粮食价格不太可能出现大幅上涨。

## （三）2009 年第 4 季度和 2010 年价格走势预测

### 1. CPI 2009 年第 4 季度转正，2010 年呈前高后低走势

受经济企稳回升、货币流动性上升以及翘尾因素影响，预计第 4 季度 CPI 环比将延续温和上升态势，考虑到历史季节因素变化特点，单月涨幅不排除达到 2% 以上的可能。2010 年 CPI 将呈前高后低走势，上半年受基期因素影响，月度同比涨幅较 2009 年第 4 季度将进一步扩大，全年平均水平在 3% ~4% 之间。

### 2. PPI 2009 年年底转正，2010 年呈前高后低走势

生产者价格指数（PPI）自 2009 年 7 月份达到最低点 -8.2% 后，8 月份升至 -7.9%，预计余下月份将延续回升走势。考虑到 2008 年 9 月份之后国际金融危机全面爆发，大宗商品价格急剧下跌，受此影响，预计 4 季度 PPI 回升速度将明显加快，2009 年末有望转为正增长。2010 年上半年 PPI 同比涨幅将进一步加快上升，并可能于年中达到高点，全年平均水平将在 4% ~6.5%。

# 附　表

## 国内外机构对2009—2010年中国GDP和CPI的预测

（预测时间2009年9月）

单位：同比（%）

| 经济预测机构 | 国内生产总值（年平均同比增长） | | 消费物价指数（全国） | |
|---|---|---|---|---|
| | 2009年 | 2010年 | 2009年 | 2010年 |
| 中国社会科学院 | 8.3 | 8.8 | -0.7 | 1.3 |
| 国家信息中心（7月） | 8.0 | — | -0.5 | — |
| 中金公司 | 8.2 | 8.6 | -0.8 | 3.5~5.0 |
| 中信证券 | 8.8 | 10.1 | -0.5 | 2.7 |
| | 国际机构 | | | |
| 摩根士丹利（亚洲） | 9.0 | 10.0 | -0.6 | 2.5 |
| 恒生银行 | 8.0 | 9.0 | -1.0 | 2.0 |
| 花旗集团 | 8.7 | 9.8 | -0.6 | 3.2 |
| 汇丰银行 | 8.1 | 9.5 | -0.6 | 2.6 |
| 高盛（亚洲） | 9.4 | 11.9 | -0.9 | 2.6 |
| JP摩根 | 8.4 | 9.5 | -0.6 | 3.0 |
| 瑞士信贷 | 8.0 | 9.0 | -0.5 | 3.0 |
| 瑞银 | 8.2 | 8.5 | -0.5 | 2.0 |
| 东亚银行 | 8.0 | 8.5 | -0.8 | 1.7 |
| 巴克莱资本 | 8.3 | 9.6 | -1.0 | 2.0 |
| 野村证券 | 8.1 | 10.0 | -0.5 | 2.5 |
| 美国Global Insight公司 | 8.1 | 10.1 | -1.1 | 0.0 |
| IMF（7月） | 7.5 | 8.5 | 0.1 | 0.7 |
| 以上机构预测中位数 | 8.1 | 9.5 | -0.6 | 2.5 |
| 最高 | 9.4 | 11.9 | -0.1 | 3.5~5.0 |
| 最低 | 7.5 | 8.5 | -1.1 | 0.0 |
| 《亚太经济预测》中17家国际机构预测 | | | | |
| 中位数 | 8.3 | 9.4 | -0.6 | 2.3 |
| 最高 | 9.4 | 11.9 | 1.0 | 4.0 |
| 最低 | 8.0 | 8.3 | -1.1 | 0.0 |

# 第四部分

# 2009年第4季度价格监测分析

## 主要观点和结论

在国内外经济复苏和宽松货币环境的作用下，当前价格总水平延续了自2009年3月份以来的逐渐回升态势，并呈现资产价格上涨快于一般商品和服务、投资品价格上涨快于消费品的特征。从国际上看，美元超低利率诱发的套利行为及贬值预期刺激了对初级产品的投机需求，加上世界经济企稳复苏，推动了国际大宗商品价格显著回升，增大了国内原材料和能源价格的上涨压力。从国内看，宽松的货币信贷环境保证了国内需求特别是投资需求的强劲增长，推动了投资品价格上升，同时也引发了通胀预期和资产价格反弹。

2010年价格上行动力将进一步增大：一是实体经济总需求继续回升；二是前期货币信贷投放滞后影响将逐渐显现；三是国内资源价格改革将逐步推进。与此同时，由于世界经济复苏程度仍存在较多不确定性，国际大宗商品大幅上涨的可能性不大，加之国内粮食、肉类等食品供给充足，食品价格涨幅将比较温和，出现明显通胀的可能性较小。总体看，全年价格总水平将呈现温和上升的态势，具体上升幅度从需求面看主要取决于GDP增速特别是出口复苏程度；从供给面看则主要取决于国际初级产品价格的上涨幅度。

（本部分完成于2009年12月18日）

# 一、价格形势

■ 2009年3月份以来，国内外价格水平持续上升，其中资产类价格上涨快于一般商品，投资品价格上涨快于消费品。截至11月份，国内房地产销售价格连续9个月环比上涨，原材料燃料动力购进价格和工业品出厂价格连续8个月环比上涨，季节调整后的CPI环比在3—11月份有6个月环比上涨。但受2008年高基数的影响，CPI直到11月份才转为同比正增长，PPI仍然处于同比负增长。原油、有色金属、贵金属等国际大宗商品价格也持续上涨。

## （一）当前价格总水平继续回升

**表2-4-1　2009年3月份以来主要价格环比变动情况**　　单位：%

| | 3月 | 4月 | 5月 | 6月 | 7月 | 8月 | 9月 | 10月 | 11月 | 累计 |
|---|---|---|---|---|---|---|---|---|---|---|
| CPI | -0.3 | -0.2 | -0.3 | -0.5 | 0.0 | 0.5 | 0.4 | -0.1 | 0.3 | -0.2 |
| 季节调整的CPI | 0.4 | 0.1 | 0.1 | -0.1 | 0.0 | 0.4 | 0.2 | 0.2 | 0.5 | 1.9 |
| 工业品出厂价格 | -0.3 | 0.2 | 0.1 | 0.3 | 1.0 | 0.8 | 0.6 | 0.1 | 0.6 | 3.4 |
| 原材料、燃料动力购进价格 | -0.4 | 0.8 | 0.6 | 0.8 | 1.5 | 1.1 | 0.3 | 0.2 | 0.7 | 5.7 |
| WTI原油价格 | 22.4 | 3.9 | 18.5 | 17.7 | -7.8 | 10.6 | -2.3 | 9.1 | 3.1 | 99.1 |
| 黄金价格 | -1.5 | -3.1 | 3.3 | 2.3 | -1.4 | 1.8 | 4.8 | 0.4 | 12.6 | 19.8 |
| 房屋销售价格 | 0.2 | 0.4 | 0.6 | 0.8 | 0.9 | 0.9 | 0.7 | 0.7 | 1.2 | 6.6 |
| 上证综合股指 | 1.1 | 10.5 | 6.3 | 8.1 | 13.4 | -4.2 | -6.1 | 4.2 | 6.6 | 45.4 |

数据来源：WIND。

表 2－4－2　　2009 年 3 月份以来主要价格同比变动情况　　单位：%

| | 3月 | 4月 | 5月 | 6月 | 7月 | 8月 | 9月 | 10月 | 11月 |
|---|---|---|---|---|---|---|---|---|---|
| CPI | -1.2 | -1.5 | -1.4 | -1.7 | -1.8 | -1.2 | -0.8 | -0.5 | 0.6 |
| CPI：食品 | -0.7 | -1.3 | -0.6 | -1.1 | -1.2 | 0.5 | 1.5 | 1.6 | 3.2 |
| CPI：非食品 | -1.3 | -1.5 | -1.7 | -1.9 | -2.1 | -2.0 | -1.9 | -1.6 | -0.7 |
| 工业品出厂价格 | -6.0 | -6.6 | -7.2 | -7.8 | -8.2 | -7.9 | -7.0 | -5.8 | -2.1 |
| 原材料、燃动力购进价格 | -8.9 | -9.6 | -10.4 | -11.3 | -11.7 | -11.4 | -10.1 | -8.4 | -3.6 |
| 进口价格 | -18.5 | -19.2 | -20.4 | -16.3 | -16.7 | -20.3 | -15.3 | -12.4 | -1.5 |
| 出口价格 | -5.6 | -5.9 | -6.2 | -8.8 | -7.1 | -9.3 | -9.1 | -8.7 | -9.0 |

数据来源：国家统计局。

### 1. CPI 同比连续 9 个月下降后，首次出现上涨

CPI 同比涨幅自 2009 年 2 月份开始下降，在经历了连续 9 个月的同比下降后，11 月首次同比上涨 0.6%。

**食品价格同比涨幅连续 4 个月持续扩大，非食品价格同比跌幅持续缩小。**2009 年 9、10、11 月份，食品价格同比分别上涨 1.5%、1.6% 和 3.2%，非食品价格同比降幅分别为 1.9%、1.6% 和 0.7%。蔬菜价格因部分地区冰雪天气出现较大涨幅，肉类、粮食和食用油价格也有所上涨，共同推动食品价格涨幅扩大。受近期水、电、燃料价格调整影响，居住类价格有所上涨，带动非食品价格降幅快速收窄。

**季节调整的 CPI 和食品价格环比涨幅有所扩大。**9、10、11 月份，CPI 环比涨幅分别为 0.4%、-0.1% 和 0.3%，食品价格环比涨幅分别为 0.7%、-0.8% 和 0.5%。季节调整后的 CPI 环比值分别为 0.25%、0.16% 和 0.50%，季节调整后的食品价格环比值分别为 0.38%、0.70% 和 0.77%（见图 2－4－1）。

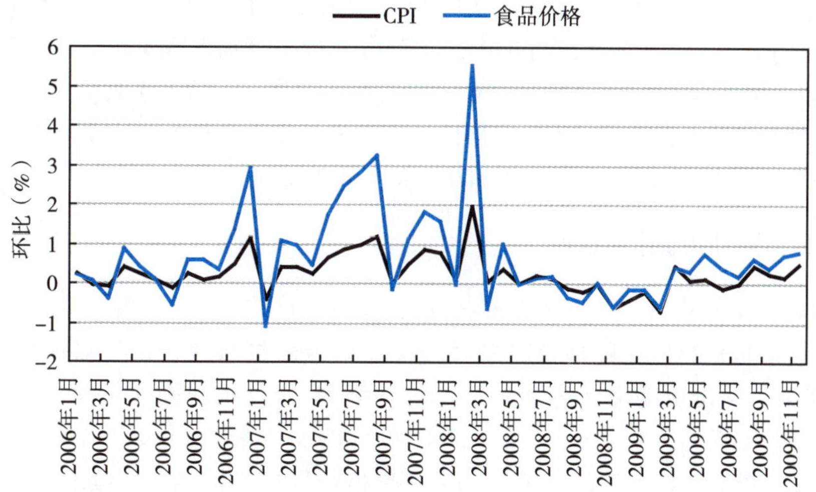


**图 2－4－1　季节调整的 CPI 和食品价格环比走势**

数据来源：CEIC。

**CPI 和食品价格环比与历史平均值之差变动较大**。9、10、11 月份，CPI 环比与历史平均值之差分别为 -0.31 个、-0.34 个和 0.26 个百分点，食品价格环比与历史均值之差分别为 -0.64、-1.0 和 0.4 个百分点。

**CPI 环比趋势周期项略有扩大**。CPI 环比的趋势周期项已连续 7 个月出现上升，9、10、11 月份，分别为 0.284%、0.299% 和 0.300%（见图 2-4-2）。

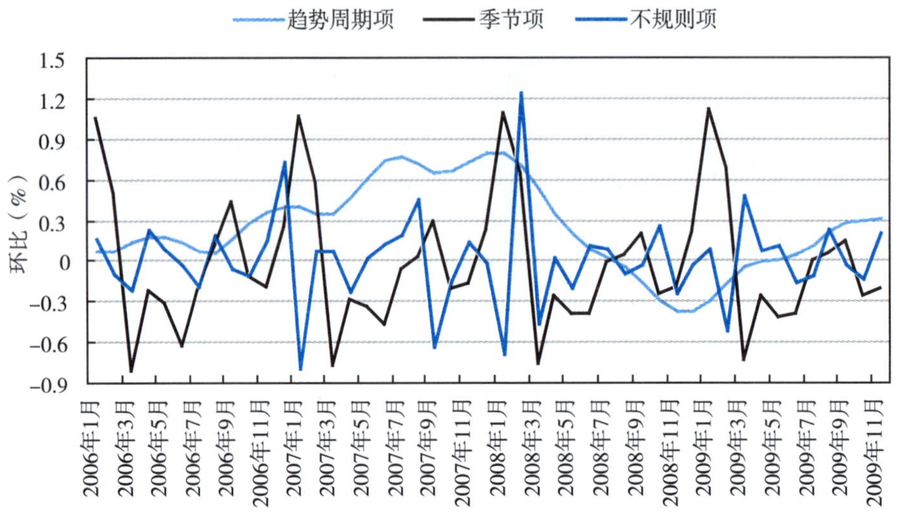


**图 2-4-2　CPI 环比的趋势周期项、季节项和不规则项走势**

数据来源：CEIC。

### 2. 生产者价格（PPI）同比降幅大幅收窄，环比继续上涨

受 2008 年基数较低以及近期国家对成品油、电价调整的带动，PPI 同比降幅大幅收窄，环比继续上涨。从同比看，工业品出厂价格与原材料、燃料、动力购进价格于 7 月份分别达到 8.2% 和 11.7% 的最大降幅后开始回升。9、10、11 月份，工业品出厂价格分别下降 7.0%、5.9% 和 2.1%，原材料、燃料、动力购进价格分别下降 10.1%、8.4% 和 3.6%，降幅收窄幅度逐渐加大。工业品出厂价格中，生产资料价格分别下降 8.6%、7.2% 和 2.7%，生活资料价格分别下降 1.8%、1.4% 和 0.2%。从环比看，在经历连续 7 个月的环比下降后，自 2009 年 4 月开始，工业品出厂价格已经连续 8 个月环比上涨。9、10、11 月份，工业品出厂价格环比分别上涨 0.6%、0.1% 和 0.6%（见图 2-4-3）。

### 3. 进口价格回升快于出口价格

进口价格自 2008 年 12 月份由上涨转为下降后，已连续 12 个月出现同比下降。9、10、11 月份，进口价格同比降幅分别为 15.3%、12.4% 和 11.5%，降幅持续缩小。出口价格自 2009 年 2 月份由上涨转为下降后，已连续 10 个月出现同比下降。9、10、11 月份，出口价格同比降幅分别为 9.1%、8.7% 和 9.0%。尽管进口和出口价格均为同比下降，但进口价格降幅明显大于出口价格。出口价格与进口价格之差持续缩小，9、10、11 月份分别为 6.2 个、3.7 个和 2.5 个百分点，在此之前两者差幅则一度达到 10 个百分点之上（见图 2-4-4）。

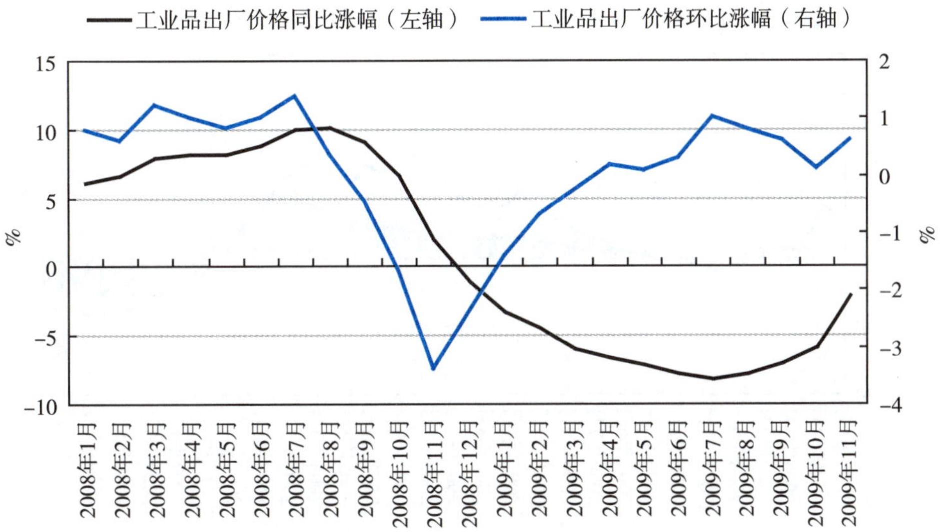


**图 2 -4 -3　工业品出厂价格走势**

数据来源：CEIC。

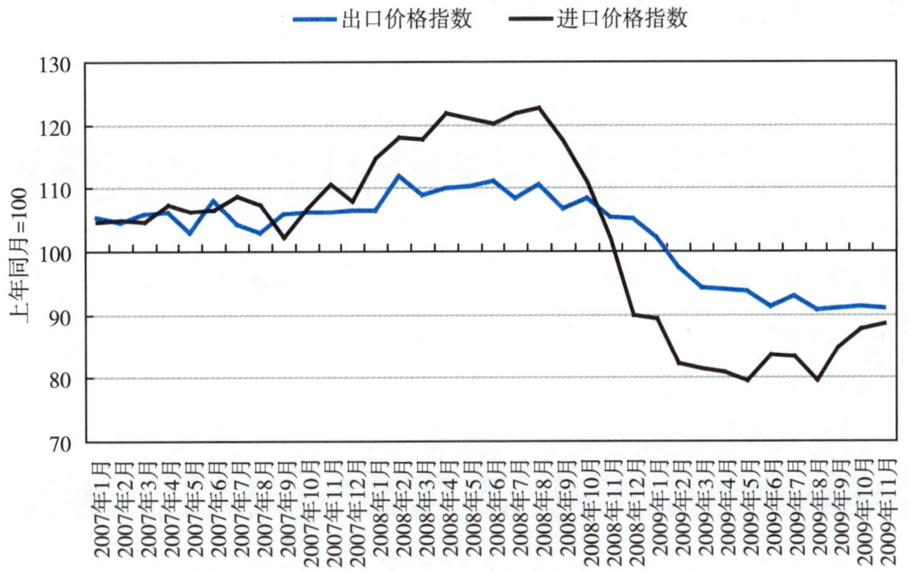


**图 2 -4 -4　进、出口价格指数走势**

数据来源：CEIC。

**4. 企业商品价格同比上升**

企业商品价格自 2008 年 11 月份开始同比下降，降幅逐月扩大，2009 年 6 月份和 7 月份达最低点，降幅均为 8%，之后逐月回升。11 月份，企业商品价格同比上涨 0.4%，结束了连续 12 个月同比下降的趋势。分类别看，农产品同比上涨 4.7%，矿产品同比上涨 8.1%，煤油电同比下降 2.5%，加工业产品同比下降 0.9%（见图 2 -4 -5）。

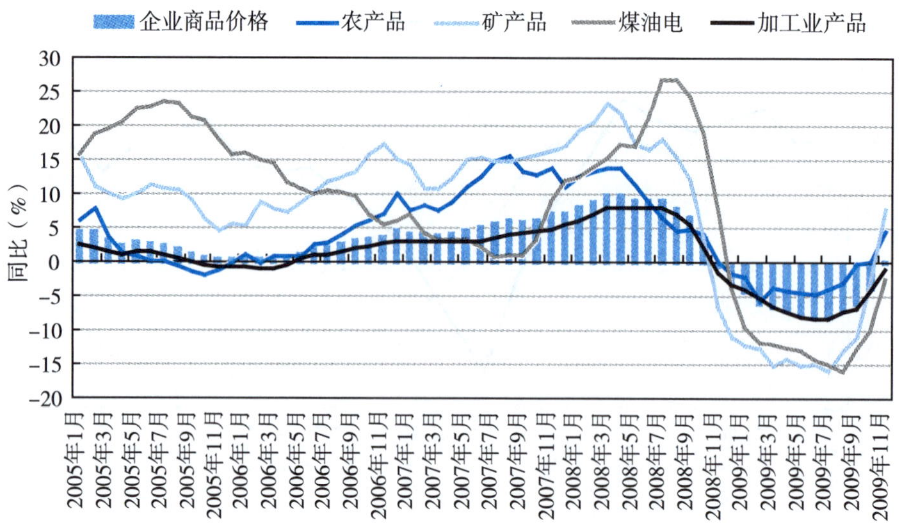


**图 2-4-5　企业商品价格走势**

数据来源：中国人民银行。

## （二）国际大宗商品价格情况

**表 2-4-3　　主要国际大宗商品价格变化情况**

| | 原油 | 大豆 | 小麦 | 玉米 | 稻米 |
|---|---|---|---|---|---|
| 2009 年 1 月均价（元） | 41.9 | 9.9 | 5.9 | 3.9 | 13.6 |
| 2009 年最低月均价（元） | 39.3 | 9.1 | 4.5 | 3.2 | 12.2 |
| 2009 年 11 月均价（元） | 78.1 | 10.1 | 5.4 | 3.9 | 15.1 |
| 比 1 月均价涨幅（%） | 86.4 | 1.6 | -8.4 | -0.3 | 11.0 |
| 比最低均价涨幅（%） | 99.1 | 11.1 | 19.1 | 20.7 | 23.4 |
| | 铝 | 铜 | 钢铁 | 白银 | 黄金 |
| 2009 年 1 月均价（元） | 1413.1 | 3220.7 | 155.5 | 11.3 | 857.7 |
| 2009 年最低月均价（元） | 1331.0 | 3220.7 | 128.7 | 11.3 | 857.7 |
| 2009 年 11 月均价（元） | 1949.3 | 6675.6 | 148.9 | 17.8 | 1126.1 |
| 比 1 月均价涨幅（%） | 37.9 | 107.3 | -4.3 | 57.8 | 31.3 |
| 比最低均价涨幅（%） | 46.5 | 107.3 | 15.7 | 57.8 | 31.3 |

注：原油价格单位为美元/桶，大豆、小麦、玉米价格单位为美元/蒲式耳，稻米价格单位为美元/英担，钢铁价格为以 1994 年 4 月份为基期的价格指数，铝、铜价格单位为美元/吨，黄金、白银价格单位为美元/盎司。

数据来源：CEIC。

**1. 国际原油价格震荡上行**

国际原油价格月均价格在 8 月份达到 71.139 美元/桶后，9 月份调整回落至 69.468 美元/桶，进入 10 月份和 11 月份，上涨又有所加快。11 月份，纽约 WTI 原油期货当月平均价格为 78.145 美元/桶，比 9 月份累计上涨 12.5% （见图 2－4－6）。

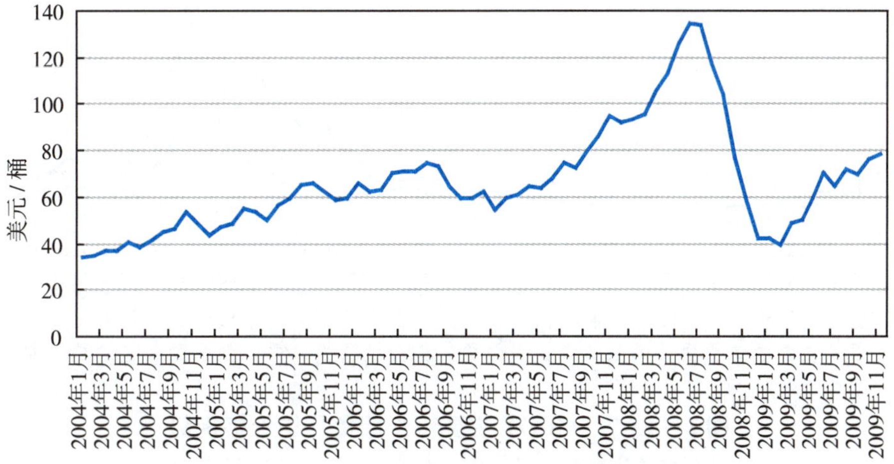


**图 2－4－6 WTI 原油期货月均价格走势**

数据来源：CEIC。

**2. 国际粮价有所上涨**

大豆和稻米价格 9 月份出现不同程度回落，10、11 月份又重拾升势。9、10、11 月份，大豆期货当月均价分别环比上涨 －14.4%、1.7% 和 4.5%，稻米当月均价分别环比上涨 －0.1%、1.2% 和 10.9%。而小麦和玉米价格在连续 4 个月环比下跌后，也于 10、11 月份步入上涨，9、10、11 月份，小麦价格分别上涨 －6.9%、9.6% 和 8.7%，玉米价格分别上涨 －1.3%、15.2% 和 4.8% （见图 2－4－7）。

**3. 黑色金属价格低位调整**

2009 年以来，钢价一度有所反弹，但受制于世界钢铁产能过剩的压力，总体仍处于低位调整状态。2009 年 1 月份有所反弹，然后连续 3 个月下降，5 月份以来又连续 4 个月小幅上升，9 月初达到 164.3 点的近期高点后，又持续下降至 12 月初的 146.5 点，比 2008 年年底还下降了 5.6% （见图 2－4－8）。

**4. 主要有色金属价格继续上涨**

在全球充裕流动性和经济复苏预期的支持下，有色金属价格从 2008 年年底的低谷缓步回升。伦敦金属交易所铝价格在 2009 年 3 月份开始上涨后，仅在 9 月份出现下跌，之后又重新上涨。铜价则一路攀升，2009 年前 11 个月都出现环比上涨。9、10、11 月份，铝价分别环比上涨 －5.0%、2.4% 和 3.8%，铜价环比分别上涨 0.3%、1.5% 和 6.2%（见图 2－4－9）。

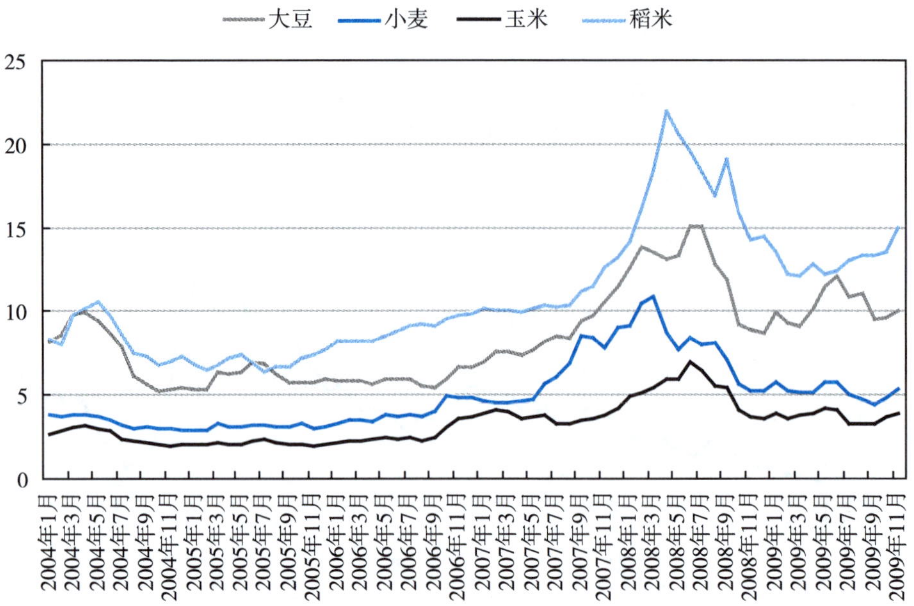


**图 2 -4 -7　CBOT 主要粮食期货月均价格走势**

注：大豆、小麦、玉米价格单位为美元/蒲式耳，稻米价格单位为美元/英担。

数据来源：CEIC。

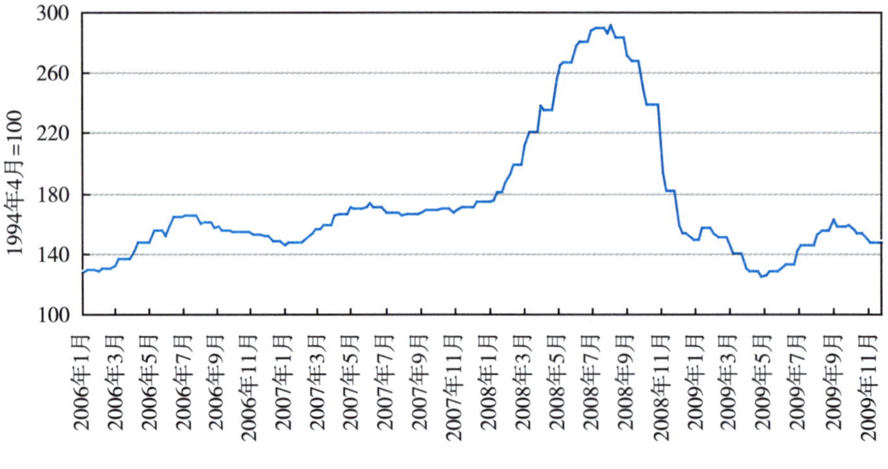


**图 2 -4 -8　国际钢铁价格指数走势**

数据来源：WIND。

### 5. 贵金属价格持续大幅上涨

2009 年以来，贵金属价格一路上扬。金价从 1 月份平均 857.7 美元/盎司上涨至 11 月份平均 1126.1 美元/盎司，累计上涨 31.3%；银价从平均 11.3 美元/盎司上涨至 11 月份的平均 17.8 美元/盎司，累计上涨 57.8%。9、10、11 月份，金价分别环比上涨 4.8%、0.4% 和 12.6%，银价分别环比上涨 14.2%、5.2% 和 3.4%（见图 2 -4 -10）。

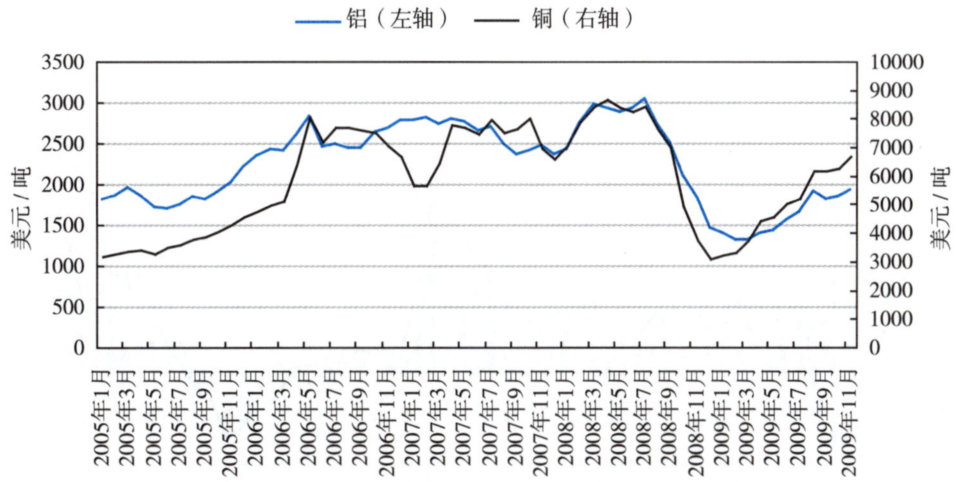


**图 2 -4 -9　主要有色金属月均价格走势**

数据来源：CEIC。

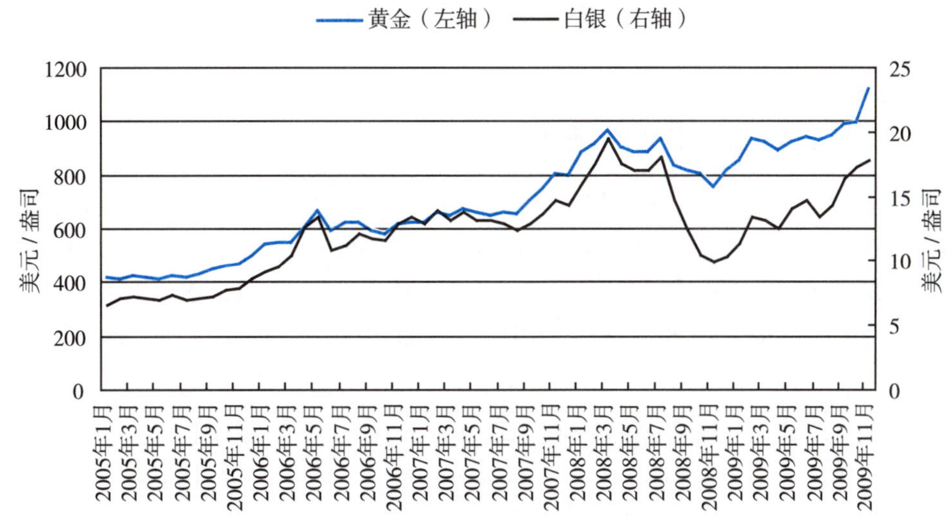


**图 2 -4 -10　贵金属月均价格走势**

数据来源：CEIC。

## （三）主要资产价格走势

### 1. 房价同比上涨较快，环比持续上涨

从同比看，房价同比涨幅持续扩大。2009 年 9、10、11 月份，全国 70 个大中城市房屋销售价格同比分别上涨 2.8%、3.9% 和 5.7%。其中，新建商品住房价格同比分别上涨 2.7%、4.0% 和 6.2%，二手房价格同比分别上涨 3.8%、4.6% 和 5.5%。

从环比看，房价环比自 2008 年 8 月份起连续下跌 7 个月后，从 2009 年 3 月开始已连续 9 个月上涨。2009 年 9、10、11 月份，全国 70 个大中城市房屋销售价格环比分别上涨

0.7%、0.7%和1.2%。其中，新建商品住房价格环比分别上涨0.8%、0.9%和1.5%，二手房价格环比分别上涨0.5%、0.4%和0.6%（见图2－4－11）。

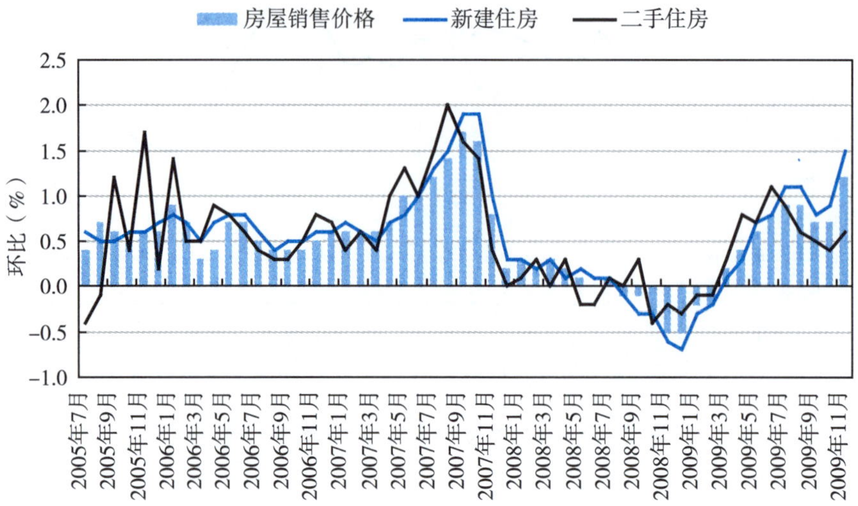


**图2－4－11　房屋销售价格环比走势**

数据来源：CEIC。

**2. 股票价格振荡上升，市盈率有所上升**

在经济企稳向好、企业盈利较快回升的背景下，股市在国庆长假后结束了8月份以来的振荡调整，重新迈上3000点关口，在3000～3400点区间内振荡。截至12月7日，上证综合指数收于3331.9点，比国庆节前的2779.43点上涨了552.47点，累计上涨19.87%，上海证券交易所平均市盈率为29.1倍，比国庆节前的24.07倍高5.03倍，提高了20.90%（见图2－4－12）。

**图2－4－12　上证指数、平均市盈率走势**

数据来源：CEIC。

### 3. 中债指数小幅波动，收益率曲线明显下行

2009 年 9 月下旬以来，中债总净价指数和中债国债总净价指数围绕 115 点窄幅波动。截至 2009 年 12 月 11 日，中债总净价指数和中债国债总净价指数为 115.3670 点和 115.1819 点（见图 2－4－13）。11 月份当月国债各关键期限收益率平均下降 5.11BP，其中 3 年、5 年、7 年和 10 年期收益率跌幅较为明显，分别达 11.72BP、12.50BP、19.98BP 和 13.17BP，显示市场通胀预期仍在上升。中期政策性金融债下跌较为明显，其他期限有涨有跌。企业债（AAA）曲线平坦化调整，3 年以下（含 3 年）期限以上涨为主，平均涨幅达 8.5BP，3 年以上期限收益率下跌，平均跌幅为 6.6BP。

**图 2－4－13　国债指数走势**

数据来源：中央国债登记结算有限公司。

# 二、成因分析

■ 从国际上看，美元超低利率诱发的套利行为及贬值预期刺激了对初级产品的投机需求，加上世界经济企稳反弹，推动了国际大宗商品价格显著回升，也加大了国内原材料和能源价格的上涨压力。从国内看，宽松的货币信贷环境保证了国内需求特别是投资需求的强劲增长，推动了投资品价格上升，同时也引发了通胀预期和资产价格反弹。

## （一）美元贬值、套利交易和经济复苏推升国际大宗商品价格

随着我国对原材料、能源等初级产品进口依存度不断增大，国际大宗商品价格对国内原材料、燃料动力购进价格和工业品出厂价格的影响日渐显著。2009年3月份以来，受美元贬值和世界经济逐步回升的推动，国际大宗商品价格持续反弹。CRB指数从2009年3月份的358点上升到12月份的475点，累计上涨32.6%。

### 1. 美元贬值和套利交易推升国际大宗商品价格

2008年9月份国际金融危机全面爆发后，受避险需求推动，美元一度大幅升值。但2009年3月份以来，在美联储等主要经济体中央银行极为宽松的货币政策推动下，一方面国际金融市场渐趋稳定，另一方面美元币值持续振荡下跌。2009年3—11月份，美元指数连续9个月下跌，并于11月26日创下16个月来的最低点74.17（见图2-4-14）。分析其主要原因：一是美联储向金融市场注入大量流动性资金，特别是2009年3月份直接购买国债，导致通胀预期急剧上升。以美国10年期普通国债收益率和通胀指数国债收益率之差表示通胀预期，该差值从2009年3月份的110个基点持续上升到11月份的210个基点。二是美元超低利率诱发套利交易。2009年以来，美国联邦基金利率月均值基本在0.2%以下，

到 10 月份甚至低至 0.12%，其他货币特别是新兴市场货币的潜在收益率较高，国际投资者借入美元，投入新兴市场金融产品进行套利，进一步打压了美元汇率。三是 2009 年美国财政赤字和政府债务激增，分别达到 1.4 万亿美元和 11.9 万亿美元的创纪录水平，恶化了美元币值的基础。

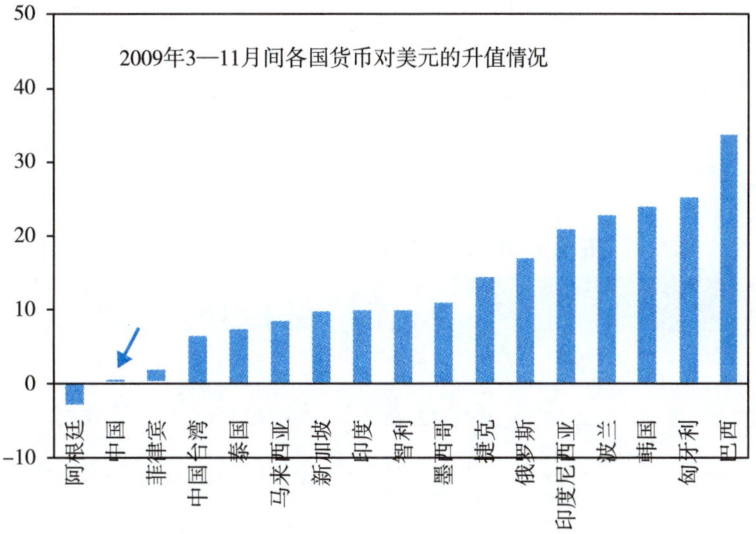


**图 2－4－14　美元对新兴市场货币贬值情况**

数据来源：CEIC。

美元贬值和套利交易从三方面推动了国际大宗商品价格上涨：一是美元是国际大宗商品主要计价货币，美元贬值等同于国际大宗商品价格上涨；二是美元贬值预期引发资金从美国国债向大宗商品期货市场转移，从而进一步推升国际大宗商品价格；三是超低利率降低了借入美元的成本，刺激了更多资金流入大宗商品市场（见图 2－4－15）。

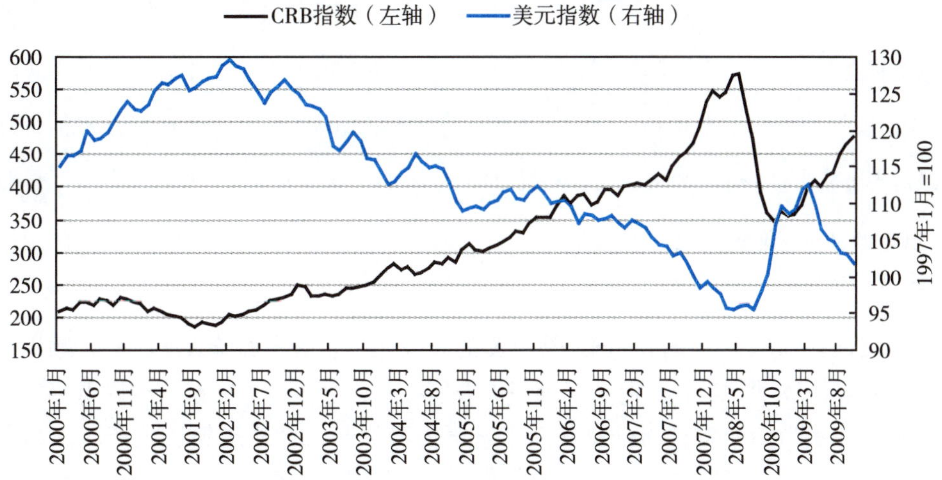


**图 2－4－15　美元指数和 CRB 指数**

数据来源：WIND、CEIC。

### 2. 世界经济逐步企稳复苏增强了价格上行动力

2009 年第 2 季度以来，随着大规模经济刺激政策效果逐步显现，欧美等主要经济体开始缓慢复苏。2009 年第 3 季度，美国 GDP 环比折年率增长 2.8%，欧元区 GDP 环比增长 0.4%。从美国第 3 季度 GDP 增速的构成看，个人消费支出贡献了 2.07 个百分点，其中，由于美国政府实施了“旧车换现金”的刺激计划，机动车及零部件销售环比折年增速上升了 43.5%，汽车等耐用品消费的贡献高达 1.34 个百分点；受“首次购房可得税收抵免 8000 元”政策的刺激，10 月份美国房屋销售 613.5 万套，恢复到 2007 年年初的水平，促使住宅投资支出增加，对当季 GDP 增长贡献了 0.45 个百分点（见表 2－4－4）。

**表 2－4－4　　美国 GDP 环比折年率及各部分贡献率**　　单位：%

| | 2008 年 9 月 | 2008 年 12 月 | 2009 年 3 月 | 2009 年 6 月 | 2009 年 9 月 |
|---|---|---|---|---|---|
| GDP | -2.7 | -5.4 | -6.4 | -0.7 | 2.8 |
| 个人消费支出 | -2.49 | -2.15 | 0.44 | -0.62 | 2.07 |
| 商品 | -1.89 | -2.41 | 0.56 | -0.71 | 1.60 |
| 耐用品 | -0.95 | -1.64 | 0.28 | -0.41 | 1.34 |
| 非耐用品 | -0.94 | -0.78 | 0.29 | -0.29 | 0.26 |
| 服务 | -0.60 | 0.26 | -0.13 | 0.09 | 0.47 |
| 国内私人总投资 | -1.04 | -3.91 | -8.98 | -3.10 | 0.91 |
| 固定投资 | -1.30 | -3.28 | -6.62 | -1.68 | 0.04 |
| 非住宅 | -0.73 | -2.47 | -5.29 | -1.01 | -0.40 |
| 住宅 | -0.57 | -0.81 | -1.33 | -0.67 | 0.45 |
| 私人存货变化 | 0.26 | -0.64 | -2.36 | -1.42 | 0.87 |
| 净出口 | -0.10 | 0.45 | 2.64 | 1.65 | -0.83 |
| 政府支出 | 0.95 | 0.24 | -0.52 | 1.33 | 0.63 |

注：以 2005 年不变价格计算。

数据来源：CEIC。

企业存货回补也是第 3 季度美国经济反弹的原因之一。历史经验表明，存货顺周期调整往往加剧宏观经济波动，当企业对未来销售失去信心时，会通过大幅减产以降低存货，导致生产下滑速度快于当期销售；当企业预期未来销售增加时，会通过加快生产以提高存货水平，导致生产上升快于当期销售。金融危机爆发后，美国企业存货一直处于下滑趋势。2009 年 3 月份以来，美国制造业新增订单增长加快，截至 10 月份累计增长 5.5%，企业对未来的销售预期比较乐观，受此影响，美国制造业存货在 9 月份停止了下滑态势，10 月份开始小幅回升（见图 2－4－16）。

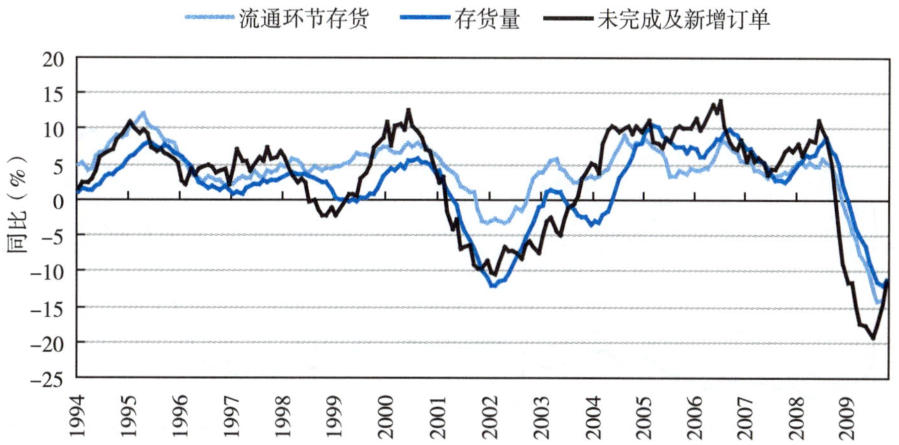


**图 2-4-16 美国企业存货的顺周期调整（1994—2009 年）**

数据来源：WIND、CEIC。

## （二）国内宽松货币环境刺激了总需求和资产价格

2009 年以来，我国实施了适度宽松的货币政策，存贷款利率水平较低，货币信贷供应高速增长。1—11 月份我国新增人民币贷款 9.21 万亿元，比 2008 年全年高出 4.3 万亿元，创下历史最高水平；银行信贷迅猛投放导致货币供应高速增长，2009 年 11 月份，M1 和 M2 同比增速分别达到 34.63% 和 29.74%，均创下 1997 年该项指标统计的最高水平。宽松货币环境一方面保证了总需求特别是投资需求强劲反弹，另一方面引发了通胀预期和资产价格明显回升。

### 1. 银行信贷投放保证了投资强劲增长

2004—2008 年，银行贷款占固定资产投资资金来源的比重从 20.4% 下降到 15.7%，但实证分析表明，银行贷款与整体投资资金来源的增速具有很强相关性，银行贷款收紧往往伴随着整体投资资金来源增速的回落，贷款放松则会引发投资资金来源增速提高。不仅如此，本轮固定资产投资主要是由政府主导的基础建设投资带动，这些项目除中央财政拨付的少量资金外，也要求地方政府配套部分资金。由于 2008 年经济增速放缓、房地产市场调整导致地方财政收入大幅下降，地方政府更多依靠各类融资平台筹集银行信贷资金，截至 2009 年 11 月，地方政府融资平台总量在 3800 个左右，负债总额超过 5 万亿元（见图 2-4-17）。

### 2. 宽松货币环境引发资产价格反弹

金融危机爆发后，世界主要经济体包括我国的资产价格一度持续下跌。但受主要经济体宽松货币政策的影响，通胀预期开始显现，资产价格特别是房地产价格出现反弹。具体看，货币宽松主要通过以下两条途径影响资产价格。

第一，宽松货币环境下，实际存款利率下降，居民总财富在储蓄存款的配置减少，金融资产和房地产的配置增加。2005 年以来的数据表明，实际存款利率（名义存款利率减去通

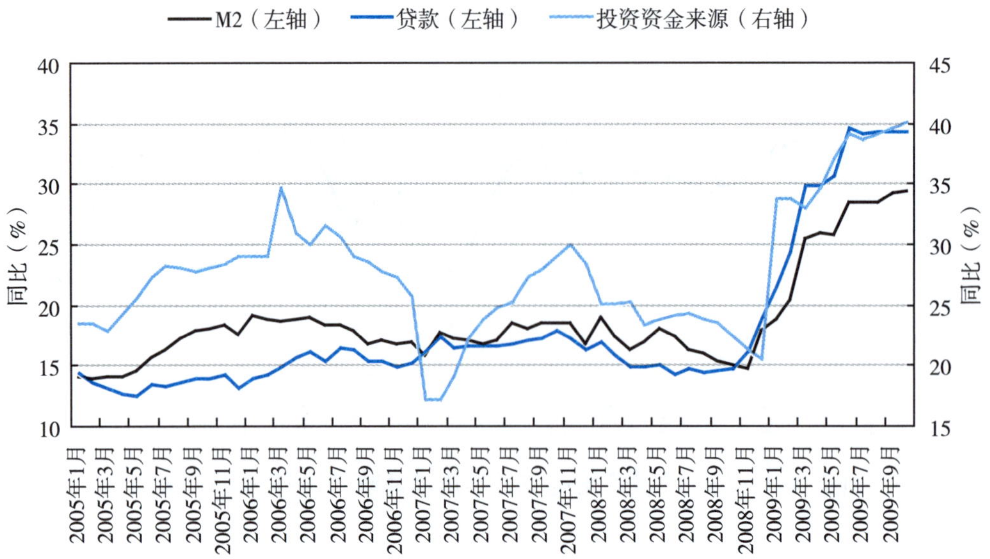


**图 2-4-17　货币信贷和投资资金来源同比增速比较**

数据来源：CEIC。

胀率）与居民储蓄存款增长之间存在明显相关关系。从逻辑关系来看，实际存款利率本应是储蓄存款的先行指标，但数据显示储蓄存款增长的变化领先于实际存款利率的调整。这一方面是由于居民通胀预期在价格水平上升之前就已经产生，并引发了“储蓄搬家”行为；另一方面也表明我国利率往往是适应通胀水平上升而被动调整的，存在一定程度滞后（见图 2-4-18）。

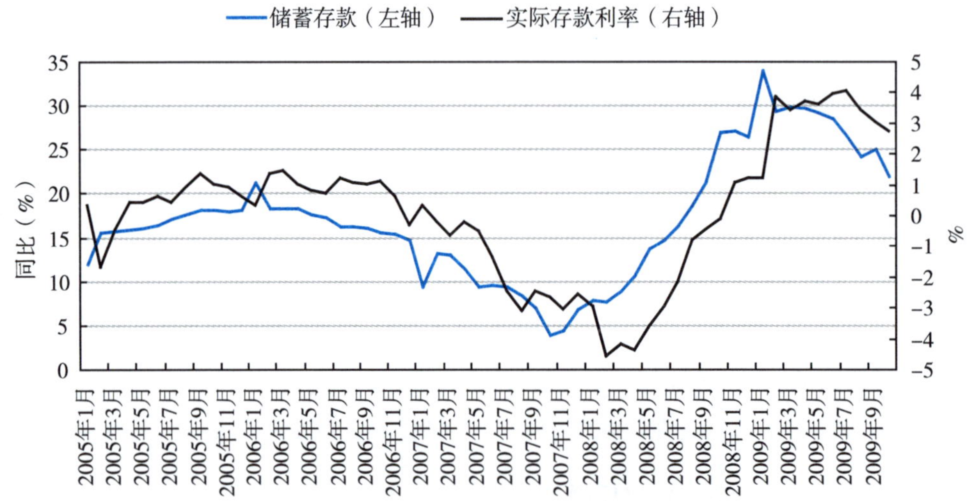


**图 2-4-18　实际存款利率和居民储蓄增长**

数据来源：WIND、CEIC。

名义存款利率下降和通胀水平上升均可能导致实际存款利率下降。我国在 2008 年年底连续降低利率后，2009 年没有再进行利率调整，但通胀预期上升也会降低实际存款利率，引发居民财富配置的调整。房地产具有对冲通胀的良好投资属性，通胀预期产生后，投资者倾向于购买房地产，从而推升了房地产价格。研究表明，在美国等发达经济体，通胀预期和房地产价格之间具有明显的相关关系，这一规律在我国也得到了验证，使用我国10年期和6个月国债收益率之差表示通胀预期，发现该通胀预期指标和我国房屋销售价格高度相关（见图2－4－19）。

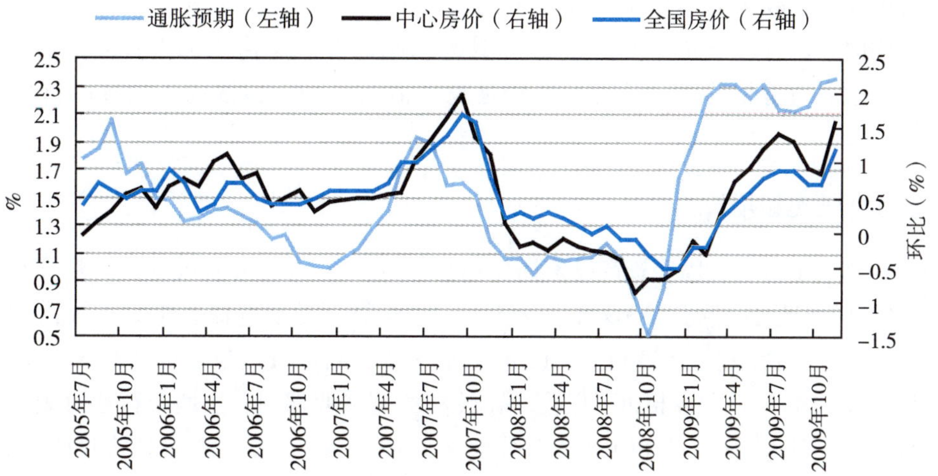


**图2－4－19 通胀预期和房屋价格环比走势**

注：中心城市房价为北京、上海、杭州、深圳和广州五个城市房价的平均环比走势。

数据来源：WIND、CEIC。

第二，宽松货币环境下，银行信贷满足了房价上涨的资金要求。一方面，宽松货币时期，银行信贷投放增长较快，增大了货币信贷供应；另一方面，货币信贷投放在各部门间并不是均匀分布，也会更多集中于具有良好抵押品的部门（如房地产部门），这是由商业银行信贷配给行为决定的。图2－4－20表明，我国住房按揭贷款投放是房价变动的先行指标。

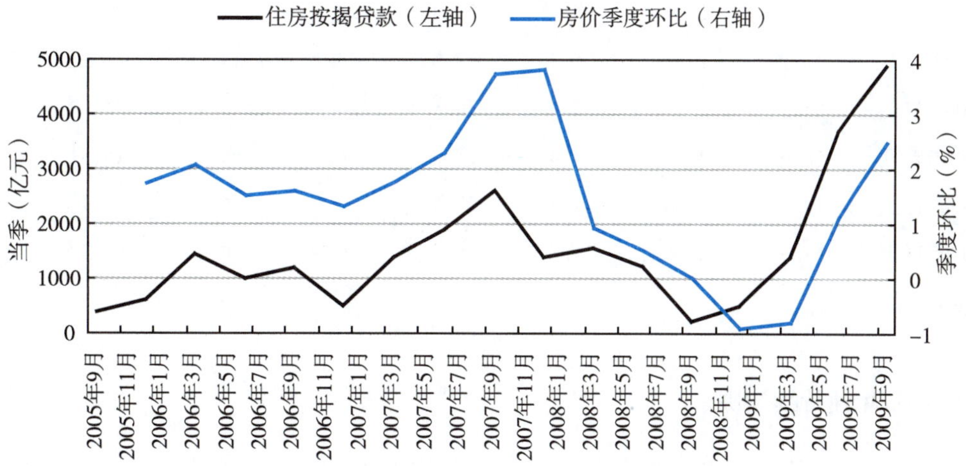


**图2－4－20 住房按揭贷款和房价环比走势**

数据来源：WIND、CEIC。

## （三）总需求回升缓解了产能过剩对价格的下行压力

在反周期扩张政策的作用下，我国国内投资和消费需求强劲增长，有力弥补了外需的回落。同时，国外经济企稳复苏，出口增速见底回升。总需求回升缩小了产出缺口，缓解了产能过剩对价格的下行压力，特别是投资需求强劲反弹推动了投资品价格的持续回升。

### 1. 投资增速迅猛增长

2009 年 1—11 月份，固定资产投资同比增长 32.1%。从投资领域看，一是具有政府背景的基础建设投资增速较高。2009 年 1—11 月份，交通运输、仓储和邮政业（占固定资产投资的 11.24%）和水利、环境和公共设施管理业（占固定资产投资的 9.05%）投资分别增长了 54.6% 和 49%，大幅超过了以往增速较高的制造业部门，这两个行业对固定资产投资增速的贡献分别达到 6.1 个和 4.4 个百分点（见表 2 -4 -5）。二是房地产投资显著反弹。2009 年 2—11 月，房地产销售面积累计增速从 -0.3% 提高到 53%，房地产投资累计增速从 4.9% 提高到 22.2%（见图 2 -4 -21）。

表 2 -4 -5　　固定资产投资增速（2004 年—2009 年 11 月）

单位：累计同比（%）

| 年月 | 第一产业 | 第二产业 | | | 第三产业 | | | |
|---|---|---|---|---|---|---|---|---|
| | | | 采掘业 | 制造业 | | 交通 | 房地产 | 水利 |
| 2004 年 | 20.3 | 38.3 | 38.1 | 36.3 | 21.6 | 20.2 | 29.1 | 14.4 |
| 2005 年 | 27.5 | 38.4 | 50.7 | 38.6 | 20 | 22.3 | 20.5 | 22.3 |
| 2006 年 | 30.7 | 25.9 | 28.9 | 29.4 | 23.3 | 25.7 | 25.4 | 22.2 |
| 2007 年 | 31.1 | 29 | 26.9 | 34.8 | 23.2 | 14.4 | 32.2 | 22.3 |
| 2008 年 | 54.5 | 28 | 31.5 | 30.6 | 24.1 | 19.7 | 23 | 32.2 |
| 2009 年 6 月 | 68.9 | 29 | 24.4 | 29.3 | 36.6 | 65.5 | 15.3 | 54.5 |
| 2009 年 10 月 | 54.1 | 26.8 | 17.3 | 27.5 | 37.8 | 56.9 | 23.4 | 48.8 |
| 2009 年 11 月 | 51.5 | 26.1 | 16.8 | 26.8 | 36.6 | 54.6 | 22.2 | 49.0 |

数据来源：CEIC。

### 2. 消费增速持续加快

社会消费品零售总额单月增速从 2009 年 3 月份的 14.7% 提高到 11 月份的 15.8%。得益于相关政策的推动，汽车、住房等相关消费增长迅速。截至 2009 年 10 月份，排在消费品零售增速前三名的商品依次是建筑装修材料（77.92%）、汽车（53.8%）和家具（47.2%），见表 2 -4 -6。

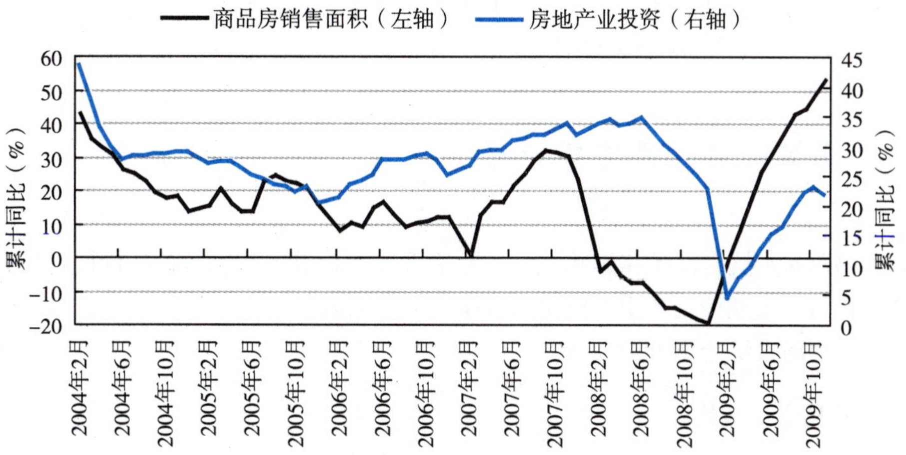


**图 2－4－21　房地产销售和投资**

数据来源：WIND。

**表 2－4－6　　主要商品的零售增速**　　单位：累计同比（%）

| | 2005 年 | 2006 年 | 2007 年 | 2008 年 | 2009 年 1－10 月 |
|---|---|---|---|---|---|
| 建筑装修材料（0.9%） | 26.30 | 29.89 | 40.66 | －6.94 | 77.92 |
| 汽车（19.3%） | 61.53 | 33.83 | 38.05 | 28.11 | 53.82 |
| 家具（0.8%） | 24.09 | 37.06 | 39.04 | 26.54 | 47.17 |
| 中西药（6.4%） | 16.32 | 8.99 | 25.38 | 14.57 | 28.77 |
| 日用商品（4.3%） | 17.43 | 20.18 | 26.09 | 18.51 | 25.70 |
| 金银珠宝（1.7%） | 20.14 | 27.73 | 41.00 | 41.64 | 24.75 |
| 化妆品（1.9%） | 22.87 | 19.49 | 26.00 | 22.54 | 23.75 |
| 衣服鞋帽及纺织品（11.7%） | 25.08 | 21.60 | 25.68 | 25.04 | 20.61 |
| 文化和办公用品（2.1%） | 60.98 | 24.98 | 21.59 | 21.51 | 20.36 |
| 食品烟酒（15.6%） | 23.00 | 16.64 | 25.49 | 22.19 | 17.51 |
| 机械电子产品及设备（3.8%） | －91.99 | 7.75 | 29.28 | 12.53 | 15.22 |
| 家用电器（9.1%） | 21.83 | 22.69 | 21.58 | 17.17 | 14.17 |
| 书报杂志（1.9%） | 9.95 | 13.22 | 9.69 | 1.55 | 11.03 |
| 石油及其制品（17.1%） | 61.87 | 48.41 | 18.84 | 45.69 | 7.42 |
| 通讯器材（2.0%） | 45.43 | 29.78 | 9.42 | 2.98 | 1.39 |

注：第一列中的数字为该类消费品占零售总额的权重（2000—2008 年平均权重），其中占比在 0.5% 以下的消费品没有列出。

数据来源：CEIC。

### 3. 出口增速企稳回升

金融危机爆发后，我国出口增速大幅跌落。2009 年以来，随着国外经济的企稳复苏和我国一系列稳定出口措施的出台，出口增速开始企稳回升。2009 年 3—11 月份，单月出口已经连续 9 个月环比正增长，累计增幅达 74.8%。

## （四）食品价格涨幅有所加大

我国价格总水平受食品价格影响较大。除宏观经济总供求状态对食品价格趋势会产生影响外，食品价格的短期波动还受到供给和成本等多种因素的影响。当前食品价格涨幅有所扩大，也是多方面因素综合影响的反映。

**1. 粮食价格上涨较快**

受国家提高粮食最低收购价、实行临时收储等政策的影响，2009 年以来，粮食价格上涨较快，截至 11 月份，粮价累计上涨 7.1%。从同比看，粮价涨幅逐渐扩大，9、10、11 月份，粮价同比涨幅分别为 5.5%、6.2% 和 7.0%。从环比看，粮价逐月上涨，9、10、11 月份，粮食价格环比分别上涨 0.6%、0.5% 和 0.5%。

**2. 蔬菜价格上涨明显**

11 月份，北方部分省份提前降雪，影响了蔬菜生产和供给，造成供不应求，当月蔬菜价格上涨较为明显。11 月份鲜菜价格环比上涨 5.9%，同比上涨 23.9%，涨幅比 10 月提高 9.1 个百分点。

**3. 食用植物油价格上涨**

我国大豆进口依存度超过 60%，国际大豆价格上涨对国内食用油价格影响很大。10 月份以来，国际大豆和豆油期货价格分别上涨了 13.6% 和 16.1%，引起近期国内食用植物油价格上涨。

# 三、趋势分析

■ 2010年，随着国内需求继续回升和出口改善，加上全球及国内货币条件总体仍将呈现宽松局面，国内价格总水平将继续回升。但由于世界经济复苏程度存在较多不确定性，国际大宗商品价格持续大幅上涨的可能性不大，且国内粮食、肉类等食品供给充足，因此出现明显通胀的可能性较小。总体看，全年价格总水平呈温和上升走势的可能性较大，具体上升幅度从需求面看主要取决于GDP增速特别是出口复苏程度；从供给面看则主要取决于国际初级产品价格的上涨幅度。

## （一）总需求回升平稳将推动价格温和上行

总体上看，2010年总需求会继续回升，从而拉动价格进一步上行。但考虑到投资和信贷增长将逐步放缓，总需求上升态势将趋于平稳。

### 1. 实际投资增速将高位放缓

受2009年新开工项目大量增长，企业盈利预期大幅上升以及放松民间投资等促进政策的推动，预计投资增长仍将保持较高水平。但考虑到2010年对中央投资新开工项目的严格控制以及信贷增速放缓和产能过剩加剧等因素的制约，加之2009年高基数的影响，预计2010年实际投资增速将呈现一定幅度的回落。

### 2. 实际消费增长将保持平稳

中央经济工作会议将促进经济结构调整和发展方式转变作为下一个时期经济工作的重点，国内消费在政策层面将会继续得到鼓励。从短期看，居民收入及消费信心指数进一步上升。中国人民银行第4季度城镇储户调查显示，第4季度城镇居民当期收入和就业感受指数比第2季度累计提高

5.8个和3.3个百分点。国家统计局数据也显示消费者信心指数自2009年3月份以来已连续9个月呈回升态势。预计2010年社会消费品零售总额名义增速将进一步上升，实际增速大致与2009年持平。

### 3. 出口将有所复苏，但复苏程度不确定性较大

根据主要国际组织的预测，全球经济2010年总体上将延续复苏态势，我国外需形势将继续好转。但受制于下列因素，出口复苏程度仍存在较大不确定性：一是主要经济体失业率仍然较高，经济复苏的内生动力受到制约；二是全球经济再平衡将经历一个长期过程，发达经济体居民部门“去杠杆化”尚需时日，借贷消费短期内很难再现繁荣；三是主要经济体政策退出时机、力度如把握不当可能影响世界经济复苏进程；四是国际金融体系受损对实体经济的影响仍然存在；五是贸易保护主义抬头对全球贸易也会产生一定负面影响。综合以上因素，预计2010年出口将呈温和增长态势。

## （二）国内外宽松货币环境对价格总水平的影响将逐步显现

尽管2010年国内外货币政策均可能面临调整，但货币环境总体上仍将比较宽松。从国际上看，预计美联储等主要经济体中央银行短期内加息的可能性较小；从国内看，尽管2010年新增贷款可能有所减少，但合并考虑2009年以来已大量投放的信贷资金以及因效益好转而增加的自有资金，企业流动性宽松的状况仍将得以延续。

### 1. 短期内全球流动性宽松状况难以改变

尽管美国近期产能利用率、就业以及信贷紧缩状况有所好转，但离历史平均水平仍有相当差距，货币政策转向特别是加息的时机并不成熟，无风险美元资产和国际大宗商品等其他资产的套利交易仍将继续，近期的美元反弹能否成为趋势还面临较多不确定性（见图2-4-22）。

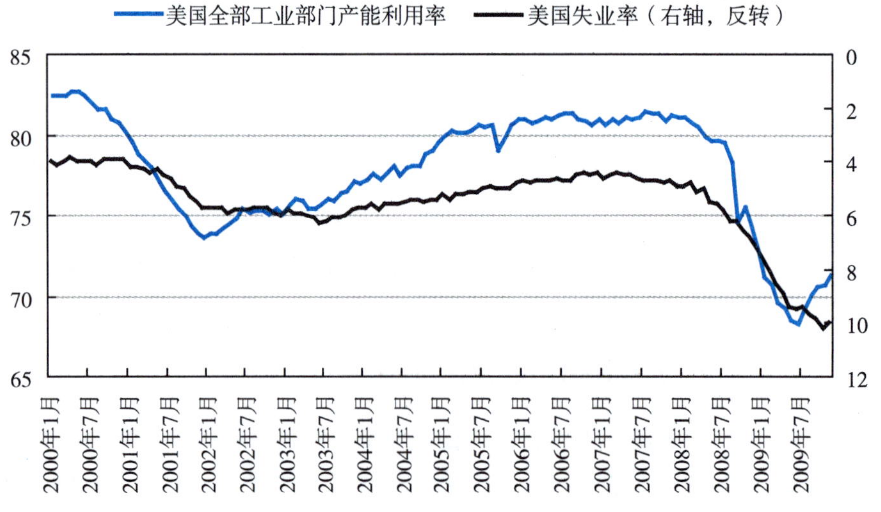


**图2-4-22　美国产能利用率和失业率**

数据来源：WIND。

### 2. 国内企业流动性仍将保持总体宽松状态

2009 年适度宽松货币政策不仅缓解了企业资金紧张状况，还为企业带来了充裕的流动性，表现为企业存款大幅增长。截至 2009 年 11 月份，企业活期存款和定期存款同比增长 39.55% 和 36.14%，均创历史最高水平，明显高于全部货币供应量增速（见表 2－4－7）。

表 2－4－7　我国货币供应同比增速　单位：同比（%）

| 年　月 | M2 | 储蓄存款 | 定期存款 | M1 | 企业活期存款 | M0 |
|---|---|---|---|---|---|---|
| 2003 年 12 月 | 19.58 | 19.22 | 27.42 | 18.67 | 20.09 | 14.28 |
| 2004 年 12 月 | 14.63 | 15.38 | 21.21 | 13.58 | 15.07 | 8.72 |
| 2005 年 12 月 | 17.57 | 17.98 | 30.41 | 11.78 | 11.74 | 11.94 |
| 2006 年 12 月 | 16.94 | 14.56 | 17.13 | 17.48 | 18.87 | 12.65 |
| 2007 年 12 月 | 16.72 | 6.77 | 21.17 | 21.01 | 23.47 | 12.05 |
| 2008 年 12 月 | 17.82 | 26.29 | 28.06 | 9.06 | 8.17 | 12.65 |
| 2009 年 4 月 | 25.95 | 29.58 | 35.15 | 17.48 | 19.06 | 11.26 |
| 2009 年 6 月 | 28.45 | 28.28 | 35.53 | 24.79 | 28.02 | 11.46 |
| 2009 年 10 月 | 29.42 | 21.81 | 37.66 | 32.03 | 36.49 | 14.09 |
| 2009 年 11 月 | 29.74 | 20.10 | 36.14 | 34.63 | 39.55 | 14.99 |

数据来源：CEIC。

从 2010 年趋势看，国内信贷和国外净资产渠道的货币供应仍将保持较高增速。一是国内投资仍将保持较高增长从而拉动信贷需求，二是随着出口形势逐渐好转和人民币升值预期的增强，外汇流入产生的货币供应将逐渐增多（见图 2－4－23）。

### 3. 货币流动性上升对价格的推升作用将逐步显现

到 2009 年 11 月末，货币流动性（M1/M2）从年初的 33.3% 上升到 35.7%。预计在企业总体流动性宽松和效益逐步好转的支持下，货币流动性上升的格局短期内仍将延续，但考虑到整体货币信贷增速放缓的抑制作用，货币流动性上升的速度将有所放缓。从较长时期的历史数据看，货币流动性与整体价格水平高度相关，预计 2010 年货币流动性上升对价格总水平的推升效应将逐步显现。

## （三）全球经济复苏基础不稳制约大宗商品价格上升空间

较长时期的历史数据表明，全球经济增长和大宗商品价格之间具有高度相关性（见图 2－4－24）。预计世界经济复苏程度仍将受制于多种因素而较为平缓，国际大宗商品价格上涨空间受到制约。

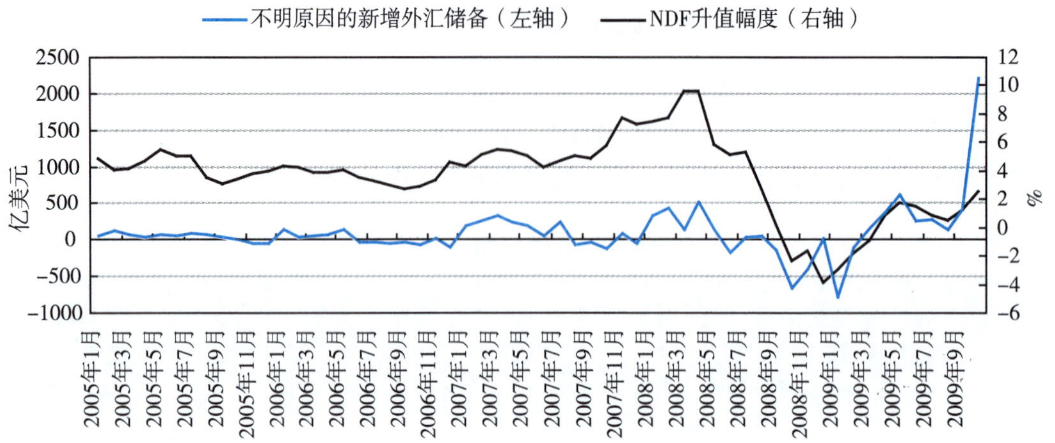


**图 2 −4 −23　人民币升值预期和外资流入**

注：不明原因的新增外汇储备是指新增外汇储备减去贸易顺差和外商直接投资。

数据来源：WIND。

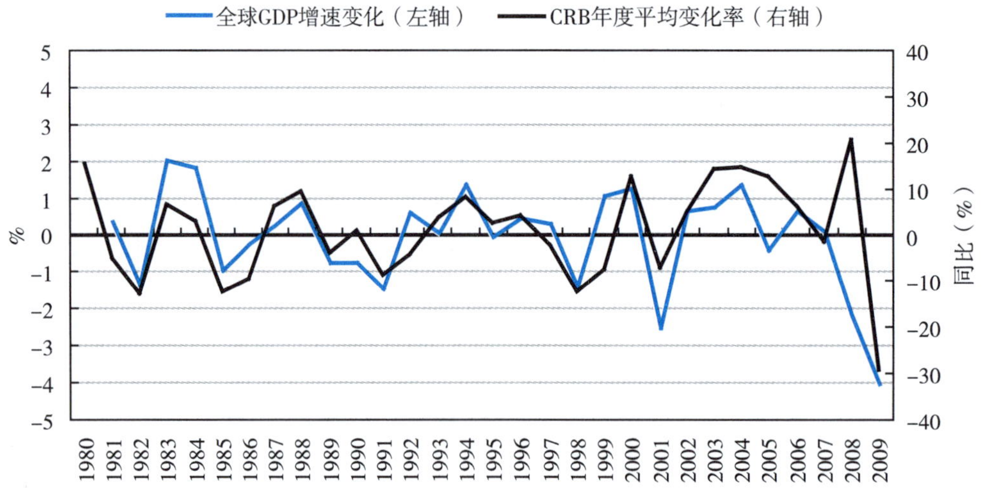


**图 2 −4 −24　世界经济增长与大宗商品价格走势**

数据来源：IMF、WIND。

### 1. 世界经济复苏的信心仍不稳固

尽管 2009 年第 2 季度以来全球经济出现了较为明显的向好趋势，但近期数据显示经济复苏的信心还很不稳固。第 3 季度开始，美国、日本和欧元区国家的 PMI 指数上升趋势均出现变化，其中 11 月份美国和日本的 PMI 指数掉头向下，欧元区国家 PMI 指数增速也明显减缓，预示生产者对未来全球经济复苏前景的态度仍有反复（见图 2 −4 −25）。

### 2. 收入增速下降、资产缩水和储蓄上升制约消费增长

私人消费增长受到收入增速下降和储蓄上升的制约。由于缺乏新的经济增长点，加上失业率水平仍然较高，美国私人部门可支配收入增速难以恢复到危机前水平。受金融危机影

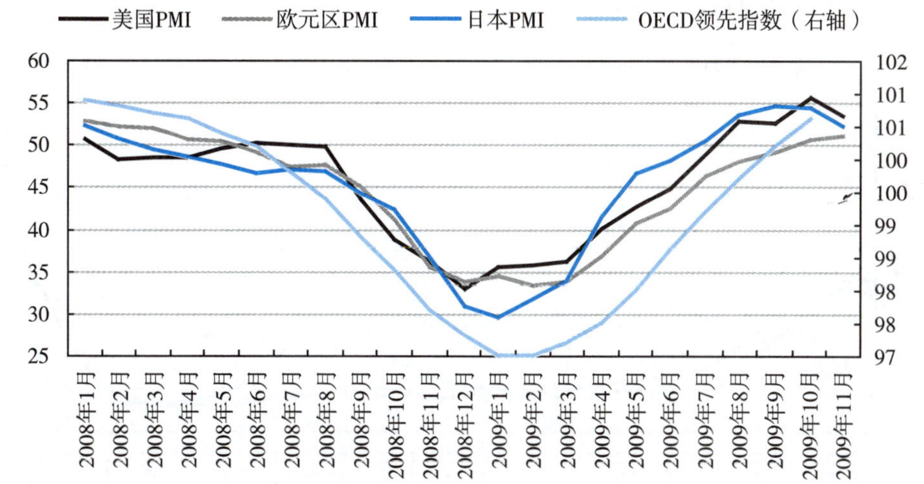


**图 2－4－25　主要经济体 PMI 上升乏力**

数据来源：WIND。

响，以股票、债券和房地产等为代表的家庭净资产从2007年年底的64万亿美元下降至2009年年底的48万亿美元。不仅如此，私人部门去杠杆化导致居民储蓄率上升和消费支出下降。2009年10月，美国家庭储蓄存款占可支配收入比为4.4%，虽然已经比危机前显著上升，但距离8.7%的历史平均水平还有较大差距（见图2－4－26）。

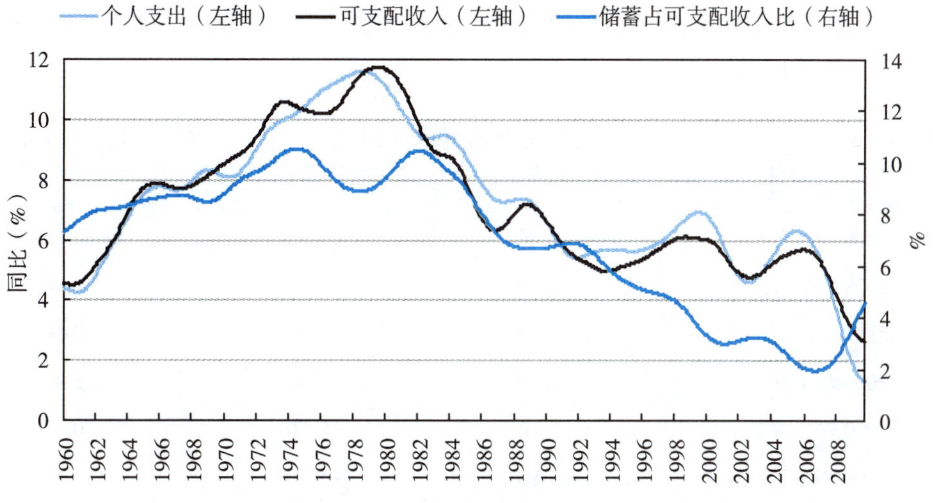


**图 2－4－26　美国个人收支和储蓄情况（1960—2008 年）**

注：为反映长期趋势，图中指标均采用 HP 滤波处理。

数据来源：WIND。

### 3. 金融资产质量和信贷紧缩状况远未根本改善

美国金融机构资产质量恶化，制约了未来金融体系功能的正常发挥。2009年11月份，美国金融机构撇账率和拖欠率分别达到2.9%和7%，均创1985年这两项指标统计以来的最高水平。分结构看，信用卡、消费贷款和房地产贷款的不良资产率最高，这将制约未来消费和房地产投资需求（见图2-4-27）。

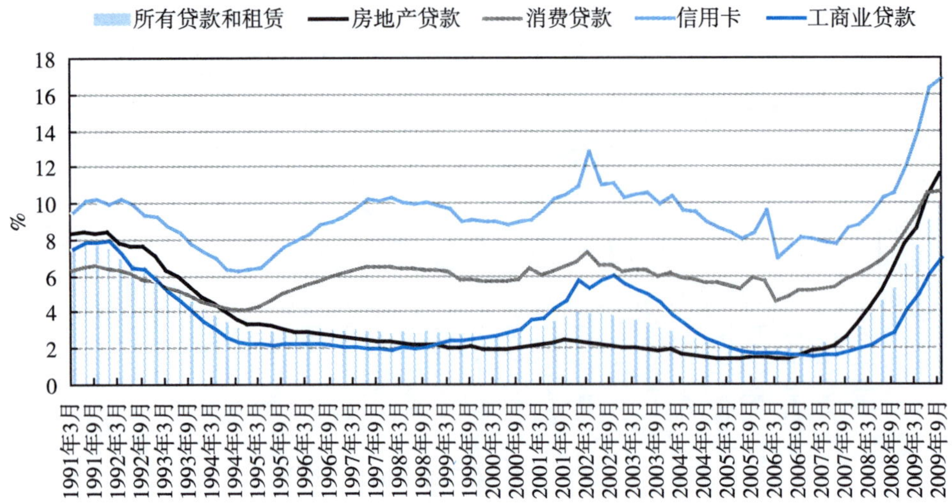


**图2-4-27　美国金融机构撇账率和不良贷款率**

注：为反映长期趋势，图中指标均采用HP滤波处理。

数据来源：WIND。

消费信贷萎缩的状况仍在延续。2009年10月份，美国消费信贷环比折年率为-1.7%，这是自2009年2月份以来连续第9个月环比负增长。其中，更能反映未来消费信贷增长趋势的循环信贷11月份环比折年率为-9.3%，是自2008年12月份以来连续第11个月负增长（见表2-4-8）。

**表2-4-8　美国消费信贷增长情况**　单位：环比折年率（%）

| 年月 | 消费信贷总计 | 消费循环信贷 | 消费非循环信贷 |
|---|---|---|---|
| 2008年6月 | 5.00 | 7.30 | 3.60 |
| 2008年9月 | 1.00 | 0.10 | 1.60 |
| 2008年12月 | -2.50 | -8.20 | 0.90 |
| 2009年1月 | 2.50 | -2.40 | 5.40 |
| 2009年2月 | -6.10 | -16.00 | -0.20 |
| 2009年3月 | -6.80 | -10.70 | -4.50 |
| 2009年4月 | -6.90 | -10.70 | -4.70 |
| 2009年5月 | -3.40 | -12.10 | 1.70 |
| 2009年6月 | -4.10 | -6.40 | -2.70 |
| 2009年7月 | -3.90 | -0.90 | -5.70 |
| 2009年8月 | -1.60 | -10.60 | 3.50 |
| 2009年9月 | -4.20 | -10.50 | -0.60 |
| 2009年10月 | -1.70 | -9.30 | 2.60 |

数据来源：WIND。

## （四）结构性因素对价格总水平影响不会明显增大

### 1. 食品价格上涨态势将较为温和

第一，粮食价格不会出现持续大幅上涨。尽管 2009 年粮食生产面临着基数高、灾情重等多种不利因素，但在一系列“强农惠农”政策的有力支持下，全年粮食生产依然保持了增长态势，连续 6 年增产丰收。目前国有粮食企业原粮总库存超过 4500 亿斤，库存消费比达 40% 以上，远超过国际公认的 17% ~18% 的安全线水平。

尽管国家将 2010 年将继续提高主要粮食品种的收购价格，但这有利于提高农民种粮积极性和增强粮食供给的稳定性。从国际市场粮价的影响看，除进口依赖程度较高的大豆外，国内其他主要粮食品种的价格走势基本独立于国际市场，且从目前国内外市场粮价比较看，国内主要粮食品种的价格基本高于国际市场（见图 2 -4 -28）。

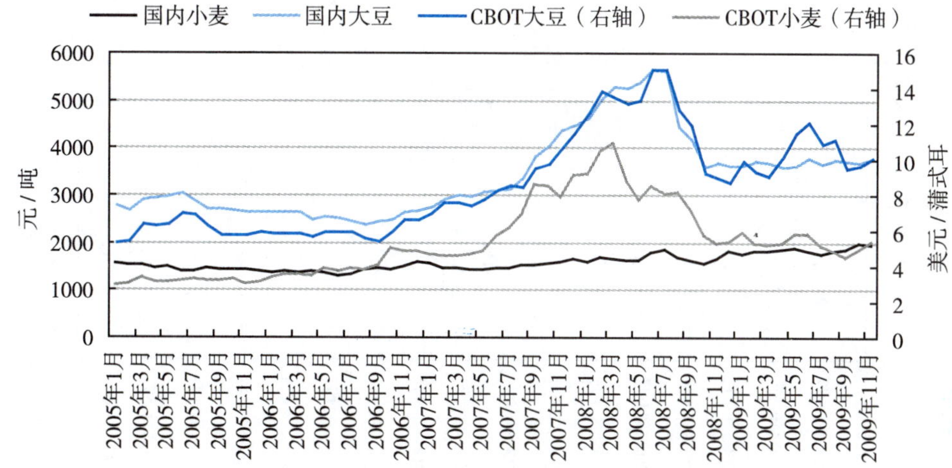


**图 2 -4 -28　国内外主要粮食价格走势比较**

数据来源：CEIC。

第二，生猪存栏水平较高，猪肉供给充足。农业部资料显示，2009 年 10 月底全国生猪存栏 46921 万头，环比增加 0. 87%；能繁母猪存栏 4875 万头，环比增加 0. 73%，生猪存栏和能繁母猪存栏量均高于正常水平。此外，如果未来国际原油价格在现有 70 美元/桶水平上不出现大幅上涨，则玉米价格因生物燃料需求增加而上升的空间有限。从历史数据看，当国际原油价格在 80 美元/桶以下时，原油与玉米价格之间的关系并不密切；但一旦原油价格高于 80 美元/桶，原油价格对玉米价格的影响就明显上升（见图 2 -4 -29、图 2 -4 -30）。

第三，食用植物油价格不会过快上涨。一是，从国际市场看，2008/2009 年度全球油料市场供大于求，价格下跌较多，2009/2010 年度世界大豆产量预计增产近 4000 万吨，增幅达 19%，将创历史新高，全球油料市场将继续呈现供大于求局面；二是，从国内市场看，2009 年以来我国大豆进口总量增加较多，1—10 月累计进口大豆 3488 万吨，比 2008 年同期增加 13. 2%，目前油脂加工企业原料和成品库存均比较充裕，国内油料油脂市场供应保障

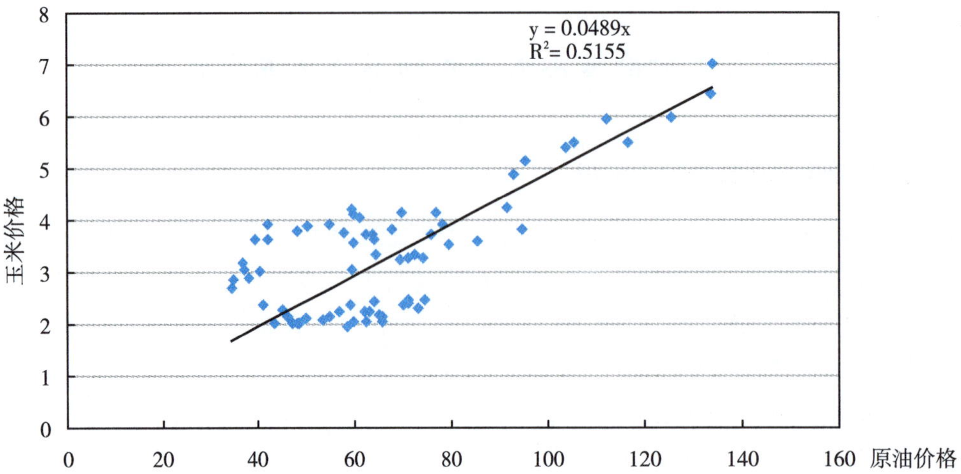


**图 2 - 4 - 29　玉米价格与原油价格关系**

数据来源：CEIC。

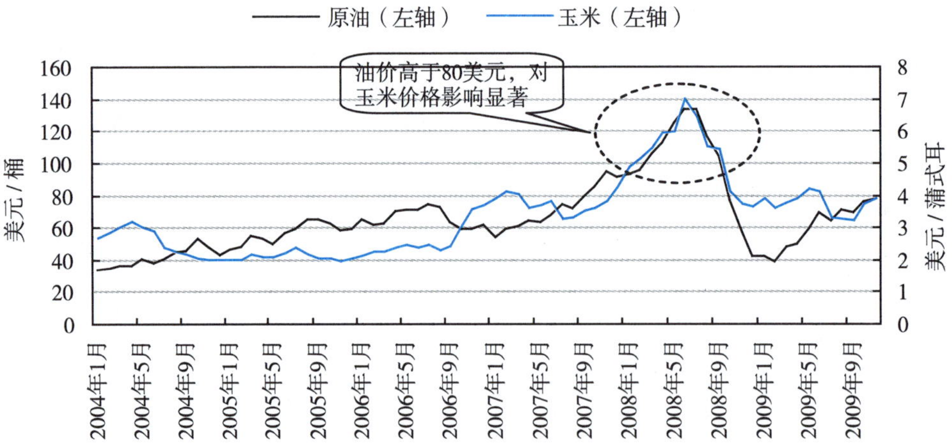


**图 2 - 4 - 30　玉米价格与原油价格走势**

数据来源：CEIC。

充足；三是，2008 年以来，国家对大豆、油菜籽实行临时收储政策，在保护农民利益的同时，国家掌握了大量油料库存，有利于保持国内食用油市场和价格基本稳定。

**2. 房价上涨对整体 CPI 影响有限**

在我国 CPI 构成中，居住类价格占比 14.69%，低于美欧等主要经济体。不仅如此，居住类价格与房地产价格有关的部分占比较小，使得房地产价格上涨对居住类价格的影响不明显。如图 2 - 4 - 31 所示，水、电、燃料、装修材料的费用在居住类价格构成中接近 70%，而占比 20% 的自有住房价格主要是以虚拟租金形式反映，但该虚拟租金是用房贷利率来替代，除此之外，只有占比 10% 的房租价格与房价关系较为密切。

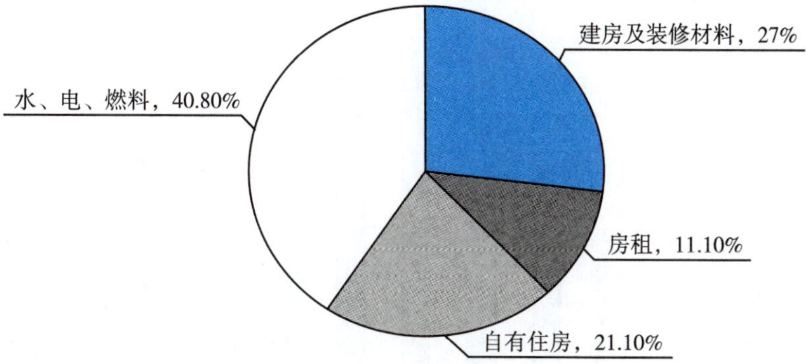


**图 2－4－31　居住类价格的构成**

数据来源：国家统计局网站。

**3. 资源价格调整对价格总水平的影响可控**

近期，国家有关部门将非居民电价平均每千瓦时提高 0.028 元，部分地区提高了居民用水价格，未来水、电、燃料价格调整将逐步推广阶梯式定价办法。考虑到水、电、燃料类价格占 CPI 的比重较小（约为 6%），且国家在调整资源价格时，会综合考虑工业企业生产和居民生活的承受能力，并采取多种方式缓解价格上涨的不利影响，总体看这方面的影响不大且可控。

## （五）对未来价格水平的预测分析

**1. 对 2009 年价格水平的预测分析**

根据国家统计局公布的 12 月 1—10 日价格环比监测数据，以及历史上 12 月份的 CPI 平均环比数据，预测 2009 年 12 月 CPI 同比增速为 1.2%，全年同比增速为 -0.74%。

**2. 对 2010 年价格走势的预测**

（1）2010 年翘尾因素预测：根据 2009 年前 11 个月的价格数据及对 12 月价格的预测，计算得出 2010 年 CPI 的翘尾因素的月度分布如图 2－4－32 所示，全年均值为 0.8%。

（2）2010 年新涨价因素预测：全年波动区间为 0.8% ~1.8%。新涨价因素水平与当年 GDP 特别是出口增速关系密切。如以 GDP 增速衡量总需求变化，从我国 1995—2009 年的历史数据发现，各年度新涨价因素与 GDP 增速同步波动趋势较好，1995—2009 年期间新涨价因素的均值为 1.3%（见图 2－4－33）。

假设 2010 年 GDP 和出口增速均为 10%，对新涨价因素和 GDP 及出口增速建立模型，模型预测 2010 年新涨价因素为 0.84%。考虑到 2009 年 M2 以及货币流动性的快速上升的滞后影响，以及国际大宗商品价格、食品价格、资源价格改革等结构性涨价因素，预计 2010 年新涨价因素在 0.8% ~1.8%。

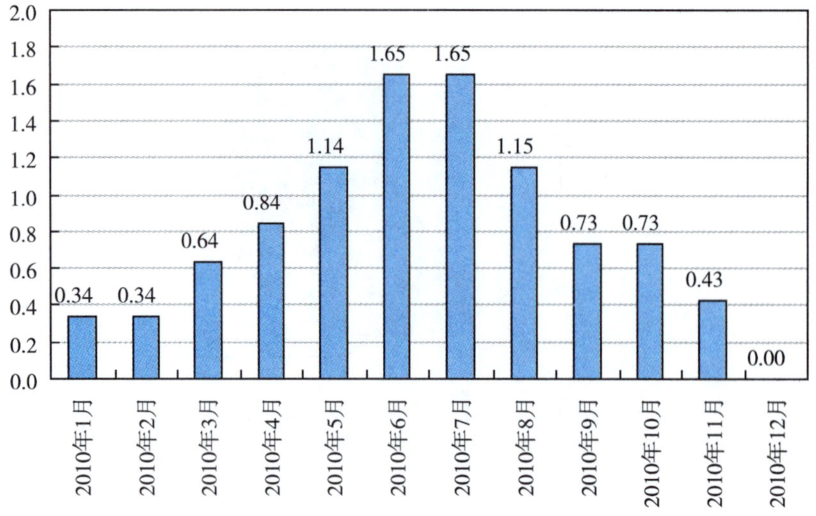


**图 2 -4 -32　2010 年 CPI 翘尾因素**

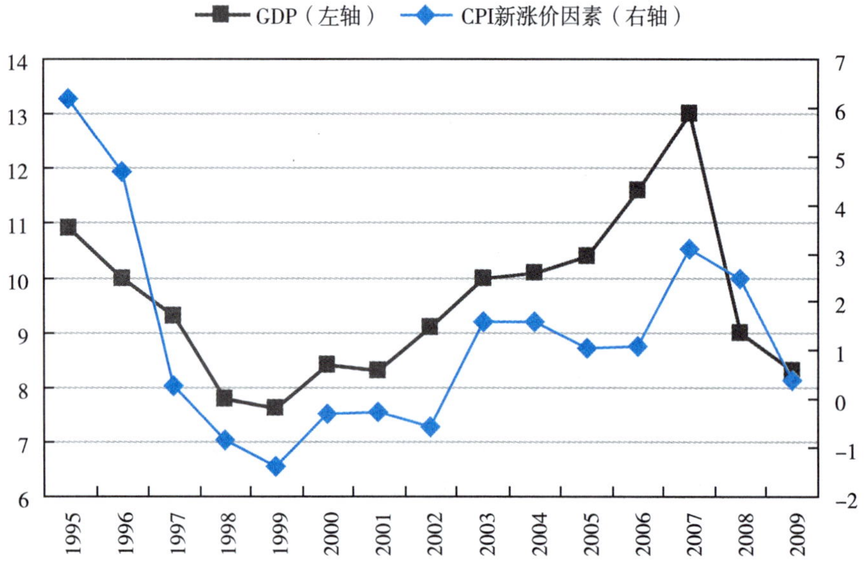


**图 2 -4 -33　新涨价因素与 GDP 增速关系**

数据来源：CEIC、中国人民银行研究局。

（3）2010 年全年 CPI 走势：全年均值为 2%，波动区间为 1.6% ~2.6%，且大体呈前高后低走势。

（4）几点说明。

第一，上述对新涨价因素的推测，主要从 GDP（真实需求）因素给出，如果从货币因素做出预测，则按照历史经验 2010 年 CPI 可能高达 6%，但这一预测水平大幅高出目前市场的普遍看法。考虑到根据历史经验，CPI 对货币供应的敏感度取决于真实需求，并且在目前的货币供应中没有区分交易型和投资性需求，即没有考虑到资产市场对货币供应的吸纳作用，不宜简单地套用历史经验推断 2010 年货币对价格变动的影响。

第二，上述对新涨价因素的推测，没有考虑到输入型通胀变动的影响，即假定国际大宗商品价格保持在现有水平。如果2010年国际大宗商品价格出现明显上涨，则国内CPI与上述预测结果将出现较大偏差。

第三，上述预测没有考虑如果发生重大自然灾害及其他因素对食品价格变动的冲击。

# 附 表

## 国内外机构对2009~2010年中国GDP和CPI的预测
### （预测时间2009年12月）

单位：同比（%）

| 经济预测机构 | 国内生产总值（年平均同比增长） | | 消费物价指数（全国） | |
|---|---|---|---|---|
| | 2009年 | 2010年 | 2009年 | 2010年 |
| 中国社会科学院 | 8.3 | 8.8 | -0.7 | 1.5 |
| 国家信息中心 | 8.5 | 8.5 | -0.7 | 2.5 |
| 中金公司 | 8.4 | 8.8 | -0.8 | 3.5~5.0 |
| 中信证券 | 8.6 | 10.1 | -0.7 | 2.6 |
| 国际机构 | | | | |
| 摩根士丹利（亚洲） | 9.0 | 10.0 | -0.6 | 2.5 |
| 恒生银行 | 8.3 | 8.5 | -1.0 | 2.0 |
| 花旗集团 | 8.7 | 9.8 | -0.6 | 3.0 |
| 汇丰银行 | 8.5 | 9.5 | -0.6 | 2.6 |
| 高盛（亚洲） | 8.7 | 11.4 | -0.9 | 2.4 |
| JP摩根 | 8.6 | 9.5 | -0.6 | 3.0 |
| 德意志银行 | 8.5 | 9.0 | -0.8 | 3.4 |
| 瑞银 | 8.4 | 9.0 | -0.7 | 3.0 |
| 东亚银行 | 8.5 | 9.0 | -0.9 | 2.2 |
| 巴克莱资本 | 8.6 | 9.6 | -0.7 | 3.0 |
| 野村证券 | 8.5 | 10.5 | -0.5 | 2.5 |
| 美国 Global Insight 公司 | 8.5 | 9.9 | -0.9 | 0.6 |
| IMF（10月） | 8.5 | 9.0 | -0.1 | 0.6 |
| 以上机构预测中位数 | 8.5 | 9.5 | -0.7 | 2.5 |
| 最高 | 9.0 | 11.4 | -0.1 | 3.5~5.0 |
| 最低 | 8.3 | 8.5 | -1.0 | 0.6 |
| 《亚太经济预测》中17家国际机构预测 | | | | |
| 中位数 | 8.5 | 9.6 | -0.7 | 2.5 |
| 最高 | 9.0 | 11.4 | 0.1 | 4.0 |
| 最低 | 8.0 | 8.5 | -1.0 | 0.6 |

# 第三篇

# 专题分析

## 专题一

# 对我国货币信贷、产出缺口和通货膨胀关系的分析

**摘要**：通过对我国历史上货币信贷、产出缺口和通货膨胀关系的考察，发现M1、M2、贷款规模、产出缺口同比增速分别领先CPI 6个月、12个月、5个月和5个月左右。对1997年3月份至2009年5月份期间月度样本数据的实证检验表明，在长期内，国际石油价格、国际食品价格、人民币实际有效汇率、M1和产出缺口每提高10%，物价水平将分别上涨0.05%、0.38%、0.90%、3.06%和4.05%。在2009年未来数月内，M1将对CPI产生较大的上行压力，而产出缺口则构成逐渐减弱的下行压力。假定其他变量不变，在货币M1和产出缺口两股相反力量的综合作用下，未来数月CPI的变化趋势将从负增长逐渐转变为正增长，且全年通胀水平为0左右。

## （一）问题的提出：宽松货币环境是否会很快引发通货膨胀

通货膨胀水平的变动，是经济体中各种经济变量共同作用的结果。这些因素可以概括为五个方面：供给因素如成本推动，需求因素如需求拉动，货币因素如货币供应、信贷规模、利率水平等，外部因素如汇率变动以及通货膨胀预期因素。就一个国家而言，各因素在不同时期的决定作用是不断变化的。

2009年以来，随着主要发达国家量化宽松货币政策的实施，以及我国适度宽松货币政策效果的显现，美国、欧元区国家的经济衰退出现减缓迹象，我国经济更是显现环比反弹。目前社会各界关注的焦点，集中在全球性的宽松货币政策是否会引发通货膨胀，以及通货膨胀何时真正到来。对我国而言，做出判断的难点是：一方面我国存在产能过剩和负的产出缺口，对通胀起到抑制作用，但另一方面历史经验告诉我们，当前宽松的货币供应迟早会在物价水平上表现出来，因为通货膨胀最终是一种货币现象。

## （二）货币信贷、产出缺口与通货膨胀的关系：我国的历史经验

在做具体量化分析之前，先对货币供应、信贷规模、产出缺口与通货膨胀之间的变动特点做简单回顾整理，以发现变量之间的相互作用规律。

### 1. 货币供应量增速是物价变动的先行指标

根据不同的统计口径，货币供应量指标可以分为M0、M1和M2。通过对1997年3月至2009年5月各口径货币供应量增速（同比，下文同）和CPI（同比，下文同）历史数据的考察，发现两者之间存在以下关系：

第一，货币增速是 CPI 的领先指标，M0、M1、M2 增速分别领先 CPI 变动 12 个月、6 个月和 12 个月左右（见图 3－1－1）。

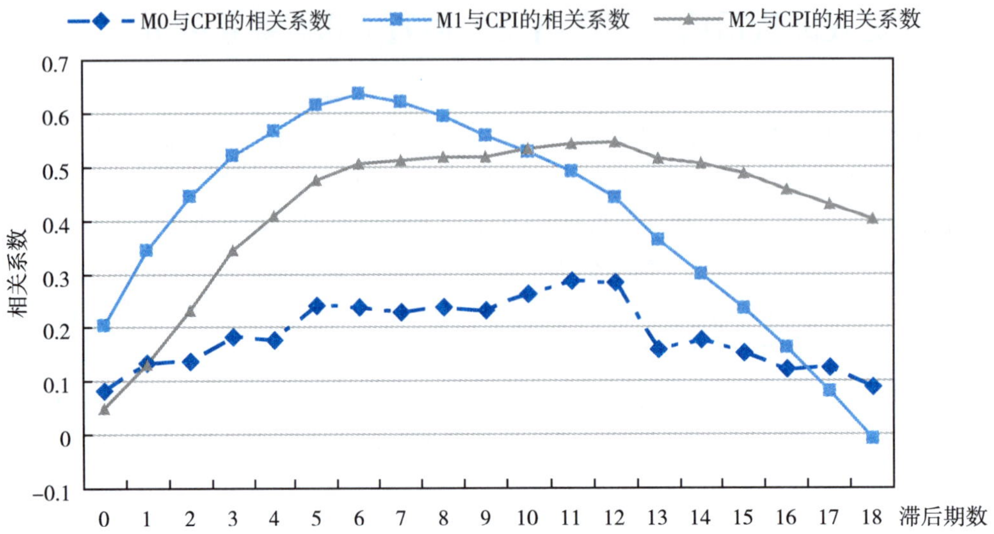


**图 3－1－1　CPI 与 M0、M1 和 M2 增速滞后各期的相关系数**

注：横轴为货币供应量增速的滞后期数，纵轴为相关系数大小。

数据来源：中国人民银行研究局。

第二，从相关性强弱看，M1 与 CPI 的相关性最强，其次是 M2 和 M0①。

第三，CPI 的变化趋势与 M1 和 M2 增速等领先指标存在较好的一致性（见图 3－1－2）。如果仅从货币供应角度考虑，2009 年年底和 2010 年存在较大的通货膨胀压力。

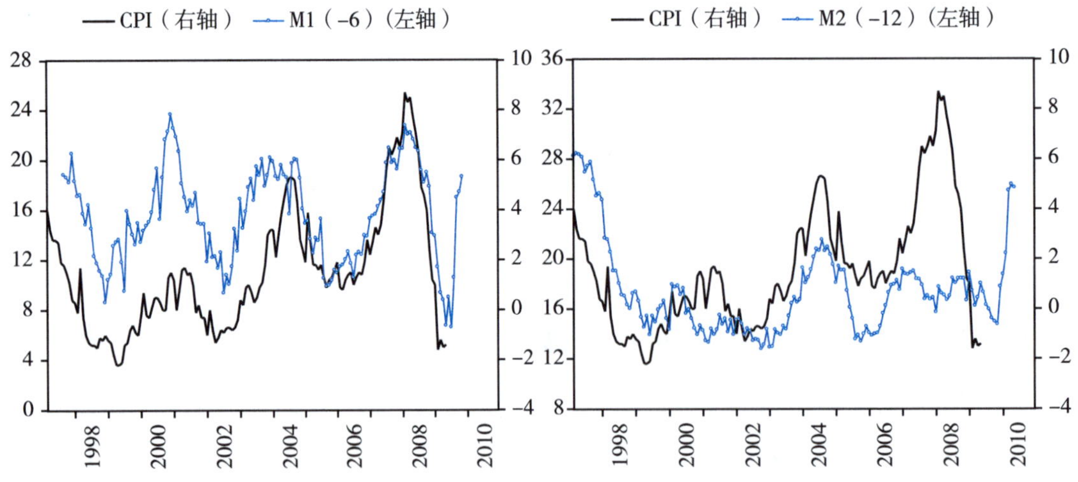


**图 3－1－2　CPI 与领先指标 M1 和 M2 的关系**

数据来源：中国人民银行研究局。

① 这就是下文计量检验部分选用 M1 而不用 M2 和贷款规模指标解释 CPI 变动的原因。

**2. 信贷增速领先物价变动5个月左右**

根据1991年1月至2009年5月的历史数据，贷款增速（同比，下同）与CPI存在以下关系：

第一，贷款增速是CPI的领先指标，大概领先5个月左右，并且在不同样本期间的领先月数相同（见图3－1－3），说明稳定性较好。

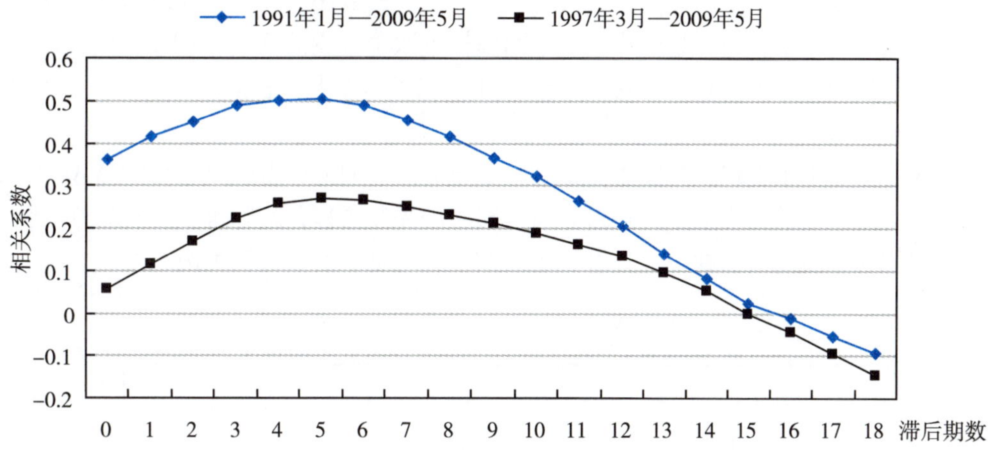


**图3－1－3　CPI与贷款增速滞后各期的相关系数**

注：横轴为贷款增速的滞后期数，纵轴为相关系数大小。

数据来源：中国人民银行研究局。

第二，CPI的变化趋势与贷款增速领先指标存在较好的一致性（见图3－1－4）。如果仅从信贷角度看，2009年年底和2010年存在较大的通货膨胀压力。

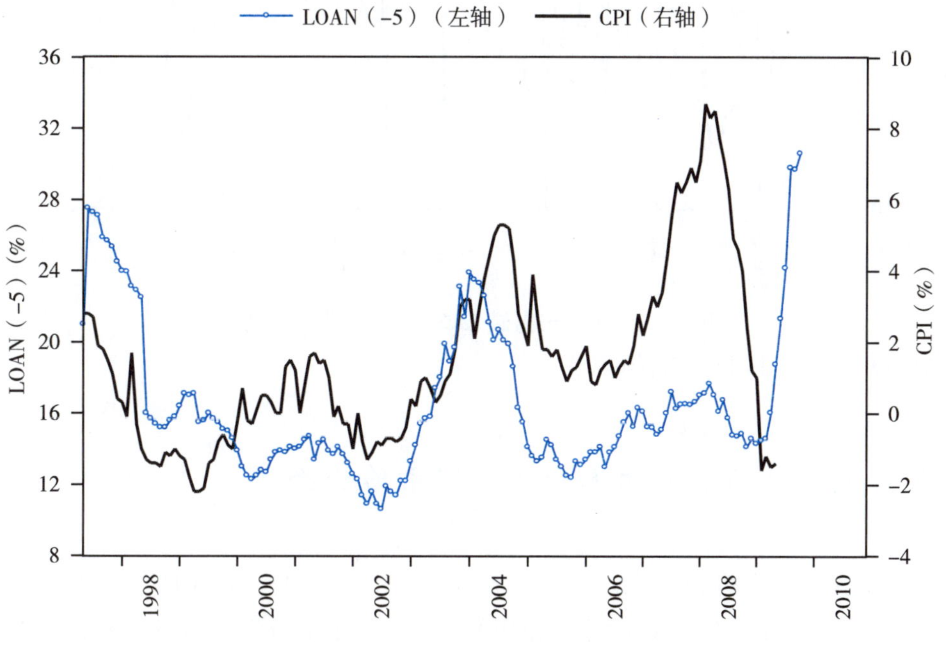


**图3－1－4　CPI变化趋势与贷款领先指标的关系**

数据来源：CEIC、中国人民银行研究局。

### 3. 产出缺口与通胀水平同向变动

产出缺口的计算方法较多，大致有三种不同思路，并对应着三类不同的估计方法。第一类是状态分解法，对应的方法有线性趋势分解、BN 分解、卡尔曼滤波分解、HP 滤波、BK 滤波法等；第二类是结构性方法，如典型的生产函数法；第三类是混合型方法，如 SVAR 法和多变量状态性分解法。不同方法各有其优缺点，生产函数法虽然基于理论基础计算产出缺口，但数据频率为年度，在计量处理分析中面临样本数量太少的问题；HP、BK 等滤波法尽管能满足计量处理数据的需要，但缺乏理论基础。基于本专题分析问题的需要，这里用 HP 滤波法来计算产出缺口。

从图 3－1－5 不难发现，我国通货膨胀水平与滞后 5 期的产出缺口（GAP_VAI（－5））曲线波动趋势基本一致，表明产出缺口是通货膨胀的先行指标，对物价变化有较好的预示作用。目前我国存在负的产出缺口，且缺口不断缩小，对物价的下行压力渐趋弱化。

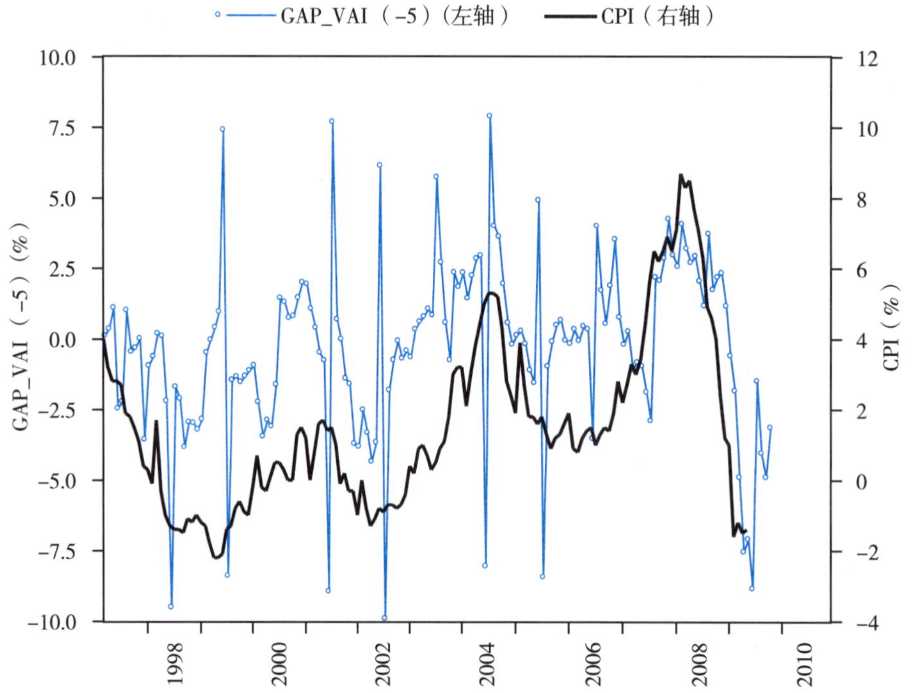


**图 3－1－5　产出缺口与 CPI 变化的关系**

数据来源：CEIC、中国人民银行研究局。

## （三）对我国通货膨胀水平决定因素的检验

影响物价变动的因素较为复杂，货币信贷、产出缺口只是其中重要因素。根据第一部分对通胀率决定因素的总结，在计量检验中供给因素采用大宗商品价格（分别用国际石油和国际食品价格表示），货币因素采用 M1、国内利率（用 1 年期定期存款利率表示），外部因素采用人民币实际有效汇率（reerch）、国外需求（用贸易顺差（mysc）表示），需求和通胀预期因素分别采用产出缺口（gap）和滞后一期的通胀率（$cpi_{t-1}$）表示。数据来源及处理方法见附表。

对1997年3月至2009年5月历史数据建立动态分布滞后模型（ADL），ADL（m，n，p）模型形式如下：

$$y_t = \alpha_0 + \sum_{i=1}^{m} \alpha_i y_{t-i} + \sum_{j=1}^{p} \sum_{i=0}^{n} \beta_{ji} x_{jt-i} + u_t, u_t \sim \text{IID}(0, \sigma^2)$$

其中 $m$ 是自回归阶数，$n$ 是分布滞后阶数，$p$ 是外生变量个数。在模型估计过程中，采用亨德里（Hendry）建模法，即“一般到特殊”建模法，首先从一个包括尽可能多解释变量的“一般”ADL模型开始，通过检验回归系数的约束条件逐步剔除那些无显著性变量，压缩模型规模，最终得到一个简化（或“特殊”）的模型。由于国内利率和贸易顺差T统计量不显著而被剔除，模型最终估计结果为：

$$\begin{aligned} cpi_t = {} & 0.821cpi_{t-1} + 0.026oil_t - 0.038oil_{t-1} + 0.013oil_{t-3} + 0.0067food_t - 0.016reerch_{t-1} \\ & (24.64) \quad (2.47) \quad (-2.73) \quad (2.01) \quad (2.08) \quad (-2.16) \\ & -0.05M1_t + 0.109M1_{t-1} - 0.026gap_t + 0.099gap_{t-1} + 0.163 \qquad (1) \\ & (-2.13) \quad (4.17) \quad (-1.66) \quad (6.15) \quad (0.20) \end{aligned}$$

$$\bar{R}^2 = 0.96,\ DW = 1.85,\ LM_1 = 0.79,\ LM_2 = 0.85,\ ARCH = 0.58$$

其中括号内给出的数字是 $t$ 值。$LM_1$ 和 $LM_2$ 分别用来检验残差 $\hat{u}_t$ 是否存在一阶和二阶自相关。$ARCH$ 用来检验 $\hat{u}_t$ 是否存在异方差。因为 $X^2_{(1)} = 3.84$，$X^2_{(2)} = 5.99$，$DW = 1.85$，可见回归模型的残差项中不存在自相关和异方差。利用递归残差法对回归方程进行稳定性检验，结果表明，残差都落在正负标准差区域内（见图3-1-6），回归系数稳定。

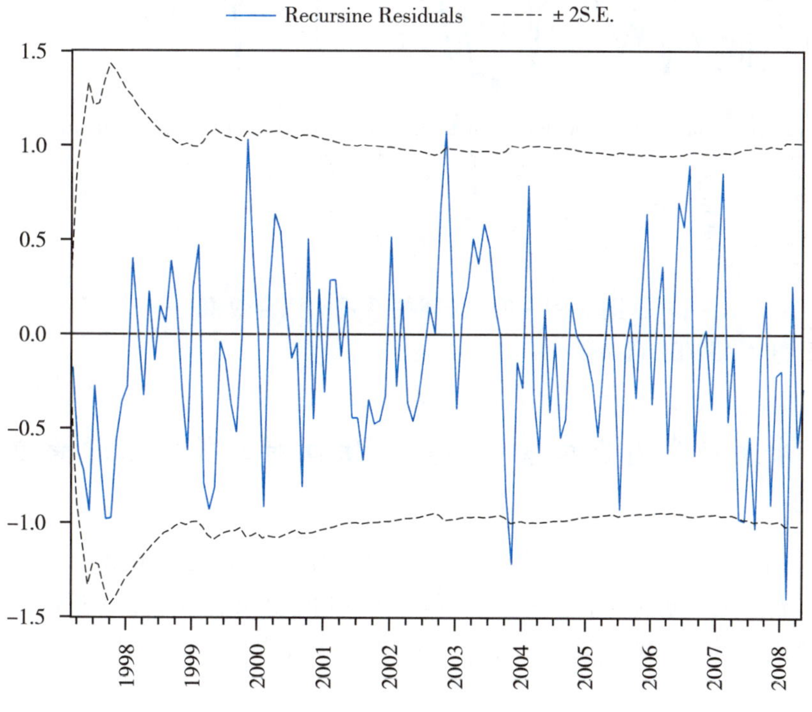


**图3-1-6　递归残差稳定性检验**

利用上述模型结果可以得到变量间的长期关系式：

$$cpi = 0.005oil + 0.038food - 0.090reerch + 0.306M1 + 0.405gap + 0.913 \quad (2)$$

从长期关系式可以看出，模型估计系数值的正负方向与经济理论完全一致。国际石油价格和国际食品价格上涨能有效地提高国内物价水平，但由于价格管制以及 PPI 对 CPI 传导存在时滞等因素的影响，国际石油和食品价格对国内消费价格水平的影响程度受到削弱，价格每上涨 10%，国内 CPI 将分别提高 0.05% 和 0.38%。实际有效汇率与通胀水平负相关，汇率每升值 10% 将使通胀率下降 0.90%，这表明长期内我国存在明显的汇率传递效应（exchange rate pass-through effects），换言之人民币升值在长期内能有效抑制通胀。相对石油、食品和汇率变量对国内通胀水平的影响较小而言，M1 和产出缺口对物价水平的影响要大得多，它们的增速每提高 10%，物价水平将分别上涨 3.06% 和 4.05%。

利用回归方程的长期关系式对 CPI 进行拟合（见图 3-1-7），结果表明，尽管拟合效果没有（1）式好，但长期关系式确实较好地反映了 CPI 的变化趋势。

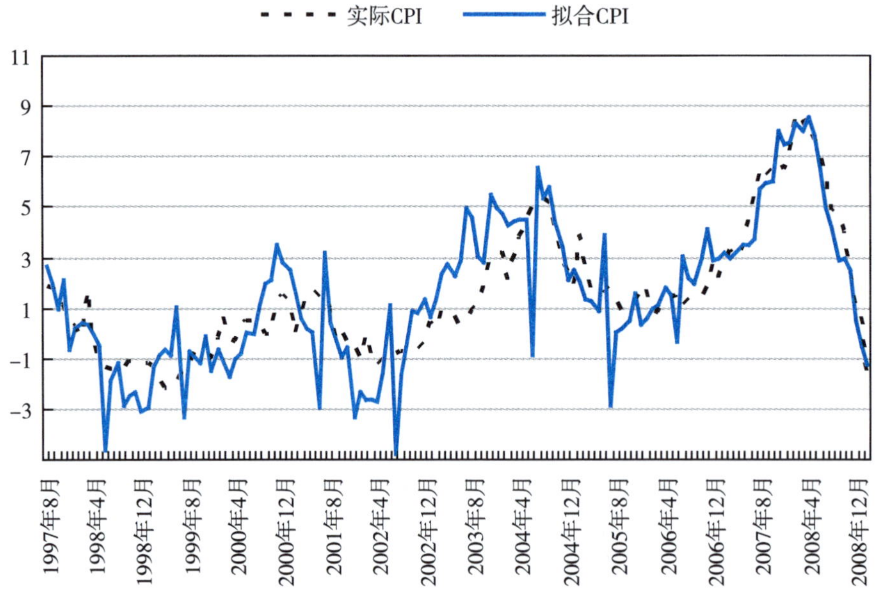


**图 3-1-7　长期关系式的拟合效果**

数据来源：中国人民银行研究局。

## （四）未来短期内货币信贷和产出缺口对通货膨胀影响力的比较

量化分析结果表明，货币供应和产出缺口在长期内是影响通货膨胀水平变化的主要因素。根据第二部分的分析结论，这两个指标均是 CPI 的领先指标，分别领先 6 个月和 5 个月。因此，在假定其他变量不变的情况下，可以分析货币和产出缺口对未来短期内通货膨胀水平的影响。

从图 3-1-8 可以看出，2008 年下半年以来，我国 M1 增速和产出缺口变化基本同步波动，先急剧下降后快速回升，其中 M1 增速为正，产出缺口变化为负。货币 M1 对未来 6 个月内的通胀构成上行压力，而产出缺口则构成明显的下行压力，所以未来物价水平面临两种作用方向相反力量的冲击。

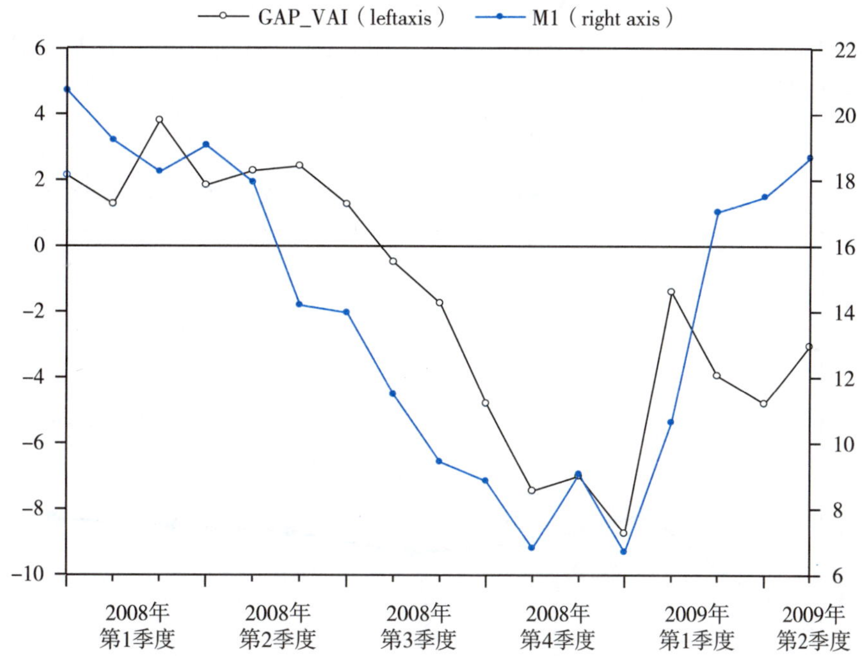


**图 3-1-8　产出缺口和货币 M1 增速变化**

数据来源：中国人民银行研究局。

根据历史经验数据（见图 3-1-9），目前 M1 增速正处于新一轮波动周期中的初始上升阶段，其最高增速水平应不低于周期中 M2 的最高增速，因此假定 2009 年 6 月 M1 增速为

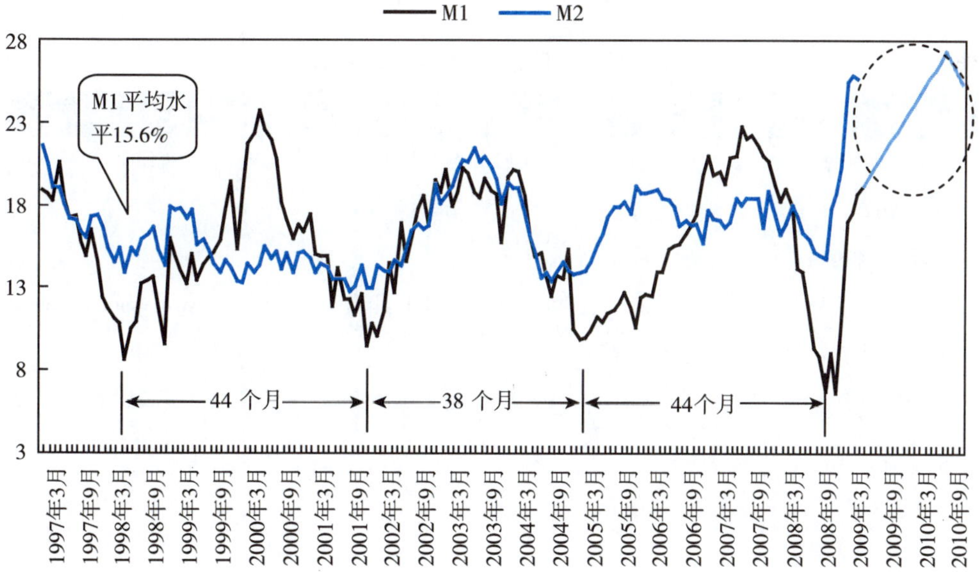


**图 3-1-9　M1、M2 增速的比较（1997 年 3 月—2009 年 5 月）**

注：图中浅蓝线为对未来数月的粗略估计。

数据来源：CEIC、中国人民银行研究局。

20%。如果再假定6月和7月产出缺口分别为-2.5%和-2%，那么可以对2009年未来几个月通胀水平的变化路径做一个粗略描述（见图3-1-10）。需要说明的是，图中CPI数并不代表未来通胀的具体水平，仅代表物价变化趋势而已。

从图3-1-10可以看出，未来数月内货币对CPI上行压力远大于产出缺口对CPI的下行压力，导致CPI整体上出现较大幅度上升。据此不难判断，2009年我国物价水平将走出一条从负增长到正增长，且全年通货膨胀水平为0左右的变化路径。

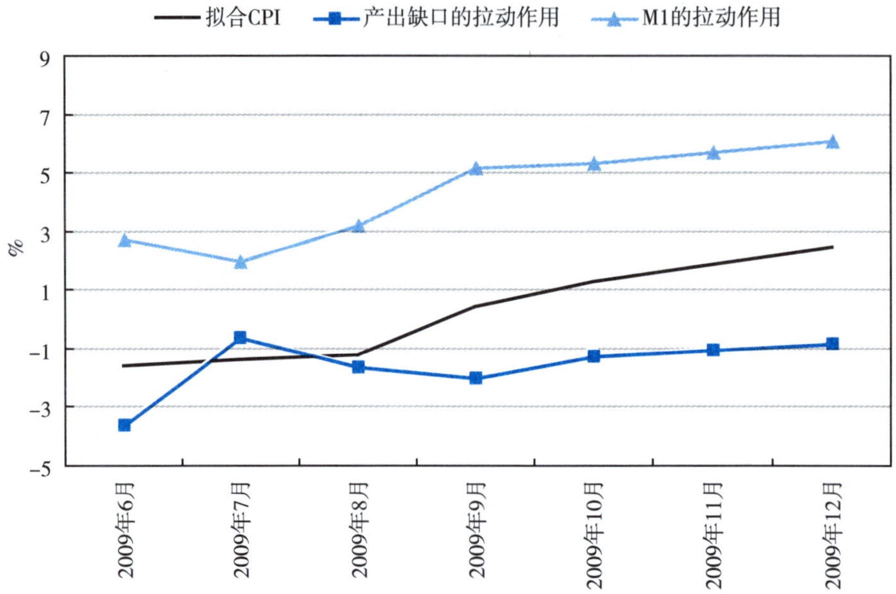


**图3-1-10　货币和产出缺口对CPI作用程度的比较**

数据来源：中国人民银行研究局。

**附表　检验方程中的变量及其数据来源**

| 变量名称 | 符号 | 处理方法 | 数据来源 |
|---|---|---|---|
| 通货膨胀率 | cpi | CPI指数-100 | CEIC |
| 产出缺口 | gap | HP滤波法 | |
| 国际石油价格 | oil | | CEIC |
| 国际食品价格 | food | 以2000年为100计算 | http://www.crbtrader.com/ |
| 人民币实际有效汇率 | reerch | | CEIC |
| 国内利率 | rate | | CEIC |
| 贸易顺差 | mysc | | CEIC |

## 专题二

# 从价格变化看经济增长

**摘要：**菲利普斯曲线经典地描述了物价和经济增长的相互替代关系，如果采用“实际经济增长率对潜在经济增长率的偏离”表示经济增长率指标，那么菲利普斯曲线的斜率为正。我国目前正处于产出缺口由负转正阶段，通过对物价的预测分析，可以形成对未来经济增长趋势的判断。我国1990年至今的历史经验数据表明，PPI与工业增加值、工业企业利润同步波动趋势明显，PPI与原材料、燃料、动力购进价格指数（RMPPI）之差即（PPI-RMPPI）与工业增加值关系密切，并且恰好呈反向变动关系。通过对2009年9—12月价格的预测，发现我国PPI将延续回升态势，RMPPI将见底回升，（PPI-RMPPI）将由大变小、由正转负，根据菲利普斯曲线和我国的历史经验，表明未来短期内我国工业增加值和工业企业利润增速将继续提升。

## （一）价格变化与经济增长之间的关联机理

经济学理论中对价格变化与经济增长关系的经典描述莫过于菲利普斯曲线。该曲线有三种表达方式，表明三对经济变量的关系。

第一种菲利普斯曲线表明的是失业率与货币工资变化率之间的关系，可称之为“失业-工资”菲利普斯曲线。它表明：失业率与货币工资变化率两者呈反向的对应变动关系，即负相关关系。

第二种菲利普斯曲线表明的是失业率与物价上涨率之间的关系，可称之为“失业-物价”菲利普斯曲线。这种菲利普斯曲线的表现形式和基本原理与上述第一种菲利普斯曲线相同，只不过纵轴改为物价上涨率。

第三种菲利普斯曲线表明的是经济增长率与物价上涨率之间的关系，可称之为“产出-物价”菲利普斯曲线。这是后来许多经济学家所惯常使用的。这种菲利普斯曲线以经济增长率代替了第二种菲利普斯曲线中的失业率。这一代替是通过“奥肯定律”实现的。美国经济学家奥肯于1962年提出，失业率与经济增长率具有反向对应变动关系。这样，经济增长率与物价上涨率之间便呈现出同向的对应变动关系。在这一关系的研究中，经常不是直接采用经济增长率指标，而是采用“实际经济增长率对潜在经济增长率的偏离”，或是采用“实际产出水平对潜在产出水平的偏离”。这一“偏离”表明一定时期内社会总供求的缺口和物价上涨的压力。这种菲利普斯曲线的表现形式是：在以实际经济增长率对潜在经济增长率的偏离为横轴、物价上涨率为纵轴的坐标图上，从左下方向右上方倾斜的、具有正斜率的一条曲线（见图3-2-1中实线）。这条曲线的走向与第一、第二种菲利普斯曲线正好相反。这条曲线表明：实际经济增长率对潜在经济增长率的偏离与物价上涨率两者呈同向的对应变动关系，即正相关关系。当实际经济增长率对潜在经济增长率的偏离上升时，物价上涨率亦上升；当实际经济增长率对潜在经济增长率的偏离下降时，物价上涨率亦下降。在一轮短期的、典型的经济周期波动中，在经济波动的上升期，随着需求的扩张，实际经济增长率对潜在经济增长率的偏离上升，物价上涨率随之上升；在经济波动的回落期，随着需求的收缩，实际经济增长率对潜在经济增长率的偏离下降，物价上涨率随之下降。这样，这条曲线表现为一条先由左下方向右上方移动，然后再由右上方向左下方移动的曲线环（见图 3－2－1 中虚线环）。这条曲线环呈现为略向右上方倾斜，位势较低，且较为扁平的形状。“向右上方倾斜”，说明实际经济增长率对潜在经济增长率的偏离与物价上涨率为同向变动关系；“位势较低”，说明物价上涨率处于较低水平；“略”向右上方倾斜和“较为扁平”，说明物价上涨率的变动幅度不大。

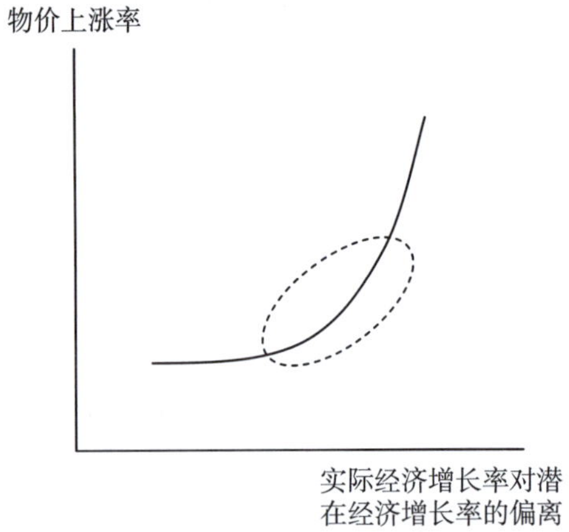


**图 3－2－1　第三种菲利普斯曲线**

以上三种形状的菲利普斯曲线，反映了美国、英国等西方一些国家在 20 世纪五六十年代的情况。它们分别表明了失业率与货币工资变化率之间的反向对应关系、失业率与物价上涨率之间的反向对应关系、经济增长率与物价上涨率之间的同向对应关系。

在本专题的分析中，我们选择第三种菲利普斯曲线，其理由：一是该曲线描述了产出缺口与物价变动的关系，较适合于短期分析；二是我国经济增长正处于由下降转为上升、产出缺口由扩大到不断缩小的阶段，价格变化也正处于从大幅下降到企稳回升的过程（见图 3－2－2）。

尽管菲利普斯曲线描述的是物价和经济增长之间的历史波动规律，并没有明确指出物价和经济增长谁是推动起因问题，但这并不妨碍问题的分析。一般而言，经济增长源于需求的上升，而需求的上升同时也会拉动物价的上涨，所以从经济增长的态势可以分析未来物价变动的趋势，也可以从物价变化尤其是物价的环比变化来预测经济波动的趋势。

## （二）价格变化与经济增长：我国的历史经验

由于本专题是从价格变化看未来短期内经济增长趋势，所以经济增长指标只能选用频率较高的工业指标，如工业增加值、工业企业利润等，价格指标选择生产者价格指数（PPI）和原材料、燃料、动力购进价格指数（RMPPI）等。

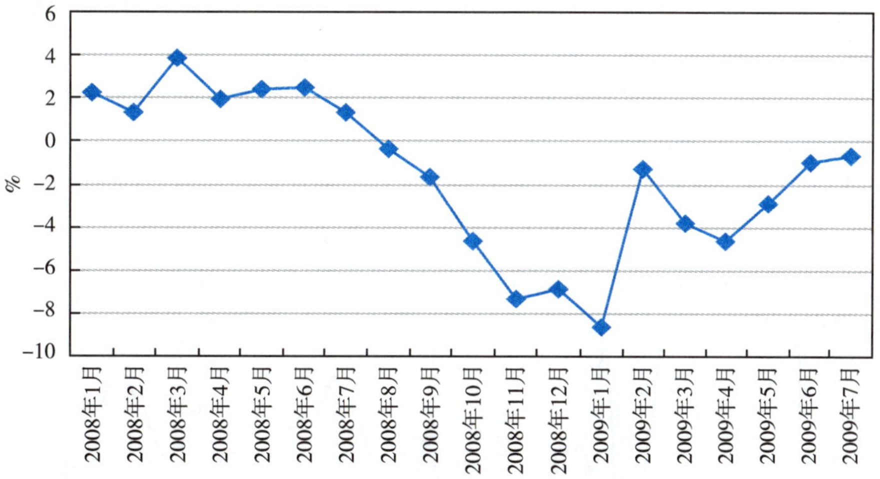


**图 3－2－2　产出缺口（2008 年 1 月—2009 年 8 月）**

数据来源：中国人民银行研究局。

**1. PPI 与工业增加值的关系**

对于工业企业来说，PPI 决定企业收入变化。同样的产量水平，PPI 越高则收入越多，工业增加值越大，反之则相反。图 3－2－3 显示，从 1996 年 10 月至 2009 年 8 月，工业增加值与 PPI 同步趋势明显。

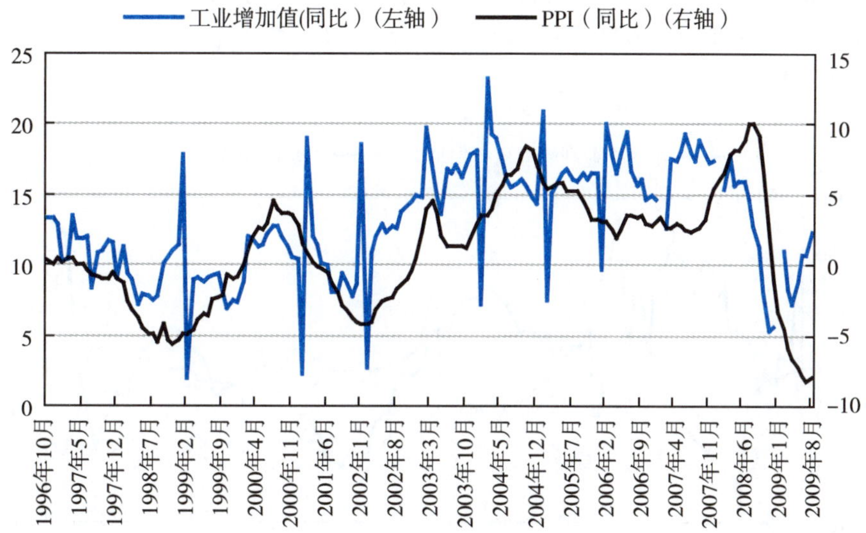


**图 3－2－3　工业增加值与生产者价格指数（1996 年 10 月—2009 年 8 月）**

数据来源：CEIC。

**2. （PPI-RMPPI）与工业企业利润、工业增加值的关系**

工业企业利润是收入与成本之差。利润越多，工业企业生产积极性越高，经济增长速度越快。在价格指数中，PPI 可以近似代表企业产品的销售价格变化，RMPPI（原材料、燃料、动力购进价格指数）可以近似代表企业生产成本的变化。因此，PPI与RMPPI之差代表单位产品利润。

图3－2－5、图3－2－6描述了我国工业企业利润、工业增加值分别与（PPI－RMPPI）的关系。历史经验数据表明：

（1）PPI与工业企业利润同步波动趋势明显，生产者价格的提高有助于企业利润的增加（见图3－2－4）。

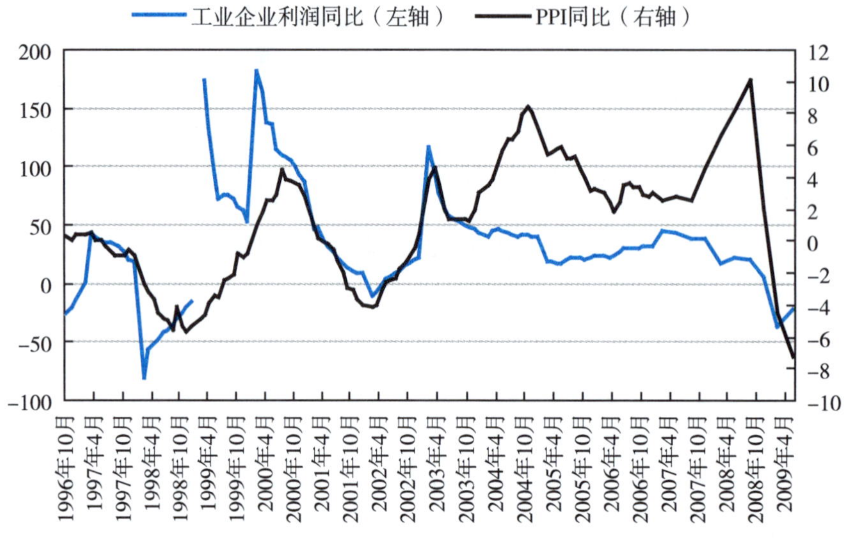


**图3－2－4　工业企业利润与PPI（1996年10月—2009年5月）**

注：工业企业利润指标自2007年开始只公布2月、5月、8月和11月数据。

数据来源：CEIC。

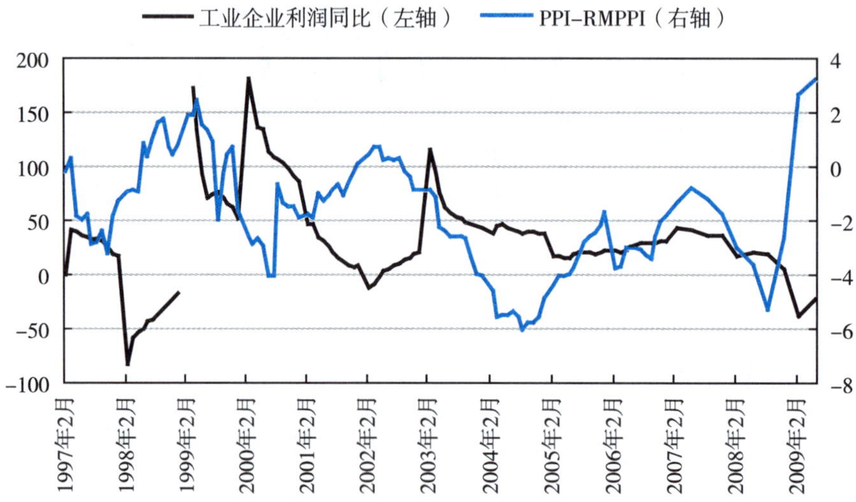


**图3－2－5　工业企业利润与（PPI－RMPPI）（1997年2月—2009年5月）**

注：工业企业利润指标自2007年开始只公布2月、5月、8月和11月数据。

数据来源：CEIC、中国人民银行研究局。

（2）单位产品利润（PPI－RMPPI）为正时，工业企业利润上升，并且（PPI-RMPPI）是工业企业利润的领先指标（见图3－2－5）。

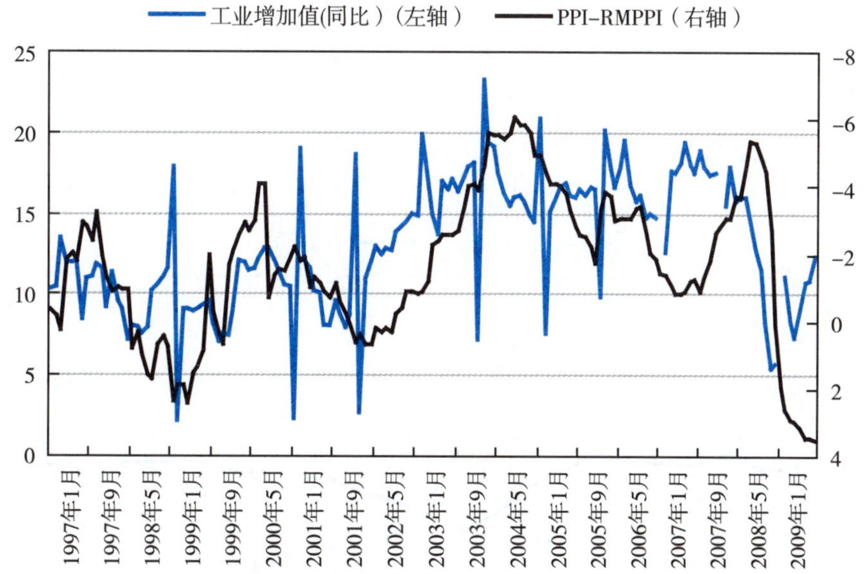


**图3－2－6　工业增加值增速与（PPI－RMPPI）（1997年2月—2009年8月）**

数据来源：CEIC、中国人民银行研究局。

（3）单位产品利润（PPI－RMPPI）指标与工业增加值之间关系密切，两者恰好呈反向变动关系，即当（PPI－RMPPI）上升时，工业增加值增速下降，而当（PPI－RMPPI）减少时，工业增加值增速提高。

（PPI-RMPPI）与工业增加值增速反向变动的原因，主要在于RMPPI的变动幅度大于PPI，如当经济活动处于上升周期时，受需求增加的影响，尽管PPI和RMPPI同时提高，但后者的增速会超过前者，因而出现（PPI-RMPPI）与工业增加值增速反向变动。而RMPPI变动幅度大于PPI的原因有二：一是两种价格指数的决定因素有异，RMPPI主要取决于国际市场，且受金融市场影响很大，国内生产企业处于被动接受状态，而PPI主要取决于国内市场，低廉的劳动力成本和激烈的市场竞争导致生产企业压低产品的出厂价格；二是与我国目前出口导向型经济增长方式和粗放型生产模式有关，导致对出口和原材料进口的高度依赖。所以在我国（PPI－RMPPI）指标下降可能意味着经济活动活跃程度上升。

从上面的分析可知，在所有指标中，单位产品利润（PPI－RMPPI）指标与工业增加值增速关系最密切。因此如果能对（PPI－RMPPI）与工业增加值增速中的一个指标的未来走势做出判断，就可以预测分析另一个指标的趋势变化。由于工业增加值增速的影响因素相对于价格复杂多变，不确定性更大，所以我们通过价格预测来分析未来经济的发展变化。

## （三）对2009年经济增长的预测：基于价格变化的分析

根据前文的分析，要想对未来经济增长趋势做出判断分析，必须先预测价格变化，尤其是对RMPPI和PPI的预测。

**1. 2009 年以来各相关变量的现状及未来短期趋势**

（1）PPI、RMPPI 和（PPI－RMPPI）的发展变化及趋势预测。2008 年 8 月至 2009 年 8 月，PPI 同比增速先后经历大幅下降到企稳回升的过程，从 2008 年 8 月的 10.1% 持续降至 2009 年 7 月的－8.2%，然后见底回升至 8 月的－7.9%。从 PPI 环比变化趋势看，经历了“V”形变化过程，2008 年 11 月跌至最低点，然后持续回升，2009 年 4—8 月环比连续为正（见图 3－2－7）。根据预测结果，2009 年 9—12 月 PPI 同比将加速回升，环比将连续为正。

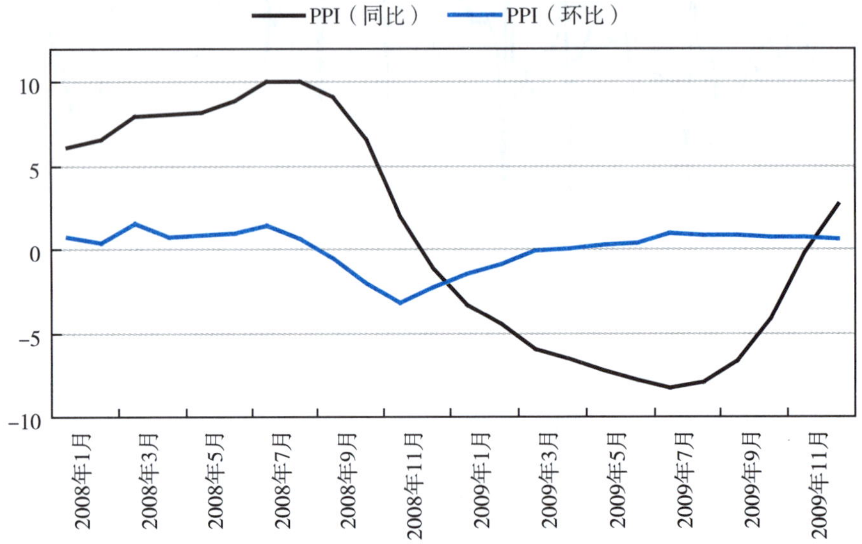


**图 3－2－7　PPI 的同比和环比增速预测（2008 年 1 月—2009 年 12 月）**

数据来源：CEIC、中国人民银行研究局。

图 3－2－8 中我国历史上 PPI、RMPPI 和（PPI－RMPPI）的发展变化表明：大部分时期内，PPI 的同比增速小于 RMPPI 的增速；目前 PPI 和 RMPPI 的发展变化与亚洲金融危机

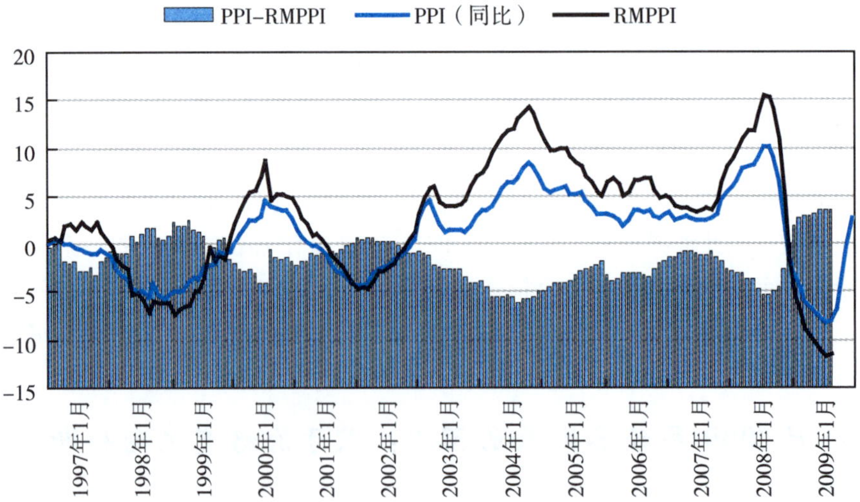


**图 3－2－8　RMPPI 和（PPI－RMPPI）变化趋势（1997 年 1 月—2009 年 12 月）**

数据来源：CEIC、中国人民银行研究局。

期间非常类似，RMPPI 下降幅度远大于 PPI，而当 PPI 企稳回升后，RMPPI 也会随之见底回升，并且上升幅度将超过 PPI，最终表现（PPI－RMPPI）为负值。

由此不难得到如下结论：未来数月 RMPPI 将见底回升，（PPI－RMPPI）由当前差额不断扩大转为逐渐缩小，不排除最终为负值的可能。

（2）工业增加值和工业企业利润现状。图 3－2－9 表明，从 2009 年年初到 8 月，我国工业增加值增速正步入见底回升过程，与其相随的是（PPI－RMPPI）从加快上升到逐渐平稳，其增速明显减缓。22 个地区工业企业利润增速不断提升，从－39.5% 攀升到－17.3%（见图 3－2－10）。

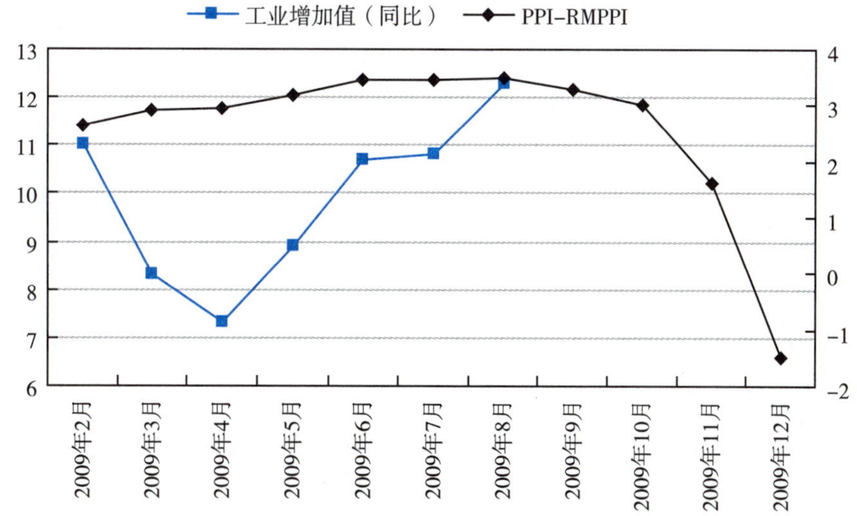


**图 3－2－9　工业增加值和（PPI－RMPPI）**

数据来源：CEIC、中国人民银行研究局。

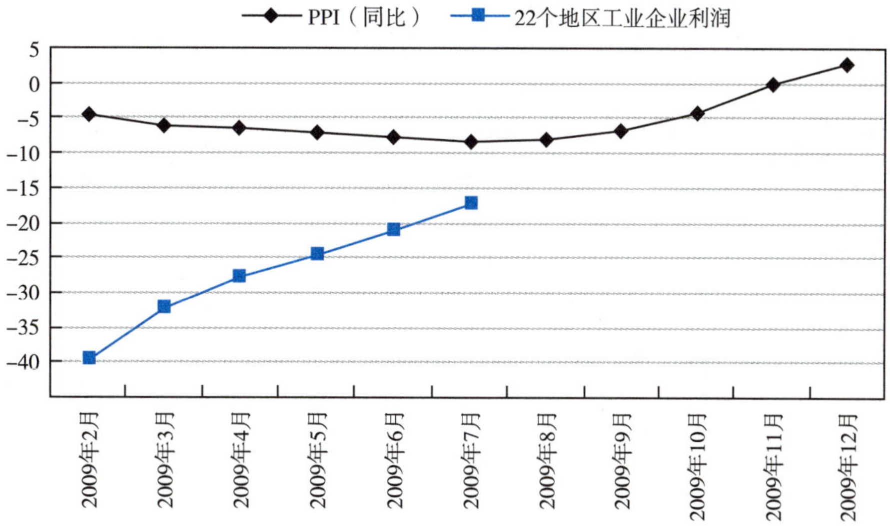


**图 3－2－10　工业企业利润与 PPI**

数据来源：CEIC、中国人民银行研究局。

**2. 对短期经济增长的预测**

根据对（PPI－RMPPI）未来变化趋势以及其与工业企业利润、工业增加值关系的分析，不难做出如下判断：随着 PPI 和 RMPPI 的回升，以及（PPI－RMPPI）的由正值转为负值，我国工业增加值和工业企业利润增速将逐步提高。

专题三

# 货币供应、产出缺口与通胀关系的简要分析

**摘要：**随着经济全球化和金融市场日益发达，通胀的形成和传导机制发生了较大变化，即使存在较大产出缺口，但宽松货币政策引发的通胀预期还是会推升上游初级产品价格，并迅速向下游传导。但我们认为总需求仍是影响通货膨胀的重要因素。一方面，货币乘数顺周期内生，风险溢价逆周期内生，总需求低迷会抑制货币扩张的程度；另一方面，货币对需求的刺激程度也具有顺周期特性，总需求低迷时，即使成功扩张了货币，其对总需求的刺激作用也打了折扣。不仅如此，通胀预期虽然会推高国际大宗商品价格和资产价格，但只要货币政策保持稳定，这两种价格能否持续上涨终究还是取决于总需求。

## （一）问题的提出

根据菲利普斯曲线，如果宏观经济中存在着闲置生产能力，那么刺激性政策一方面会推升总需求和产出，另一方面也会使物价水平缓慢上升。总需求和物价水平上升的程度取决于菲利普斯曲线的平坦程度，当闲置产能越多，菲利普斯曲线越平坦，则刺激性政策对增大总需求的效应更显著；随着闲置产能逐步被利用，菲利普斯曲线开始变陡峭，直至最高垂直，此时刺激性政策已经难以继续推高总需求和产出，所有的政策效应均体现为物价水平的上升。

金融危机爆发后，世界主要经济体采取了逆周期的调控政策，特别是极为宽松的货币政策，引发了通胀预期和美元贬值预期，并推动国际大宗商品价格显著反弹。虽然存在严重产能过剩，但由于原材料占总成本比重的提高，通胀预期引发的国际大宗商品价格上涨还是会迅速向下游传导。以钢铁为例，我国钢材产能是7亿吨，目前需求是4亿吨，但并不妨碍钢价的上涨，因为钢铁成本中有50%是铁矿石，20%是焦炭，扣除劳动力成本和相关费用后，企业增加值占比很小，一旦原材料价格上涨，高炉等冶炼设备再过剩也很难把成本压力全部消化。因此，在我国PPI环比已经连续5个月为正、通胀压力正在积聚的背景下，如果这一趋势得以延续，加之翘尾因素消失，PPI同比将再现加速上涨势头。从我国CPI构成看，制造业产品占比不到30%，其他如食品、居住、服务等占70%以上的组成部分更多地取决于成本推动。

上述情形说明，虽然目前总需求比较低迷，也存在过剩产能，但宽松货币仍然引起物价上涨和传导，这是否意味着传统菲利普斯曲线理论已经失效；如果未来1~2年内世界经济长期调整而保持较低增速，这是否暗示着宏观经济将陷入滞涨呢？

## （二）货币在通货膨胀形成和传导中的作用机制

通货膨胀本质上是货币现象，货币供应过多是通货膨胀的必要条件。货币向通胀传导的

途径可以分为需求拉动和成本推动两条途径：首先，货币条件宽松压低了资金价格或增大货币供应，从而刺激实体经济需求推升物价水平；其次，货币条件宽松会引发通胀预期，引发对资产和初级产品的投资保值需求，从而推升资产价格和初级产品价格，再通过成本途径向下游价格传导。

**1. 货币供应过多是通胀的必要条件**

根据货币主义理论，通货膨胀本质上是货币现象，如果大幅增加货币供应量，在短期内会增加产量；但从长期看，产量完全由非货币因素（如劳动和资本的数量，资源和技术状况等）决定，增加货币供应只会提升物价水平。从历史经验看，我国货币增速提高往往会导致 1 ~2 年后 CPI 的显著回升，如 1993—1994 年、2003—2004 年和 2005—2007 年。从货币增速和 CPI 的相关性看，M0、M1、M2 增速分别领先 CPI 变动 12 个月、6 个月和 12 个月左右，其中 M1 与 CPI 的相关性最强，其次是 M2 和 M0（见图 3 –3 –1）。

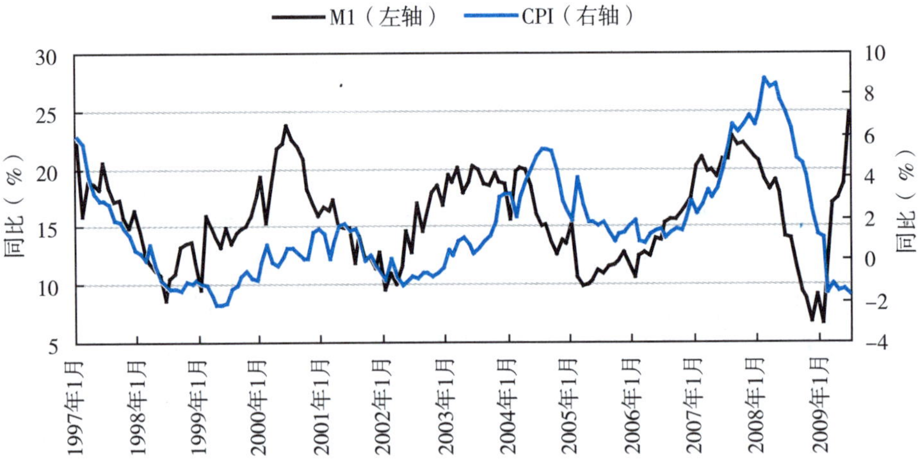


**图 3 –3 –1　我国货币供应和 CPI 的关系**

数据来源：CEIC。

需要注意的是，不仅国内的宽松货币会引发通胀，其他经济体特别是美国的宽松货币也会导致国内的通胀压力。由于美元是国际中心货币，美元的过度宽松会增大全球通胀压力。同时，由于我国人民币与美元保持了较为固定的汇率关系，难以通过汇率调节抵御输入型通胀压力，从传导途径看：一是，美国宽松货币引发全球原材料价格上涨，加上我国对国外能源原材料进口依存度加大，通过进口价格向国内传导；二是，美国宽松货币会推升美国乃至全球的需求水平，刺激我国出口增速，加大国内物价上涨压力；三是，美国宽松货币导致我国贸易项下和资本项下的国际收支顺差，加大国内货币投放压力。基于此，对通货膨胀货币压力的分析，应立足全球而不仅仅是国内视角。

**2. 货币扩张对物价总水平的推升渠道**

传统观点认为，货币扩张对物价的推升渠道在于影响总需求，以下分析认为，除了总需求渠道外，还有资产价格和初级产品成本上升这两个渠道。

**（1）需求渠道**。宽松货币刺激总需求分为货币传导和信贷传导两条途径，前者主要依靠汇率、利率等货币政策工具传导，后者主要依靠银行信贷传导。无论是哪种传导途径，宽松货币环境都会刺激总需求扩张。从货币传导途径来看，较低的利率水平会刺激投资和消费，较低的汇率水平也有助于出口扩张从而增大产出缺口；从信贷传导途径来看，银行发放的项目贷款有助于固定资产投资扩张，消费信贷则有利于私人消费的繁荣，出口信贷也会刺激出口需求。从现实情况来看，在欧美等直接融资市场发达的国家，宽松货币主要通过货币传导途径刺激总需求，而我国主要通过信贷传导途径刺激总需求。

从历史经验看，我国货币信贷和总需求之间确实存在显著相关性，货币信贷高速增长大约领先总需求扩张 9 个月左右，而总需求回升大约领先物价 1 个季度左右（见图 3－3－2）。2009 年 1—8 月，我国新增贷款超过 8 万亿元，同比多增 4. 92 万亿元。贷款刺激了投资需求快速增长，体现为贷款投向和投资增速在行业上的高度吻合。在总需求上升的背景下，自 2009 年 4 月份以来，工业品出厂价格已连续 5 个月环比上涨。

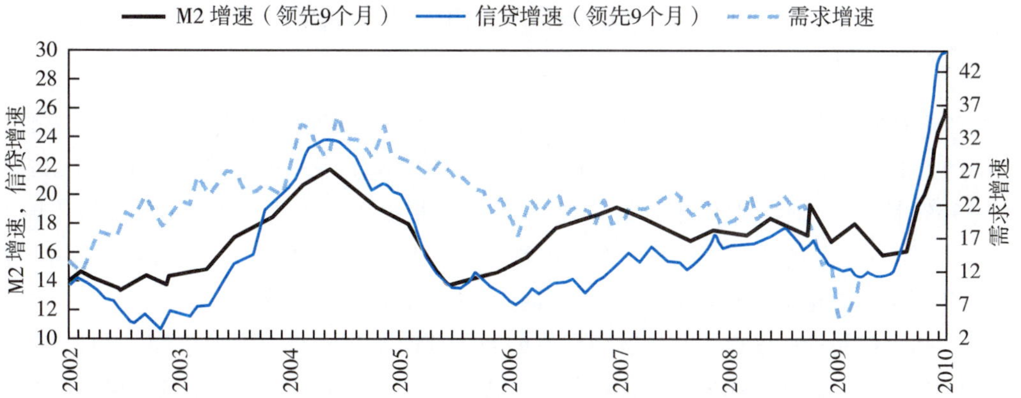


**图 3－3－2 我国货币信贷和总需求的关系**

数据来源：CEIC。

**（2）资产价格渠道**。当货币持续宽松引发通胀预期后，投资者为规避未来通胀风险购买资产，对房地产和股票的投资需求上升，房地产和股票价格持续攀升。从国内外经验来看，通胀预期确实是房地产价格的先行指标。使用美国 10 年期国债和 3 个月国债的收益率之差表示通常预期，选择美国 S&P/CS 房价指数的月度环比涨幅表示房地产价格，以 2002 年 1 月份至 2009 年 8 月份为样本期间，发现两个指标之间具有明显的相关关系，而且通胀预期是房地产价格的格兰杰原因（见图 3－3－3）。从我国情况来看，宽松货币政策也会引发通胀预期并刺激房地产价格上涨。2008 年以来，我国房地产价格环比涨幅持续走低，甚至出现了绝对价格下跌，但 2009 年 3 月份以来，尽管经济增长和收入增长都在放慢，但在大量银行信贷的刺激下，房屋销售价格上涨明显加快，环比涨幅从 3 月份的 0. 2% 持续加快到 8 月份的 0. 9% 。

资产价格上涨对一般物价上涨的传导途径是，首先，资产价格上涨通过刺激总需求向一般物价水平传递。首先，资产价格上涨具有财富效应，能够促使投资者增加消费。但实证检验证明我国股市的财富效应并不显著，房地产市场具有一定的财富效应。更重要的是，资产价格上涨刺激投资需求，从而推动价格水平上升。2009 年 3 月份以来房价逆势上扬，引发投资需求反弹，加快了空置商品房的消化，从而使房地产开发投资重新得以启动。2009 年 8

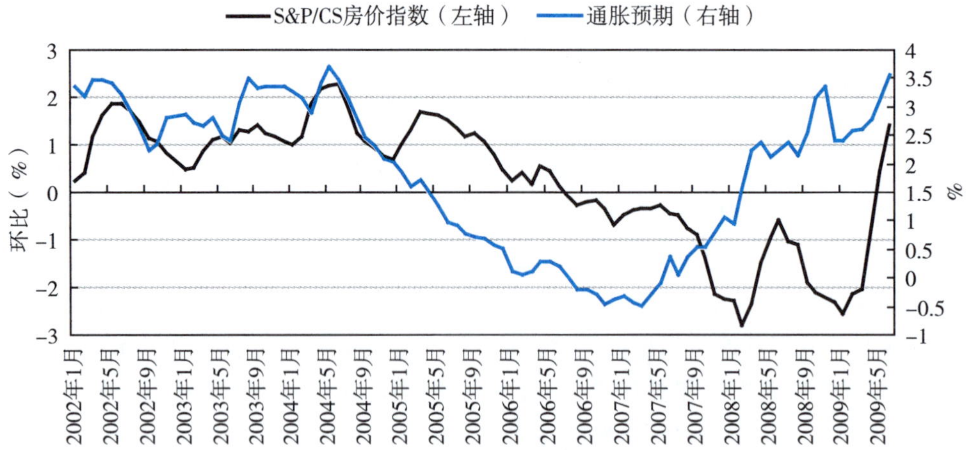


**图3-3-3　美国房价指数和通胀预期**

数据来源：WIND。

月房地产投资同比增长已经从2月的1%大幅上升至34%。房地产投资加速成为第3季度宏观经济增长的动力之一。其次，房地产和土地价格的快速上涨，最终将影响CPI。CPI构成中大约13%是住房成本，其中主要是“虚拟租金”。根据历史数据，从房地产价格传导到虚拟租金大约有4个月的滞后，传导比率大约是1/3。过去5个月中房地产价格10%的上涨将会导致3%~4%的租金上涨，也就相当于导致CPI上涨0.5个百分点。

**（3）初级产品价格渠道**。宽松货币引发的通胀预期还会增加国际大宗商品的投资需求，导致其价格上涨。能源、原材料等国际大宗商品具有双重属性，这决定了其价格不仅受实际供求关系的影响，还与流动性状况密不可分。一方面，国际大宗商品和其他实物商品一样，有其特定使用价值，其价格受实际供求关系和生产成本的影响；另一方面，国际大宗商品大多是资源性产品，不可再生或生产效率受到限制，甚至被垄断部门所控制，因此普遍具有良好的投资价值，是对冲通货膨胀或计价货币贬值的投资工具，其价格受到金融市场交易因素的影响。从现实情况来看，主要经济体特别是美联储的货币政策对国际大宗商品价格具有显著影响。2009年3月份以来，美联储决定收购国债，引发了市场的通胀预期，导致国际大宗商品价格反弹（见图3-3-4）。使用10年期国债和6个月国债的收益率之差表示通胀预期，选取2008年8月1日至2009年9月10日的日度数据，发现通胀预期和CRB指数之间的相关系数达到-0.82，且通胀预期是国际大宗商品价格的格兰杰原因。

国际大宗商品价格反弹增大了国内输入型通胀压力。随着世界经济一体化程度日益加深，而能源与原材料作为可贸易品和重要的生产要素，其价格必将趋于一致，如我国原油价格早已经和国际市场接轨，国内油田出厂价格紧盯国际油价进行动态调整，国内成品油价格也已经实施动态调整机制。从传导途径来看，国际大宗商品价格对国内价格的影响途径主要有两条：一是通过进口价格传递。我国已经成为世界加工制造业基地，对能源原材料的进口依存度越来越大，如2009年上半年我国原油的进口依存度已经达到52%。国际大宗商品价格上涨通过提高进口价格直接向国内价格传递。从进口价格来看，2009年3月份以来，虽然受上年高基数影响，进口价格同比涨幅仍然保持较大负值，但环比涨幅已经连续5个月为正。二是通过期货市场价格传导。我国上海、郑州和大连三大商品期货交易所的主要商品期

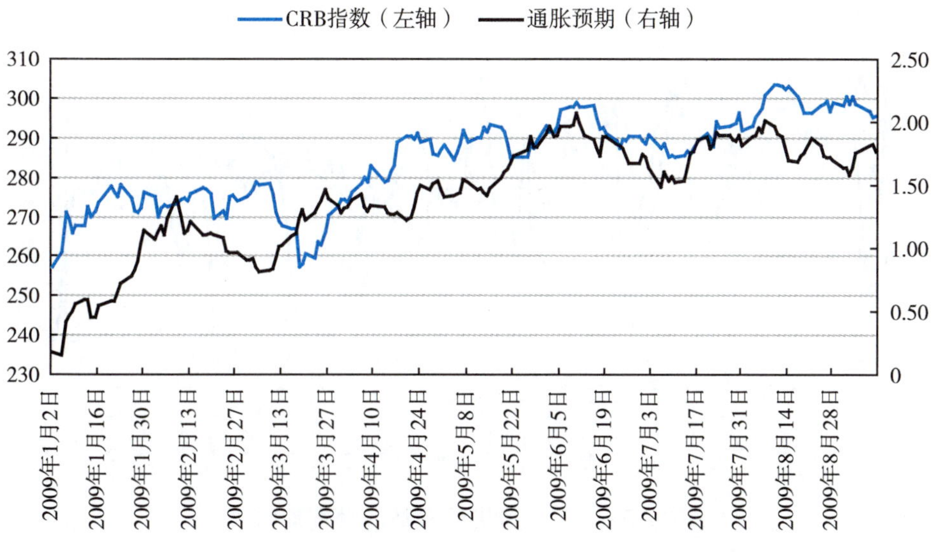


**图 3－3－4 通胀预期引发国际大宗商品价格反弹**

数据来源：WIND。

货价格，均在很大程度上受国外期货价格影响。

## （三）总需求状况影响宽松货币对通胀的推升程度

虽然宽松货币引发的通胀预期会导致初级产品和资产价格上涨，并迅速向下游传导，但并不意味着在总需求低迷时期通胀率会迅速上升。由于货币乘数和风险溢价往往与总需求保持顺周期或逆周期的内生关系，因此在总需求低迷时期，即使实施宽松货币政策，货币供应量或资金价格也未必能真正宽松。即使政府通过某些特定机构（如国有银行或国有企业）成功地扩张了货币，但在总需求低迷时期，货币对真实需求的刺激程度也会受到抑制。不仅如此，通胀预期引发的对初级产品和资产的投资需求也需要建立在宏观经济预期向好的基础之上，在总需求低迷时期，只要货币政策稳定有序，初级产品和资产价格也不会持续上涨。

### 1. 货币乘数顺周期内生

货币供给在很大程度上是顺周期内生的，具体表现为货币乘数具有较强的顺周期特征（见图 3－3－5）。使用美国工业生产指数表示美国总需求，发现美国货币乘数和工业生产指数具有较强的相关性，在工业生产急剧下滑阶段，货币乘数也会显著下降。就当前而言，金融危机爆发以后，虽然美联储投放了大量基础货币，但由于货币乘数急剧下降，美国货币供给增速仍然较低。截至 2009 年 8 月份，美国基础货币增长了 100% 左右，而 M2 增速只有 9%。

### 2. 风险溢价逆周期内生

货币的资金价格是反周期的。在直接融资市场发达的国家中，反映货币是否宽松的主要

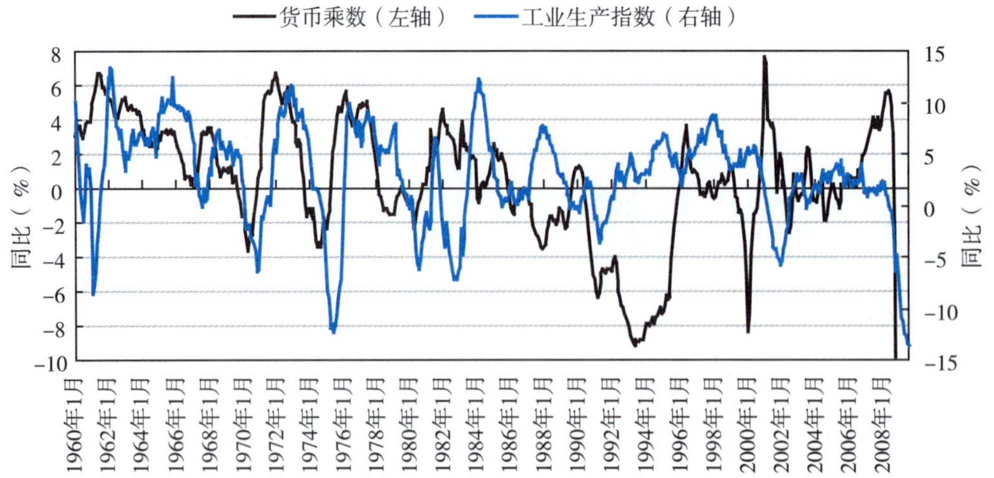


**图 3-3-5　美国货币乘数的顺周期特性**

数据来源：CEIC。

指标并不是货币供应量，资金价格也是货币面是否宽松的重要标志。在资金价格中，风险溢价是重要的组成部分。虽然货币政策能够决定无风险价格，但风险溢价却是反周期内生的，这也是导致货币供应内生的重要原因。在总需求旺盛的经济上升阶段，风险溢价比较低；而在总需求低迷的经济下行阶段，由于企业对未来经济前景感到担忧，风险溢价上升，这时即使货币供应量宽松企业融资利率也会上升。使用美国公司债（AAA）收益率和国债收益率（5 年期）之差表示风险溢价，使用工业生产指数表示总需求，两者之间具有显著的反向关系。在 1990 年 1 月至 2009 年 7 月的样本区间中，两者相关系数为 0.6（见图 3-3-6）。

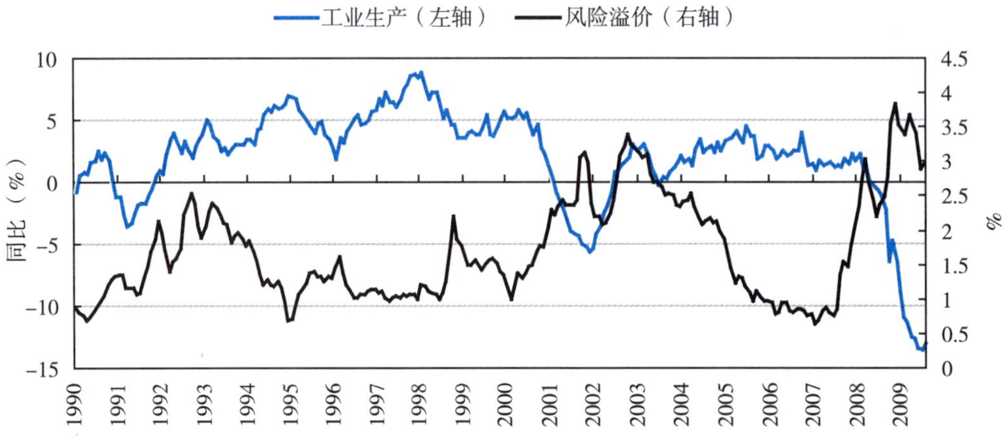


**图 3-3-6　美国风险溢价的反周期特性**

数据来源：CEIC。

### 3. 货币对真实需求的刺激程度顺周期内生

前文分析曾指出货币乘数的内生性，事实上从我国现实情况进一步分析，不仅信贷增长（货币乘数）具有内生性，而且即使在贷款发生后，其对真实需求的推动程度，也同样取决于当时的宏观经济状态。以贷款对投资的撬动作用为例，在经济处于上升周期的2004—2006年，固定资产投资与中长期贷款之比在4以上，而在经济低迷的2001年，固定资产投资与中长期贷款只有1.5，2009年1—8月，该比率只有2.3，是2002年以来的最低水平（见表3-3-1）。

由于货币对真实需求刺激程度内生于当时的宏观经济状态，所以在总需求低迷时期，即使商业银行成功投放了大量贷款，但是这些贷款对需求的扩张程度也打了折扣，从而缓和了货币对物价的推升。

**表3-3-1　我国各年度1—8月份投资/贷款**

| 1997年 | 1998年 | 2000年 | 2001年 | 2002年 | 2003年 | 2004年 | 2005年 | 2006年 | 2007年 | 2008年 | 2009年 |
|---|---|---|---|---|---|---|---|---|---|---|---|
| 5.05 | 5.45 | 6.09 | 1.49 | 3.02 | 2.3 | 4.02 | 6.77 | 4.01 | 3.73 | 4.56 | 2.3 |

数据来源：WIND。

### 4. 真实需求也是影响初级产品和资产价格能否持续上涨的基础因素

和货币乘数内生于真实需求一样，货币对初级产品及资产价格能否形成持续推动，最终也取决于真实需求。在货币条件宽松初期，出于对冲货币贬值和通胀预期，投资需求对初级产品定价的影响更大，但由于投资需求的目的是投资获利而非真实需求，如果真实需求不能随货币宽松相应增加，投资需求对初级产品价格的影响也会趋于稳定。过去近70年国际初级产品价格变化与美国GDP变化关系密切，特别是在每一次美国经济衰退和见底回升的过程中，大宗商品价格走势更是如此（见图3-3-7）。从这次看，尽管当前全球货币政策宽松程度超过了2007—2008年上半年，但由于全球经济仍处于企稳回升的微弱复苏状态，只要货币条件保持在目前的宽松状态，全球初级产品市场就难以重现上一轮的持续大幅上涨格局。

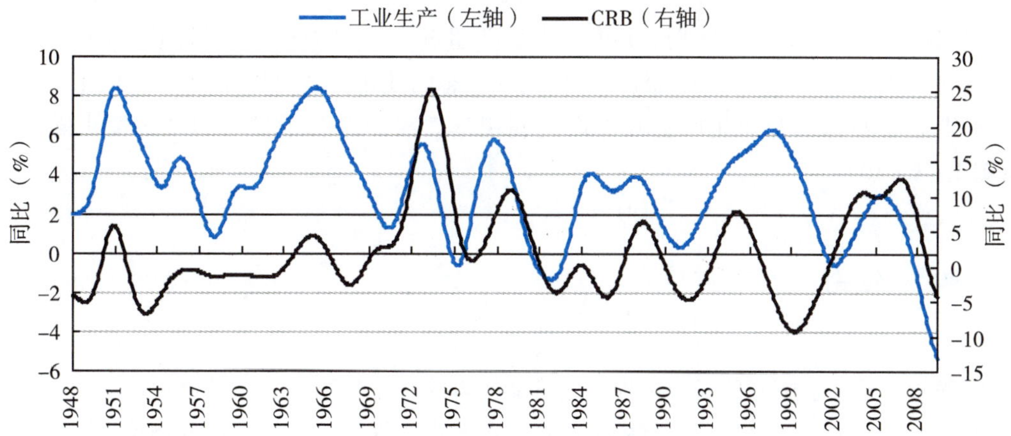


**图3-3-7　CRB大宗商品价格和美国工业生产的关系**

数据来源：CEIC。

与初级产品价格类似，房价持续上涨也离不开宏观经济状态决定的真实需求。在总需求低迷时期，由于伴随着收入下降，失业率上升等现象，只要货币政策保持稳定，房价就难以持续上涨。实证分析表明，1988—2009 年美国房地产价格指数和工业生产指数也具有显著负相关关系，说明当宏观经济低迷时期，房价难以持续上涨（见图 3－3－8）。

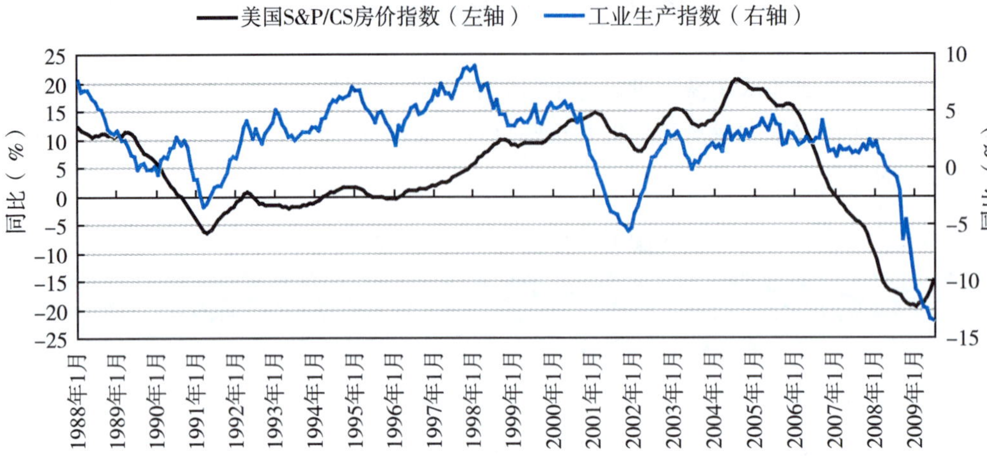


**图 3－3－8　美国房价和工业生产的关系**

数据来源：CEIC。

**5. 对我国历史数据的实证分析**

货币条件对价格的推动程度，取决于当时由宏观经济状态决定的真实需求。即在经济周期高点时期，货币供应能在很大程度上释放为物价的上涨；而在景气度较低时期，物价对货币的敏感度显著下降。从我国历史数据看，在货币供应量（M1）环比增速高于平均水平的 1999 年、2003 年、2007 年，环比峰值出现后的 3～6 个月，物价环比水平也出现上升。但值得注意的是，2002 年之前物价水平的环比峰值只有 2002 年之后峰值的一半，如 2002 年之前经济低迷时，当 M1 环比达到 2% 时，PPI 环比上升到 0.5%；而 2002 年之后经济上升时，当 M1 环比在 1.5%～2% 时，PPI 环比就已超过 1%。物价对货币敏感度的前后变化，实际反映了 2002 年前后我国宏观经济不同周期状态的变化，即 2002 年下半年以来，我国经济逐渐得益于外需回升而相应提升了产能利用率，物价对货币扩张的敏感度也随之提高（见图 1－1－10）。

## （四）结论

宽松货币是通货膨胀的必要条件，通货膨胀本质上是货币现象。经典理论认为，在存在过剩产能的情况下，宽松货币会首先推动总需求和产出增加，然后再推升物价水平。但随着国际金融市场和期货市场的发展，宽松货币政策会引发通胀预期，并通过金融市场途径迅速推高初级产品价格。由于原材料在总成本中占比显著提高，即使存在过剩产能，上游价格上涨仍能向下游价格较快传导，但尽管如此，总需求仍是最终决定一般物价水平的基础因素。一方面，货币乘数顺周期内生，风险溢价逆周期内生，总需求不足会抑制货币扩张的程度；另一方面，货币对总需求的刺激程度也具有顺周期特性，总需求低迷时，即使成功扩张了货币，其对总需求的刺激作用也打了折扣；不仅如此，通胀预期虽能通过金融市场途径迅速推高初级产品价格和资产价格，但只要货币政策保持稳定，这两种价格能否持续上涨最终仍取决于总需求。因此，我们认为除非是部分重要产品供应出现大幅下降，否则在总需求未完全启动之前，物价水平不会持续上涨，宏观经济也不会出现滞涨。

## 专题四

# 2009 年价格形势及中期展望*

## （一）2009 年市场价格基本情况

2009 年，全国工业品价格总体呈下降之势，结束了 2003 年以来连续 6 年的上涨态势。与 2008 年相比，工业品出厂价格下降 5.4%，原材料、燃料、动力购进价格下降 7.9%。从分月情况看，伴随国民经济的逐渐企稳向好，工业品价格呈现明显的探底回升的 U 形运行态势。2009 年全国居民消费价格总水平也呈下降态势，与此前三年的高速上涨形成明显对比，2009 年全年居民消费价格比上年下降 0.7%，其中，城市下降 0.9%，农村下降 0.3%。扣除食品和能源价格影响，居民消费价格比 2008 年同期下降 1.1%。

### 1. 工业品出厂价格总体变动情况

**（1）工业品出厂价格总体呈探底回升运行态势。**2009 年年初，工业品出厂价格延续 2008 年 9 月之后的趋势继续下降（见图 3-4-1）。1—3 月份，工业品出厂价格同比快速下降，4 月份之后降速放缓，至 7 月份，工业品出厂价格同比下降 8.2%，为该指数编制以来的历史最大降幅。8 月份之后，工业品出厂价格同比降幅逐步收窄，10—12 月份呈现加速回升态势。12 月份，工业品出厂价格同比由负转正，同比增长 1.7%，结束了连续 12 个月的同比负增长。

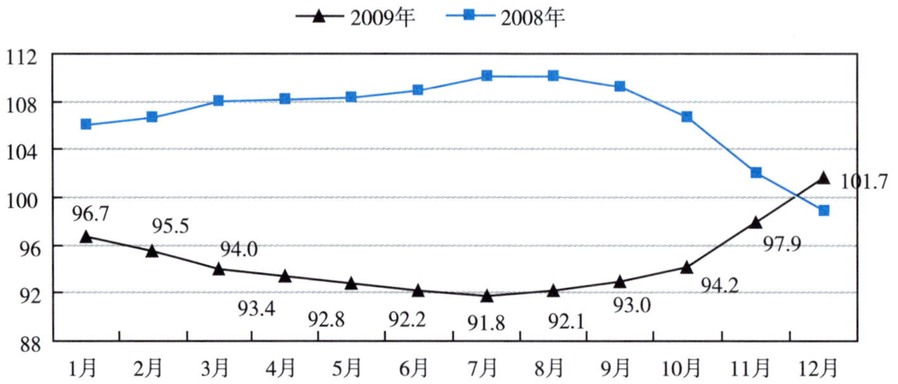


**图 3-4-1　2009 年工业品出厂价格同比指数月度走势**

从工业品出厂价格环比指数变动情况看，全年各月环比涨幅平均为 0.2%。2009 年第 1 季度，受企业“去库存化”、国际大宗商品价格惯性下跌等因素影响，工业品出厂价格环比下降，但降幅逐月减缓。1—3 月份，工业品出厂价格环比分别下降 1.4%、0.7% 和 0.3%。2 季度之后，“保增长，促内需”的政策效应逐步显现，国民经济逐渐企稳向好，消费市场

---

* 本文作者刘建伟，国家统计局城市司。本文所述内容仅代表个人观点，不代表作者所供职机构意见。

活跃，产品需求增加，工业品价格稳步回升。4—12月份，工业品出厂价格连续9个月环比上涨，规模以上工业增加值增速4月份触底之后也逐渐回升，工业生产已从年初的“量减价降”转变成4月份以后的“量增价升”。

**（2）生产资料价格跌幅与波动较大，生活资料价格运行相对平稳**。2009年，生产资料出厂价格降幅较大，全年下降6.7%，影响工业品出厂价格下降5.1个百分点。其中，采掘工业价格下降15.8%，原料工业价格下降8.1%，加工工业价格下降4.9%。从各月走势看，生产资料出厂价格波动较大（见图3-4-2）。7月份生产资料出厂价格下降10.1%，12月份上涨2.0%，高低相差12.1个百分点。

生活资料出厂价格运行相对平稳，全年下降1.2%，影响工业品出厂价格下降0.3个百分点。其中食品类出厂价格下降1.4%，一般日用品类价格下降0.8%，耐用消费品类价格下降2.3%，但衣着类出厂价格微涨0.1%。从各月走势看，生活资料出厂价格波动较小、走势相对平稳。

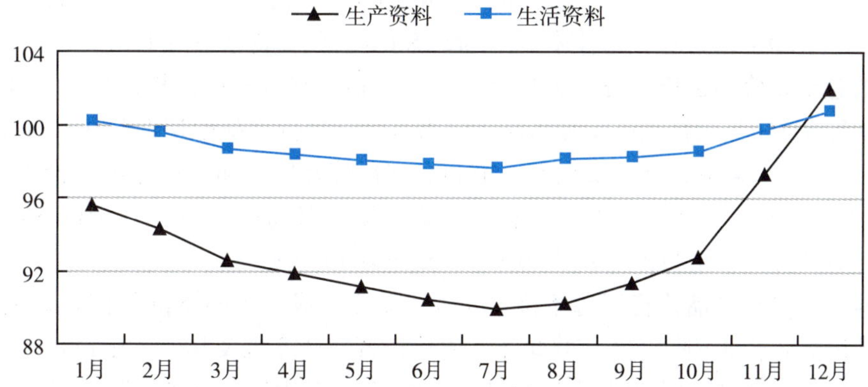


**图3-4-2　2009年生产资料、生活资料出厂价格月度走势**

**（3）多数行业产品出厂价格同比下降，公共资源、煤炭和食品饮料行业产品价格同比上涨**。分行业大类看，调查的39个工业大类行业中，有26个行业出厂价格呈同比下降态势，占2/3。其中，石油和天然气开采产品价格同比降幅最大，比上年下降34.0%。有色金属冶炼及压延加工产品、黑色金属冶炼及压延加工产品、化学原料及化学制品和石油加工、炼焦及核燃料加工产品出厂价格同比降幅也较大，比2008年分别下降16.6%、16.1%、11.9%和8.8%。

2009年，受政策性调价等因素影响，公共资源类产品价格呈小幅上涨态势。其中，“水的生产和供应产品”、“电力、热力的生产和供应产品”和“燃气生产和供应产品”的出厂价格分别上涨3.2%、2.4%和0.5%。煤炭开采和洗选产品、食品、饮料的出厂价格也较2008年略有上涨，分别上涨1.9%、1.1%和0.6%。

### 2. 主要行业产品出厂价格变动情况

**（1）原油价格跌幅巨大，成品油价格涨跌不一**。2009年年初，国际原油价格承接2008年下半年以来的下降趋势，1、2月份在每桶40美元附近低位震荡。3月份以后国际油价开始反弹，下半年国际油价在每桶60~80美元之间波动，较年初大幅上涨。受2008年油价基数较高影响，原油出厂价格同比跌幅依然巨大，全年下降34.9%，影响工业品出厂价格下降 0. 8 个百分点。

2009 年年初实行成品油税费改革以来，成品油价格与国际油价逐渐接轨，国内成品油价格变动频繁。2009 年，成品油中的煤油出厂价格下降 26. 8%，柴油出厂价格下降 6. 8%。受 11、12 月份汽油价格上涨影响，2009 年汽油出厂价格同比上涨 2. 6%。

**（2）煤炭价格同比由升转降，10 月份之后降势趋缓**。2009 年 1—6 月，煤炭开采洗选产品出厂价格同比上涨，但涨幅逐月缩小。第 3 季度受上年基数走高影响，煤炭产品同比价格由升转降，且降幅逐月扩大。10 月份之后，随着经济形势明显向好和冬季用煤需求增加，煤炭价格同比降势趋缓。2009 年，煤炭开采和洗选产品出厂价格比上年上涨 1. 9%。其中，无烟煤价格上涨 2. 4%，烟煤价格上涨 1. 4%。

**（3）钢材价格总体呈同比下降之势，8 月份之后降幅逐月缩小**。2009 年，钢材价格总体呈下降之势。8 月份之后，在下游房地产、汽车市场旺盛需求的带动下，钢材价格止跌回暖，环比价格连续上涨。尽管与上年同期相比仍然较低，但降势趋缓，降幅逐月缩小。2009 年，黑色金属冶炼及压延加工产品出厂价格下降 16. 1%。其中，普通大型钢材、普通中型钢材价格均下降 20%，普通小型钢材价格下降 15. 6%，线材价格下降 19. 7%。

**（4）有色金属价格由降转升**。2009 年 1—10 月份，有色金属价格同比呈下降之势，4 月份以后，受国际市场价格触底反弹影响，国内有色金属价格降幅逐渐趋缓。11 月份，有色金属价格同比由降转升，11、12 月份，有色金属冶炼及压延加工产品出厂价格同比分别上涨 4. 2% 和 14. 1%。总体上，2009 年有色金属冶炼及压延加工产品出厂价格下降 16. 6%。其中，铜下降 22. 8%，铅和锌均下降 20. 0%，铝下降 15. 0%。

**（5）电子、汽车产品价格平稳下降**。受技术革新、成本不断下降等因素影响，电子、汽车类产品价格呈平稳下降之势。2009 年，通信设备、计算机及其他电子设备产品出厂价格下降 4. 3%。交通运输设备产品出厂价格下降 0. 1%，其中轿车价格下降 1. 4%。

### 3. 原材料、燃料、动力购进价格变动情况

2009 年，原材料、燃料、动力购进价格下降 7. 9%。从各月情况看，1—7 月份原材料、燃料、动力购进价格逐月下降，8 月份之后降幅逐渐收窄，12 月份同比价格由降转升，上涨 3. 0%。与工业品出厂价格指数相比，原材料、燃料、动力购进价格指数波动幅度较大。

从调查的九大类原材料情况看，2009 年，除建筑材料及非金属类购进价格上涨 1. 1% 之外，其他八大类原材料购进价格均呈下降之势。其中，黑色金属材料类、有色金属材料和电线类、化工原料类购进价格分别下降 13. 7%、18. 9% 和 8. 7%。

### 4. 2009 年 CPI 运行基本特点

2009 年全年平均 CPI 下降 0. 7 个百分点，与 2008 年的价格高速上涨形成鲜明对比，2008 年全年平均 CPI 上涨 5. 9 个百分点，通货膨胀压力加大，国家及时采取了相应的宏观调控政策，使得引起价格上涨的部分产品（猪肉等）供应形势好转，价格涨幅也随之回落。由于 2008 年基期价格较高，翘尾因素对 2009 年价格的影响显著，2008 年涨价对 2009 年价格的翘尾影响约为 -1. 2 个百分点，2009 年新涨价因素为 0. 5 个百分点，翘尾影响是 2009 年居民消费价格总水平比 2008 年下降的主要原因。2009 年居民消费价格总水平处于适度的下降通道，下半年逐步回升。

**（1）2009 年各月环比价格涨跌互现**。居民消费价格月环比有 5 个月上涨，2 个月持平，5 个月下降，CPI 各月环比涨幅分别为：0.9%、0%、－0.3%、－0.2%、－0.3%、－0.5%、0%、0.5%、0.4%、－0.1%、0.3%、1%。其中，1 月份受春节以及季节因素影响价格上涨，8、9 月份出现反弹，11 月、12 月份受季节性供求变化以及寒冷天气的影响环比价格上涨。总体来看各月环比价格有涨有跌，价格运行比较平稳，下半年价格上涨趋势更加明显。

**（2）2009 年各月同比价格以降为主**。CPI 各月同比涨幅分别为：1%、－1.6%、－1.2%、－1.5%、－1.4%、－1.7%、－1.8%、－1.2%、－0.8%、－0.5%、0.6%、1.9%，在负翘尾因素的影响下，月同比除 1 月、11 月、12 月份以外均为负值，据测算，2008 年对 2009 年 1 月份和 12 月份的翘尾影响均为零，从 2 月份开始翘尾影响逐月减弱，11 月份翘尾影响仅有－0.2 个百分点，随着翘尾影响的减弱，各月居民消费价格同比由负转正，12 月份同比涨幅达到全年最高（见图 3－4－3）。

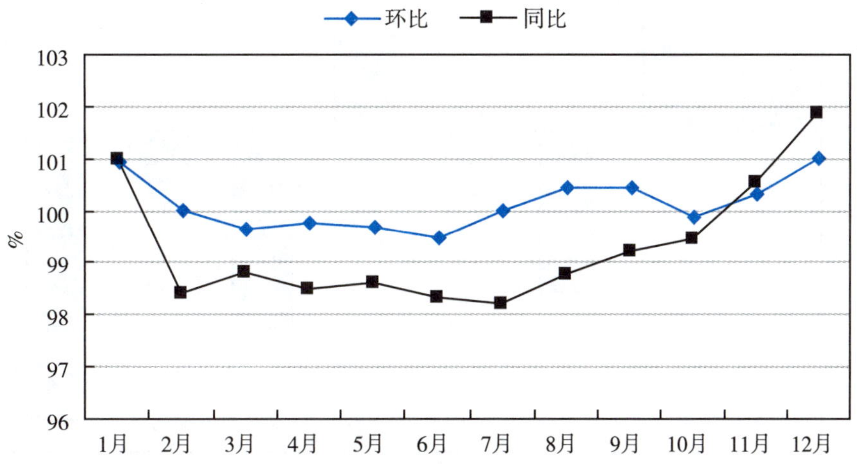


**图 3－4－3　2009 年居民消费价格各月环比、同比走势**

**（3）分类别来看，食品类价格上涨，非食品类价格下降**。2009 年食品类价格上涨 0.7%，非食品类价格下降 1.4%。

第一，2009 年全年平均 CPI 八大类消费品价格四涨四降（见图 3－4－4、表 3－4－1）。食品、烟酒及用品、家庭设备用品及维修服务、医疗保健和个人用品类价格分别比 2008 年上涨 0.7%、1.5%、0.2%、1.2%，衣着、交通和通信、娱乐教育文化用品及服务、居住类价格分别下降 2%、2.4%、0.7%、3.6%。食品、烟酒及用品类价格的上涨拉动价格总水平上涨约 0.3 个百分点，食品类中有 16 个中类，仅有油脂、肉禽及制品、干豆及豆制品 3 个中类价格下降，降幅分别为 18.3%、8.7%、1.7%，其他 13 个中类价格均比 2008 年上涨，其中鲜菜、鲜果、粮食价格涨幅位居前三，分别上涨 15.4%、9.1%、5.6%。

第二，工业消费品价格以降为主。衣着类中，服装价格下降 2.2%，衣着材料价格上涨 0.9%。家庭设备用品及维修服务类价格虽然上涨，但是其中耐用消费品价格下降 1.9%（家具价格下降 0.3%，家庭设备价格下降 2.7%），室内装饰品、床上用品价格分别下降 0.3%、1.2%，家庭日用杂品价格上涨 2.5% 和家庭服务价格上涨 7.1% 是家庭设备用品类价格上涨的主要原因。医疗保健和个人用品类上涨 1.2%，主要是受中西药品价格上涨的拉动。其中，中药材及中成药、西药价格分别上涨 2. 6%、1%，化妆美容用品、清洁化妆用品价格各上涨0. 8%、2. 1%，个人饰品（金饰品）价格下降3. 7%。交通和通信类中，交通工具、通信工具价格分别下降 2%、18. 3%。居住类中，建材及装修材料价格上涨 0. 2%，液化气价格下降21. 8%，居住类价格下降主要是受液化气价格高位大幅回落所致。

第三，服务项目和消费品价格均比 2008 年下降。服务项目价格比 2008 年下降 1. 1%，消费品价格下降0. 6%。服务项目中旅游价格下降2. 5%，通信服务价格下降0. 5%，是服务项目价格下降的主要原因。而除去旅游和通信服务价格下降以外，其他各种服务项目价格均比 2008 年有不同程度上涨：家庭服务（保姆费）、医疗保健服务、个人服务（包括美容、美发、洗浴等）、车辆使用维修费、市区公共交通费、城市间交通费、学杂托幼费、文娱费（包括看电影、电视、健身活动）价格则分别上涨 7. 1%、1%、3. 8%、1. 1%、0. 6%、0. 5%、1. 4%、2. 1%。

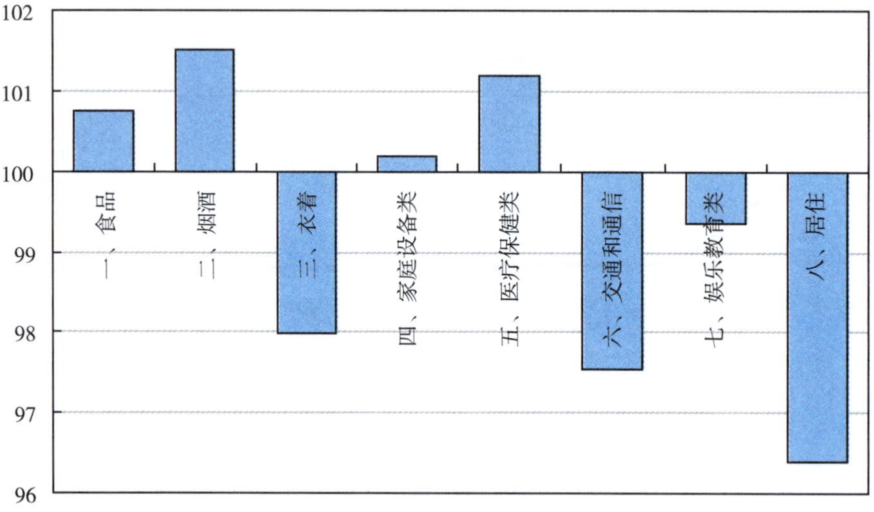


**图 3 -4 -4　2009 年居民消费价格分类变动情况**

**（4）分地区来看，西部地区价格水平偏高**。总体来看，东部及中部地区价格总水平相对较低，西部尤其是甘肃、青海地区居民消费价格总水平相对较高。统计数据表明，2009 年全国 31 个省（区、市）中有 19 个地区居民消费价格比 2008 年下降，但部分省、区尤其是西北五省陕西、甘肃、青海、宁夏、新疆这五个地区居民消费价格却均比 2008 年上涨，涨幅分别为 0. 5%、1. 3%、2. 6%、0. 7%、0. 7%，主要原因是：西北五省的食品价格均比 2008 年有较大幅度上涨，加上这些地区食品消费权重较高，居民消费价格总水平受食品价格上涨的影响较大。

表3－4－1 2006—2009年CPI各年度及分类价格指数（上年价格=100）

| 价格指数 | 2006年 | 2007年 | 2008年 | 2009年 |
|---|---|---|---|---|
| CPI总指数 | 101.5 | 104.8 | 105.9 | 99.3 |
| 一、食品 | 102.3 | 112.3 | 114.3 | 100.7 |
| 二、烟酒及用品 | 100.6 | 101.7 | 102.9 | 101.5 |
| 三、衣着 | 99.4 | 99.4 | 98.5 | 98.0 |
| 四、家庭设备用品及维修服务 | 101.2 | 101.9 | 102.8 | 100.2 |
| 五、医疗保健和个人用品 | 101.1 | 102.1 | 102.9 | 101.2 |
| 六、交通和通信 | 99.9 | 99.1 | 99.1 | 97.6 |
| 七、娱乐教育文化用品及服务 | 99.5 | 99.0 | 99.3 | 99.3 |
| 八、居住 | 104.6 | 104.5 | 105.5 | 96.4 |

## （二）2010年价格走势展望和政策建议

### 1. 价格走势展望

2010年我国宏观经济环境继续向好、投资和消费需求的有效增长将推动工业品、居民消费品价格回升；全球金融危机的影响减弱，世界经济形势回暖、国际大宗商品价格的上涨也将给国内工业品价格上涨带来压力。居民消费价格受政策调价因素的影响，水、电、燃气、汽油、柴油等资源类产品价格还会继续上涨，这些产品价格的上涨会带动相关消费品以及服务项目价格上涨，推动价格总水平继续回升；劳动力、土地、农业生产资料等生产要素价格的持续上涨，仍将推动居民消费价格上涨。另外，国际贸易保护主义日益严重，国内市场总体处于供过于求的局面，又将抑制工业品价格、居民消费品价格的过快上涨，因此发生市场价格大幅度上涨的可能性不大。

### 2. 政策建议

（1）继续加强市场价格监管。近几年以来，我国居民消费价格总水平的涨跌，受食品价格涨跌的影响较大，而工业消费品价格总体波动范围较小。稳定居民消费价格的关键在于稳定农产品价格，而稳定农产品价格的基础是稳定农产品的生产和供应，如粮食、猪肉、鲜菜等食品的生产和供应，因此应继续执行价格监管，加强对主要商品供求和价格情况的监测和预警，搞好重要商品如食品、燃料（燃油）的储备。此外，当前资产价格尤其是房地产价格出现的明显上涨，会间接加大通货膨胀压力，因此加强房地产市场价格的监管也是十分必要的。

（2）有序推进资源以及公用事业类价格改革。推进水、电、燃气、成品油等资源和能源商品价格的改革，不仅会拉动物价总水平上升，还会放大居民的通胀预期，因此重要能源资源价格的改革，既要反映其稀缺性以及环境保护成本，又要考虑居民尤其是低收入居民的经济承受能力。

（3）坚持宏观调控的针对性。总体来看，目前中国物价总水平将由下降转入上升通道，由于市场供求较为宽松，因此发生价格大幅上涨的可能性较小。值得关注的是当前物价上涨具有显著的成本推动型特点，因此应当针对成本推动型的物价上涨问题，出台相关的宏观调控政策。

## （三）中期内我国通胀几率下降

### 1. 什么是通胀，标准如何量化

通货膨胀是一种货币现象，指货币发行量超过流通中所需要的货币量而引起的货币贬值现象。通货膨胀与物价上涨是不同的经济范畴，但两者又有一定的联系，通货膨胀最为直接的结果就是物价上涨。现实经济生活中，一般不直接也不可能计算通货膨胀，而是通过一些经济指标来间接表示。一般来说，测量通货膨胀有以下三个主要指标：

（1）广义货币（M2）供应量增长率。广义货币（M2）年均名义增长率的变化可以反映货币增长变化的趋势，从而测量通货膨胀率大致处于何种状态。但近年来，我国货币政策调控机制改革取得了突破性进展，极大改变了我国社会的融资结构，资本市场迅速发展，由于企业融资渠道伸展到证券市场，居民储蓄也部分分流到资本市场上等因素影响，导致广义货币（M2）不能科学合理地测量通货膨胀（通货紧缩）。

（2）国内生产总值缩减指数。国内生产总值缩减指数（GDP Deflator）是衡量一国在不同时期内所生产的最终产品和劳务的价格总水平变化程度的经济指数，是用按报告期价格计算的国内生产总值与按不变价格计算的国内生产总值进行对比计算出来的。由于该指标在反映通胀时存在一定缺陷，因此，在实际经济生活中，仅用 GDP 缩减指数作为衡量年度通货膨胀率的参考指标。

（3）价格指数。由于通常将通货膨胀定义为价格的普遍、持续的上涨，因此衡量价格总水平变动程度的价格指数就成为通用的测定通货膨胀率的手段。一般来说，世界主要大国都编制一系列的价格指数，主要包括消费者价格指数、生产者价格指数、进出口价格指数等。由于消费者价格指数的调查项目不仅包括消费品同时也包含服务项目，因此我国及大多数国家均采用居民消费物价指数（CPI）来测量通货膨胀。

问题在于是否 CPI 大于 100% 就认为是发生了通胀呢？通胀程度是如何划分的？结合近年来国内外经济走势以及价格波动态势特别是各国调控目标（近十年来，世界主要国家及国际机构都将 CPI 涨幅定在 2%，以此作为通胀的临界点），笔者认为：CPI 同比连续 6 个月上涨时，才能认定发生了通胀；当 CPI 处于 100% ~102% 时为低通胀期或低物价时期，当 CPI 处于 102% ~105% 时为温和通胀期，当 CPI 处于 105% ~110% 时为中度通胀期，当 CPI 涨幅大于 10% 时就进入了恶性通胀期。

### 2. 1996 年以后我国两轮通胀的根本原因

1978 年，我国开始改革开放。因此，目前一些专家学者大多以此作为起始点，探讨研究我国通胀产生原因的内在规律，这是无可厚非的，但是研究通胀问题，特别是研究当前价格走势问题应研究1996年以后我国的通胀演变情况。这是因为，1996年以前我国处于短缺经济状态，而1996年以后我国经济进入了供求平衡直至供过于求的状态。不容置疑的是，短缺与供过于求这两种经济状态下，通胀的成因、走势以及治理手段是不相同的。1996年我国经济告别短缺后，前后共发生了两轮通胀：

第一轮通胀发生在2003—2005年。2003年10月份，在食品环比价格跳涨2.1%的带动下，当月CPI环比上涨0.9%、同比则上涨了1.8%，从而拉开了该轮通胀的序幕。之后CPI涨幅逐月走高，至2004年7月份CPI涨幅摸高至5.3%，之后涨幅逐渐回落，到2005年4月份涨幅回落至2%以下，该轮通胀结束。该轮通胀中，领跑的主力品种是粮食、食用油、蛋和肉类，高峰期间，这些品种涨幅均在20%以上。

第二轮通胀发生在2006—2008年。2006年11月份，在食品价格环比上涨0.9%的带动下，CPI环比上涨0.3%、同比上涨1.9%，之后在猪肉、食用油价格大幅拉升下，CPI涨幅逐月创新高，于2008年2月份达到中度通胀上轨的8.7%的水平。该轮通胀中，领跑的主力品种依然是肉类、食用油和粮食。

资料显示，2003—2005年我国发生通胀期间，正是我国2001—2004年粮食减产的时期，这充分说明农产品供给出现了问题是那次通胀发生的最根本原因。就2006—2008年的通胀而言，虽然当时粮食连年丰收，但油料作物连续3年减产，猪的出栏量在2007年骤减，这足以说明此次通胀的原因还是农产品供给层面出现的问题所致。

综观两轮通胀不难发现：在我国目前绝大多数工业产品供过于求的经济环境下，发生通胀一定是某些产品供给层面出现了问题，而最可能导致通胀发生的行业一定是国民经济的薄弱行业——农业。

**3. 中期我国发生通胀的几率趋降**

一般来说，通胀有四种类型，即需求拉动型、成本推动型、混合型通胀以及输入型通胀。不论哪种通胀，其内涵都是价格体系在全社会供需平衡被破坏以后，寻求新的平衡过程。

那么，为什么1996年以来的13年中，我国只发生了两轮较短（均持续2年左右）的通胀呢？换句话说，为什么在目前经济状态下我国发生通胀的几率在下降呢？除了国家重视三农问题、主要农产品生产供应基本正常外，原因大致有三点：大面积的产能过剩、快速的技术进步以及资产价格的快速升值。

众所周知，我国国民经济的骨干行业钢铁、有色、建材、汽车、船舶是严重的产能过剩行业。据社科院有关专家测算，2006年，我国有十大行业产能过剩，到2009年第3季度我国21个行业出现了产能过剩情况。产能过剩导致了市场无序的恶性竞争，特别是在日用品市场上更有过之而无不及，打折压价销售已成为商家的常态。

近十几年来，世界以及我国技术爆发式进步，从而导致了产品更新换代的加快以及新产品的大量涌现。耐用消费品中如冰箱、彩电生产厂家不到一年就推出一款新产品；一些家电如空调与过去的产品相比物美价廉，但一些零件已是塑料的了；再看手机，每款的生产寿命仅半年左右；等等。技术进步为厂家生产质优价廉的居民生活用的耐用品、日用品以及服装创造了条件。

2005 年以来，我国的资产价格快速上涨，这无疑分流了大量城乡居民存款。据调查，到 2007 年我国城镇人均购房支出已达 906.9 元，占人均支出的 6.7%，这无疑减轻了消费物价的上行压力。

因此，在产能过剩、市场供过于求、资本市场强有力分流居民储蓄的情况下，如果大宗农产品的供应不出现问题的话，发生通胀的几率在降低。

#### 4. 实体经济与资产价格走势分道扬镳

货币学派认为通货膨胀是物价长期普遍上涨的一种货币现象，通货膨胀首先是一个货币问题，出现通货膨胀的原因就是货币量过多。没有货币因素导致的价格变化就没有通货膨胀性，只有因货币量过多造成的物价水平普遍地和持续地上涨才是通货膨胀。货币主义学派的代表人弗里德曼就指出过，历史上每一个存在通货膨胀的时期都同时伴随有货币供应量高速增长现象的出现。

2008 年 9 月份，以雷曼公司倒闭为标志爆发了全球金融危机，各国政府为避免陷入经济衰退的困境，纷纷推出了超强的救助性政策，将货币政策运用到了极致，各国央行也纷纷宣布进入量化宽松货币政策时代。与此同时，我国也于 2008 年年底推出了扩大内需拉动经济的 4 万亿投资计划，并实施了量化宽松的货币政策，2009 年年末广义货币（M2）供应量同比增长了 27.6%。

按一些人士的理论推算，巨额货币投放后的 6～12 个月将发生通胀。以此判断，2009 年我国将发生通胀，特别是目前一些人士认为 2009 年我国将发生 5% 左右的中度通胀。

实际上，观察货币因素对价格走势的影响应该看核心 CPI。所谓核心消费价格指数就是扣除食品和能源等项目后的消费者价格指数（美国口径），该指数可以较好地反映需求与供给的关系以及货币政策对价格走势的影响（见图 3－4－5）。

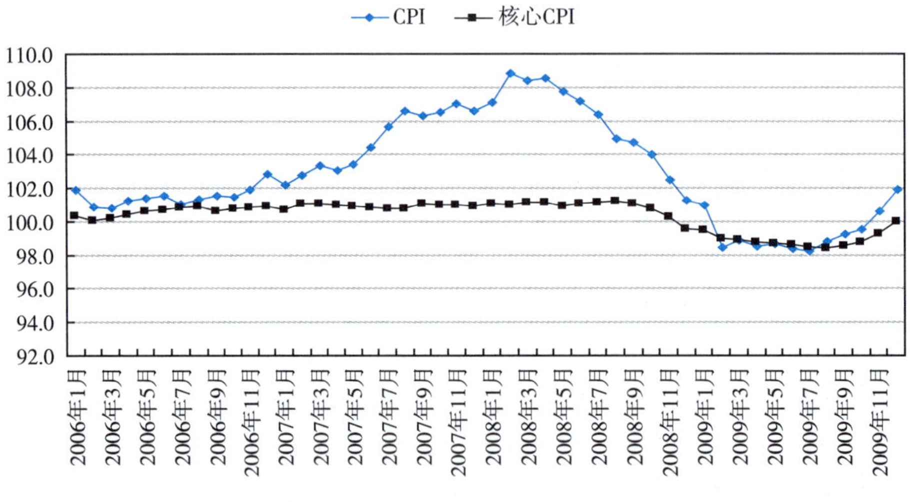


**图 3－4－5　我国 CPI 与核心 CPI 走势的对照（2006 年 1 月—2009 年 12 月）**

2006—2009 年，我国 CPI 经历了温和上涨（2006 年）—通胀（2007 年、2008 年，以猪肉、食用油等主要农产品供给层面出现问题为特征）—通缩（2009 年）的变化历程；其间核心 CPI 变动较为温和，2006—2008 年基本维持在 1% 左右，2009 年维持在 －1% 左右。

这表明，目前经济态势下我国CPI的变动受货币因素影响不大。可是巨额的货币投放后，物价总水平不涨、通胀没有发生，那么合乎逻辑的问题是：为什么没出现通胀？“钱”到哪里去了呢？笔者给出三点有着内在逻辑关联的原因：

第一是存在着产出缺口。所谓产出缺口是指经济体的实际产出与潜在产出的差额，而产出缺口与通胀通常呈负相关关系，即产出缺口越大，通胀也就越低。大量研究文章表明，我国经济的潜在增速为10%左右。据国家统计局公布的资料，2009年我国4个季度的增速分别为6.1%、7.9%、8.9%、10.7%，全年为8.7%，这表明2009年4个季度的GDP增速不足以填平产出缺口，更谈不上溢出产出缺口了。从中期看，我国经济将以较快的速度（9%左右）增长，因此我国中期内产出缺口将呈现常态，一言以蔽之，就是中期内我国将存在着供大于求现象。普遍性的供大于求造成了商家打折让利销售的常态化，造成了上游价格向下游传导的隐性化，这足以拖住CPI上行的步伐，CPI怎能大幅上涨呢？

第二是高度货币化现象的出现。通常一个国家经济活动的货币化程度用广义货币M2余额与名义GDP的比率来表示，2009年末我国的货币化系数大约为1.8，如此高的货币化在世界上是少见的（低于日本的2.1，高于美国的0.9）。我国高货币化现象原因多且杂，与我国经济发展的阶段及特征密不可分，这些原因大致有经济货币化、居民储蓄高增长、国债发行规模不断扩大、外汇储备不断增长、融资模式较为单一等。例如，2009年全国土地出让金达1.5万亿元，全年新增外汇储备4531亿美元，截至2009年11月末比2008年年底新增居民存款35856亿元，2008年全国资本形成额达133612亿元。这里，笔者不想讨论我国货币化的得失与利弊问题，只想说的是，在一些资源相对有限的项目如教育、医疗等，高收费、价格高企是常态也是显著的特征，这间接诠释了流动性过剩下的另类价格上涨问题。

第三是资产价格的躁动性上涨。自然人的资产主要包括各类有价证券、房产以及贵金属等，这里主要谈及房产。国家统计调查资料表明，2005—2008年，我国的普通商品房上涨了33.6%，二手住宅上涨了30.1%。2009年我国房地产价格再次出现飞涨的局面，据笔者的草根调查，北京的新盘商品房及二手房至少上涨了50%以上。应该承认，2009年一线的顶级城市如北京、上海、杭州、深圳等房地产价格涨幅大，而一线的其他城市、二线城市和三线城市的房地产价格涨幅相对低一些，这样平均算下来全国房地产价格的涨幅不会太低（据国家统计局房地产统计资料推算，2009年全国每平方米的平均销售单价为4695元，2008年为3800元，同比上涨23.6%。考虑到土地级差地租以及结构性因素，实际的涨幅还要高一些）。2009年，导致我国房地产价格大涨的原因较多，但有一条重要且公认的原因就是流动性过剩，国内外经验表明，流动性旺盛是资产价格上涨的重要动力。

综上所述，笔者认为：中期内，我国实体经济价格（以CPI表示）与资产价格（以房地产价格表示）的走势将分道扬镳，即CPI将维持在较低水平上，而房地产价格整体将呈现上涨态势，这也是我国目前特定阶段发生的“另类通胀”。

**图书在版编目（CIP）数据**

2009年价格监测分析报告／中国人民银行价格监测分析小组．
—北京：经济科学出版社，2010.6
ISBN 978－7－5058－9674－1

Ⅰ．①价…　Ⅱ．①中…　Ⅲ．①价格－监测－研究报告
－中国－2009　Ⅳ．F726.7

中国版本图书馆CIP数据核字（2010）第136080号

责任编辑：金　梅　侯晓霞
责任校对：杨　海
版式设计：代小卫
技术编辑：董永亭

**2009年价格监测分析报告**
中国人民银行价格监测分析小组
经济科学出版社出版、发行　新华书店经销
社址：北京市海淀区阜成路甲28号　邮编：100142
经济理论编辑中心电话：88191435　发行部电话：88191540
网址：www.esp.com.cn
电子邮件：jjll1435@126.com
北京中科印刷有限公司印装
880×1230　16开　16.5印张　430000字
2010年6月第1版　2010年6月第1次印刷
ISBN 978－7－5058－9674－1　定价：65.00元